湖南大学罗马法系研究中心

Ius Romanum et Ius Commune
罗马法与共同法文库·译丛
主编／徐涤宇

智利共和国民法典 2000年修订本
Civil Code of the Republic of Chile

徐涤宇 译

北京大学出版社
PEKING UNIVERSITY PRESS

图书在版编目（CIP）数据

智利共和国民法典/徐涤宇译. —北京：北京大学出版社，2014.1
ISBN 978-7-301-23498-3

（罗马法与共同法文库·译丛）

Ⅰ.①智… Ⅱ.①徐… Ⅲ.①民法－法典－智利 Ⅳ.①D978.43

中国版本图书馆 CIP 数据核字（2013）第 277430 号

书　　　名：智利共和国民法典
著作责任者：徐涤宇　译
责　任　编　辑：侯春杰
标　准　书　号：ISBN 978-7-301-23498-3/D·3462
出　版　发　行：北京大学出版社
地　　　址：北京市海淀区成府路 205 号　100871
网　　　址：http://www.yandayuanzhao.com
新　浪　微　博：@北京大学出版社　@北大出版社燕大元照法律图书
电　子　信　箱：yandayuanzhao@163.com
电　　　话：邮购部 62752015　发行部 62750672　编辑部 62117788
　　　　　　出版部 62754962
印　刷　者：三河市北燕印装有限公司
经　销　者：新华书店
　　　　　　730 毫米×1020 毫米　16 开本　27.25 印张　456 千字
　　　　　　2014 年 1 月第 1 版　2014 年 1 月第 1 次印刷
定　　　价：59.00 元

未经许可，不得以任何方式复制或抄袭本书之部分或全部内容。
版权所有，侵权必究
举报电话：010－62752024　电子信箱：fd@pup.pku.edu.cn

总　序

本文库（含文丛和译丛）之冠名，若不加阐释，颇有作茧自缚的意味。盖罗马法与共同法之谓，在西方法史上有其特指，由此似已决定本文库的选题仅限于特定的法史范围。

其实，以罗马法与共同法为名，并不意味着本文库崇尚"述而不作，信而好古"之史学幽情。我们提倡的是，过去为当下所用、法律史研究为法律教义学服务——前者的问题意识会受到现行法的影响，问题的解决则以后者为落脚点。易言之，本文库绝无意成为一座博物馆或一块纪念碑。所谓"一切历史都是当代史"、历史书写受"效果历史意识"支配的命题，均可为此种基本立场提供认识论上的支撑。其法律理论上的基础则在于：现行法的内容不是从石头缝里蹦出来的，而是从昨天一直演进到今天的产物。法律制度乃像语言一样的复杂现象，哪里有什么立法者能凭空将其建构出来？诚如萨维尼所言：最重要的是应当认识到当前与过往的生机勃勃的相互联系；否则，我们只能认识到当前法状态的外在表象，而不能把握住其内在本质。

问题在于，我们如何把握这种生机勃勃的相互联系？

一、法律往事重提的实践理由

法律教义学"从某些未加检验就当作真实的、先予的前提出发"[①]，是一门安于体制内的、有封闭倾向的学问。

---

①　〔德〕阿图尔·考夫曼、温弗里德·哈斯默尔主编：《当代法哲学和法律理论导论》，郑永流译，法律出版社2002年版，第4页。

但法律教义学者终究不是"明希豪森男爵",不能抓着自己的头发进行自我拯救。现代法与现代法学之正当性、科学性危机的诊断与消解,尚须进入法律史才能得到经验层面的切实观照;没有法律史根据的法哲学批判,只会是形而上的玄谈。

遥想当年,基希尔曼冒天下之大不题发表雄文《论作为科学的法学的无价值性》,其在法学界激起的巨浪今天仍未消退。如果不否认法学主要是以价值为导向的实践性学问,后笛卡尔时代以自然科学为原型的法学范式难逃走进死胡同的宿命,那么,什么构成前此时代被接受的正当裁判规范,彼时的裁判者、解释者又如何获得正当法?新的正当法模式、法学范式完全可以从历史传统中汲取营养。也就是说,通过与不同历史时期的法相比较,作为当前教义学前提的法典法本身产生、适用的特质能得到强烈凸显;从而,其在法哲学外亦能得到反思。

当下中国,撇开与意识形态密切关联的政治法领域不论,立法层面的现代法规范可谓基本齐备,法律教义学得以成为主流的法学研究范式。相形之下,对立法继受之母法及其法律史研究却呈现相当程度的萎缩,似乎从此现行中国法成为完全自给自足的研究对象。诚然,体系化、合理化现行法,以服务于司法裁判作业,为司法裁判"等置"制定法规范与案件事实作准备,是法律学者的重要使命。然而,现行立法、法学的继受属性,乃我国法律学者面临的基本事实:一百多年前,为解决"治外法权"问题,我国引进欧陆法制;改革开放后,以"与国际接轨"、"全球化"为口号,我们重整旗鼓、再续变法弦歌。自始在外力刺激下的立法继受,已然决定其先天发育的不足;即便是后天的理论与实践滋养膨胀了我们在制度和理论上的自信,也无法割裂继受的历史性。因此,本文库的旨趣,一方面鼓励以继受母体为主要对象的法律史和比较法研究,另一方面更为强调在历史关联中观照现行中国法的正当性和科学性,凸显其产生和适用的特质。

二、作为"绝对自然法"的罗马法?

古罗马人乃实践理性园地里的天才民族,在从公元前5世纪到公元6世纪的一千多年里,他们发展出一套完善的法律语言系统——诉、债、契约、所有权、遗嘱等,藉此我们得以从法律角度来释读、调整社会经济事实。能与之相媲美的,大约只有古希腊人在哲学领域的成就。

与古罗马法不同，作为其后续发展，中世纪继受意义上的罗马法有其自身的特质。这种肇端于优帝《市民法大全》之学术性发现的罗马法继受，乃以法学的学术架构、方法为目标，因此法学只在它自己划定的范围、以自己的解释内涵来接受罗马法。① 但是，中世纪法律家在欧洲贯彻着一种确信：罗马法具有普世且超越时代的正确性，理性本身在《市民法大全》中化为文字，乃"记述之理性"（ratio scripta）。由此，罗马法虽然区别于凭着理性认识到的、建立在自然基础之上的近现代自然法，但它事实上已获得一种"绝对自然法"的地位。在中世纪盛期，这种权威性植基于罗马理念，即罗马帝国在救赎史上是基督徒的法律社会本身（一致性观念），当代世界与罗马法律家的世界根本上是同一的；普世帝国的权力崩溃后，代之而起的则是人文主义法学的确信："我们这个时代文明的标准，早在古代即已确定。"②

随着民族国家的兴起，现代的罗马法学家虽仍借用"共同罗马法"（ius romanum commune）一词来强调罗马法对所有的人都是开放的，但他们已谦逊地意识到共同的罗马法只是潜在地对不同的民族有效，也就是说，其有效性取决于各民族国家是否将其采用为自己的法（diritto proprio）。于是，罗马法体系只是作为保护对共同法以及自有法的运用能够得以继续发展的一种工具，或者是基于其作为"人类共同遗产"的角色，作为各种制度要素的交汇点和对接点而发挥其功能。③ 本文库所谓的罗马法，正是在这种意义上展开的。

三、走向自有法与共同法的辩证关系模式

共同法或普通法（ius commune），在历史上特指 12 世纪罗马法原始文献被重新发现至 18 世纪自然法法典编纂期间，以罗马法和教会法为基础、在欧陆具有共同效力的法律和法学。④ 降至当代，经由重新诠

---

① 参见〔德〕弗朗茨·维亚克尔：《近代私法史——以德意志的发展为观察重点》（上册），陈爱娥、黄建辉译，上海三联书店 2006 年版，第 108、109 页。
② 同上，第 36 页以下。
③ 参见意大利著名罗马法学家桑德罗·斯奇巴尼为《罗马法与共同法》辑刊（法律出版社）所作序言（黄美玲译）。
④ 参见网络词典 Wikipedia "jus commune" 词条，http://en.wikipedia.org/wiki/Jus_commune。关于欧洲共同法或普通法更详细的阐述，请参见〔美〕H·J. 伯尔曼、约·雷德：《罗马法和欧洲普通法》，陈健译，载《研究生法学》1996 年第 1 期。

释，共同法概念复为欧盟和拉丁美洲私法统一运动提供法律文化上的正当性；① 在实在法文本上，现行《魁北克民法典》在序编即明确该法典明示或默示地规定了共同法（jus commune），它构成其他法的基础；② 在司法实践层面，学者在欧洲法院的诸多判例中发现了罗马法和共同法，以及在此基础上形成和发展的欧洲民法的一般原则。③ 这种借助法的历史渊源展开的逻辑，表达的仍然是一种法的普世主义（universalism）理念：共同法超乎各民族或各法域的固有法之上，具有普世且超越时代的正确性，代表着法的理想状态。

在结识意大利 Trento 大学 Diego Quaglioni 教授和法律史大家 Paolo Grossi④ 教授之前，我也一直认为共同法是普世的，它凌驾于各法域自己的法之上。但二位教授非常严肃地指出我对共同法的认识误区：在中世纪其实有两个层次的法共生共存，即自有法（iura propria）与共同法（ius commune）。其中，iura propria 是复数的，而 ius commune 是单数的，易言之，自有法具有多样性，如封建法、王室法、庄园法、城市法、行会法等等，共同法则是统一的。虽然共同法被视为面对所有人、所有问题的解决手段，但自有法优先于共同法得到适用，共

---

① 在欧洲，代表性的观点可参见：Reinhard Zimmermann, Roman Law and the Harmonization of Private Law in Europe, in *Towards a European Civil Code*, 4th ed., Arthur Hartkamp et al, eds., Kluwer Law International, 2011. 关于新共同法的集中评论，可参见 R. C. 范·卡内冈：《欧洲法：过去与未来——二千年来的统一性与多样性》，史大晓译，清华大学出版社 2005 年版，第 32 页以下。在拉美，有学者提出作为共同法或曰普通法（ius commune）的拉丁美洲法这一概念，认为罗马法曾是世界范围内的普通法，而在历史上作为欧陆普通法重要法源的罗马法，应该成为认定和构建一个真正的拉丁美洲法的基础；该法不仅要在国际法院的层面，而且也要在国内法院的层面得到适用。参见〔秘鲁〕埃尔维拉·门德斯·张：《作为拉丁美洲一体化进程中统一因素的罗马法：对普通法的反思》，徐涤宇译，载杨振山、〔意〕桑德罗·斯奇巴尼主编：《罗马法·中国法与民法法典化——物权和债权之研究》，中国政法大学出版社 2001 年版。

② 其原文为："The Civil Code comprises a body of rules which, in all matters within the letter, spirit or object of its provisions, lays down the *jus commune*, expressly or by implication. In these matters, the Code is the foundation of all other laws, although other laws may complement the Code or make exceptions to it."

③ 参见〔德〕罗尔夫·克努特尔：《罗马普通法和罗马法对欧洲联盟法院的影响》，米健译，载《外国法译评》1998 年第 1 期。关于欧洲法官在新共同法中的角色和作用，可参见〔法〕米海依尔·戴尔玛斯—马蒂：《欧洲法官在共同法复兴中的作用——含义及局限性》，张莉译，载《法学家》1999 年第 4 期。

④ 斯人被称为"新欧洲法律史"的代表人物，关于以他为首的意大利该学派的介绍，请参见梁治平先生为葡萄牙学者叶士朋教授的著作《欧洲法学史导论》（吕平义、苏健译，中国政法大学出版社 1998 年版）所作序言以及该书第 23 页以下。

同法仅具有补充适用的效力。因为依据中世纪的法律观,越小范围法域之法优先于越大范围法域之法。① 复数的自有法与普遍的共同法处于紧密的辩证关系中:它们都是法,相互之间并没有高低之别,没有法源等级差异。

在今天主权国家的框架下,谦抑的共同法与自有法辩证关系模式仍具有借鉴意义。法的地方性差异应被尊重和关注;在"地方性知识"有缺漏的情况下,在历史的和比较的基础上获得的共同法可以完善和补充自有法。这颇类似于当事人缔结的合同条款与有名合同之任意性规范的适用关系:当事人的意思表示具体而个别化,它优先于制定法中有名合同的规定而被适用;后者通用于同类型的合同,其功能仅在于补充当事人意思表示的不足。

四、本文库的任务

因此,毋宁说,本文库致力于对立法继受之母法、法学作"历史深描",特别是对大陆法系源头的罗马法、共同法,其结构、功能、价值前提与推理方法予以深挖,主张将之作为现行法解释适用时的补充,以完成中国的"现代运用"。并且,本文库冠名为"罗马法与共同法",并不是要将之奉为现行法正当与否的检验标准,作为超乎其上的典范,而是倡导面向社会交往实际和法的地方性差异,发挥罗马法和共同法为"地方性知识"拾遗补缺的功能。所以,我们不仅欢迎关于罗马法、共同法之前世今生的研究,而且也愿意为面向中国问题、建立在法的地方性差异基础上的比较研究提供平台。

徐涤宇
2013 年 9 月 24 日

---

① 参见前引维亚克尔书,第116页。

在智利、厄瓜多尔、哥伦比亚生效的安德雷斯·贝略民法典

〔意〕桑德罗·斯奇巴尼*文

徐国栋 译

1. 智利共和国民法典于1855年12月14日得到批准,并于1857年1月1日生效。它现在仍然有效。

《智利共和国民法典》的作者是拉丁美洲伟大的法学家和人文主义者安德雷斯·贝略,他能够把罗马法系理解为拉丁美洲统一的基础,并且提供了一部表达这种统一性的法典。事实上,安德雷斯·贝略的这一法典,经过极少的改动,也在1860年为厄瓜多尔采用;就哥伦比亚而言,在这个国家曾经是一个邦联时,它于1858年采用了这一法典。后来,在形成了统一的哥伦比亚国家之后,它在1887年再次采用了这一法典。这部法典在经过了某些不拟在此处探讨的修改后,仍然在这三个国家有效。它在巴拿马也曾被采用(在这个国家与哥伦比亚结成邦联时如此。在它从哥伦比亚分离后,于1916年废除了这一法典)。它还影响了其他拉丁美洲国家的民法典,例如《尼加拉瓜民法典》(即这个国家的1871年民法典,它后来于1904年被废除);《洪都拉斯民法典》(这个国家的1880年民法典,它后来于1906年被废除)。此外,它还在单个规范、制度或制度群的更有限的规模上,影响了其他拉丁美洲国家的民法典。

2. 在这部法典之前,在智利以及整个拉丁美洲生效的法律制度,是在克里斯托夫·哥伦布于1492年到达美洲时,在西班牙的卡斯提利亚王国生效的法律制度,它凌

---

* 罗马第二大学(TOR VERGATA)罗马法教授。

驾于已经居住在美洲大陆上的诸民族之众多的、各种各样的习惯法之上。

而这一法律制度主要由如下因素构成：

1）在大学里被研究并在《七章律》中被采用的普通罗马法以及某些其他的法律；

2）西班牙人为美洲领土制定的印地安人法，它们尤其涉及公法的领域，且有时依地域而不同；

3）在欧洲人到达之前就居住在美洲大陆上的诸民族的习惯，按卡洛斯五世皇帝的宣告，这些习惯以它们不与基督教的原则相冲突为限，应继续适用于上述土著民族。

普通罗马法处在建成统一的美洲大陆之基石的地位，而在这一大陆内部，某些地区或人的差别和多元，是客观存在的。因此应该强调，拉丁美洲的法律制度建立在三个板块的基础上，它们是：罗马法、伊比利亚法①和哥伦布到达美洲之前的地方习惯法。

随着独立的实现，新生的拉美诸共和国首先通过了宪法，并大体上宣告了先前的法仍然有效，只有其中与宪法原则相冲突的部分除外。随后通过的民法典（通常在取得独立后的几十年内制定）则代表了普通罗马法对拉丁美洲大陆之最终的、自发的征服。

美洲的第一部民法典是《路易斯安那民法典》，路易斯安那后来被法国转让给美国，美国的制度限制了、但没有取消这一法典本身的存在。在拉丁美洲，第一部民法典是从法国获得独立的海地的 1825 年民法典。然后有 1827—1829 年的墨西哥的奥阿哈卡州（Oaxaca）的民法典，它只是在短期内存在。② 1830 年的《玻利维亚民法典》（这一法典后来被废除，现在生效的是 1976 年民法典），表达了急剧地进行法典编纂的愿望，并与 1804 年《法国民法典》的模式有密切的联系。1841 年的《哥斯达黎加民法典》也遵循了这一模式（它后来被废除，现在生效的是 1886 年民法典）。拉美人自主地拟定的民法典有如下这些：1851 年的《秘鲁民法典》（它后来被废除，现在生效的是 1984 年民法典）；再就是《智利共和国民法典》；后来的重要的里程碑由如下的民法典构成：1862 年的《委内瑞拉民法典》（它后来被废除，现行有效的是 1942

---

① 伊比利亚是西班牙和葡萄牙所处的半岛。在此处，伊比利亚法为西班牙法之意。——译者

② 关于《奥阿哈卡州民法典》的详细资料，参见〔墨西哥〕尤里·冈萨雷斯·罗尔丹：《墨西哥私法的法典编纂》，徐国栋译，载《民商法论丛》第 9 卷，法律出版社 1998 年版，第 392 页。

年民法典)、1868年的《乌拉圭民法典》(仍然有效)、1871年的《阿根廷民法典》(仍然有效①,《阿根廷民法典》曾在巴拉圭生效,直到1968年的巴拉圭新民法典把它废除)、1870年的《墨西哥民法典》(它后来被废除,现行有效的是1932年民法典)、1917年的《巴西民法典》(仍然有效②)。

所有这些法典,表达了独立的愿望和把罗马法本土化的愿望,在拉丁美洲,在法律制度维持持久的统一的范围内,罗马法就这样成功地在自主地编纂法典的活动中取得了中心地位。罗马文化与拉丁美洲的联系是不言自明的,历史界有四个罗马之说。君士坦丁皇帝在拜占庭建立了帝国的第二首都之后,君士坦丁堡成了新罗马或第二个罗马。伴随着拜占庭帝国的衰落和俄罗斯帝国的兴起,俄国人在对外关系中自称为罗马人,他们的帝国成了第三个罗马;在俄国人之后,巴西人把自己的祖国称为第四个罗马。一位主张巴西独立的爱国者说过"美洲的罗马",而更晚近的时候,这种确认由一个文化史学家迪·理贝依罗重新提起:"我们是新罗马"。

3.《智利共和国民法典》的作者安德雷斯·贝略③于1781年11月29日生于委内瑞拉的一个原籍卡纳里耶(Canarie)岛的家庭,其父是律师、财政部的官员。这个家庭是谦卑的和富有文化教养的。安德雷斯·贝略于1800年结束了中学阶段的学习,并开始受法律方面的教育。他在加拉加斯认识了正在委内瑞拉进行探险的德国科学家A.冯·洪堡;他学了法语,后来又学了英语。他当过私人教师,尤其值得一提的是,他当过西蒙·玻利瓦尔的私人教师,这个学生后来成了拉丁美洲的解放者。在结束学习之前,他很可能在一个公共机构中受雇。在独立运动中,安德雷斯·贝略开始承担更大的责任,1810年,他与玻利瓦尔一道被派到伦敦充当很可能与英国政府谈判的代表团的成员。后来他留在了伦敦,而这一逗留比预料的时间要长得多,达20年之久。在伦敦的时期,是进行研究、智力活动和外交活动的时期,也是发生各种各样的家庭事件的时期(他结了婚,又成了鳏夫,回国再婚),在某些时候,他为经济上的

---

① 这一民法典正面临被取代的命运。根据1995年的第685号法令指定的由埃克托尔·阿雷格里亚(Hector Alegria)等六位法学家组成的委员会编订的《阿根廷共和国民商合一的民法典草案》,于1998年12月18日完成并提交给司法部,后来又出现了这一草案的更新的修订本正在等待被批准为法律。——译者

② 1917年的《巴西民法典》已被2001年8月8日的巴西新民法典取代。——译者

③ 参见〔委内瑞拉〕R.卡尔德拉:《安德雷斯·贝略》,加拉加斯第1版,1935年(有许多版本和译本)。

困难所苦。1829年，安德雷斯·贝略被智利政府邀请到这个国家来，他接受了这一邀请。在智利，他担任了责任重大的职务，他是参议员、外交部法律顾问、他创立的新的智利大学的教师，然后成了该校的第一任校长。他是各种知识领域的著作的作者，而在这些领域，他都以不同寻常的能力取得了成就：他写了一本拉丁语语法、一本为美洲人使用的卡斯提利亚语①语法、一部理智哲学的作品、许多诗歌，尤其值得一提的是一部罗马法著作、民法典草案、一部国际法著作，以及无数的论文和短论。②他于1865年10月15日逝世。他被公正地认为是拉丁美洲文化上的独立之父③，恰如他的学生是美洲政治上的独立之父。

4. 在法的领域，安德雷斯·贝略的著作的研究对象是罗马法④、国际法⑤和民法典。⑥

在美洲取得独立后，也是上个世纪在欧洲出现了主流性的历史法学派之后，一些人坚持各个国家的"祖国法"与罗马法之间有一种冲突。而安德雷斯·贝略明确地采取了偏向于罗马法的立场，他肯定在罗马法中有指导和调节所有法的原则，罗马法为大学中培养法学家之方案的设计和制定法典提供了依据。

他的罗马法著作是小型的要点性的教科书，它表达了作者把罗马法作为有条不紊地、严谨地研究法的根据的观念。有资料表明，在教学中，他在《学说汇纂》和罗马法学者之著作的帮助下，发展了其一系列简略的要点。而人们完全可以说，其主要的罗马法著作是民法典草案。

在独立后的智利，就现行立法进行的争论，不仅涉及实际上已经失去意义的规范，例如，家庭方面的规范和遗产继承的特权方面的规范，限制不动产之流转的规范等等，而且涉及已经累积起来的规范（尤其在

---

① 即西班牙语。——译者

② 安德雷斯·贝略的著作已全部出版，为 M. L. Amunategui 主编的《安德雷斯·贝略大师全集》共15卷，圣地亚哥，智利；后来其著作又被重新出版，为 R. 卡尔德拉主编的《全集》共26卷，加拉加斯，1948年（为了纪念安德雷斯·贝略诞生两百周年，这一版本于1981年在加拉加斯被重印）。

③ 关于安德雷斯·贝略这个人物及其著作，人们进行了许多的研究。为了纪念他诞生两百周年，在加拉加斯召开了4个重要的国际会议，在1980—1982年间，这些会议的论文集先后在加拉加斯出版。

④ 参见〔智利〕H. 阿尼什·埃斯宾多拉：《安德雷斯·贝略及其罗马法著作》，圣地亚哥，1983年。

⑤ 参见〔委内瑞拉〕F. 姆里约·鲁别拉：《安德雷斯·贝略：生命的历程及一部著作的历程》，加拉加斯，1986年。

⑥ 参见〔智利〕A. 古斯曼·布里托：《法典编纂者安德雷斯·贝略》（第2卷），圣地亚哥，1982年。

上个世纪成长起来的西班牙法律、印地安人法和地方法）的庞杂，以及消除这种庞杂的体系化简单化之方法的阙如。

安德雷斯·贝略接受了罗马法的指导和他所受的罗马法教育的指导，他的这些指导来自《法学阶梯》，该书为他提供了进行简单化和体系化的模式；这些指导也来自《学说汇纂》，该书为他提供了一份进行精细区分、深化处理和阐述方式的巨大遗产，而这些技巧是在一个内在一致的体系中表现出来的。这一基地又为他提供了确定人法的第一位的建构性原则的坐标，这些原则应该是制定所有的法的指南，而在这些原则的作用下，平等的图景才有可能变成现实。这一基地也为他提供了由古罗马法学家确定或设计的解决问题之方案的全部财富，他把这一财富与实践结合起来，而这种实践，是他在罗马法的指导下，在对既有的各种各样的民法典（它们全都是以罗马法为基础的）进行的科学比较中、在对更公正的法律解决方案的寻求中归纳出来的。

作为一个历史学家，安德雷斯·贝略强调对各族人民、各个国家和地区的经济、气候和文化之特点进行研究的重要性，是饶有兴味的。作为一个语言学家，他致力于维护独立中诞生的诸新共和国与西班牙在语言上的统一，并为此目的写作了一部西班牙语语法，这部语法收录的语法现象，从最古老的以西班牙语写作的诗歌，到这种语言在美洲正在发展的最新的特殊用法，无所不包。作为法学家，他以罗马法为自己的根据地，并同样把罗马法看做是以批判的精神发展为美洲大陆的独立所必要的法律解决方法的根据地。①

5. 安德雷斯·贝略的民法典分为四编，并遵循优士丁尼之《法学阶梯》的顺序，在这一方面，它比《法国民法典》和《奥地利民法典》还要忠实，后两者是两个新近的伟大模式②。

安德雷斯·贝略的民法典以关于一般的法律问题和对法律的解释问题的序题开头。在这个序题中，《学说汇纂》的关于法律的题（D.1,3）和关于词语的意思的题（D.50,16）之模式的影响，是绝对明显的，这一模式也为《七章律》和《路易斯安那民法典》所遵循。对由专业术语统

---

① 关于安德雷斯·贝略的法学著作，已经在罗马和智利的圣地亚哥各召开了一次国际会议。这两个会议的论文集分别为：《安德雷斯·贝略与拉丁美洲法》，国际会议论文集，罗马，1981年；加拉加斯，1987年。国际会议论文集：《安德雷斯·贝略与法律》，圣地亚哥，1982年。

② 就法典的表述顺序问题之一般，参见〔意〕桑德罗·斯奇巴尼：《法学方法论和某些对罗马法和现代法典的思考》，该文由丁玫译成中文并发表于《比较法研究》第8卷，1994年，第205—216页，以及上述作者为《意大利民法典》所写的序言，该法典由费安玲和丁玫译成了中文，1997年于北京出版。

率的内在合体系性的注重,使得安德雷斯·贝略没有制定一个总则(在不同的草案中,我们得到了这个事实的遗迹:安德雷斯·贝略考虑了制定一个尤其要规定法律行为的总则的可能,但他后来没有实现这一设想)。

关于法的渊源,要指出的是安德雷斯·贝略倾向于承认习惯法,他在其草案中曾经规定了一个承认习惯性法律之效力的条文,但这个条款被草案修订委员会改掉了(经修改的条文是本民法典的第2条①)。相较于安德雷斯·贝略的条文,《智利民法典》第2条遵循了一个不那么符合罗马法的方向②,并在法的产生问题上更趋向于肯定国家的专有控制权。这一路线尤其严重损害了在哥伦布到达美洲之前的土著人的习惯法,这种习惯法由于上面已经说到的卡洛斯五世的规定,已经被部分地保留下来。

关于法律的解释,有意思的事实是规定了"立法的一般精神和自然衡平"(第24条)。关于这些词语的意思,安德雷斯·贝略认为衡平就是自然理性,是重要的,这种自然理性在作为成文理性的《民法大全》中包含的法律的一般原则中得到具体化。

接下来是关于人法和家庭法的第1编;关于物法的第2编;关于遗产继承法的第3编;关于债与合同法的第4编,如同人们所看到的,《法学阶梯》的第2部分,即关于"物"(有体物与无体物)的部分,被极为忠实地遵循,并像盖尤斯《法学阶梯》的2,1—96;2,97—3,87;3,88—225③一样,以及优士丁尼《法学阶梯》一样,把关于物权的部分,关于继承的部分和关于债的部分分开规定。

这里不是一一考究这一法典的许多可以作有意思的深入探讨之要点的地方。

如下的规定必须被肯定为这部民法典提供的第一个典范:不论是智利人还是外国人,都可以取得并享有为民法典所承认的权利(第57条),这是使拉丁美洲法具有特性的遵循了普通罗马法的伟大原则之一④,而在欧洲国家的民法典中,还要求外交互惠或立法互惠(《法国

---

① 该条规定:"习惯仅在法律承认的情况下构成法。"——译者
② 关于习惯法在罗马法中的作用,参考 D.1,3,32 及以次,该片断被收入〔意〕桑德罗·斯奇巴尼编著:《民法大全选译·正义与法》,黄风译,中国政法大学出版社1992年版,第62页及以次。
③ 参考〔古罗马〕盖尤斯:《法学阶梯》第4卷,黄风译,中国政法大学出版社1996年版,第80页及以次、第112页及以次。
④ 关于拉美国家立法中优待外国人的特色,参见〔秘鲁〕埃尔维拉·门德斯·张:《拉丁美洲法典关于投资者及外国人之规定的比较研究》,肖崇明译,载《民商法论丛》第14卷,法律出版社1999年版。——译者

民法典》第 11 条;《奥地利民法典》第 33 条;只有 1865 年的《意大利民法典》第 3 条超越了这种规定,但后来的 1942 年民法典序题中的第 16 条又恢复了这种规定)。

再者,第 102 条关于婚姻的定义肯定是富有意味的,它毫不含糊地采用了婚姻契约说。① 尽管就配偶间的财产关系规定的夫妻合伙财产制是法定财产制,但它也可以被相反的约定排除(第 1718 条),与在先的《法国民法典》(第 1387 条及以后各条)规定的财产制进行比较,或者与由《意大利民法典》(第 159 条及以后各条)采用的新近的夫妻合伙制进行比较,它们是相似的,但并不相同。

在安德雷斯·贝略的民法典提供的诸多典范中,人们可以指出其所有权的概念的典范。② 第 582 条为所有权确定了两个限制:法律的限制和他人权利的限制。《法国民法典》第 544 条没有作这样的规定,它只规定了法律的限制。后来的 1900 年的《德国民法典》第 903 条也是这样规定的。

再者,就对水的役权而言(第 860 条③及以后各条),我们正在考察的《智利民法典》以原创性的方式强调水的使用应该总是以公共利益为依据,这种利益与水所流经的土地之所有人的利益并存(第 834 条及以后各条)④,并一步一步地规定了强制性的导水役权所建立的各种必要条件。在对这一问题的调整(第 870 条及以后各条⑤)上,安德雷斯·贝略遵循《撒丁民法典》的模式⑥以回应如果实行水资源的私有制将受到侵害的各种需要,这些需要也以某种方式出现在关于国有财产的第 589 条及以后各条中,而且也出现在上文中提到的所有权的定义中

---

① 关于罗马法中婚姻的概念,参见 D.23,2,1pr.,载〔意〕桑德罗·斯奇巴尼编著:《民法大全选译·婚姻》,费安玲译,中国政法大学出版社 1995 年版,第 19 页。
② 关于罗马法在这方面的规定,参见〔意〕桑德罗·斯奇巴尼编著:《民法大全选译·物与物权》,范怀俊译,中国政法大学出版社 1993 年版,第 1 页及以次。
③ 该条在 1989 年的《智利民法典》中已被废除。——译者
④ 在 1989 年的《智利民法典》中,这些条文都已经被废除。——译者
⑤ 这些条文,除第 870 条外,都已被废止。——译者
⑥ 《撒丁民法典》颁布于 1837 年,它是一部受《法国民法典》影响的、由萨沃亚的卡尔洛·阿尔贝尔托制定的民法典。在贝略起草的《智利民法典》立法理由书中,他明确地承认在水的役权的规定方面直接从《撒丁民法典》得到借鉴。《撒丁民法典》第 538 条明确规定:"河流、水流、海岸、由上述水体占据或放弃的地方、港口、小湾、海滩……都属于王室的公产。"这是反映更充分地利用自然资源、便于灌溉的要求的规定。参见简·萨维诺·佩内·维达里:《简述在水资源问题上〈智利民法典〉与〈撒丁民法典〉的关联》,载《安德雷斯·贝略与拉丁美洲法》,贝略家族,加拉加斯,1987 年,第 427 页及以次。——译者

(强制性役权问题,后来在《意大利民法典》第 1032 条及以后各条中得到了发展)。①

其他极有教益的典范还有:转移所有权和其他物权的罗马法规则得到了保留,根据这样的规则,特殊的原因行为是必要的(第 670 条和第 675 条)②,仅仅具有《法国民法典》第 1101 条和第 1138 条或《意大利民法典》第 1321 条和 1325 条规定的合意作为原因,是不够的;仅仅具有《德国民法典》第 873 条规定的无因行为,也是不够的。

在债的发生根据方面,第 1437 条利用并以自主的方式发展了优士丁尼的《法学阶梯》(J.3,13)以及莫特斯丁的阐述(D.44,7,52pr.),并在这一方面进行了改组,这样,它克服了《法国民法典》的部分漏洞(第 1370 条)。③ 在尊重盖尤斯在 D.44,7,1pr. 中所作论述——后来人们把这一论述与意大利的 1942 年民法典第 1173 条的规定联系起来——的前提下④,该条保留了合同与自愿行为之间的区分⑤,同时以一种绝对饶有兴味的方式把自愿行为确定在学理的和体系的框架中。

在对私人自治的限制问题上,安德雷斯·贝略选择了 4 个方面的限制措施:法律、公共秩序、善良风俗(第 1461 条),并增加了智利的公法的限制措施(第 1462 条),他在罗马法关于法律和善良风俗的限制性规定之外⑥,吸收了由《法国民法典》(第 6 条)采用的关于公共秩序的规定。

---

① 关于罗马法在这方面的规定,参见 D.8,1,1,载〔意〕桑德罗·斯奇巴尼编著:《民法大全选译·物与物权》,范怀俊译,中国政法大学出版社 1993 年版,第 180 页及以次。关于通行权而非导水权的强制性役权的一个范例,参见 D.11,7,12pr,载范怀俊译,上引书,第 133 页。

② 关于让渡,参见 D.41,1,9,3,关于让渡的原因,参见 D.41,1,31pr.,载〔意〕桑德罗·斯奇巴尼编著:《民法大全选译·物与物权》,范怀俊译,中国政法大学出版社 1993 年版,第 53 页及以次、第 58 页。

③ 《法国民法典》第 1370 条规定了合意、法律规定和侵权行为 3 种债的发生根据。在《智利民法典》第 1437 条中,规定了合意、自愿行为、侵权行为、法律规定 4 种债的发生根据。为《法国民法典》忽略的"自愿行为"被《智利民法典》规定了,因此说第 1437 条"克服了《法国民法典》的部分漏洞"。——译者

④ 参见〔意〕桑德罗·斯奇巴尼编著:《民法大全选译·契约之债》(第 1 分册),丁玫译,中国政法大学出版社 1992 年版,第 5 页及以次。

⑤ 自愿行为是接受遗产或遗赠的行为,以及所有的准契约(如无因管理和不当得利)。其特征为单方行为产生约束双方当事人的债。合同不同,它是双方行为产生约束双方的债。——译者

⑥ 参见 D.1,3,29;D.22,1,5,载〔意〕桑德罗·斯奇巴尼编著:《民法大全选译·法律行为》,徐国栋译,中国政法大学出版社 1998 年版,第 71 页。

在行为的无效方面（第1681条及以后各条），安德雷斯·贝略的民法典把绝对无效与相对无效区分开来，然后确定了可以由法官宣告前一种行为无效的规则，仅可由当事人宣告后一种行为无效的规则；一切利害关系人都可对前一种行为，而不可对后一种行为主张无效的规则；前一种行为的缺陷不可通过当事人的批准而补正的规则，后一种行为的缺陷可以通过当事人的批准予以补正的规则；前一种行为不可由于时间的经过而完成时效（除非是超过了30年①）的规则；后一种行为可以由于时间的经过而完成时效的规则。通过对这一问题的上述处理，安德雷斯·贝略的民法典把自己与《法国民法典》区分开来，它比《德国民法典》更早地制定了这样的规则，要归因于罗马法②的影响。

在非常损失规则问题上，通过自主地发展罗马法上的非常损失制度（优士丁尼《法典》C.4,44,2和8③），安德雷斯·贝略的法典不仅使这一规则惠及买受人，而且也惠及出卖人（第1888条及以后各条），这是对作为保护合同中较弱的一方当事人之措施的有利于债务人之原则进行确切的根本解释的结果。这一制度的精神在后来的条文中也为关于借贷利息的规定，尤其是对关于限制利息的规定提供了启示，第2206条规定利息不得超过通常利率的一半。

在合同责任方面，第1547条提供了一个对罗马法以"过错""意外事件""不可抗力"（D.50,17,23④）等范畴为基础的规则进行简明再现的典范，并避免了《法国民法典》第1147—1148条的不确切，这两个条文取消了关于"过错"的规定，而采用了"原因"的规定，这后一个概念并不能很好地与"意外事件"的规定和"不可抗力"的规定相协调（这种不确切甚至仍然保留在《意大利民法典》第1218条中）。

在违约金条款方面，第1539条中有关于减少违约金的规定，该条的原文为："债务人仅履行了主债务的一部且该部分为债权人受领时，他将有权按比例减少为不履行主债规定的违约金。"D.2,11,9,1也规

---

① 第1683条规定的这一时效期间已经被1968年10月1日的第16.952号法律第1条修改为10年。——译者

② 关于罗马法在这方面的规定，参见〔意〕桑德罗·斯奇巴尼编著：《民法大全选译·法律行为》，徐国栋译，中国政法大学出版社1998年版，第71—77页。

③ 参见〔意〕桑德罗·斯奇巴尼编著：《民法大全选译·契约之债》（第1分册），丁玫译，中国政法大学出版社1992年版，第37页及以次。

④ 参见〔意〕桑德罗·斯奇巴尼编著：《民法大全选译·契约之债》（第1分册），丁玫译，中国政法大学出版社1992年版，第165—166页。

定:"如果某人以一个要式口约允诺为几个奴隶的缘故出庭,拉贝奥说,就算只有其中一个奴隶未出庭,确实要给付全部的违约金,因为所有的奴隶都没有出庭,是推定的事实。但如果为每一个奴隶的出庭按比例地提供了违约金,则被根据上述要式口约起诉的人可以利用诈欺的抗辩。"我们可以看出第1539条与 D.2,11,9,1 之间的联系。就同一问题,《法国民法典》第1231条的规定是这样的:"主债务已经一部履行者,审判员可以酌量减少违约金。"第1539条的用语为债务人"有权"减少违约金,按照反面解释,这种情况下的债权人负有减少违约金的义务;而《法国民法典》第1539条的用语为审判员"可以"减少违约金。显然,相较于《法国民法典》,安德雷斯·贝略的法典更好地保护了债务人。关于这一问题,也可参见《意大利民法典》第1374条,它规定:"契约不仅在载明的情况下,并且在所有根据法律、或者在没有法律时根据惯例和公平的情况下,均对当事人有约束力。"尽管这一规定比较概括,但实际上是涵盖第1539条所涉之情况的。值得注意的是,《法国民法典》通过1975年7月9日第75—597号法律的修改,已经吸收了安德雷斯·贝略的上述解决方法。经修改的条文是这样的:"如债务已部分履行,法官得按债权人自部分履行所取得的利益的比率减少约定的违约金,但不妨碍执行第1152条的规定。一切相反的规定应视为未予订定。"

在选择之债问题上,对于所有的选择之债的标的由于债务人的过错灭失的情况,第1504条第2款以利益均衡和足够明确的方式对争议点进行了调整。(《法国民法典》第1193条第2款、《德国民法典》第265条、《意大利民法典》第1290条第1款和 D.46,3,95,1[①]也有这方面的规定)

在解除简约[②]方面,第1879条采用了一种合乎时宜的解除简约,它以原创性的方式允许债务人在24小时内对迟延履行进行补救,并更倾向于保护债务人(在这一方面,它不同于《法国民法典》第1656条、《德国民法典》第360条)。

---

① 参见〔意〕桑德罗·斯奇巴尼编著:《民法大全选译·契约之债》(第1分册),丁玫译,中国政法大学出版社1992年版,第99—100页。

② 参见 D.18,3,1; D.18,3,2及以次,载〔意〕桑德罗·斯奇巴尼编著:《民法大全选译·契约之债》(第2分册),丁玫译,中国政法大学出版社1994年版,第69页及以次。

在连带之债和基于连带之债的代位权①方面，第 1522 条以明确和绝对有意味的方式表明了其罗马法来源。

第 2304 条－2313 条把准合同与财产共有联系起来的作法，填补了《法国民法典》的一个漏洞。②

作为对安德雷斯·贝略的法典提供的最后一个富有意义的典范的分析，指出在占有的保护方面，第 916 条、第 918 条、第 920 条、第 921 条和第 928 条规定了恢复占有之诉和请求停止妨碍占有之诉，并填补了《法国民法典》在这一方面的一个漏洞，是饶有兴味的；以同样的方式填补了这一漏洞的例子有 1865 年的《意大利民法典》（第 694 条和第 695 条）。应该强调的是，在法国，学者们也求助于普通罗马法填补了这一漏洞。普通罗马法③不仅为规范的产生确定了方向，而且也为漏洞之填补确定了方向，它是使读解和比较各种民法典成为可能的基础，它也是使超越纯粹的描述寻找到解决问题之方法的事理，然后选择更好的解决方法成为可能的基础。

6. 由徐涤宇完成的对安德雷斯·贝略的法典的翻译，是一项绝对重要和有用的工作。徐涤宇在波哥大一年的学习和研究居留期间从事这一工作，他受到了哥伦比亚开放大学的接待，而这一工作是在由罗马第二大学（TOR VERGATA）罗马法教研室协调与推动的学术活动的框架内进行的。翻译工作由徐涤宇独自完成，并由他独立承担责任，其翻译得到了徐国栋教授的指导。在阅读这一法典的方法上，以把它与已经被翻译成中文的《民法大全选译》、盖尤斯《法学阶梯》和优士丁尼《法学阶梯》等原始文献一并阅读为宜。

必须对徐涤宇就他已经完成的工作表示祝贺，他把一部罗马法系和拉丁美洲最好的法典之一放到了中国法学家的手中，这是一部极有实践意义和象征意义的作品。安德雷斯·贝略曾坚持要研究罗马法，在这样的研究中，罗马法可以净化在其被运用的过程中沾染的污点，而对罗马法的这样的运用，可能是在违背其保护人的宗旨的情况下进行的。为了

---

① 参见 D.45,2,11,1，载《民法大全选译·契约之债》（第 1 分册），丁玫译，中国政法大学出版社 1992 年版，第 105 页及以次。

② 参见 D.10,3,2pr.，载《民法大全选译·物与物权》，范怀俊译，中国政法大学出版社 1993 年版，第 138 页。

③ 参见 D.4316,1pr.，载《民法大全选译·物与物权》，范怀俊译，中国政法大学出版社 1992 年版，第 218 页及以次。

从罗马法中抽象出原则，人们应以批判的洞察力来研究罗马法，正如古罗马法学家彭波尼所说的，它应该每日每时地得到优化（D.1，2，2，13）。我相信，翻译拉丁美洲文化上的解放者安德雷斯·贝略的这一在智利、厄瓜多尔和哥伦比亚现行有效的法典，可以建造一座在太平洋的两岸间进行法的理解的桥梁。

1998 年 6 月于罗马

政府向国会提交的批准民法典的议案

参议院及众议院的同胞们:

许多现代最文明的国家都已感受到将其法律进行法典化的必要。可以说,这是社会的时代要求。不管一个法律体系是如何的完美,习惯的变迁、文明的进步、政治的变幻、新理念的植入、新制度的前导、科学的发现及其在艺术和实际生活中的运用,由肆意规避法律措施的恶意而诱发的流弊,都在不间断地促成防范措施,这些措施对先前的措施进行解释、添加、变更或废除,从而累加其上,直至最终产生一种将这一由多个前后不一致的、矛盾的因素构成的混乱体系加以熔炼的需要,以使这些因素稳固、和谐,并使之与社会秩序的活的方式联系起来。

一个世纪以来在这个国家进行的此类验证及其令人振奋的结果,激励着我们利用其他以科学和长期经验著称的民族的工作去着手类似的工程。正如你们所知,这一工作在数年前就已开始。随着草案的最终提交,我已将它呈交一个由博学的法官和法学家组成的委员会进行审查,这些法官和法学家是以在类似情况下在我们之中所未曾见到过的热情和恒心去履行这一职责的。

当然,你们将看到,我们并不是在逐字复制任何一部现代民法典。在考虑我国特殊情况的前提下利用这些民法典,是有其必要的。但是,在这些特殊情况未成为现实障碍的范围内,有益的革新被毫不犹豫地植入了。我将就最重要的和最有影响的问题对你们作一简短说明。

以几乎所有的现代民法典为榜样,习惯不再作为法律而有效。

期间在法律关系中是如此重要的一个因素,并且在法院裁决和法学家的理论中引起如此大的分歧,以至于为了确定该因素涉及的权利和义务所产生和消灭的确切时间点,相信建立一套乍一看来很繁琐的统一规则,并不是多余的。

关于人格的产生和消灭,如同几乎所有的现代民法典,建立的是一套绝对规则,也就是说,建立了一套不允许以证据推翻的推定规则。至于对长期不在的死亡推定(本草案称长期不在为失踪,因而区分了两种性质截然不同的法律状态),在我们的法律体系中需要的是精确的和完整的规定,草案在保留实质性差别的前提下借鉴了其他民族的立法,从而力求填补这一空白。总的来说,对失踪人财产的临时占有的期间已经缩短。临时占有妨碍财产的流转和改良,其存续期间不应超过理性地保护私权的必要范围,因为这些私权可能与社会的一般利益相冲突。从另一方面来看,远距离国家之间通讯的便利和快捷在今天已得到极大的提高,同时,对于一个长期和其家庭关系中心及利益中心没有联系的人来说,他是已经不再生存,还是自愿切断和以前住所相连接的联系点,这种可证实性也极大地得到了加强。由于在特别情况下法律推定也会失误,所以我们在一定程度上力求为这些极为罕见的情形提供某种方法。

相互接受的婚约,在本草案中是一种完全受当事人各方的荣誉感和良知约束的行为,它在民事法律上不产生任何义务。

对婚姻效力的决定权留给了教会,天主教会宣告存在结婚障碍的人被认为存在结婚的障碍。在教会眼里有效的婚姻,在民事法律面前同样有效,但世俗权力在否认其认为对社会和家庭有危害后果的婚姻的民事效力时,并不因此偏离其理性范围,尽管教会权力基于其他秩序的考虑,可能在例外情形反其道而放宽一般规则,从而允许这种婚姻。

在保留夫权的同时,也意图防范了其滥用,并在许多方面对妻的命运进行了改善。确实,草案废除了嫁资的先取特权,并因迎合西班牙法律的趋势取消了对嫁资财产和妻之个人财产的原有分类,已婚妇女的法定抵押权也确实遭受其他此类抵押权的同样命运,因为根据本草案,此类抵押权不再存在,立法机关自1845年以来的方案一直意图设定的术语已取而代之;作为弥补,草案为妻的利益建立并扩展了分别财产的利益;减少了配偶之间在离婚的民事效果方面存在的不符合法律精神的不平等性;承认了夫妻所得共有制;对处于夫之控制下的妻之不动产的保存,给予了有效的保障。

血缘关系分为正统的、自然的和纯粹非正统的。①关于在真实的婚姻或自以为的婚姻期间受孕的正统子女,本草案和包括我国在内的各国法律没有实质性的差别。至于因孕后婚姻准正的子女(本草案允许的惟一一种准正),草案所采用的制度结合了罗马法、教会法和《法国民法典》的规则。在罗马法中,欲使姘合期间受孕的子女准正,须由和姘妇结婚者作成文书;这不是为了婚姻的有效,因为婚姻仅依单纯的合意缔结;而是为了表明姘妇已进入合法之妻的行列,并在有子女时,表明哪些子女取得正统资格。这是对罗马法律最著名的解释理论。由此推断出由父母方赋予正统资格在当时是自愿性的,并且不扩及所有在姘合期间受孕的子女,而仅仅及于父亲选择的子女。同样,准正在子女方也是自愿性的,因为没有自己的同意,他们不可能成为他权人,也不可能和也许声名狼藉且带有陋习的父亲的社会地位联系起来。这两个原则,亦即依公文书获得准正的原则,以及自愿提出并接受准正的原则,已被本草案采纳;例外的只有以下两种情形:在结婚之前受孕并在婚姻存续期间出生的子女,以及自然子女(亦即在结婚之前由父或母正式自愿认领的非正统子女),他们因(父母的)事后结婚当然地取得正统资格。

正统子女的身份是民法创立的最重要的身份之一。由于证据即使不在父母的有生之年,至少也在其死后极易被捏造,那么如何使这种身份受到证据的验证呢?法律应渗入那些秘密关系的不可知状态之中,并仅仅根据这些证据授权推定成立父子关系(这种推定往往只是婚姻才具备的特权)吗?在暧昧、不确定的淫荡私通中,已堕落妇女的忠贞得不到任何保证,那么,即便父亲的鉴别力也不能确证这一私通,它还应作为正统性的端绪吗?假设父亲相信非正统子女是他自己的,那么他有义务使带有陋习的子女获得正统地位,并必须在结婚或者将不道德及堕落的胚芽带进家庭之间进行选择吗?在子女一方,他应违背自己的意愿附和他人的卑鄙并将自己财产的管理委托于肮脏者吗?教会法在这方面放宽了罗马法的原则,但是,享受这些民事权利的必要条件,则应由世俗权力来规定。

《七章律》仅当然赋予姘妇的子女以及自然子女以正统资格。在这一部分中,本草案与其规定一致。

前述原则的一个必然后果就是准正应予正式通知和接受。至于其作

---

① 智利民法典对血缘关系的这种区分在本版本中已被废除,有兴趣研究私法史的读者可参阅第一版的中文译本:《智利共和国民法典》,徐涤宇译,金桥文化出版(香港)有限公司2002年版。——译者

成的时间，草案追随的是《法国民法典》及其他现代民法典，但要求不如那么严格。因夫妻在文书中泄露个人短处而轻易反对制作文书，这一意见已不存在强大的势力。这是社会秩序要求的一种牺牲，是对过错的合理补救。从另一方面来看，制作文书如果未更令人信服地说明准正子女在父亲家庭的存在，那么就等于什么也没说。尤为重要的是，使得准正子女和父母的相互权利及义务免受任何主张影响的有效文书，显得非常必要。预先设立的文件的存在，作为预防和识辨争议的最好方式，是一个在民事法律的其他部分也出现的内容。

对婚外受孕的子女的自愿性认领，受类似手续的约束，这些子女在此等情形中采用自然子女的法定称谓并取得重要权利。

至于未获得其父或其母的自愿认领的非正统子女，仅赋予其请求扶养费的权利，为获得这一权利，不允许他们仅以父亲的自认为证；条件初看严厉，但经包括我国在内的所有国家的经验的验证，这是合理的。《法国民法典》和其他现代民法典甚至更为严格，因为它们绝对禁止调查父子关系。只有在少数情形禁止以普通手段调查母子关系，尽管并不缺乏使父和母在这一问题上平等的重大理由，一个杰出的法学家——《西班牙民法典》起草委员会的主席，已非常正确、非常明智和哲理地实现了这种平等。

定在25岁的成年①依法使家子脱离亲权。对我们而言，这仅仅可能改善其地位，因为正如你们所知，根据罗马法和我们的法律，家子身份不是基于纯粹的年龄界线。一些现代民法典已大大缩短亲权的存续期间，但是，如果说在这一点上模仿这些民法典已显得不适宜，那么作为弥补，草案已使得亲权的约束和负担少得多，同时也就为人生最初时期的勤奋和技艺提供了刺激因素。对于子女在执行工作、职业或任何技艺中取得的一切物件，草案取消了法律赋予的父亲对子女财产的用益权；在这一方面，子女具有真正的且几乎是独立的人格，这种人格当然扩及尚处于保佐之下的已脱离亲权的未成年人。

庇护②的不同种类已得到精确的界定；无资格或豁免执行这些职务的事由，其管理权限、义务、报酬、责任，同样得到了精确的界定。

关于财产的所有权、使用和收益，已导入了新颖的制度，这些制度能促成重要的、有益的结果。根据我向你们提交的草案，不动产所有权以及除役权之外在不动产之上设定的其他物权的让渡，应依在登记簿上

---

① 1943年第7612号法令已将成年的界线改为21岁。
② 在《智利民法典》中，庇护是监护和保佐的属概念。——译者

登记的方式进行，这一登记类似于目前存在的将抵押和岁供合并在一起的登记。事实上，这涉及到抵押制度的新的合成，它把两个相互之间有本质联系的目的连接起来，或者更确切地说，它把两个相互包容的目的连接在一起，这两个目的就是：使抵押完全公开，以及使土地占有之财富状态为公众所知。

至于前一目的，可以说所做的仅仅是将 1845 年 10 月 31 日的法令和 1854 年 10 月 25 日的法令加以完善，并对后一法令创建的物之类别赋予真正的名称。根据后一法令第 15 条的规定，特别抵押权优先于在任何日期成立的法定抵押权，而法定抵押权依其事由发生日期而相互排斥，并且此等抵押权仅优先于普通债权。既然法定抵押权在我国既不阻碍债务人转让其财产的任何部分，也不可能依此追索第三占有人，那么它已不再是真正的质权，由此也不再是真正的抵押权。惟一能以一定方式证明这种原因的正当性的，是它与特别抵押权竞合的情形。在依上述法令第 15 条摒弃这一优先权后，其称谓就显得完全不适当。因此，去掉这一称谓是适宜的。在本草案中，除了以前被称之为特别抵押，现在被单纯地称之为抵押的抵押类别，不承认其他抵押。在其他方面，享受法定抵押权之利益的人，恰恰处于 10 月 25 日法令将其置于的地位。

至于将地产的状态公之于众这一目的，最简单的办法就是使一切不动产的转让（包括不动产的遗产转让、设于其上的一切物权的分配和设定）进行强制性的登记。但地役权已显得并不十分重要，因此被作为例外。

除我已提到过的役权之外，移转和转让所有权，设定一切物权，均要求让渡；与这些行为相对应的让渡的惟一方式就是在文件保管处的登记簿上进行登记。在未进行登记时，合同可以完成，可以在当事人之间产生权利和义务，但并不移转所有权和任何其他物权，对第三人没有任何效力。登记赋予有效的实际占有，在登记未被撤销时，其原因行为未经登记的人不取得占有：他是单纯的持有人。由于文件保管处的登记簿向全体人公开，不可能存在比登记更公开、更庄严、更无争议的占有。在有些立法例当中，登记不仅是占有，同时也是所有权的保障；为了走得如此之远，强制不动产的一切所有人、用益权人和使用权人进行登记，以事先证明其原因行为的存在和价值，尤为必要；而仅仅通过可能产生复杂的、繁琐的司法程序，并在许多情况下可能产生自相矛盾的、耗时耗资的审判的那些强制性措施，明显不能取得这一效果。由于仅仅赋予文件管理处的登记以单纯让渡的性质，则因登记而被认可的占有使得真正所有人的权利依然存在，这些权利只可能因适当的时效消灭。但是，因为生前转让行为和遗产转让在涉及不动产时，均须进行登记这一手续，那么一切此等财产只要不属于法人，都应在一定年数后进行登记，以免受到任何攻击。从那时起，登记将成为所有权不容争辩的依据，并因此取得其他人当然愿意达到的结果，因为他无须为此求助于可能对整个土地所有权产生严重冲击的繁琐措施。

由这一事物的性质获得的好处是显而易见的：由于迅速走向一个登记、占有和所有权将有相同目的的时期，不动产的占有就会是公示的、无争议的；整个共和国的土地所有权是在一个簿册上公之于众的，如此一来，该簿册同时也体现土地所有权的随后变动、负担和分割；抵押在坚实的基础上得到了巩固；土地债权得到激活并可以流通。

我刚才对你们所说的制度，类似于很久以来在德国一些州存在的并为其他一些文明民族目前所欲效仿的制度，其良好的效果已通过经验得到广泛的显示。

关于占有，如采用一套比目前存在的术语体系较少繁琐、较少模糊的术语体系，相信是妥当的。一切占有在本质上都以所有权的实际存在或表象为特征；只有以自己所有的意思持有不动产的人才是该不动产的占有人，此时不问不动产是实质上处于其权力之下，还是处于承认他为该不动产所有人的他人权力之下。但是，由于物权的多样性，非占有所有权的人，可以是用益权、使用权、居住权、继承权、质权或抵押权、役权的占有人。用益权人不占有用益物，也就是说，他既不在事实上也不在表面上获得用益物的所有权；他仅仅占有物的用益，这是一种物权，并因此而可以占有。但是，不动产的出租人不取得任何占有，他仅仅因合同赋予的权利享有对人请求权。以他人名义占有的人，只是真正占有人的代理人，他获得的也仅仅是单纯的持有。这样，法定占有和自然占有这两个术语，在我向你们提交的草案中是陌生的；草案中的占有和持有两个词，始终是明显不同的；占有乃以自己的名义进行，持有则以他人的名义进行。但是，占有可以是规则的占有或不规则的占有：前者不以暴力或欺瞒取得，具有合理的原因和诚信；后者无须符合任何此等要件。一切占有均受法律保护，但只有规则占有使得占有人能进行取得时效。这就是本草案的体系；其定义指出了两类占有中每一类的精确界线，同时始终保留了两者构成物权表象这一共同特征。

在所有权的派生权利中，特别关注的是依条件的成就限制所有权这一问题，亦即在条件成就时，所有权移转于他人，而该他人不可撤销地、绝对地取得所有权。因此,用益权以及在条件成就时一人的权利产生而他人的权利消灭的信托所有权,是两个截然不同的法律状态:在前者,其终止是必然的;在后者,其终止是不确定的。前者推定两个现实权利的共存;后者只存在一个权利,因为一方行使权利时,仅赋予他方单纯的期待权,这种期待权可能不留下任何痕迹地挥发,这就是信托的设立;在信托的设立中,如果说本草案中只有一丁点或根本没有原创性,那么它至少也已试图将两种法律状态加以特征化,以免两者发生混淆,同时它也为有关这两种法律状态的规定提供了清晰的解释规则,并列举了其不同的特殊效力。

这样一来,尽管一些现代民法典已废弃信托替补,本草案还是将其保留了下来。在信托替补中,所有权权利的分离得到了承认,因为一切所有人看来都是为了对自己的慷慨课加他意欲的限制和条件而享有该所有权。但是,如果这一原则在其全部范围得到认可,那么它就可能和社会利益相冲突,因为它或者妨碍财产的流转,或者减弱保存和改良财产的热情,这对于毫无障碍地、不负责任地且有权在生前以及基于死因自由移转财产,从而期待一种永久的受益,具有强有力的刺激;因此,虽然允许设立信托,但禁止设立逐级替补,即使它不是永久性的;不过,以岁供的方式设立者除外,在岁供中,一切和限定继承中的继承顺序相关的均已包括在内。也正是在岁供之中,使岁供有危害性和不符合法律精神的特性已得到缓和。

在本草案中,禁止两个或数个连续的用益权或信托是一个基本规则;因为它们妨碍流通并伤害保存和改良财产的热情,而这一热情恰恰为生产提供了生命力和动力。另一个近似于同一目的的规则,就是限制停止条件和解除条件的存续期间,亦即在这些条件经历30年未成就时,一般推定为落空。

在役权这一有趣的问题上,本草案可以说是亦步亦趋地追随《法国民法典》。就法定的导水役权而言,《撒丁民法典》基本成为我们的模式,我相信该法典是所知法典中惟一和我们值得纪念的1819年11月18日的法令认可同一原则的,该原则使得若干显然已被自然惩罚为永久贫瘠的土地能够用于农业。但在这一点上,如同在水的使用和享用方面,本草案和其参照的法典一样,仅限于确立基础;而细节问题则由特别条例规定,这些条例可能在不同的地方有不同的规定。

对于法定继承,本草案最大范围地抛弃了原有制度。代位继承权只能由被代位人的正统直系卑血亲取得,或者只能由死者的正统或自然子女的直系卑血亲取得,或者只能由死者的正统或自然兄弟姐妹的直系卑血亲取得;由于代位继承逐级及于所有的亲等,并且在被代位人已不享有任何移转权的情况下,也不妨碍代位,所以只要被代位人因任一事由没有分享遗产,就足以产生代位继承。

生存配偶和自然子女的命运已得到显著改善。对于缺乏必需品维持其适当生活的配偶,草案已依目前立法中存在的方式,但在使鳏夫和寡妇的地位平等的基础上,在死者的财产中为其保证了为数不少的份额;而在此之前有时所遵循的,只是借助于对罗马法律和西班牙法律的不合理解释。除这一甚至优先于遗嘱处分并在存在正统子女时依其严格特留份而予确定的强制性分配之外,配偶尚在没有正统直系卑血亲时,依法律的指定取得法定继承的一部分;在死者没有正统直系尊血亲、正统兄弟姐妹或自然子女时,配偶取得全部法定继承。在法定继承中,所有的自然子女和配偶享有同等的权利。

那些因堕落性的、应受惩罚的通奸而有污迹的人,其相互之间发生的无继承资格,并不及于和这种犯罪有关联的无辜子孙;旁系血亲对法定继承的权利仅以六亲等为限。

至于特留份和额外份额,每位特留份继承人或强制性继承人依法定继承本可取得的份额的半数,构成严格特留份,这一份额可以大量增加,但绝对不能被减少或被设立负担。任何人在没有正统直系卑血亲对其进行亲自或代位继承时,可以自由处分其财产的半数;在相反的情形,他只有在绝对自由地处分其财产的1/4时,才是合法的;而另外的1/4应该用来作为额外份额,也就是说,应按其意愿为其正统直系卑血亲中的一个或数个人的利益加以分配。在其他方面,任何人在其有生之年都有按其认为最好的方式利用自己的财产的权限;只是在极端的情形,法律才将该人生前赠与的超额部分计入其自由处分的半数份额或1/4份额中,或者在必要的情况下撤销这种赠与,从而对其进行干预。

这样一来,相信就在所有权和向被赋予生命者[1]或自其取得生命者[2]提供福利的义务之间进行了调和。至于其他以保障特留份并防止在财产的分配中因父母随心所欲的嗜好导致的歧视为目的的限制,已被略去;即使在这些限制之中确实不妨碍任何特留份继承人。

对父母的理智和自然感情的信任,胜过对法律的信任。当前者误入歧途或不存在时,法律的声音是微弱的,它对规避的极其简陋的规定及

---

[1] 指子女。——译者
[2] 指父母。——译者

其可能扩展的范围，都是极其狭窄的。在遗嘱和遗赠的问题上，针对习惯性的挥霍、对家庭未来造成危害的虚荣性奢华、不知不觉吞噬财产的博戏性冒险，法律又能做什么？本草案仅限于抑制鲁莽施舍的非常超额部分，只要该超额部分虽在事实上并非如此，但对特留份继承人的合理期望构成足够的担忧。民事法律不越出其合理范围，不侵入家庭感情的避难所，不强加难以执行且最终无效益的调查措施，这是它惟一能做的。

在决定遗产份额时，如果遗嘱处分存在数量上的疑问，则主要追随罗马法和《七章律》，我认为其中只有一个例外。本草案的规则由算术公式构成，这可能有点怪异。《七章律》的立法者没有提供明确的规则；这就需要法官从出现的案例中推导出规则，但法律的归纳总比人的归纳更妥当。在承认其必要性后，当时只存在两种方法，一种是模糊说明算术方法的表达方式，另一种是通过尽可能的捷径对每一个问题推出一个结论的精确公式。后者显然更不会引起不确定性和错误；并且由于算术在今天是初等教育的普遍学科，其特殊的术语应该推定为所有只要受过最普通、最一般的教育的人都能理解。

在合同和准合同的问题上，你们将发现很少不是以目前立法为渊源的，而目前的立法是受现代民法典尤其是《法国民法典》影响最多的，或者是受某一最杰出的法学家的影响最多的。本国的实践已深深铭刻在一些合同例如租赁合同中，其特殊性显然需要特别的规定。不动产所有权的变动仅通过公文书完成，并且仅以在文件保管处的登记簿上进行登记这一方式得到执行，这正如我前面所说的，它是让渡此类财产的惟一方式。关于合同和其他创设权利的表意行为的无效及撤销，本草案紧密追随着以其最聪慧的解释著称的《法国民法典》。在这一部分中，你们将发现的主要新颖之处，是废弃未成年人以及其他有同等权利的法人或自然人的特权，这一特权就是不顾其法律行为和合同而使之完全恢复原状[①]。在这里，不仅有害于债权之特权，而且违背特权人本人真正利益的特权，都视为类似的特权。正如我们时代一位博学的法学家所说，由于这一特权的存在，所有的合同都被破坏，所有的债都失去效力，所有最合理的权利都被挥发。他补充说，"这一恢复原状是不正义诉讼永不枯竭的温床，是嘲弄合同中的诚信的便利借口……"一切意图加于其上的限制都不足以克服其最严重的不便利，这些不便利就是：使得符合所

---

① 这里的"恢复原状"应理解为恢复至未成立法律行为或未订立合同的状态。——译者

有法定要件成立的合同无效，使得所有权摇摆不定，使得和孤儿的交易变得困难起来，而孤儿为了维护和促进其利益往往比其他人更需要订立合同。《法国民法典》《西西里民法典》《撒丁民法典》以及其他民族的民法典对这一问题的规定，更符合正义，甚至更有利于被保护人本人。根据这些民法典，未经庇护人同意而由未成年人成立的合同，尽管可能被撤销，但并不当然无效；不过，按法律手续成立的合同，应如同由成年人成立的合同，遵循相同的条件。法学家郝伯特解释这一规定的目的时说："对于遵守法律手续与未成年人交易的人来说，完全保障其权利是必要的，即使说这一措施并非必不可少，那么考虑到长期形成的认为和被保护人缔约没有安全感从而有理由相信是对他不利的成见，它至少也是有益的。"

在债的证明一题中，对于其涉及的标的物超过一定数量的一切合同而言，书面形式是强制性的，但为采用其他种类的证据划定的范围，比起其他民族的立法要宽泛得多：尤其是在法国和葡萄牙这些国家，对人证的这一限制是古老的，并已产生有益的效果。在这里，对你们谈及依已宣誓的陈述就能轻易地使最合理的权利被反驳、被推翻这一便利性，是毫无必要的。在劣等民众中存在着一类不名誉的人，他们谋求一种践踏宣誓的生活方式，这是众所周知的。基于这一考虑，本草案的规定显得有点胆怯，但草案担心的是对交易造成妨碍，并相信等待另一个时期的到来更为明智，在那一时期，公文书的使用在各地得到普及，也就能便利地将口头证据的管理限制在一个更狭窄的范围。

岁供的不同种类（除终身岁供外）已精简为单纯的一种，并因此受相同规则的约束，在这些规则中，惟一值得提及的是使岁供随同所涉及的不动产能予分割的规则，以及在其价值大幅超过本金的不动产之上设定岁供时，允许将岁供限缩于该不动产的一个不确定部分，从而免除其他部分的全部责任的规则。不过，草案也考虑到了收租人的利益，因为对于无限延续下去就可能对收取典息造成过度困难和浪费的分割，以及对于几代之后可能使得岁供化成无数个细碎部分的分割，它都进行了限制。如果通过这种方法能遏制本金在岁供上设定的负担，那它就间接地获得了极大的利益。终身岁供依其性质存续期间较短，并且不产生其他岁供所带有的不便利，在本草案中它是惟一不允许赎回、限缩或分割的。

在合伙合同方面，相信我们应该采为模式的，是因其广泛的商业活动认识到这一债权的真正要求的民族采用的模式。根据本草案，普通合伙的成员对以合伙的名义成立的债务的全部价值负担责任。同时，草案也力求在合伙的管理、合伙人相互之间的义务以及对第三人的义务等方面使合伙遵循精确的规则。对于委任、成果定作合同以及保证，草案也力求明确和清晰。

在合法协议之中，新出现了不动产典质。由于它自身无害、有益于债权并在有时候被证明是合理的，所以现在能在法律的认可下适当地出现。而从各类协议的一般情况来看，《七章律》和《法国民法典》一直是两个杰出的范本，它们总受到最频繁的关注。在两者有所不同的地方，选择的是最能接受的最妥当的制度。债权优先顺序的安排已明显得到简化，在此之中，对债权的扶助一直是决定性的考虑因素。到期债权人共分为5种：享有一般先取特权的债权人；对特定动产享有先取特权的债权人；抵押权人；未成年人、已婚妇女以及其财产由法定代理人管理的其他人；普通债权人。已废弃一些享有一般先取特权和特殊先取特权的债权，尤其对于后者，只要坐落在不动产之上，都已予废弃。在本草案中，没有保留一般协议上的抵押权和经公证的抵押权等优先债权，在此几乎没有必要对你们谈及这一问题。因1845年和1854年的法律开始的工作已经得到实现。

在时效一题中，你们将发现一些对占有和债权的保障更为有利的新制度。连续30年的长期时效消灭一切债权、先取特权和对物诉权。一切个人债务如在这一期间内未被主张，亦告消灭。但这一抗辩应始终由意图享有该利益之人主张，法官不得替代之。

我将以一些一般性的说明作为结束语。

对于目前的法律尚未要求作成公文书和私文书的特定行为和合同而言，作成这些文书（一位著名的国际法学者称之为事先构成的证据）在本草案中是强制性的。因事后婚姻准正，我已向你们提及的自然子女的认领，在一切情形下对监护人和保佐人的指定，对妻承担夫妻共同财产之管理的指定或对夫恢复管理夫妻共同财产的指定，一切遗产的承认或抛弃，都属于这一类别。管理子女财产之父如再婚，按规定应制作要式财产清单，而在继承人意图不对全部遗留财产而仅在其继承的价值范围内承担责任时，对遗留的财产制作清单就作为先决条件而必须为之。所有超过一定数量的合意之债也要求作成公文书或私文书。一切针对不动产发生的所有权变动或物权设定，都须履行公文书这一手续，如欠缺该手续，则即使在当事人之间也不应该发生强制力；在民事破产清偿程序中应享受第四等级优先权的债权，仅可在以同一方式进行清楚记载时取得；作为例外的，只是因法定代理人的不当管理产生的损害赔偿请求权。

要对争议和人证加以防范，对未成年人或其他特权人的利益加以保护而无害于这些人，如同其他所有的人一样有兴趣予以加强的债权，对以其特权为幌子进行的诈欺进行解剖，则此类证据的效用是显而易见的。

谈到本法典中追求的长处和方案，我注意到如果省略抽象规则所经常附带的举例，省略从抽象规则中推导出来的并且对法官和法学家具有的理性来说是肯定不必要的必然结论，那么本法典的篇幅本来可以更少。但依我的意见，法典仿效《七章律》的博学立法者采用了相反的做法。举例使得法律在其运用中的真正含义和精神体现出来；必然的结论能显现法律中所隐含的并可能和不够敏锐的人失之交臂的东西。在这一问题上，精简已显然是第二位的考虑。

经过一个精选的、有热情的并值得你们信任的立法委员会的仔细审查、讨论和修改，现提交给你们这样一个草案。此类成果的颁行已是急迫的需要，但在各立法会议上讨论它可能长时间地耽误其颁行，而我无论如何也不可能赋予该成果以统一、一致及协调等不可或缺的特征。在这些方面我并不自吹向你们提交了一个完美的作品；到目前为止，也没有一个这样的作品出自人类之手。但我并不害怕以我的理智冒险，我预告本草案的通过将消除目前在民事领域阻碍司法的大部分困难；将根除大量的争讼，而法院判决越明显地与法律规定一致，司法也就越能赢得信任和尊重。毫无疑问，在执行如此艰巨的任务的过程中，实践将揭示其缺陷，但立法机关可以在知晓事由时方便地加以修正，这正如同其他国家和法国所做的一样，而后一国家的民法典理应是最杰出的并被如此多的国家采用为蓝本。

为向你们这些博学的人和爱国主义者建议通过我根据国务院的决定向你们提交的本草案，我相信已讲得够多。

曼努埃尔·蒙特[①]
圣地亚哥，1855年11月22日

---

① 斯人为《智利共和国民法典》颁行时的智利共和国总统。——译者

目 录

序　题 / 1

第一编　人 / 7

　　第一题　人及其国籍和住所 / 7
　　第二题　人之生存的开始和终止 / 10
　　第三题　婚约 / 15
　　第四题　结婚 / 16
　　第五题　再婚 / 19
　　第六题　夫妻间的义务和权利 / 21
　　第七题　亲子关系 / 29
　　第八题　亲子关系之诉 / 33
　　第九题　父母子女之间的权利和义务 / 38
　　第十题　亲权 / 41
　　第十一题—第十五题已被废除
　　第十六题　适龄 / 47
　　第十七题　民事身份的证明 / 48
　　第十八题　依法应给予特定人的扶养费 / 50
　　第十九题　监护和保佐的一般规定 / 53
　　第二十题　执行监护或保佐前的手续和程式 / 58
　　第二十一题　监护人和保佐人对财产的管理 / 60
　　第二十二题　关于监护的特别规定 / 65
　　第二十三题　对未成年人保佐的特别规定 / 67
　　第二十四题　对浪费人保佐的特别规定 / 69
　　第二十五题　对精神病人保佐的特别规定 / 71

第二十六题 对聋哑人保佐的特别规定 / 73
第二十七题 财产保佐 / 74
第二十八题 辅助保佐人 / 77
第二十九题 特别保佐人 / 78
第三十题 关于监护或保佐的无资格及职务豁免的理由 / 79
第三十一题 监护人和保佐人的报酬 / 85
第三十二题 监护人或保佐人职务的褫夺 / 87
第三十三题 法人 / 89

第二编 财产及其所有、占有、使用和收益 / 92

第一题 财产的种类 / 92
第二题 所有权 / 95
第三题 国有财产 / 96
第四题 先占 / 99
第五题 添附 / 104
第六题 让渡 / 109
第七题 占有 / 114
第八题 所有权的限制以及首先关于信托所有权的规定 / 118
第九题 用益权 / 123
第十题 使用权和居住权 / 129
第十一题 役权 / 131
第十二题 原物返还之诉 / 139
第十三题 占有之诉 / 144
第十四题 某些特别占有之诉 / 146

第三编 死因继承和生前赠与 / 149

第一题 定义和通则 / 149
第二题 关于法定继承的规则 / 154
第三题 遗嘱处分 / 157
第四题 遗嘱分配 / 166
第五题 强制性分配 / 181
第六题 遗嘱的撤销和订正 / 188

第七题 继承的开始及其接受、抛弃以及财产
　　　　清单 / 190
第八题 遗嘱执行人 / 197
第九题 信托遗嘱执行人 / 202
第十题 财产的分割 / 204
第十一题 遗产债务和遗嘱债务的清偿 / 210
第十二题 区分的利益 / 214
第十三题 生前赠与 / 216

第四编　债的通则和各类合同 / 222

第一题 定义 / 222
第二题 行为和意思表示 / 224
第三题 法律之债和纯粹自然之债 / 227
第四题 附条件的债和附负担的债 / 228
第五题 附期限的债 / 231
第六题 选择之债 / 232
第七题 任意之债 / 233
第八题 种类物之债 / 234
第九题 连带之债 / 235
第十题 可分之债与不可分之债 / 237
第十一题 附违约金条款的债 / 240
第十二题 债的效力 / 242
第十三题 合同的解释 / 245
第十四题 债的消灭方式以及首先关于有效清偿的
　　　　规定 / 246
第十五题 更新 / 256
第十六题 债务的免除 / 259
第十七题 抵销 / 260
第十八题 混同 / 262
第十九题 标的物灭失 / 263
第二十题 无效和撤销 / 265
第二十一题 债的证明 / 268
第二十二题 婚姻财产协议和夫妻共同财产 / 271
第二十二题—甲题　所得参与制 / 286
第二十三题 买卖 / 291

第二十四题　互易 / 304
第二十五题　权利的让与 / 305
第二十六题　租赁合同 / 307
第二十七题　设定岁供 / 322
第二十八题　合伙 / 327
第二十九题　委任 / 337
第三十题　使用借贷 / 344
第三十一题　借贷或消费借贷 / 347
第三十二题　寄托和讼争物寄托 / 349
第三十三题　射幸合同 / 354
第三十四题　准合同 / 357
第三十五题　侵权行为和准侵权行为 / 361
第三十六题　保证 / 364
第三十七题　质押合同 / 371
第三十八题　抵押 / 374
第三十九题　不动产典质 / 378
第四十题　和解 / 380
第四十一题　各债权的优先顺序 / 382
第四十二题　时效 / 387

尾题　本法典的遵守 / 392

第一版译后记 / 393
第一版编者后记 / 395
修订版后记 / 397

共和国总统

圣地亚哥，1855年12月14日

由于国民议会已通过如下：

民 法 典

序 题

第一节　法律

第1条　法律为主权者意志的宣示，它以宪法所规定的形式表达，作出命令、禁止或允许。

第2条　习惯仅在被法律承认的情况下构成法。

第3条　只有立法者可以以普遍有约束力的方式阐明或解释法律。

法院判决仅对于实际被宣判的案件有约束力。

第4条　商法典、矿产法典、陆军和海军法典中的规定以及其他特别规定，优先于本法典而适用。

第5条　最高法院以及各上诉法院，应在每年的三月份，就法律的理解和适用过程中出现的疑问和难点，以及法律中发现的漏洞，向共和国总统汇报。

第二节　法律的颁布

第6条　法律一旦依国家宪法予以颁行，并依以下规定公布，即具效力。

第 7 条 法律须以刊登于正式报纸上的方式公布，该公布自刊登之日起视为被公众知悉并发生约束力。

法律公布于正式报纸的日期，为法律所有效力发生的日期。

但是，在任何法律中均得就其公布和生效日期作出不同的规定。

第 8 条 法律一经生效，任何人不得主张不知法律。

第三节　法律的效力

第 9 条 法律仅可就将来事项作出规定，决无溯及力。

然而，仅以阐明其他法律之含义为限的法律，被视为前者的一部分，但这些法律对于中间期间①已经生效的法院判决之效力，不得以任何方式影响之。

第 10 条 法律禁止的行为无效且不产生任何效益，但法律在无效效果之外就违法情形明示规定其他效果的，不在此限。

第 11 条 如果法律基于防止诈欺或者保护公共、私人利益的明示或默示的目的规定某一行为无效，则即使法律使之无效的行为经证实并无诈欺性，或者不违反法律的目的，也不得停止该法律的适用。

第 12 条 法律赋予的权利可以被抛弃，但该权利须仅涉及抛弃人的个人利益，并且其抛弃不被禁止。

第 13 条 某一法律中关于特别情形或事务的规定与同一法律中的一般性规定有冲突时，前者优先。

第 14 条 法律对于共和国境内包括外国人在内的所有居民均有约束力。

第 15 条 即使居住或定居于外国，所有智利人仍在以下方面适用调整民事权利和义务的祖国法：

1. 关于人的身份以及实施将在智利境内发生效果的特定行为的能力；
2. 产生于家庭关系的义务和权利，但仅以与其智利配偶和亲属相关者为限。

第 16 条 位于智利境内的财产，即使其所有人为外国人且未居住于智利，仍受智利法律的约束。

本规定应理解为不妨碍在外国有效订立的合同中所包含的相应约定。

但在外国订立的合同的效力，为了在智利获得实现，应符合智利的

---

① 指前后两个法律生效的间隔期。——译者

法律。

第 17 条 公文书的形式依作成国的法律决定。其真实性依程序法典中确定的规则予以证实。

形式乃指外部程式；真实性则指文书已由其载明的人以载明的方式实际作成和核定这一事实。

第 18 条 不问私文书在作成国效力如何，只要智利法律要求以公文书作为应在智利境内提交并发生效力的证据，则私文书不具效力。

第四节 法律的解释

第 19 条 法律的含义明确时，不得借口探求其精神而无视其字面含义。

但是，为解释法律的模糊表达，可求助于法律本身中或在可靠的立法史料中所明确表示的意图或精神。

第 20 条 法律用词应根据其通常用法，依自然而明显的意义理解，但立法者就特定事项明示地进行定义时，应认为相关用词在这些事项的范围内被赋予了法定含义。

第 21 条 所有科学或艺术术语应采用该科学或艺术领域所表达的含义；这些术语明显已采用不同含义者，除外。

第 22 条 法律的上下文应该用于确定其各部分的意思，以便全部法律条文保持应有的一致与和谐。

法律条款模糊时，可通过其他法律予以阐明，涉及同一事项的其他法律尤应参考。

第 23 条 法律规定的善恶，不得作为扩张或限缩解释的依据。对所有法律均应适用的文义范围的确定，应根据其真实含义以及前数条解释规则进行。

第 24 条 在不能适用前数条解释规则时，模糊或矛盾的条款应根据最符合立法的一般精神和自然衡平的方式进行解释。

第五节 法律常用各种用词的定义

第 25 条 （生物学上的）人[①]、（法律意义上的）人[②]、儿童、适

[①] 原文为 hombre，乃指生物学意义上的人。——译者
[②] 原文为 persona。以下未特别说明时，"人"均指"法律意义上的人"。——译者

婚人（adulto）①以及其他依普通含义适用于人类个体的同类用词，如果没有性别的区分，在法律规定中应理解为兼含男女两性，但依条款的性质或上下文明显仅限于一种性别者除外。

反之，"妇女"、"女童"、"寡妇"及其他特指女性的同类用词，不得适用于男性，法律明示扩张至男性者除外。

第 26 条 一切未满 7 岁者称幼儿或儿童；男未满 14 岁或女未满 12 岁者，称未适婚人；已经不是未适婚人者，称适婚人；满 18 岁者，为成年人或单纯的成年人；未满者为未成年人或单纯的未成年人。

第 27 条 两人之间的血亲关系的亲等依代数计算。因此，孙辈与祖辈为第二亲等的血亲，堂（表）兄弟姐妹相互之间为第四亲等的血亲。

如两人中一人是另一人的直系尊血亲，则血亲关系是直系的；如两人有共同的直系尊血亲，且其中之一并非另一人的直系尊血亲，则血亲关系是旁系的或横数的。

第 28 条 血亲是指两个人之间的一种亲属关系，其中一人是另一人的后代，或者二人为同一先辈的后代，其中不问亲等如何。

第 29 条 已被废除。

第 30 条 已被废除。

第 31 条 已婚者与夫或妻的血亲之间的亲属关系，为姻亲。

某人与其夫或其妻的血亲之间形成姻亲关系，其亲系和亲等依其夫或其妻与该血亲的亲系和亲等而定。因此，某男与其妻在前婚中所生子女形成的姻亲关系，属于直系第一亲等；夫与其妻的兄弟姐妹之间的姻亲关系，属于旁系第二亲等。

第 32 条 已被废除。

第 33 条 其亲子关系依本法典第一编第七题之规定而予确定者，均享有某人之子女的民事地位。本法对所有子女一视同仁。

第 34 条 已被废除。

第 35 条 已被废除。

第 36 条 已被废除。

第 37 条 子女之亲子关系，仅可相对于其父、其母或其父母双方而予确定。

第 38 条 已被废除。

---

① 《智利民法典》中的 adulto 一词和 impúber（未适婚人）相对应，它们分别和拉丁文中的 puber（适婚人）和 impúber（未适婚人）相对应。——译者

第 39 条 已被废除。

第 40 条 已被废除。

第 41 条 兄弟姐妹共父母的，称双系兄弟姐妹；仅共父的，称父系兄弟姐妹；仅共母的，称母系兄弟姐妹。

第 42 条 法律规定应听取某人亲属的意见时，应理解为包括该人的配偶、已成年的男性及女性血亲。如果血亲的人数不够，则应听取姻亲的意见。

直系卑血亲及直系尊血亲应优先于旁系血亲，旁系血亲中应选择亲等最近者。

亲属应按程序法典规定的形式被传唤并到庭口头陈述其意见。

第 43 条 某人的法定代理人为父或母、收养人以及其监护人或保佐人。

第 44 条 法律区分三种过失或疏忽。

处理他人事务时，如未尽即使是懈怠和粗心者在处理自己事务时也通常具有的注意，为重过失或重疏忽。这种过失在民法上等于故意。

如缺乏一般人处理自己事务时所通常具备的勤勉与注意，为轻过失或轻疏忽。过失或疏忽在无其他限定词时，指轻过失或轻疏忽。此种过失有违普通或中等的勤勉或注意。

应以善良家父身份管理某事务之人，对此种过失承担责任。

缺乏理性人管理其重要事务时所具有的精细勤勉时，为轻微过失或轻微疏忽。此种过失有违细致的勤勉或注意。

对他人或他人的财产有致使损害的积极意图时，构成故意。

第 45 条 不可抗拒的难以预料事件，如船舶失事、地震、被敌人捕获、公务员行使职权的行为等等，谓不可抗力或意外事件。

第 46 条 担保通常指为保证自己或他人之债的履行而成立的另一个债。担保的种类为保证、抵押和质押。

第 47 条 依特定的前提或已知的情形进行推演的行为，称推定。

如导致推定的前提或情形由法律确定，此种推定谓法定推定。

法律赖以推定的前提或情形即使是确定的，亦允许证明依法推定的事实不存在，但法律在假定前提或情形时明确排斥这种证明者，不在此限。

如果根据法律的表述依法推定某一事项，应理解为法律在假定前提或情形时已禁止反证。

第 48 条 法律、共和国总统的法令、法院或法官的判决中所述及的一切有关年、月、日的期限，应理解为整年、整月或整日；并且此等期限应计算至该期限之最后一日的午夜。

期限为数月或数年时，其第一天和最后一天应为相应月份中的同一日期。因之，一个月的期限根据具体情况得为 28 天、29 天、30 天或 31 天，1 年的期限依具体情况得为 365 天或 366 天。

如期限为数月或数年，而期限开始的月份在天数上多于该期限结束的月份，并且期限自前者多出的天数中的某一天开始计算，则期限的最后一天应为期限结束的月份的最后一天。

本规则适用于时效、年龄的确定，并一般地适用于法律中或智利政府机关的文件中规定的一切期间或期限，但上述法律或文件中有明示的相反规定者，不在此限。

第 49 条 如果说某行为应在特定期限内完成，应认为该行为须在期限结束的最后一天的午夜之前完成，方为有效；特定权利的产生或消灭以经过一定期间为要件时，应理解为此等权利仅在该期间结束的最后一日的午夜后产生或消灭。

第 50 条 在法律、共和国总统的法令、法院或法官的判决中指明的期限，尚应包括节假日，但期限被明示地指明为工作日者，节假日不得计入。

第 51 条 法律、共和国总统的法令、法院或法官的判决中提及长度、重量、时间段或其他任何度量衡单位时，应当然依法定定义予以理解；无法定定义者，依通常的和被大众接受的含义理解，但有其他明确规定者除外。

第六节　法律的废除

第 52 条 法律可以被明示或默示地废除。
新法明示地宣告废除旧法者，为明示废除。
新法含有与前法不相一致的规定时，为默示废除。
法律可以被全部或部分地废除。

第 53 条 前法中一切不与新法相抵触的规定，即使是涉及同一问题，亦不因默示废除而无效。

第一编　人

第一题　人及其国籍和住所

第一节　人的分类

第 54 条　人分为自然人和法人。

本编最后一题规定法人资格及关于法人资格的特别规则。

第 55 条　不问其年龄、性别、出身或地位，所有人类个体均为人。人分为智利人和外国人。

第 56 条　经国家宪法宣告为智利人者，为智利人。其他人为外国人。

第 57 条　对于本法典规定的民事权利的取得和享有而言，法律并不承认智利人与外国人之间存在区别。

第 58 条　人尚可分为有住所的人和暂住人。

第二节　依居所和永久居住于居所的意思确定住所

第 59 条　住所，即具有实际的或推定的永久居住于其中之意思的居所。

住所分为政治住所和民事住所。

第 60 条　政治住所涉及整体的国家领土。拥有或取得政治住所的人即使保留外国人资格，亦为或成为智利社会成员。

政治住所的设定和效果适用国际法。①

第 61 条 民事住所涉及国家领土的某个特定部分。

第 62 条 个人定居场所，或者惯常地从事其自由职业或技艺的场所，决定其民事住所或户籍。

第 63 条 如某人在别处拥有家园，或由于其他的情况拥有临时居所，例如旅游居所、执行临时任务的居所、从事行商活动的居所，不得仅依其在一定期间内居住于该地的自己的居所或他人的居所的事实，推定其有永久居住于该地的意思，也不能因此在该地获得民事住所。

第 64 条 相反，某人为了亲自管理他在某地开办的商店、药房、工厂、作坊、旅店、学校或其他持续性机构，可以根据他开办这些实业的事实，推定其当然有永久定居于该地的意思；也可依某人在上述地方受任公职或长时间经常从事固定职业等事实推定其具有上述意思；其他类似情况亦同。

第 65 条 如某人的家庭与基本事务场所仍在其原住所，不得因他长期自愿地或被迫地居住于另一场所的事实而变更其民事住所。

因此，某人依法院命令被关押于特定场所或流放于共和国境外时，只要其家庭与基本事务场所仍在原住所，即维持该住所。

第 66 条 主教、神父和其他有义务居住于特定居所的神职人员，其住所为该居所。

第 67 条 同一人在不同地区的若干居所都符合民事住所的构成要件的，应认为该人在所有此等地区均有住所，但所涉事项仅与其中一地有特别联系时，该地在此等情形下单独成为该人的民事住所。

第 68 条 在其他地方没有民事住所者，得单纯地以居所作为其民事住所。

第 69 条 可以在合同中为因该合同产生的司法文书或非司法文书以合意设定特别的民事住所。

第 70 条 本堂神父的住所、市府住所、省会住所或领土内其他部门的住所的确定，主要取决于为相应的本堂、市或省内的政府、警察及行政管理部门规定特别权利和义务的法律或法规，且其住所的取得或丧失，亦以此等法律或法规为依据。如此等法律、法规无特别规定，则根据本题的规定取得或丧失住所。

---

① 指《智利国际私法典》第 22 条至第 26 条的规定。

第三节 依人的民事地位或民事身份确定住所

第 71 条 已被废除。

第 72 条 处于亲权下者依情形随其父或随其母的住所,被监护或被保佐者随其监护人或保佐人的住所。

第 73 条 某人的住所也是随其居住于同一房屋的佣人或雇员的住所,但以不与前两条规定相抵触为限。

第二题 人之生存的开始和终止

第一节 人之生存的开始

第74条 所有人在法律上的生存于出生时开始,出生以与母体完全分离为准。

死于母腹中的胎儿、在完全脱离母腹之前死亡的胎儿或者一分离即死亡的胎儿,视为从未生存。

第75条 法律保障即将出生者的生命。因此,法官相信未出生人在一定程度上处于危险之中时,得依任何人的请求或依职权采取其认为适当的预防措施,以保护未出生人的生存。

如对母亲的处罚可能危及其子宫内胎儿的生命或健康,应延至胎儿出生后实施。

第76条 依出生日期推测受孕日期,应遵循下列规定:

受孕日期应在法律上推定为先于出生日不少于180天但不多于300天,该计算自出生之日的午夜向后倒数。

第77条 赋予母体内胎儿的权利,如以出生和存活为条件,在出生完成之前,这些条件不成就。如胎儿的出生导致他在法律上开始生存,该新生儿应视同已从权利赋予之时起生存,从而享有此等权利。在第74条第2款规定的情况下,此等权利如同胎儿从未生存而移转于他人。

第二节 人之生存的终止

第78条 人因自然死亡而终止。

第 79 条　如果两人或更多的人死于同一事故，如船舶失事、火灾、建筑物倒塌或战争，或者死于其他原因，但不能知晓他们的死亡发生的顺序，则在任何情况下，上述人等视为在同一时刻死亡，并且他们中的任何人都不比其他人存活得更久。

第三节　依失踪推定死亡

第 80 条　如不知失踪人是否生存，且以下所规定的各种条件业已证实，得推定该失踪人死亡。

第 81 条　1. 如利害关系人事先能合理地证明自己不知失踪人的行踪，且为查明其音讯已尽各种可能的努力，则自失踪人生存的最后消息之日起经过不少于 5 年的期间，应由失踪人在智利的最后住所地的法官宣告死亡推定。

2. 在此等证据中，必须包括利害关系人已对失踪人作出传唤的证据；传唤应在正式的报纸上重复刊登 3 次，且每两次的间隔不少于两个月。

3. 自最后一次传唤起不少于 3 个月后，任何利害关系人可以提请死亡宣告。

4. 为进行这一宣告，在随后的所有司法程序中，法官应听取不在人事务监察专员的意见；法官除要求提交有关不在人失踪的证据外，如认为尚不令人信服，得依监察专员或任何利害关系人的请求，或者依职权，根据各种情况要求提供其他适当的证据。

5. 所有判决，包括最终判决和中间判决，应刊登在正式报纸上。

6. 法官应确定推定的死亡日，该日期为最后消息之日起经过两年期的最后一天；自最后消息之日起经过 5 年，法官可以许可临时占有失踪人的财产。

7. 尽管如此，但如果某人在战争中身负重伤，或者突然遭受类似危险，而此后失踪且已经过 5 年期间，则利害关系人在依前数项规定合理地证明其失踪且进行传唤后，法官得确定该次战斗或危险的发生日为推定的死亡日，或者在不能完全确定事件发生的日期时，可以将事件开始日至终止日之间的中间日作为推定的死亡日，推定的死亡日确定后，法官可以立即许可对失踪人财产的确定占有。

8. 自船舶或飞行器存在的最后消息之日起，如经 6 个月它们未被发现，视为失事。该期限届满时，任何利害关系人得对该船舶或飞行器的乘客申请宣告死亡推定。法官应依前项规定确定推定的死亡日，并可立即许可对失踪人财产的确定占有。

遇难或失事的船舶、飞行器或其残骸被发现时，如所有或部分乘客的尸体无法找到，或者被发现的尸体无法辨明身份，仍适用前款规定。

如在出航或飞行过程中，机组人员或乘客坠落海中或地面，因其尸体未被发现而失踪，法官可以根据前两款规定行事，但审理记录中须记载航海或航空部门已通过简易程序确凿地宣告此等人失踪且无生还的可能性。

对于本项规定的各种情况，第 2 项的规定以及第 3 项中关于期限的规定不予适用，但根据所涉及的是船舶还是飞行器，应相应地听取航海总局或航空总局的意见。

9. 致使或可能已致使大量人死亡的地震或灾难在特定居民点或地区发生 1 年后，任何利害关系人可就居住于该居民点或地区的失踪人，申请宣告死亡推定。

在此等情形，对失踪人的传唤，应在 1 日或 15 日的正式日报上公告一次，或者未在指定日期公告时，应在紧接着的工作日公告之；并且，公告应在市①报上，或在无市报时在省会或大区首府的报纸上刊登两次，两次公告的间隔期不得少于 15 天。法官可以裁决以一个公告传唤两个或数个失踪人。

法官应确定地震、灾难或自然现象的发生日为推定的死亡日，并应立即许可对失踪人的财产进行确定占有，但必须听取不在人事务监察专员的意见。

第 82 条 在经过前述 5 年的期间后，如能证明失踪人自出生之时起已满 70 岁，法官得授予对其财产的确定占有以取代临时占有；自最后的消息之日起如已经过 10 年，法官亦可授予确定的占有；该 10 年的期间一旦届满，则不论失踪人如果还活着时所达到的年龄为何，仍可授予确定的占有。

第 83 条 在第 81 条第 6 项和第 7 项规定的 5 年期间内，或在第 8 项规定的 6 个月期间内，失踪应视为单纯的不在，其委托代理人或法定代理人得照管失踪人的利益。

---

① 市或市镇（comuna）是智利基础的行政区划，它可以是城市或农村属性，也可以二种属性兼而有之。截至 2010 年，智利共有 346 个市镇，这些市镇组成 54 个省（provincia），在省的基础上则组成大区（región）。——译者

第 84 条　根据临时占有的裁决，如失踪人存在夫妻共同财产或所得参与制的情形，可予以终止；如失踪人遗留有财产，可以开启并公布遗嘱；财产的临时占有应由假定继承人取得。

如无继承人出现，应遵守第三编继承的开始一题中为同一情形作出的规定。

第 85 条　遗嘱继承人或法定继承人如在推定的死亡日具有继承人身份，即被看做失踪人的假定继承人。

推定的被继承的财产，包括在死亡推定日属于失踪人的财产、权利和诉权。

第 86 条　临时占有人应首先作成要式财产清单，或者以同样的要式程序核对、修改已有的财产清单。

第 87 条　临时占有人应接替失踪人继续已提起的诉讼，并就第三人提起的诉讼进行抗辩。

第 88 条　如法官听取不在人事务监察专员的意见后认为适当，临时占有人当然可以出售动产的全部或一部。

在取得确定占有前，他不得转让或抵押失踪人的不动产，但出于受理案件的法官在听取上述监察专员的意见后宣告的必要原因或具有明显效益的原因者，不在此限。

失踪人之财产的任何部分，应以拍卖的方式出售。

第 89 条　各临时占有人应为保管和返还财产提供担保，而相应的孳息和利息归其所有。

第 90 条　如在临时占有期间失踪人未重新出现，或不存在导致依一般规定对失踪人的财产进行分配的消息，法官可命令确定的占有并取消担保。

根据确定占有的命令，第 88 条课加的限制终止。

如从未进行临时占有，得依确定占有的命令根据一般规定开始对失踪人的继承。

第 91 条　命令确定占有时，由失踪人享有用益权的财产之所有人，失踪人依信托而占有的财产之信托受益人，受遗赠人，以及所有其权利享有以失踪人死亡为条件的人，可以如同失踪人已真正死亡而行使其权利。

第 92 条　主张权利的人，在其权利的存在以失踪人于推定的死亡日死亡为前提时，并无义务证明失踪人确实已在该日死亡；同时，在无相反证据时，他可以依前数条的规定行使其权利。

相反，所有主张权利的人，在其权利的存在须以失踪人死于该日之前或之后为条件时，有义务证明之；如无这一证据，他不得阻止所主张的权利移转于他人，也不得要求他人承担任何责任。

第 93 条 如失踪人重新出现，或在失踪期间有了特留份继承人，或在失踪期间由于在他处结婚而有了配偶，可以为此等人的利益撤销确定占有之命令。

第 94 条 撤销确定占有的命令，应遵守下列规定：

1. 一旦失踪人出现或其生存已得到证明，其本人可随时请求撤销；
2. 其他人不得请求撤销，在从失踪人真正死亡之日起开始计算的相应时效期间内为此等请求的，除外；
3. 此项利益只能由根据法院判决可能获得该利益之人利用；
4. 依照此项利益，财产应按其当时所处的状态予以返还，但合法设于其上的转让、抵押或其他物权，依然有效；
5. 在所有应恢复原状的情形，除非有相反的证据，被请求人应被视为善意占有人；
6. 知悉失踪人确已死亡或仍然生存却予隐瞒者，构成恶意。

第四节 民事死亡[①]

第 95 条 已被废除。
第 96 条 已被废除。
第 97 条 已被废除。

[①] 该术语更为准确的翻译应为民法上的死亡，是指一个自然人虽活着但其法律人格已被消灭，例如某人皈依宗教后在世俗法（市民法）上即丧失法律人格。关于其历史发展，详见〔美〕罗斯科·庞德：《法理学》（第四卷），王保民、王玉译，法律出版社 2007 年版，第 310 页以下。

第三题　婚约

第 98 条　婚约或订婚，或称相互接受的结婚允诺，为一种私行为，法律完全将之委诸个人的荣誉和良心，该种行为在民法上不产生任何义务。

因此，当事人不得为了请求达成婚姻的效果，或为了请求损害赔偿，而主张此种允诺。

第 99 条　如约婚人之一方为了他方的利益就不履行结婚允诺约定罚金，不得主张之。

但已支付罚金的，不得请求返还。

第 100 条　以结婚为条件赠与和交付物件的，如婚姻未缔结，不得以上述规定对抗此等物件的返还请求。

第 101 条　在采纳订婚合同作为诱奸罪的加重情节之证据时，也不得利用上述规定反对之。

第四题 结婚

第 102 条 婚姻为要式合同，依此合同，男女以共同生活、生育子女以及相互援助为目的实际地、不可解除地终生结合。

第 103 条 婚姻可以通过为达成结婚的效果而特别授权的受任人代为缔结。委任应以公文书的方式作成，并应载明婚姻缔结人和受任人的姓名、职业和住所。

第 104 条 已被废除。

第 105 条 在未取得依以下规定其同意为结婚的必要条件之人的同意或许可，或者不确定有关的婚姻缔结人无须取得他人的同意而结婚，或者未取得法院的替补性同意时，均不得开始缔结婚姻。

第 106 条 已满 18 岁的人毋需取得任何他人的同意。

第 107 条 未满 18 岁的人，非经其父母的同意，不得结婚；无父或无母时，须取得母或父的同意；无父母时，须取得亲等最近的直系尊血亲或直系尊血亲们的同意。

如对立的表决票数相等，应以同意结婚的票数为准。

第 108 条 已被废除。

第 109 条 父母或其他直系尊血亲已故或患精神病，或不在共和国境内且不能及时返回，或其居住地不为人所知时，应认为无此等亲属。

父子关系或母子关系在裁判上已被否决的，也应认为无父或无母。

第 110 条 父母依法院判决被剥夺亲权，或因行为不检无资格参与对其子女的教育时，也可认为无父或无母。

第 111 条 无前述父母或直系尊血亲时，未满 18 岁的人须取得其普通保佐人的同意。

无上述提及的人员时,应介入未成年人之婚姻缔结的民事登记官可给予未成年人以结婚的同意。如民事登记官有第113条规定的任何反对结婚的理由,应为了第112条规定的效果,将该理由书面告知所在市镇或联合市镇的独任民事法官。①

如果子女和其父母的亲子关系尚未被确定,由其普通保佐人给予结婚之同意。无此等保佐人时,准用前款规定。

第112条 应给予同意的人拒绝同意时,即使他未陈述任何理由,未满18岁的未成年人也不得结婚。

拒绝作出同意的保佐人和民事登记官始终有义务陈述理由,在此等情形,未成年人有权要求有管辖权的法官对拒绝同意进行裁断。

第113条 裁断拒绝同意是否合理的理由仅得为:

1. 任何法定障碍的存在,第116条规定的障碍包括在内;
2. 在未成年人方面,尚未处理再婚一题中规定的事务;
3. 不予许可将严重危及该未成年人或其子女的健康;
4. 未成年人欲与之结婚的人生活放荡、沉迷玩乐、经常酗酒;
5. (未成年人欲与之结婚的)人因应处重刑的犯罪而被处以刑罚;
6. 未婚夫妻均无现实财力适当履行婚姻方面的义务。

第114条 未满18岁的人未经其直系尊血亲同意而结婚时,不仅有必要征得其同意的直系尊血亲,而且所有其他直系尊血亲,均可因他未履行获得此种同意的义务而剥夺其继承权。如果这些人中的任何人未作成遗嘱即死亡,该直系卑血亲仅得在继承中取得其应得财产份额的一半。

第115条 如直系卑血亲未经其必要的同意而结婚,直系尊血亲可以以此为由撤销该婚姻之前对其作出的赠与。

未经他人的必要同意而结婚的,不导致其受扶养的权利被剥夺。

第116条 对未满18岁的人的财产进行过管理或正在进行管理的监护人或保佐人,在管理账目未由法官经听取未成年人事务监察专员的意见而予核定时,即与该未成年人结婚者,是不合法的。

同样,监护人或保佐人的直系卑血亲无资格与被庇护人②结婚。

违反上述规定结婚的,结婚或许可结婚的监护人或保佐人丧失因其

---

① 智利法院系统中级别最低的独任法官,其管辖的案件范围一般是一审、小额的民事案件以及家庭、劳动案件,管辖区域仅限于某一市镇或联合市镇。——译者

② 统指被监护人和被保佐人。——译者

职务而应得的全部报酬；法律课加其他处罚的，依其规定。

上述婚姻若经其同意为缔结婚姻所必要的直系尊血亲许可，则不适用本条规定。

第 117 条 已被废除。

第 118 条 已被废除。

第 119 条 已被废除。

第 120 条 在外国领土上依该国法律解除婚姻关系的，如果依智利法律本不得解除，则只要配偶一方仍然生存，双方在智利境内均无资格结婚。

第 121 条 依婚姻缔结国的法律可在该国解除的婚姻，在智利境内仅得依智利法律解除。

第 122 条 在民事登记官面前缔结的无效婚姻，对于基于正当原因发生错误而缔结婚姻的善意配偶一方，产生与有效婚姻相同的民事效果，但是，自配偶双方丧失善意之时起，该婚姻不再发生民事效果。

尽管如此，如因官吏的不适格，或未在法律要求的一定数目的证人面前缔结婚姻，或证人不适格，而致婚姻被宣告无效，则即使缺乏善意和正当的错误原因，也不影响子女的婚内亲子关系。

如配偶一方善意地与他方结婚，则即使该婚姻被宣告无效，他方所为的婚因赠与或允诺，仍为有效。

第 123 条 已被废除。

第五题　再婚

第 124 条　欲再婚的鳏夫或寡妇，如有处于其亲权之下或处于其监护或保佐之下的前婚子女，且此等子女因继承其已亡配偶的财产或依其他任何原因而享有财产，则在此等财产由其管理时，应作成要式财产清单。

为制作该清单，应为上述子女指定特别保佐人。

第 125 条　即使处于父亲或母亲权力下的此等子女并无任何自己的财产，仍应为其指定保佐人。如情况果真如此，特别保佐人应作为证人证明之。

第 126 条　相应的民事登记官在未被出示为前述目的指定特别保佐人的有效证书时，或者在未先行得到关于鳏夫或寡妇没有处于其亲权下或者处于其监护或保佐下之前婚子女的速审报告时，不得允许欲再婚的鳏夫或寡妇结婚。

第 127 条　鳏夫或寡妇因懈怠未及时依第 124 条作成清单的，对于其管理的子女财产，丧失作为特留份继承人或作为法定继承人进行继承的权利。

第 128 条　婚姻关系被解除或被宣告无效时，孕妇在分娩前，或者（于尚未有妊娠迹象时）在婚姻关系解除或宣告无效后满 270 日之前，不得再婚。

但是，在上述解除或宣告之前的天数里，如夫妻绝无可能发生性接触，可自该期限内扣除所有这些天数。

第 129 条　妻未被证实并不具备前条规定的婚姻障碍时，相应的民事登记官不得允许她再婚。

第 130 条　若因母亲再婚导致子女归属于哪一婚姻存有疑问，且有根据第八题作出的某一司法裁决被援引，法官即应虑及具体情形而作出裁决。若有提交专业的生物学证据和专业意见之请求，应对此等证据和意见予以确定。

在适当时间之前即已再婚的母亲，与其新夫一起，对因父子关系不确定给第三人造成的一切损失和支出连带承担赔偿义务。

第六题　夫妻间的义务和权利

第一节　通则

第 131 条　夫妻在所有的生活环境中负相互忠实、救援、帮助的义务。

夫妻应相互尊重和保护。

第 132 条　通奸系对婚姻之忠诚义务的严重违反，并产生法律规定的制裁。

已婚妇女与非夫之男性同房，以及已婚男性与非配偶之女性同房，构成通奸。

第 133 条　夫妻双方有生活于共同场所的权利和义务，一方有重大理由不生活于共同场所者除外。

第 134 条　夫妻应依其经济能力及其之间存在的财产制供给家庭共同的必需品。

在有必要时，法官应确定其各自份额。

第 135 条　依夫妻共同财产一题的规定，基于结婚的事实，在夫妻间成立夫妻财产共同制，且妻的财产由夫管理。

在外国结婚的夫妻，视为采用分别财产制，除非其婚姻登记于圣地亚哥市第一区的登记簿，且在文书中约定夫妻共同财产制或所得参与制[①]，由此记录于上述登记簿。

第 136 条　夫妻有义务相互提供对方起诉或应诉所需的帮助。

若采夫妻共同财产制而结婚，夫尚应在妻无第 150

[①]　关于所得参与制，请参见史尚宽：《亲属法论》，中国政法大学出版社 2000 年版，第 331 页。

条、第 166 条和第 167 条所指的财产时，或在此等财产不足时，就妻之应诉为其提供费用。

第 137 条 采夫妻共同财产制结婚的妇女实施的行为和合同，仅就其依第 150 条、第 166 条和第 167 条而管理的财产对其有约束力。

尽管如此，赊购的动产当然用于家庭日常消费的，该买卖就夫的财产以及夫妻共同财产而对夫有约束力；该买卖亦在妻从该行为中获得的特定利益的范围内对其自有财产有约束力，此种利益包括家庭利益中妻依法应提供必需品的部分。

第 138 条 夫若因长期的或不确定期限的障碍，如禁治产之障碍、长期不在之障碍或失踪，而中止管理，则夫妻共同财产一题第四节的规定应予遵守。

如果障碍并非长期的或不确定期限的，则在审理案件的法官认为迟延将导致损失，从而给予许可时，妻可以对夫的财产、夫妻共同财产以及其由夫管理的财产采取措施。

在前款所指的情形下，妻之行为视同夫之行为，对夫之财产和夫妻合伙财产具有约束力；且在妻从该行为中获得的特定利益的范围内对其自有财产亦有约束力。

第 138 条（附加） 夫若无道理地拒绝就妻的自有财产实施行为或缔结合同，则法官在事先对夫进行传唤后，得许可妻自行其事。

于此情形，妻仅就其自有财产以及第 150 条、第 166 条和第 167 条规定的保留财产或特别财产中的积极财产负债，而不以夫妻合伙财产和夫之自有财产负债，但夫妻合伙或夫已从该行为中获得利益的，在该利益范围内应以此等财产负债。

在指定分割人、请求分割以及在妻参与继承而与其他继承人一起分割的情形，亦适用以上规定。

第 139 条 夫未成年的，须有保佐人管理夫妻共同财产。

第 140 条 前数条规定可因下列原因而有例外或更改：

1. 存在家庭财产；
2. 妻从事某一职业、行业、工作或职务；
3. 分别财产制；
4. 永久离婚；
5. 采用所得参与制。

对于前四种原因，适用以下数节的规定；对于最后一种情形，适用第四编第二十二—甲题的规定。

第二节　家庭财产

第 141 条　夫妻任何一方用作家庭主要居所的不动产，以及配置该居所的动产，不问采用何种婚姻财产制，均可被宣告为家庭财产，并应遵守本节的规定。

此种宣告应由受理案件的法官应夫妻任何一方的请求，并对另一方予以传唤，依简易程序为之。

尽管如此，单纯的诉请之提交就使所涉财产临时转化为家庭财产。法官在其最初的决定中，应安排将该情形旁注于相应的登记簿。登记簿保管人应将法庭依法告知之判决的要旨进行亚登记。

就本条规定的效果而言，夫妻享受贫寒优先权。

配偶为获得本条所指的宣告而实施诈欺的，应赔偿所致损害，本规定不妨碍成立可能的刑事制裁。

第 142 条　对于家庭财产，不得进行意定转让或设定负担，也不得允诺设定负担或转让，但不享有所有权的配偶给予许可的，不在此限。该限制亦适用于就家庭财产成立的租赁、使用借贷合同，或其他任何在家庭财产上设定使用或收益之债权的合同。

本条所指的许可应具体且书面作成，或者在该行为须作成公证书，或该行为以任何方式明示且直接要求作成公证书时，应予以公证。在一切情形，许可得通过特别委任的方式为之，该委任应根据情形书面地或以公证书的形式作成。

第 143 条　不享有所有权的配偶，在其意思未按前条规定而予明示时，可以请求撤销该行为。

不动产属于家庭财产的，其上所设权利的取得人应被认定为恶意，从而因无效宣告而产生返还义务。

第 144 条　在第 142 条规定的情形，对家庭财产不享有所有权的配偶，在其不能或拒绝基于家庭利益而为意思表示时，其意思表示得由法官替代为之。法官应受理案件，并在该配偶拒绝许可时，应对其进行传唤。

第 145 条　夫妻双方得依合意宣告某项家庭财产不属家庭财产。若该宣告指向不动产，则应以公证书的形式为之，并旁注于相应的登记簿。

享有所有权的配偶可基于某项家庭财产并未实际用于第141条规定的目的,请求法官宣告该财产不属于家庭财产,但该配偶应对此进行证明。

在此情形,法官应按第141条第2款规定的方式宣告之。

如果婚姻被宣告为无效,或者因夫妻一方的死亡而终止,则应遵守同一规则。在此情形,实际无效之婚姻的订婚人或死亡配偶的权利承受人,应提起相应的请求。

第146条 公司(或合伙)拥有的某一不动产系家庭主要居所的,本节规定适用于夫妻双方在该财产上享有的权利或诉权。

权利或诉权发生上述牵连后,如果夫妻在与家庭财产有关联的相应公司中作为合伙人或股东实施任何行为,同样需要双方的共同意思。

权利的上述牵连性,须通过夫妻任何一方的表示包含于公证书之中。在人合公司的情形,若有公司登记簿,则应旁注于相应的登记簿。涉及隐名合伙(股份有限公司)的,应登记于股东登记簿。

第147条 婚姻存续期间,或在婚姻宣告无效后,法官可为不享有所有权的配偶的利益,在家庭财产上审慎地设定用益权、使用权或居住权。设定此等权利并确定其期限时,法官应特别考虑有子女时子女的利益以及夫妻的财产实力。在此等情形,法庭可以确定其他公平的义务或负担。

前款所指的司法裁决应作为产生一切法律效果的权源。

家庭财产上所列权利的设定,不得损害设定之时享有所有权的配偶已有的债权人的利益,但不享有所有权的配偶在任何时间产生的债权人也不得利用之。

第148条 被诉请的夫妻享有先诉(检索)利益。因此,夫妻任何一方可以请求在对家庭财产采取措施之前以债务人的其他财产清偿债权。第四编第三十六题关于保证的规定,相应地适用于本条所指先诉抗辩的行使。

如果根据作为第三人的债权人的执行之诉,而命令扣押负担债务之配偶享有所有权的某一家庭财产,法官应裁定将相应的命令通知不享有所有权的配偶本人。该通知不影响不享有所有权的配偶对该财产享有的权利和诉权。

第149条 违反本节规定的任何约定,无效。

第三节　有关妻之职业或工作的例外

第 150 条　任何年龄的已婚妇女仍可自由从事某一工作、职务、职业或行业。

已婚妇女如从事与其夫相独立的某一工作、职业、职务或行业，则即使有其他任何相反约定，其从事该工作、职务、职业或行业的相关财产以及从中取得的财产，亦被视为分别财产；但该妇女如未满 18 岁，则在对不动产设定负担或进行转让时，须取得受理案件的法官的许可。

对于按本条取得的财产，妻对其夫及第三人负证明其来源和所有权的义务。为取得这一效果，妻可利用法律规定的所有证明方法。

妻，或其夫、继承人、受让人，以妻在本条目之外实施行为为由提出主张时，如妻通过公文书或私文书的形式，已对有效作成的文书中提及的人证明自己有独立于其夫的职业、业务、工作或职务，则与妻订立合同的第三人，在合同并不涉及第 1754 条和第 1755 条所指的财产时，不受此等主张的影响。

妻独立管理时所为的法律行为或订立的合同，仅对其独立管理的以及依第 166 条和第 167 条而管理的财产有约束力，但依第 161 条规定而对其夫的财产有约束力的，不在此限。

对于妻依本条而进行管理的财产，夫的债权人不享有请求权，但夫订立的合同经证明乃让步于妻的利益或家庭共同利益的，不在此限。

夫妻共同财产解散时，本条所指的财产应作为（婚姻期间）所得进行分割，但妻或其继承人抛弃所得的除外，在此等情形，对于妻在独立管理财产期间成立的债务，夫不承担责任。

如妻或其继承人接受（婚姻期间）所得，夫对上述债务承担责任，但以共同财产解散时存在的本条所指财产的价值的一半为限。为享有此项利益，如其分担额已超出第 1777 条的要求，夫应予证明。

第 151 条　已被废除。

第四节　有关纯粹分别财产的例外

第 152 条　夫妻未离婚，而依法院裁决、法律规定或相互的约定采用分别财产制时，为纯粹的财产分别。

第 153 条 妻不得在婚姻财产协议中抛弃法律赋予的请求分别财产的权利。

第 154 条 未成年之妻为请求财产的分别，应得到特别保佐人的许可。

第 155 条 夫支付不能或有诈欺性管理行为时，法官应裁决财产的分别。

如夫因过错不能履行第 131 条和第 134 条课加的义务，或对民事婚姻法第 21 条第 5 项和第 10 项之外的某一离婚原因负有责任，法官亦应裁决财产的分别。

在民事婚姻法第 21 条第 8 项规定的情形，妻自夫不在之时起经历 1 年后，可请求财产的分别。如果未发生不在的情形，但存在夫妻别居的事实，亦同。

如夫的经营因风险投机或者管理上的错误或疏忽而陷入困境，夫可在提供保证或抵押以充分担保妻的利益后，反对财产的分别。

第 156 条 一旦诉请了财产的分别，法官可以应妻的请求，在审理期间采取他认为足以保证妻之利益的预防措施。

在前条第 3 款规定的情形，法官可以在任何时间，应妻的请求，于审理案件的同时，先于财产分别之诉请而采取预防措施，但他在认为适当时应要求妻对后果提供担保。

第 157 条 因夫的不良经营状况而提起分别财产之诉时，夫的自认并不具有证明力。

第 158 条 本节前数条就夫或妻所作的规定，应无差别地适用于采所得参与制的夫妻。

一旦裁决分别财产，即应按照所得参与制目的所设定的，进行所得的分割或报酬的支付，或者对参与所得的债权进行计算。

第 159 条 妻在财产分别时，就其独立管理的财产享有第 173 条为永久离婚之妻规定的权利。

第 160 条 在分别财产的状态下，配偶双方应依各自能力供应共同家庭的必需品。

法官在必要时应确定其各自的分担额。

第 161 条 对于其财产已分别的妻可合法成立的法律行为或合同，其债权人对其财产享有诉权。

夫仅在作为保证人或以其他方式承诺时，以其财产对妻的债务承担责任。

夫因妻的债务而获得利益时，也应按比例承担责任；此种利益包含共同家庭的利益时，夫对共同家庭的必需品中他依法所应提供的份额承担责任。

针对其财产已分别的妻所作的规定，同样适用于夫负担的债务。

第162条 其财产已分别的妻如授权其夫管理其财产的某部分，夫对妻仅承担单纯受任人的义务。

第163条 在财产已被分别之妻为单身时则需要保佐人管理其财产的一切情形，应为其财产的管理指定保佐人。

第164条 已被废除。

第165条 分别财产一经设定，即不得撤销，且不得依夫妻合意或法院决定而无效。

第166条 对已婚妇女进行赠与或遗留遗产、遗赠时，如必要条件为夫不得管理赠与物、遗产或遗赠物，并且妻接受此等赠与、遗产或遗赠，则须遵守以下规定：

1. 对于赠与物、遗产或遗赠物，应遵守第159条、第160条、第161条、第162条及第163条的规定，但夫妻共同财产解散时，妻在独立管理财产期间所负担的债务可以以其全部财产清偿之。

2. 对于妻依本条规定进行管理的财产，夫的债权人不享有诉权，但夫的合同经证明乃为妻的利益或共同家庭的利益而订立的，不在此限。

3. 妻所管理之物的孳息以及连同孳息而取得的一切物品，归属于妻，但夫妻共同财产解散时，此等孳息及取得物适用第150条的规定。

第167条 如婚姻财产协议中约定妻可单独管理其财产的某一部分，前条规定适用于这种部分的财产分别制。

第五节 有关永久离婚的例外

第168条 已被废除。

第169条 已被废除。

第170条 离婚的民事效果，自法官以判决予以宣告之时开始。

依此项宣告，妻的财产返还于妻，所得也比照婚姻关系之死因解除的情形进行处分。

第 171 条 已被废除。

第 172 条 因通奸、不堪忍受的虐待、危害配偶的生命或其他同等严重的罪行而导致离婚时,无过错的一方可对有过错的一方撤销其赠与。

第 173 条 永久离婚之妻,对于自夫之权力下分离出来的财产,或者离婚后取得的财产,独立于其夫进行管理。

第 174 条 非因其原因导致离婚的配偶,有权要求对方提供扶养费。

第 175 条 非因其过错导致离婚的配偶,有权要求对方提供必要而适度的生活费用;在此情形,法官应在特别虑及被扶养者离婚前后的行为后,确定其扶养额度。

第 176 条 已被废除。

第 177 条 导致离婚的配偶一方在其过错程度因请求离婚的他方的严重行为而减轻时,法官可缓和前数条的严峻规定。

第 178 条 第 165 条规定适用于永久离婚。

第七题　亲子关系①

第一节　通则

第 179 条　血缘的亲子关系，可以是婚内的或非婚内的。

收养、收养人和被收养人之间的权利以及他们之间可能建立的亲子关系，由相应的法律规范。

第 180 条　子女被孕或出生时父母之间存在婚姻的，为婚内的亲子关系。

父母在子女出生后结婚的，只要父子关系和母子关系已事先依本法典规定的方式确定，或者依父母双方在结婚文书中的承认而确定，或在结婚文书有效期间，依第 187 条规定的方式确定，亲子关系亦为婚内的。此婚内亲子关系依其情形可由已死亡子女的后人利用。

在其他情形，亲子关系为非婚内的。

第 181 条　亲子关系一经确定即产生民事效果，此等效果溯及至子女被孕之时。

尽管如此，亲子关系确定之前已取得的权利和承担的义务继续有效，但子女在以该身份被召集时，得参加其亲子关系确定之前已开始的继承。

前述规定应理解为不妨碍依一般规则产生的权利和诉权之时效。

亲子关系的确定，应依第十七题规定的规范予以证明。

---

① 自 1999 年 10 月 27 日起，法典原第七题至第十五题，包括第 179 条至第 296 条，已被废除，第七题至第十题全部为新法所取代。——译者

第 182 条 子女系采辅助的人类生殖技术而被孕的,其父和母为接受此等技术的男性和女性。

对于依前款规则确定的亲子关系,不得予以反对或作不同主张。

第二节 母子关系的确定

第 183 条 只要出生以及子女和生产之母的身份记载于民事登记簿之栏目中,母子关系即依分娩而予合法地确定。

在其他情形,母子关系应按以下数条的规定,通过认领或亲子关系之诉中的最终判决而予确定。

第三节 婚内亲子关系的确定

第 184 条 在婚姻缔结之后以及婚姻解散或夫妻离异后 300 天内出生的子女,推定为夫之子女。

对于结婚后未满 180 天出生的子女,如果夫于结婚之时不知怀孕之事实且在裁判上否定其父子关系,则前款推定不予适用。此诉权应在第 212 条及其后数条明确规定的期限内并依其规定的方式行使。尽管如此,若夫在子女出生后已通过正式的文书认领该子女,则不得行使该诉权。

反之,对于判决离婚 300 天之后出生的子女,若事实上应配偶双方的请求,夫之姓名作为父亲而被用于子女出生之登记,则应适用父子关系的推定。

如此确定或承认的父子关系,可以根据第八题规定的规则相应地予以反对或主张。

第 185 条 只要母子关系和父子关系依第 183 条和第 184 条的规定相应地被合法建立,婚内亲子关系即通过子女在其父母婚姻存续期间出生的事实而予确定。

对于在其父母结婚之前出生的子女,只要母子关系和父子关系已依第 186 条予以确定,或在相反情形,已依下节规定的最后认领予以确定,则婚内亲子关系依该婚姻的缔结而予确定。

婚内亲子关系亦可依亲子关系之诉的判决予以确定,该判决应旁注于子女出生登记中。

第四节　非婚内亲子关系的确定

第 186 条　非婚内亲子关系，依父、母或父母双方的认领，或依亲子关系之诉的终局判决而予确定。

第 187 条　对子女的认领，须由父、母或父母双方根据情形，按以下方式做出具有该确定性目的的意思表示：

1. 在子女出生登记之时，或在父母婚姻文书中，于民事登记处官员面前做出该意思表示；
2. 在民事登记处的面前，于任何时间签发的文书中做出意思表示；
3. 在公证书中做出该意思表示；
4. 在遗嘱行为中做出该意思表示。

若系父母中一人为认领，其并无义务说明该子女父亲或母亲的身份。

认领未记载于子女出生登记中的，应予旁注。

第 188 条　在进行出生登记时，如果应父母任何一方的请求，而注明父亲或母亲的姓名，亦足以构成亲子关系的承认。

如果假定的父亲或母亲被子女请求传唤出庭自认，或在子女无能力时，由其法定代理人或对其进行照管之人请求传唤出庭自认，则其依宣誓所为的父子关系或母子关系之自认，亦足以构成亲子关系的承认。只要其出庭，则传唤仅得就同一人为一次；在传唤中，其目的应予明示并应要求假定父亲或母亲亲自出庭。记录父子关系或母子关系自认的文书，应旁注于子女出生登记中，法院应为此向民事登记处寄送有效副本。

如果被传唤人未亲自参加法院确定的庭审，可在其后 3 个月内请求第二次传唤。

对于一切恶意请求的传唤，或者以损害被传唤人的名誉为目的而请求的传唤，由请求人对受害人承担赔偿所致损失的义务。

第 189 条　子女被合法确定另一亲子关系的，对其所为的认领不生效果，但他仍有权行使第 208 条所指的诉权。

即使包含认领的遗嘱被嗣后的另一遗嘱行为撤销，认领亦不可撤销，且认领不受限制条件的约束。

认领不得损害善意第三人在该认领被旁注于子女出生登记之前即已取得的权利。

第 190 条 以第 187 条所指生前行为所为的认领，可以由通过公证书为此目的而特别授权的受托人实施。

第 191 条 认领之时已成年的子女，自知晓认领之时起 1 年内，可以否认之。若未成年，仅得由其自己在成年后自知晓该认领之日起 1 年内否认之。

成年子女因疯癫或聋哑而处于禁治产状态的，其保佐人须取得司法许可方可否认。

处于禁治产之下的浪费人，无需取得其法定代理人或法官的许可即可否认。

否认应在前条规定的期限内以公证书为之。公证书应旁注于该子女的出生登记中。

否认溯及地使认领产生的专门有利于该子女或其直系卑血亲的效果归于消灭，但不改变由父母或第三人已取得的权利，也不影响相应旁注之前已有效执行或成立的行为或合同。

一切否认均不可撤销。

第 192 条 子女在成年期间已以明示或默示的方式接受认领的，不得否认之。

在公文书或私文书中，或在法院程序行为中采用子女称谓的，为明示的接受。

其实施的行为必然推导出子女资格，且该行为仅可能以此种身份实施的，为默示的接受。

第 193 条 如果认领的子女死亡，或者认领的未成年子女在成年前死亡，其继承人可以遵守前数条的规定，在第一种情形下于认领后 1 年内否认之，在第二种情形下于其死亡当年内否认之。

如果被认领的成年子女在否认期间届满前死亡，其继承人可以在上述期间相对于该子女而言尚余的时间内否认之。

第 194 条 父母结婚前出生的子女经认领而产生婚内亲子关系的，如果对此等认领的否认系按前数条规范作成，则阻止该亲子关系的合法确定。

第八题　亲子关系之诉

第一节　一般规定

第 195 条　本法允许按照以下条文规定的形式和方法调查父子关系或母子关系。

主张亲子关系的权利不受时效约束,且不可抛弃。但是,其有关财产的效果须遵守时效和抛弃的一般规则。

第 196 条　法官仅应在诉请中呈递的背景材料足以使该诉请所基于的事实可被接受时受理之。

法官未依此理由受理诉请的,应依职权命令由收受者将其裁定通知该诉请所针对之人。

第 197 条　审理在终局判决作出前具有保密性,且只有当事人及其授权的诉讼代理人可以参加审理。

恶意或以损害被诉请人的名誉为目的提起亲子关系之诉的人,对受害人承担赔偿所致损失的义务。

第 198 条　在确定亲子关系之诉中,母子关系和父子关系可通过依法院职权认定的或当事人请求的各种证据予以证实。

尽管如此,单一的证人证据不足以证实此等关系,而推定之证明方式应符合第 1712 条规定的各项要求。

第 199 条　生物学上的鉴定证据应由法官指定的法医服务机构或适格实验室为此目的而作出。当事人仅有权申请一次新的生物学鉴定报告。

当事人一方无正当理由拒绝接受生物学鉴定的,构成对其不利的重大推定,法官应按民事诉讼法典第 426 条规定的目的予以评估。

第 200 条　针对特定的人而众所周知地占有子女身份

的，只要该占有连续地至少存续5年，且通过系列证人证言和可靠的背景材料或具体情形不容置疑地予以证明，亦足以使法官据以证实亲子关系。

众所周知的占有是指，其父、母或父母完整地为其提供教育和稳定的生活，并向其亲友以该身份介绍之，从而待其为子女，而且亲友及其住所邻居一般按此身份予以看待和承认。

第201条 众所周知地占有子女之民事身份的，一旦被适当地证实，则在其与生物学上的鉴定证据相互冲突时，优于后者。

然而，若有重大理由表明适用前款规则并不适合于子女，则以生物学上的证据为准。

第202条 以意思瑕疵为由主张认领行为无效之诉权因1年期间的时效而消灭，该期间自认领作成之日起算，或在胁迫的情形，自胁迫停止之日起算。

第203条 若针对父或母的否认而在裁判上确认亲子关系，则父或母被剥夺亲权，且一般被剥夺就该子女或其后人之人身和财产而由法律赋予的一切权利。法官应在判决中如此宣告，并应让人记录于相应的补充登记中。

相反，父或母应维持一切其履行将有利于该子女或其后人的法定义务。

但是，如果子女在具备完全能力后以公证书或遗嘱表示恢复父或母所有被剥夺的权利，则应予返还。以公证书恢复的，自其旁注于子女出生登记簿之时起生效，且不可撤销。以遗嘱恢复的，自遗嘱人死亡之时起生效。

第二节　主张（亲子关系）之诉

第204条 主张婚内亲子关系之诉权，专属于子女、父或母。

子女提起诉讼的，应整体针对父母双方。

若由父或母行使诉权，则另一尊亲必须参与诉讼，否则无效。

第205条 主张非婚内亲子关系的诉权，仅得由子女针对其父或其母行使，或在子女已被确定另一亲子关系时，由父或母依第208条规定行使之。

同样，无能力子女的法定代理人可为该子女的利益主张亲子关系。

第 206 条　若系遗腹子，或者父母之一在分娩后 180 日内死亡，则可在 3 年期内针对亡父或亡母的继承人提起诉讼，该期间自父或母死亡之时起算，或在子女无能力时，自其具备完全能力之时起算。

第 207 条　子女在无能力时死亡的，可由其继承人自其死亡后 3 年内行使诉权。

如果子女在具备完全能力后 3 年期满前死亡，则由其继承人在该期限尚余的时间内行使诉权。

对于无能力的继承人，上述期限或其余数自其具备完全能力之时起开始计算。

第 208 条　如果某人亲子关系已被确定，却欲主张另一不同的亲子关系，则应同时提起已有亲子关系反对之诉和新亲子关系主张之诉。

在此情形，本题第三为否认之诉规定的期限不予适用。

第 209 条　只要向法院主张亲子关系，法官即可按第 327 条的规定判令临时扶养费。

第 210 条　母亲与假定之父在依法可能产生受孕的期间非婚同居的，应作为在裁判上推定父子关系的基础。

如果假定之父证明母亲在法律认定的受孕期间与他人同居，该单一情状不足以用于驳回诉请，但未经传讯该他人，不得在审理中作出判决。

第三节　反对之诉

第 211 条　遵循以下规定反对父子关系或母子关系的，亲子关系因此不生效果。

第 212 条　婚姻存续期间受孕或出生之子女的父子关系，可由夫在知晓分娩之日后 180 天内反对之，或其证明在分娩期间事实上与妻分居的，则自其知晓分娩之日起 1 年内反对之。

夫居住于子女出生地的，应推定其即刻知晓，除非经证明妻方隐瞒了分娩的事实。

如果（子女）出生之时夫不在，则应推定其在返回妻之居所后即刻知晓，但有前条所述之隐瞒情形的，除外。

第 213 条　如果夫并不知晓分娩而死亡，或者在前条规定的反对期限届满前死亡，则诉权在（前条规定的）相同期限内，或在该期限尚余的时间内，归其继承人以及一切假定的父子关系将对其造成实际损害的人行使。

如父亲已在其遗嘱或其他公文书中认领该子女，则此项权利消灭。

第 214 条 第 212 条所指的父子关系也可由无能力之子女的法定代理人在子女出生的当年内，为该子女的利益而予反对。

子女可在其具备完全能力之时起 1 年内自行提起反对之诉。

第 215 条 在婚内亲子关系之父子关系反对之诉中，母亲应被传唤，但其并无义务出庭。

第 216 条 依认领确定父子关系的，可由本来的子女自知悉认领之时起 2 年内反对之。

如果该子女无能力，此诉权应按第 214 条规定的规则行使。

如果该子女不知认领行为而死亡，或在否认父子关系之诉的期限届满前死亡，此诉权在相同的（2 年）期限内，或在该期限尚余的时间内，归其继承人行使，此等期限自该子女死亡之时起算。

子女在其父母结婚前出生的，所有前述规定亦适用于此等子女的父子关系反对之诉，但 2 年的期限应自子女知晓该婚姻之时，或自其知晓产生该父子关系之认领之时起计算。

依认领确定父子关系的，一切能证明对此有实际利益的人，也可自其具有利益且能利用其权利之时起在 1 年的期限内反对之。

第 217 条 分娩被证明为虚假的，或者假定的子女篡代真正子女的，母子关系可被反对。

假定之母的丈夫以及假定之母本人，有权在（子女）出生后当年内反对该母子关系。

子女的真父或真母、真正的子女，或在一并主张确定真正子女或假定子女之可靠亲子关系时被当成真正子女者，也可反对该母子关系。如果假定的子女提起母子关系反对之诉时不一并提起（亲子关系）主张之诉，则应自其具备完全能力之时起当年内行使反对诉权。

即使本条规定的期限届满，若不可预料地出现与假定的母子关系不相容的事实，相应的诉权可以自该事实被合理透露之时起 1 年内继续或重新发生。

第 218 条 只要不存在众所周知的民事身份之占有，则那些对假定之父或假定之母的遗嘱或非遗嘱继承享有权利的人在表见的母子关系实际上损害其此等权利时，也被赋予反对诉权。

此项诉权自假定之父或假定之母死亡之时起 1 年内有效。

第 219 条 任何参与虚假分娩或子女掉包之欺诈行为的人,绝对不得借该欺诈行为的披露,而谋求对子女行使亲权中的权利,或向子女主张扶养费,或谋求对其财产进行死因继承。

制裁欺诈或掉包的判决应明确宣告这一权利的褫夺,并应旁注于该子女的出生登记簿。

第 220 条 对于已依终局判决确认的亲子关系,不应提出反对,但第 320 条的规定不受妨碍。

第 221 条 可能引发亲子关系主张之诉或反对之诉的判决,应旁注于子女出生登记簿,且不妨碍第三人在登记之前即已善意取得的权利。

第九题　父母子女之间的权利和义务

第 222 条　子女应尊敬并恭顺其父母。

父母应根本关注的,是子女的最高利益,为此,父母应尽可能谋求子女精神和物质的满足,并应按照与子女能力发展相适应的方式引导其行使源于人之本性的基本权利。

第 223 条　即使亲权的解除赋予子女独立行事的权利,子女亦有义务在父母年老、智力衰失以及一切需要其援助的生活情形照料之。

所有其他直系尊血亲在其最近的直系卑血亲欠缺或不足时,享有相同的受援助的权利。

第 224 条　养育和教育子女之人身照料,由父母共同承担,或由生存之父或生存之母承担。

非婚内受孕或出生的子女由父母一方认领的,由认领的父或母进行人身照料。若父母均未认领,则其照料人由法官确定。

第 225 条　父母分居的,由母亲照管子女。

尽管如此,父母双方可依协议,以公证书或在任何民事登记官面前作成的文书,决定一个或多个子女由父亲照管,此等文书应在其作成后 30 日内旁注于子女出生登记簿。只要履行相同的程序,该协议可予撤销。

在一切情形,若因虐待、怠于照管或其他被评定的事由,以致子女的利益使移交成为必要,则法官可将子女的照管移交给父母另一方。但父或母在子女处于他方照管之下时能分担其生计而未分担的,法官不得授权该父或母进行人身照料。

关于人身照料的旁注未被后一旁注涂销的,所有新的协议或裁决均不能用以对抗第三人。

第 226 条　父母双方在身体上或道德上均无能力的,

法官可将子女的人身照料委诸其他适格的人。

选任此等人员时，亲等最近的血亲，尤其是直系尊血亲应予优先。

第 227 条 对于前数条所指的问题，法官应听取子女和父母的意见，以简要和即决的方式审理和裁决。

所作裁决一旦被执行，即应按照第 225 条规定的方式和期限予以旁注。

第 228 条 对子女进行人身照料的人若结婚，而该子女并非在该婚姻期间出生，则其仅可在征得其配偶的同意时将该子女携入共同居所。

第 229 条 未对子女进行人身照料的父或母，其权利或义务若系与该子女维持一种直接和常规的联系，且其频率和自由度已与照料者协商一致，或在无协议时，已由法官认定为对子女适宜，则不得被剥夺或豁免。

此等权利的行使若明显损害子女的利益，则应予中止或限制，法官应对此有根据地予以宣告。

第 230 条 子女的教育、哺育及成家立业费用，应根据有关夫妻共同财产的规则，由夫妻共同财产负担。若无夫妻共同财产，则父母应按其相应经济能力的比例分担之。

父或母死亡的，上述费用由生存者承担。

第 231 条 子女如有财产，可从中支取成家立业费用，在必要情形，也可支取哺育和教育费用，但应尽可能维持其资产的完整性。

第 232 条 如无父母或父母无能力，则对无财产子女的扶养和教育义务转由祖父母和外祖父母共同承担。

第 233 条 对子女哺育、教育和成家立业费用的分摊义务未达成协议的，由法官根据其经济能力予以确定，法官可依嗣后出现的情况随时予以变更。

第 234 条 父母对子女享有矫正之权，但须注意不损害其健康和个人发展。

若产生损害或有根据地担心发生损害，法官应依任何人的请求或依职权，裁定采取保护该子女的措施，且无妨就该违法行为适用相应的制裁。

在对子女利益有必要时，父母可诉请法庭就该子女一段期间内的未来生活，作出其认为最为合适的裁决，该期间不得超过该子女距离 18 岁尚差的时间。

法官所作的裁决不得因父母的单方意思而被变更。

第 235 条 前条所作规定，在父母不在、无资格或死亡时，延及任何其他负担该子女人身照料之人。

第 236 条 父母有教育其子女的权利和义务，以引导其在人生的不同阶段充分发展。

第 237 条 子女之照管被委托给他人时，前条赋予给父母的权利归于消灭，如该他人并非监护人或保佐人，应在行使此等权利时取得监护人或保佐人的许可。

第 238 条 前数条中赋予父母的权利，不得针对被他们遗弃的子女主张之。

第 239 条 父母因其道德不适格被裁决与其子女分居的，也被剥夺前述权利，但裁决随后被撤销的除外。

第 240 条 被其父母遗弃的子女如被他人扶养和哺育，则在其父母希望他们脱离该他人之权力时，应取得法官的许可，并依照法官确定的扶养和教育费用对该他人先行偿付。

法官仅应在基于重大事由而认为有利于子女时给予许可。

第 241 条 离开其家的未成年子女，如有急迫需要而不能得到对其进行人生照料的父或母救助，则任何人虑及其社会地位而向其供给生活品的，均被推定为已获其父或母的许可。

供给人应尽快将供给的事实通知于其父或母。对此一切有意的不为通知，均导致责任的终止。

前数款关于父或母所作的规定，在父母死亡或无资格时，扩及于由其供养子女之人。

第 242 条 法官依前数条的相关规定所作的裁决，可因导致此等裁决的原因停止而予撤销；如嗣后出现正当缘由，且符合法定要件，也可在一切情形和时间内予以变更或撤销。

在一切情形，为作出其裁决，法官应将子女的最高利益作为根本的考量，并应根据其年龄和成熟度适当考虑其意见。

第十题 亲权

第一节 一般规定

第 243 条 就未被解除亲权之子女的财产而赋予父或母的权利义务之整体,为亲权。

对于将出生之子女的不确定权利,也可行使亲权。

第 244 条 亲权的行使,应依通过公证书或在任何民事登记官面前作成的文书而达成的协议,由父或由母或由父母共同为之,此等文书应在其作成后 30 日内旁注于子女出生登记簿。

无协议的,由父亲行使亲权。

在一切情形,若子女的利益使其成为必要,则法官可应父母之一的请求,委付此前未行使亲权之父或母行使亲权,或在由父母共同行使亲权时,可指定其中之一单独行使亲权。裁定一旦被执行,则应在前款规定的期限内予以旁注。

享有亲权之父或母不在时,由父母另一方行使亲权。

第 245 条 父母分居的,亲权应由按照第 225 条的规定负责子女之人身照料者行使。

然而,依父母的合意,或依基于子女利益所作的法院裁定,可由父母中的另一人行使亲权。前条关于旁注的规定,准用于此等协议或法院裁定。

第 246 条 关于亲权行使的旁注未被后一旁注涂销的,所有新的协议或裁决均不能用于对抗第三人。

第 247 条 父母之间存在的财产制,不得与第 244 条和第 245 条的规定冲突。

第 248 条 只要针对父亲的和母亲的否认而已在裁判

上确认父子关系和母子关系，即应为子女指定监护人或保佐人。子女在其父母无权行使亲权时，或者其亲子关系在父亲一方和母亲一方均未被依法确认的，亦应被指定监护人或保佐人。

第 249 条 父子关系或母子关系的依法确认，使未成年子女所处于的庇护①终止，并就其财产相应地赋予父或母以亲权。

第二节 子女财产上的法定享用权及其管理

第 250 条 除下列财产外，亲权在子女的一切财产上产生享用权：
1. 子女从事一切雇佣、工作、职业或技艺而取得的财产。本项包含的财产构成其职业特有产或业务特有产；
2. 子女以赠与、遗产或遗赠之原因取得的财产，而赠与人或遗嘱人已表示行使亲权之人不享有用益或管理；或已课以获得亲权解除之条件，或已明示地规定由子女享有此等财产的享用；
3. 因享有亲权之父或母无能力、不配或被剥夺继承权而移转于子女的遗产或遗赠物。

在此等情形，享用权按第 251 条和第 253 条的规定归属于子女或父母中的另一人。

对子女矿藏的享用仅限于矿产品的一半，行使亲权的父母就另一半的享用对子女负责。

第 251 条 在不违背第 254 条规定的情形下，为管理和享用其职业特有产或业务特有产，子女被视为已成年。

第 252 条 法定享用权系极其个人专属性的权利，由使用子女财产和收取其孳息的权能构成，并在此等财产非消耗物时，所附职责是保存其形式和质料并返还之；在其为消耗物时，所附职责为返还同等数量、同等质量的同种类物，或支付其价值。

父或母享用法定享用权时，并无义务为保存和返还用益物提供保证或担保，在不和第 124 条冲突的前提下，也不负作成要式财产清单的义务。但他未作成要式财产清单的，则应自开始管理之时起对前述财产作成一说明文件。

若此项权利由采夫妻共同财产制而结婚的母亲享有，则对于与其行

---

① 本法典中所谓的庇护，包含监护和保佐。——译者

使权利相关的财产以及她在其中所取得之物,该母被视为采部分的财产分别制。此部分的财产分别,由第 150 条的规范所调整。

若亲权由父母共同行使,且未达成其他协议,则法定享用权在父母之间均分。

法定享用权亦称父或母对子女财产的法定用益权。在与其性质相符的范围内,此项权利亦由第二卷第九题的规范予以补充调整。

第 253 条 对子女财产行使法定享用权之人,应对此等财产进行管理,被剥夺管理之人亦被剥夺该项权利。

如果享有亲权之父或母不能就子女的一项或数项财产行使法定享用权,则该权利移转给另一方;若双方均有障碍,则完整的所有权归属于子女,并应为其指定一名保佐人进行管理。

第 254 条 如未取得审理案件的法官的许可,即使子女的不动产属于其职业特有产或业务特有产,也不得在任何情况下予以转让或抵押,对于子女的继承权,亦同。

第 255 条 除非采用和附加课加给监护人和保佐人的同样形式和限制,不得就子女财产的任何部分为赠与或长期出租,也不得接受或抛弃被确定给子女的遗产。

第 256 条 父或母管理子女财产时,对轻过失亦须负责。

在对子女财产有管理权而无享用权时,对子女的责任扩及于所有权和孳息,在对此等财产同时行使两种权能时,该责任仅及于所有权。

第 257 条 父或母,或者父母双方,有故意或习惯性的严重懈怠之过错的,可解除其对子女财产的管理,此项解除由法院判决确定,判决应旁注于子女的出生登记簿。

亲权依第 267 条的规定而被中止的,管理亦告停止。

第 258 条 父母之一被剥夺财产管理的,另一方取得该管理;若二者皆未管理,则完整的所有权归属于子女,并应为其指定一名保佐人进行管理。

第 259 条 亲权终止时,父母应使子女了解已对其财产实施的管理。

第三节 对子女的法定代理

第 260 条 子女的行为和合同未经对其享有亲权的父或母授权时,

或在相应情形，未经辅助的保佐人授权时，仅对其职业特有产或业务特有产产生约束力。

未经上述人的书面授权，子女不得取得有息贷款，亦不得赊购物品（以前述特有产进行普通经营者除外）。子女订立此等合同的，仅在他从中受有利益的范围内受合同约束。

第261条　父母之间存在夫妻共同财产的，子在其职业特有产或业务特有产之外成立的，且已取得行使亲权之父或母书面授权或追认的行为和合同，或者他们代理子女而成立的行为和合同，依夫妻共同财产制的规定直接对父或母发生约束力，并在该子女从上述行为或合同中所带来利益的范围内对其产生补充性的约束力。

不存在夫妻共同财产的，此等行为和合同仅依前款规定的方式对参与之父或母产生约束力。前述规定并不妨碍针对父母另一方就其依法应为该子女提供生活必需品的部分提出主张。

第262条　适婚的未成年人依其死后发生效果的遗嘱行为处分其财产，或认领子女的，毋需取得其父母的授权。

第263条　子女须作为原告对行使亲权之父或母提起诉讼的，应取得法官的许可，法官在许可时应为其诉讼指定一名保佐人。

行使亲权之父或母与子女争讼的，不管是作为原告还是被告，均应由其支付诉讼费用，该费用由法院虑及诉讼标的的重要性和价值以及当事人双方的经济能力而附带地决定。

第264条　父或母行使亲权的，未经其授权或由其代理，或者在其共同行使亲权时，未经双方的授权或代理，子女不得作为原告出庭对抗第三人。

如父、母或双方拒绝对子女就其欲对第三人提起的民事诉讼作出授权，或者此等人无资格作出此等授权，法官得为替代之同意，且应就该诉讼为子女指定一名保佐人。

第265条　在针对子女提出的民事诉讼中，原告应告知享有亲权之父或母，以便后者授权或代理子女应诉。父母共同行使亲权的，仅须告知其中之一。

如父、母不能或不愿给予授权，法官得为替代之同意，且应就该诉讼为子女指定一名保佐人。

第266条　子女受刑事控诉的，毋需父或母的参与，但行使亲权之父或母为其子女的辩护负提供必要援助的义务。

第四节　亲权的中止

第 267 条　亲权因行使之父或母罹患精神病、未成年以及被禁止管理自己的财产而中止,若其长期不在或因其他身体障碍,以致未供养子女,从而严重损害子女利益,亲权也告中止。

在此等情形,亲权应由父母中的另一人行使,但其亲权亦应因相同的事由中止。如果亲权相对于父母均告中止,子女即应处于庇护之下。

第 268 条　亲权的中止,应由审理案件的法官在听取子女的亲属和未成年人事务监察专员对此的意见后裁决之;但在父或母未成年的情形,该中止依法当然发生。

导致中止的事由若停止,法官可基于子女的利益裁决父或母恢复行使亲权。

裁决或决定撤销中止的裁定应旁注于子女的出生登记簿。

第五节　亲权的解除

第 269 条　亲权的解除,系依其情形终止父、母或父母双方之亲权的事实。亲权的解除可以是法定的或裁判上的。

第 270 条　法定解除因以下事由而成立:

1. 父或母的死亡,但亲权的行使移转于父母中另一人时除外;
2. 失踪之父或母的财产已被依其情形判令临时占有或确定占有其财产,但亲权已转由父母中的另一人行使的除外;
3. 子女结婚;
4. 子女已满 18 岁。

第 271 条　裁判上的解除,在下列情形依法官裁决而成立:

1. 父或母习惯性地虐待子女,但亲权已转由父母中另一人行使的除外;
2. 父或母遗弃子女,但前项规定的例外情形除外;
3. 即便其免于刑罚,父或母因应处以重刑的犯罪行为而依生效判决被判有罪的,除非法官虑及犯罪行为的性质,认为不存在危及子女的风险,或者亲权已转由父母中另一人行使;

4. 在父或母生理或道德不适格的情形，亲权未移转给父母中另一人行使的。

决定解除亲权的司法裁定应旁注于子女的出生登记簿。

第 272 条 所有亲权的解除一旦实施，不得被撤销。

因推定的死亡解除亲权，或基于父或母的道德不适格而依司法判决解除亲权的，构成本规则的例外，此等亲权的解除可由法官应相应的父或母的请求，在依情形确凿无疑地证实其生存或不再不适格，且恢复亲权显然符合子女的利益时，予以撤销。撤销的司法裁定仅自其旁注于子女的出生登记簿之时起生效。

亲权解除的撤销仅得为一次。

第 273 条 解除亲权的未成年子女应处于庇护之下。

第十六题　适龄*

第 297 条　已被废除。
第 298 条　已被废除。
第 299 条　已被废除。
第 300 条　已被废除。
第 301 条　已被废除。
第 302 条　已被废除。
第 303 条　已被废除。

---

* 第十一题—第十五题已被废除。——译者

第十七题　民事身份的证明

第304条　使个人有能力行使一定民事权利或承担一定民事义务的资格,为民事身份。

第305条　已婚或丧偶、父母或子女之民事身份,应向第三人证实之,并通过相应的结婚证书、死亡证书以及出生或洗礼证书予以证明。

父母或子女之民事身份,亦可通过相应的认领行为或确认亲子关系之司法裁决的登记或旁注予以证实或证明。

年龄及死亡可以通过相应的出生或洗礼证书及死亡证书加以证实或证明。

第306条　前述文书采用适当方式的,推定为真实而纯正。

第307条　前述文书如经证实与个人身份并不一致,亦即文书所指的人和企图对之适用的人并非一人时,即使该文书真实而纯正,仍可予以驳回。

第308条　前述文书可证明结婚人、父母、教父或其他人在相应情形确已作出声明的事实,但并不能证明任何上述人等之声明的真实性。

因此,此等声明就其声明的事项而言明显为虚假者,可予异议。

第309条　如无结婚证书,可以其他有效文书取代,或以出席婚礼的证人的声明补充之,如缺乏此等证据,也可通过民事身份的公开占有予以证明。

如无证书或旁注,亲子关系仅得以借由合法确认该关系的有效文书予以证实或证明。欠缺此等文书的,父、母或子女的身份应在相应的、依第八题规定的方式和手段进行的亲子关系之诉讼中予以证明。

第 310 条　假定的配偶在家庭和社会关系中以夫妻名义相待的,为婚姻状况公开占有的主要构成方式;妻的身份为夫的亲友及其住所邻居所一般接受者,亦同。

第 311 条　已被废除。

第 312 条　欲使婚姻状态的公开占有采为民事身份的证据,该占有至少应不间断地持续 10 年以上。

第 313 条　婚姻状态的公开占有,应以一系列可靠证据无可争议地予以证实;如不能令人满意地解释和证明存放处的相关证书的短缺或登记簿册的遗失、误放,尤应如此。

第 314 条　实施行为或履行职责有年龄要求,从而须认定该个人的年龄适格时,如不可能依确定其出生日期的文书或声明予以认定,则在与其生理发育和特征相适应的最大可能年龄及最小可能年龄之间,推定一中间年龄。

为确定此种年龄,法官应听取医生或其他适格人员的意见。

第 315 条　依第八题的规定宣告子女之父子关系或母子关系真伪的判决,不仅对参与诉讼者发生效果,也对该父子关系或母子关系所影响的一切人发生效果。

第 316 条　欲使前条所指判决产生预定的效果,须:

1. 判决已对既判事项发生效力;
2. 已针对法定异议人宣读判决;
3. 审判中不存在通谋情形。

第 317 条　子女可对其提起或继续诉讼的死亡之父或母的继承人,也是法定异议人;死亡子女的继承人若负责该子女提起的或决定提起的诉讼,亦为法定异议人。

第 318 条　对任一继承人有利或不利的判决,也对其他经传唤而未到庭的共同继承人有利或有害。

第 319 条　诉讼中通谋的证据只能在判决后 5 年内采用。

第 320 条　对于以他人子女的真正父亲或真正母亲的身份出现的人,或对于虽受父母否认却以其真正子女的身份出现的人,不得以在任何他人之间宣告的时效或判决对抗之。

相应的诉讼依第八题规定的规则进行,在此情形,应通知参加此前亲子关系确认诉讼的当事人。

第十八题　依法应给予特定人的扶养费

第 321 条　下列人应享有扶养费：
1. 配偶；
2. 直系卑血亲；
3. 直系尊血亲；
4. 兄弟姐妹；
5. 实施数量可观的赠与且未将之撤销或取消的人。
赠与人的诉权应针对受赠人。
在法律明示地否认其扶养费的情形，本条规定的人不得主张之。

第 322 条　以下条款系提供扶养费所应遵循的一般规定；本法典对特定人有特别规定的，依其规定。

第 323 条　扶养费应使被扶养人能依其社会地位勤俭地生活。
对于未满 21 岁的被扶养人，提供扶养费的义务应包括初等教育以及职业或职务教育费用。依第 332 条向已满 21 岁的直系卑血亲或兄弟姐妹提供的扶养费，也应包括提供职业或职务教育的义务。

第 324 条　存在严重的侵害行为的，提供扶养费的义务完全终止。但被扶养人的行为若因扶养人行为的严重程度而有所缓解，法官可减轻本规定的严苛性。
严重的伤害行为，仅指第 968 条规定的行为。
本应依司法判决对其作出不利之亲子关系确认的，而父或母却在子女婴幼期抛弃之，则其向子女主张扶养费的权利应予剥夺。

第 325 条　已被废除。

第 326 条　请求扶养费者如集第 321 条列举的数项名

义于一身，只能按以下顺序利用其一：

1. 依第 5 项享有的名义；
2. 依第 1 项享有的名义；
3. 依第 2 项享有的名义；
4. 依第 3 项享有的名义；
5. 第 4 项规定的名义只能在无任何其他名义时发生。

有数个直系尊血亲或直系卑血亲的，应向亲等最近者诉请之。直系尊血亲或直系卑血亲处于同一亲等的，以及因相同名义而负有义务的人为数人的，法官应依其能力按比例分配扶养的义务。同一亲属有数个被扶养人的，法官应依此等人的需要按比例分配扶养费。

仅在依所选择的名义产生的所有义务人不足以提供扶养费的情形，才可诉诸其他名义。

第 327 条 在处理提供扶养费之义务时，法官可自审理过程中向他提供可接受的依据之时起，判令临时给付，但在被告获得驳回诉讼请求之判决时，应予返还。

如请求人请求时为善意且有能予接受的依据，上述返还请求权消灭。

第 328 条 为取得扶养费而存在诈欺情形时，所有参与诈欺者应连带承担返还和损害赔偿的义务。

第 329 条 确定扶养费时，始终应考虑债务人的能力及其家庭的具体情况。

第 330 条 扶养费仅在被扶养人的生存资力不足以使自己以与其社会地位相适应的方式维持生存的范围内，始应给予。

第 331 条 扶养费应自第一次请求之时起开始给付，且应每月预先支付。

已预支的部分如因被扶养人死亡而并未到期，不得请求返还。

第 332 条 只要使扶养请求正当的情况持续，依法产生的扶养义务即延展至被扶养人的一生。

尽管如此，对直系卑血亲和兄弟姐妹的扶养，截止至其满 21 岁之时，但其正在学习技艺或业务的，截止至 28 岁；受身体或精神上无能力的影响而不能自行生存的，或者法官依认定的情形认为扶养对其生存不可或缺的，不在此限。

第 333 条 法官应为扶养费的提供确定方式和数量，并可为此效果安排一笔本金存入储蓄所或类似机构，其利息用以支付扶养费，而本金则在义务终止后返还给扶养人或其继承人。

第334条 请求扶养费的权利不得进行死因移转,不得以任何方式出售或让与,也不得予以抛弃。

第335条 扶养义务人不得以请求人对其负担的债务主张抵销。

第336条 尽管有前两条的规定,对于迟延的扶养年金,仍得抛弃或抵销;此等年金的请求权可予死因移转、出售和让与,此时债务人无妨主张时效。

第337条 对于以遗嘱或生前赠与自愿作出的扶养处分,不适用本题规定;对此,只要遗嘱人或赠与人能自由处分其财产,即应依其意思。

第十九题 监护和保佐的一般规定

第一节 定义和通则

第 338 条 不能自行约束或适当管理其事务者,如未处于能为其提供适当保护的父亲、母亲的权力之下,则为其利益对特定人设定的职责,称监护和保佐。

行使此等职务者称监护人或保佐人,通称庇护人。

第 339 条 本题和随后两题的规定,可因关于监护和每类保佐之特别章节中的明确规定而有变更和例外。

第 340 条 监护和普通保佐应适用于受制于此等庇护的个人的财产和人身。

第 341 条 未适婚人应受监护。

第 342 条 未成年的适婚人应受普通保佐;因挥霍或精神病被禁治产者,以及不能通过书面形式被人理解的聋哑人,亦同。

第 343 条 对不在人的财产、无人接受继承的遗产和即将出生者的不确定权利进行保佐者,谓财产的保佐人。

第 344 条 在特定情形为行使分别的管理,而对处于父亲或母亲权力下或处于监护或普通保佐之下的人进行保佐者,谓辅助的保佐人。

第 345 条 为特定事务指定的保佐人,为特别保佐人。

第 346 条 处于监护或保佐下的个人,称被庇护人。

第 347 条 两人或数人之间存在未予分割的财产的,可合并处于同一监护或保佐之下。

财产如已被分割,则即使由同一人对它们行使监护或保佐,它们也应被视为不同的财产。

同一监护或保佐可由两个或两个以上的监护人或保佐人共同行使。

第 348 条 不得为处于亲权之下的人设定监护人或普通保佐人，但按第 267 条所列举的情形之一，亲权已被中止的，不在此限。

依第 251 条规定剥夺父或母对子女财产的一部或全部管理时，应为子女设定辅助保佐人。

第 349 条 配偶一旦独身就需保佐人管理其事务的，也应为其设定保佐人。

第 350 条 对已有监护人或保佐人者，通常不得再行设定监护人或保佐人；仅得在法律规定的情形为他设定辅助保佐人。

第 351 条 监护人或保佐人以被庇护人的事务极度繁杂而无能力切实管理为由，请求增加保佐人时，法官可在听取被庇护人的亲属及相应监察专员的意见后予以同意。

法官应同时以其认为最合适的方式划分管理范围。

第 352 条 对处于监护或保佐之下的人为赠与或授予遗产、遗赠时，如赠与人或遗嘱人设定明确的条件由其指定之人管理赠与财产或遗产、遗赠，应依其意愿，除非在听取亲属及相应监察专员的意见后，对被庇护人而言，抛弃此等赠与、遗产或遗赠相较依其条件予以接受会更为适宜。

接受此等赠与、遗产或遗赠时，如赠与人或遗嘱人并未指定管理人，或者所指定者不适格，法官应代为指定。

第 353 条 监护或保佐，或由遗嘱设定，或为法定，或为指定。

依遗嘱行为设定者，为遗嘱设定的监护或保佐。

依法律授予被庇护人的亲属或配偶以监护或保佐资格者，为法定监护或保佐。

由法官授予资格者，为指定的监护或保佐。

依第 360 条而由生前行为授予的庇护资格，遵循关于遗嘱设定的庇护的规定。

第二节 遗嘱设定的监护或保佐

第 354 条 父亲或母亲可通过遗嘱不仅为已出生的子女指定监护人，也可为尚处于母腹中的子女指定其出生后如为活体时的监护人。

第 355 条 同样，父或母可通过遗嘱为未成年的适婚人指定保佐人；对于任何年龄的成年人，如其处于精神病状态或为不能通过书面形式被理解的聋哑人，亦同。

第356条 为保护即将出生之子女的不确定权利，父或母也可通过遗嘱指定保佐人。

第357条 父或母因第271条规定的法官裁决而被剥夺亲权，或因管理不善而被法院解除对子女的庇护时，其由前数条赋予的权利丧失。

在裁判上已作出对其不利的亲子关系之确认的，父或母的此等权利亦丧失。

第358条 父和母均以遗嘱指定庇护人的，应首先考虑父母中对子女行使亲权者所作的指定。

第359条 不可能适用前条规则的，则应适用第361条和第363条关于父、母以遗嘱指定庇护人的规则。

第360条 尽管有第357条的规定，父、母以及任何其他人在向被庇护人赠与或遗留其财产的一部时，若该部分财产并非应以特留份名义给予，则均可通过遗嘱或生前行为为其指定监护人或保佐人。

此等保佐的范围仅限于赠与或遗留给被庇护人的财产。

第361条 可通过遗嘱指定两个或两个以上同时执行庇护的监护人或保佐人；遗嘱人有权在他们之间划分管理范围。

第362条 如有数个被庇护人，且遗嘱人将他们分给指定的各监护人或保佐人，则在财产处于未分割状态时，所有监护人或保佐人应共同行使监护或保佐职务；如财产已予分割，应依该事实在监护人或保佐人之间划分庇护职责，各庇护人之间相互独立。

但即使在财产未予分割的期间，各被庇护人的人身照料仍应由其相应的监护人或保佐人专门负责。

第363条 如遗嘱人指定数个监护人或保佐人共同执行监护或保佐，而未在他们之间划分职责，法官可在听取被庇护人亲属的意见后，将职责委托给所指定者中的一人，或委托给他们中他认为足够的数人，在第二种情形，法官尚可通过最适当的方式划分其职责，以保障被庇护人的利益。

第364条 可通过遗嘱指定数个相互替补或相互接替的监护人或保佐人；为特定情形设立的替补或接替，也适用于其他欠缺监护人或保佐人的情形，但遗嘱人明示地将替补或接替限制在指定的情形的，除外。

第365条 对于遗嘱设定的监护或保佐，允许附停止条件和解除条件，也允许规定确定的始期或终期。

第三节 法定监护或保佐

第366条 遗嘱设定的庇护阙如或此种庇护期满时,发生法定庇护。

未成年人被解除亲权时,或亲权依法官裁决而被中止时,尤其发生此等庇护。

第367条 一般而言,下列人依次被召唤担任法定监护或保佐职务:

首先为被庇护人的父亲;

其次为其母;

其他直系男女尊血亲,属于第三顺序;

被庇护人的兄弟姐妹以及被庇护人之直系尊血亲的兄弟姐妹,为第四顺序。

无父或无母担任监护或保佐职务时,法官应在听取被庇护人之亲属的意见后,在其他直系尊血亲中选任,无直系尊血亲时,则在本条指定的旁系亲属中选任他认为最合适且最能提供保障的人;如认为适当,法官也可选任一个以上的监护人或保佐人,并在他们之间划分各自职责。

第368条 子女非在父或母婚姻期间被孕或出生的,先为认领者被召唤担任法定庇护职务,如双方同时认领,父被召集担任该职务。

此等召唤可终止被认领之子女所处于的庇护状态,但依前款被召唤执行庇护的人不适格或有法定豁免理由的,除外。

亲子关系尚未被确认的,或在裁判上驳回父或母的反对而确认亲子关系的,子女的庇护应由法官指定。

第369条 如应受庇护的状态持续时法定庇护人不再担任其职务,应由同类别的其他庇护人替代。

第四节 指定的监护或保佐

第370条 欠缺其他的监护或保佐时,发生指定的监护或保佐。

第371条 监护或保佐的指定因任何原因而迟延时,或者在监护或保佐期间发生障碍,以致在一定时间内妨碍监护人或保佐人继续执行职务时，应由法官指定迟延或妨碍期间的临时监护人或保佐人。

但有其他监护人或保佐人能替代缺位者时，或者在意图指定监护人或保佐人，以接替实际担任监护或保佐者时，后者如能在一定时间内继续其职责，不发生临时监护人或保佐人的指定。

第 372 条 法官为选任指定监护人或保佐人，应听取被庇护人的亲属的意见，在第 363 条规定的情形，法官可在必要情况下指定两个或两个以上的此等人员，并在他们中划分职责。

有辅助保佐人时，法官可优先选定其为指定监护人或保佐人。

第二十题　执行监护或保佐前的手续和程式

第 373 条　一切监护或保佐均应被任命。

授权监护人或保佐人执行其职务的法院裁决,谓任命。

第 374 条　为任命监护或保佐,须首先提供监护人或保佐人有义务提供的保证或担保。

未先行作成要式财产清单者,不得授予其管理财产。

第 375 条　除下列人外,一切监护人或保佐人均负提供保证的义务:

1. 配偶以及直系尊血亲和直系卑血亲;
2. 在短暂时间内被召唤临时担任该职务者;
3. 就特定事务担任该职务而未对财产进行管理者。

被庇护人财产甚少时,公认诚实的监护人或保佐人如有足够能力对该财产承担责任,也可免除保证。

第 376 条　前条规定的保证,可通过足量的质押或抵押替代之。

第 377 条　监护人或保佐人在被任命前所为的行为无效,但任命一旦作成,则在因其迟延可能对被庇护人造成损害的范围内,使前述行为生效。

第 378 条　监护人或保佐人有义务在任命后的 90 天内就被庇护人的财产作成清单,并且除非其管理为绝对必要,此等义务应在参与管理前履行。

法官可依情形限缩或延展该期限。

庇护人怠于作成财产清单并有归责于他的重大过失时,可被视为有嫌疑而免除其监护或保佐职务,并对因此而给被庇护人造成的一切损失或损害,可判令其依第 423 条规定的方式予以赔偿。

第 379 条 遗嘱人不得免除监护人或保佐人作成财产清单的义务。

第 380 条 如监护人或保佐人证明财产甚微，不足以支持作成财产清单的费用，法官可在听取被监护人的亲属和未成年人事务监察专员的意见后，免除其就前述财产依程式作成财产清单的义务，而仅要求作成私人记录，但该记录须有监护人或保佐人以及 3 名亲等最近的成年亲属的签名，或者在无此等亲属时，尚须有其他 3 名可尊重之人的签名。

第 381 条 财产清单应依程序法典规定的方式在公证人和证人面前作成。

第 382 条 对于其财产应作成清单之人的一切不动产和动产，均应记录在财产清单中，此种记录或逐一详列，或以数目、重量、尺寸等数量及质量表述方式成批登录；为明确庇护人的责任，无妨对此作出必要说明。

对于所有权的权利证书、公文书和私文书、有凭据或仅有记录的被庇护人的债权和债务、商业账簿或账册以及一切既存物件，除公认无价值、无利益的事项或者依道德目的须予销毁的物件外，也应记录在财产清单中。

第 383 条 清单作成时未被知晓的财产如在作成后被发现，或者以任何名义在记录的财产之外增添了新财产，应依手续另行作成财产清单并添加于前一清单中。

第 384 条 如在其财产应作成清单之人的物件中发现非其所有的物件，也应记录在财产清单中；监护人或保佐人的责任扩及于此等物件。

第 385 条 在财产清单中对所列举的物件单纯声称属于特定人的，该声称不得采为真正所有权的证据。

第 386 条 如监护人或保佐人声称因错误而在财产清单中记录了并不存在的物件，或者因错误对既存物的数目、重量或尺寸有夸大之处，或者对所缺乏的材料或质量错误地认为已具备，其抗辩无效，但经证实以其应有注意不可能避免此等错误，或者不具科学知识或非经科学试验不可能避免此等错误者，不在此限。

第 387 条 监护人或保佐人若主张故意将未向其实际交付的物记录在财产清单中，则即使证明其中存在为被庇护人带来利益的目的，也不得听取其申辩。

第 388 条 财产清单的记载模糊或有疑问时，应作有利于被庇护人的解释，但有相反证据的除外。

第 389 条 接替其他监护人或保佐人者，应依此前的财产清单受领财产，同时应在其上记载有出入的项目。此等记载应依前一财产清单的同一手续作成，并随后成为接任者的财产清单。

第二十一题　监护人和保佐人对财产的管理

第390条　与被庇护人有关的一切裁判上的行为或裁判外的行为，如有可能损及其权利或使之承担义务，均由监护人或保佐人代理或许可。

第391条　监护人或保佐人管理被庇护人的财产，并就此等财产负保存、维修和增值的义务。其责任甚至扩展至轻过失。

第392条　如遗嘱中指定有庇护人在行使职务时应征询其意见之人，庇护人并无义务听取此等顾问意见；其责任不因听取其意见而消灭。

如遗嘱中已明示规定庇护人应依循指定顾问的意见，前者的责任也不因听从后者的意见而消灭，但两者意见不一致时，庇护人非经法官授权不得执行职务，而法官在受理案件后应予授权。

第393条　未经法院事先裁决，监护人或保佐人不得转让被庇护人的不动产或对之设定抵押、岁供或役权，也不得转让、质押珍贵的或有情感价值的动产；法官仅得因明显的利益或需要核准此等行为。

第394条　出售前条列举的被庇护人的财产的任一部分，应以拍卖方式为之。

第395条　即使有第393条的规定，但如果已就被庇护人的不动产签发执行和扣押令，则无须就其转让获得新的裁决。

对于在移转于被庇护人时已设定抵押、岁供或役权之负担的不动产，也无须为此等抵押、岁供或役权获得法院裁决。

第396条　对于被庇护人与他人共同占有的不动产或

遗产，监护人或保佐人未事先获得法院裁决，不得进行分割。

法官依共有人或共同继承人的请求已判令分割者，无须获得新的裁决。

第 397 条 未经受理案件的法官作出裁决，监护人或保佐人不得抛弃任何被依法当然移转①给被庇护人的遗产，并且在未附带清单利益时，也不得接受该遗产。

第 398 条 赠与或遗赠只能依第 1236 条的规定予以抛弃；赠与或遗赠对被庇护人设有义务或负担时，如未事先估价赠与物或遗赠物，不得予以接受。

第 399 条 被庇护人与其他共有人占有的遗产或不动产已被分割的，为达其效果，须由法官听取相应监察专员的意见，另行作出裁决，以便许可并确认此等分割。

第 400 条 为了就被庇护人的不动产或估价超过 1 生太伏②的被庇护人的权利进行和解或调解，须事先获得裁决；在每一情形中，和解或调解人的决定须经法院批准，否则无效。

第 401 条 用以取得不动产而遗留或赠与给被庇护人的金钱，不得用于妨碍此等取得的其他任何目的，但获得受理案件的法官的授权时，不在此限。

第 402 条 即使经法官事先裁决，也禁止赠与被庇护人的不动产。

除非获得法官的事先裁决，不得赠与被庇护人的金钱或其他动产；法官仅得依重大事由准许此等赠与，例如救济有急需的血亲、为公共慈善或类似目的的捐赠，但此等赠与须和被庇护人的能力相适应，并且不致显著损害生息资本。

以慈善或合法娱乐为目的的价值甚少的支出，不受前述禁止的拘束。

第 403 条 权利的无偿抛弃，适用赠与的规定。

第 404 条 未经法院的事先裁决，被庇护人无能力作为保证人承担义务，法院裁决只能为配偶、直系尊血亲或直系卑血亲的利益，并且在有紧急和重大事由时，准许此种保证。

第 405 条 被庇护人的债务人已向监护人或保佐人清偿时，无须再次清偿。

第 406 条 监护人或保佐人应最有保障地出借被庇护人的闲置金

---

① 关于遗产的依法当然移转，参见第 956 条的规定。——译者
② 智利现行的基本货币单位为比索，1 比索等于 100 生太伏。——译者

钱，以便最有保障地以此取得普通利息。

如认为适当，监护人或保佐人可将闲置金钱用于不动产的取得。

如发现被庇护人的闲置金钱本可无风险地用于明显的营利活动，监护人或保佐人应对因此等不作为而损失的可得利益承担责任。

第 407 条 监护人或保佐人不得将被庇护人的乡村不动产出租 8 年以上，也不得将其都市不动产出租 5 年以上，两种情形下的出租年限均以被庇护人距离 18 岁尚差的年数为限。

如已为上述所禁止的出租，则在超过本条规定之期限的期间，租赁对被庇护人或继受其不动产所有权的人不发生拘束力。

第 408 条 一旦应向被庇护人清偿的债务到期，监护人或保佐人应注意促成清偿，并应通过法律手段向债务人诉请之。

第 409 条 监护人或保佐人应尽特别注意中断对被庇护人可能不利的时效的进行。

第 410 条 监护人或保佐人可用被庇护人的金钱偿付自己为被庇护人的利益而已垫付的款项，同时可附加当时的市场利息，但在被庇护人有其他监护人或保佐人时，应就此取得此等人的许可，或在无此等人时，应取得法官的替代性许可。

如被庇护人以遗赠、信托或其他任何名义而就不动产或动产成为监护人或保佐人任何种类的债务人，则该物的占有须由其他监护人或普通保佐人赋予，或由法官给予替代性许可。

第 411 条 监护人或保佐人代理被庇护人所履行的或成立的一切行为和合同，均应在该行为或合同的文书中明示此种代理情形；如他遗漏此项明示，则在所履行的行为或成立的合同对被庇护人有利时，视为对被庇护人的代理，反之不得视为对被庇护人的代理。

第 412 条 作为一般规定，对于和监护人或保佐人、或其配偶、或其任何直系尊血亲或直系卑血亲、或其兄弟姐妹、或其直至第四亲等的血亲或姻亲、或其商业合伙人，有直接或间接利益的一切行为或合同，仅在经其他未涉及此等事项的监护人或普通保佐人许可时，或经法官的替代性许可时，始得实施或成立。

但监护人或保佐人不得以此方式购买或承租被庇护人的不动产；这一禁止扩及其配偶、以及直系尊血亲或直系卑血亲。

第 413 条 有数个监护人或普通保佐人时，他们应共同许可被庇护人的行为和合同，但对于因分别管理而由其中一人特别负责的事务，仅由该人单独介入或许可即为已足。

监护人或保佐人之一依正式委任而以其他监护人或保佐人的名义给予许可时，应理解为此等人一致行动，但在此等情形，委任人的连带责任依然存在。

他们之间存在意见分歧时，由法官裁决之。

第 414 条 监护人或保佐人可主张履行职务时所支付的费用；在合法主张的情形，法官应评定此等费用。

第 415 条 监护人或保佐人负诚实、精确记账的义务，在可能的情形，应逐日提供有关一切管理行为的资料；其管理一旦结束，应公示账目；对于相应权利人，应返还其财产；对于结算逆差，应予偿付。

此项义务适用于包括遗嘱设定监护人或保佐人在内的一切监护人或保佐人，遗嘱人已免除其汇报账目之义务者，或者已预先免除其偿付逆差之义务者，并不例外；同时，即使被庇护人除继承遗嘱人财产之外别无财产，且即使基于不要求作成账目或偿付逆差这一明确条件而将财产遗留给他，亦同。类似条件视同未订立。

第 416 条 在认为适当时，法官甚至可在监护人或保佐人履行职务期间，依职权命令其向被庇护人的其他监护人或保佐人，或向法官为此目的指定的特别保佐人，出示其管理账目或证实账目的存在。

被庇护人的任何其他监护人或保佐人、亲等最近的任何血亲、配偶以及相应的监察专员，可在有重大事由时诉请此等预防措施，重大事由由法官口头定夺。

第 417 条 职务期满时，庇护人应尽快着手财产的交付，但对于庇护人不在过渡期履行则将导致迟延履行从而损及被庇护人利益的行为，庇护人可在该过渡期履行之。

第 418 条 数个庇护人共同管理时，应在职务期满时仅提交一份账目；如果在他们之间已划分管理，全体此等人员应为各自的管理分别提交账目。

第 419 条 共同管理的监护人和保佐人承担连带责任；如果在此等人之间划分管理，则无论其职责是由遗嘱人划分，还是由法官安排或核准，仅直接对其自己的行为负责，如果他们本可行使第 416 条第 2 款赋予的权利，阻止其他监护人或保佐人的不当管理，则应对其他监护人或保佐人的行为负补充责任。

此项补充责任尚应扩及于未进行管理的监护人或普通保佐人。

监护人或普通保佐人对辅助保佐人的不当管理负同样的补充责任。

第 420 条 监护人或保佐人依遗嘱人的安排或法官的核准而在不同

市镇进行分别管理时，前条规定的补充责任不扩及之。

第 421 条 监护人或保佐人如仅以私人协议划分管理，应承担连带责任。

第 422 条 监护人或保佐人提交的账目，应由接手财产管理之人审议。

如管理被移交于其他监护人或保佐人，账目只能在法官听取相应监察专员的意见予以核准后清结。

第 423 条 监护人或保佐人公示财产清单和结余的财产时如果未提交真实的管理账目，或者其管理中被确信存在诈欺情形或重过失时，被庇护人有权评定包括可得利益在内的所受损失的数量并就此宣誓；对于经评定并宣誓的数量，应判令监护人或保佐人赔偿，但法官酌情减少者除外。

第 424 条 监护人或保佐人应就结算逆差支付普通利息，此等利息自其账目清结之日或迟延出示账目之日起算；监护人或保佐人也取得结算顺差的普通利息，此等利息自其账目清结并提出请求之日起算。

第 425 条 被庇护人基于监护或保佐而对监护人或保佐人享有的一切诉权，自被庇护人脱离庇护之日起经过 4 年时效而消灭。

如被庇护人在 4 年期满前死亡，上述诉权的消灭时效为时效届满尚差的时间。

第 426 条 行使监护或保佐职务者如并非真正的监护人或保佐人，则只要他相信自己具有此等身份，即承担真正监护人或保佐人的一切义务和责任，但其行为仅在对被庇护人产生积极利益时对之发生拘束力。

该人如已被任命担任监护或保佐职务，并且已直接进行管理，有权得到普通酬金，如未出现更有权利执行此等职务的人，可授予其监护或保佐职务。

但该人冒充监护人或保佐人恶意执行职务的，须明确解除其管理，并剥夺其一切监护或保佐酬金，且无妨依诈骗处以刑罚。

第 427 条 在必要情况下为保护被庇护人而对其财产进行管理的人，应立即知会法官以便其填补监护或保佐职务，当此之时，该人仅作为无因管理人享有权利并承担义务。该人有意地迟延知会法官的，甚至应对轻微的过失承担责任。

第二十二题 关于监护的特别规定

第 428 条 对于被监护人的哺育和教育问题，监护人应遵循依第九题规定而负责此等事务之人的意思，但这并不妨碍在其确信适当时将问题提交法官。

但父或母执行监护时，对此问题不负征询他人意见的义务。

第 429 条 如负责被监护人的哺育和教育的人存在懈怠情形，监护人应尽一切谨慎方法促使其履行义务，在必要时应知会法官。

第 430 条 被监护人不得居住于其死亡时将继承其财产的人的住舍，或处于其个人照料之下。

直系尊血亲不受此项排斥的拘束。

第 431 条 父母未以遗嘱为被监护人提供哺育和教育费用时，监护人应为此目的供给与其家庭的社会地位相适应的必需品；此等费用从被监护人的财产中提取，在可能时，从其孳息中提取。

对于被监护人一切无节制的哺育和教育费用，纵使是从孳息中提取，监护人也应承担责任。

为履行其责任，监护人可请求法官根据被监护人的资力确定用于其哺育和教育的最大数额。

第 432 条 如被监护人的财产的孳息不足以支持简朴的生活费用和必要的教育费用，监护人可转让该财产的任何部分或以之设定负担，但除非有绝对必要并经适当许可，不得因此借款或触动不动产或生息资本。

第 433 条 被监护人生活窘困时，监护人应求助于依其与被监护人的关系有义务向后者提供扶养费的人，如有必要，应通过法院诉请提供此等费用。

第 434 条 监护人在安排被监护人的适当生活费用和教育费用时存在的持续懈怠，系褫夺其监护职务的充足事由。

第二十三题　对未成年人保佐的特别规定

第 435 条　本题涉及的未成年人保佐，是指已被解除亲权的适婚人仅因其年龄的缘故而接受的保佐。

第 436 条　未成年人到适婚年龄时，其监护人因单纯的法律规定而转任保佐职务。

因此，无须为此等职务另行任命、提供担保和作成财产清单。监护和保佐账目应整体提供。

第 437 条　无保佐人的未成年适婚人，应请求法官确认其选定的保佐人。

如未成年人未请求确认，其亲属可请求之，但人员始终应由该未成年人选定，或由法官替代为之。

法官在听取未成年人事务监察专员的意见后，如认为未成年人选定的人适格，应予认可。

第 438 条　对于未成年人的哺育和教育，保佐人可行使前题授予监护人对未适婚人的同一权限。

第 439 条　处于保佐下的未成年人如同处于亲权下的子女，对其执行雇佣、职业、技艺或业务而取得的财产享有同一管理权能。

第 260 条的规定，适用于未成年人及其保佐人。

第 440 条　如同监护人代理未适婚人，保佐人也以同一方式代理未成年人。

不过，保佐人在确认适当时，可委托被保佐人管理一部分保佐财产，但保佐人应根据其责任对此等管理中的被保佐人行为进行授权。

对于和授权有关的一切日常行为，推定已获得授权。

对处于被保佐人亲权下的子女，保佐人也可全权行使监护或保佐职务。

第 441 条 保佐人的行为使其遭受明显损害时，被保佐人可请求未成年人事务监察专员干预；事务监察专员发现请求有根据时，应知会法官。

第二十四题 对浪费人保佐的特别规定

第 442 条 因挥霍或浪费而被禁治产的人，应为其设定法定保佐人，无此等保佐人时，应由法官指定保佐人。

在第 451 条的情形，此等保佐可通过遗嘱设定。

第 443 条 假定的浪费人的未离婚配偶，第四亲等以内的血亲，以及公共事务监察专员，可提起禁治产之诉。

即使非由公共事务监察专员提起禁治产之诉，也应听取其意见。

第 444 条 假定的浪费人如为外国人，也可由适格的外交官员或领事官员提起禁治产之诉。

第 445 条 浪费应根据表明其完全缺乏节制的重复性挥霍行为予以证实。

如存在以大量财产冒险的习惯性博戏行为、无适当原因大量赠与的行为以及将导致破产的消费行为，应准许禁治产。

第 446 条 在事由核定期间，法官可依亲属或其他人的口头报告，在听取假定浪费人的申辩后，裁决暂时的禁治产。

第 447 条 暂时的或确定的禁治产裁决应在文件保管处的登记簿上登记，并应在市报上刊登 3 次公告，以告诸公众，如无市报，则应在省会或大区首府的报纸上为之。

登记和告示仅限于声明该人不享有对其财产的自由管理，同时应指明其姓名和住所。

第 448 条 应被授予保佐职务的人为：

1. 直系尊血亲，但在裁判上已驳回其异议而确认其父子关系或母子关系的父亲或母亲，或者已与第三人结婚的父亲或母亲，不得执行此等职务；

2. 兄弟姐妹以及；

3. 第四亲等以内的旁系血亲。

法官可在前数项指定的各类人员中自由选任其认为最合目的的人选。

无前述人选时，发生指定保佐。

第 449 条 夫为浪费人时，其保佐人应在夫妻共同财产存续期间管理该财产，并在母亲因任何原因未对子女行使亲权的情形，对子女全权执行庇护。

妻为浪费人时，对于处于其亲权下的子女，若未转由父亲行使亲权，保佐人也可以同一方式执行监护或保佐。

第 450 条 夫妻任何一方被宣告为浪费人时，他方不得成为其保佐人。

妻结婚时采夫妻共同财产制，且其夫作为浪费人处于保佐之下的，如果她已满 18 岁，或者在夫被裁决禁治产后满 18 岁，则有权请求财产的分别。

第 451 条 子女为浪费人时，执行保佐的父或母可通过遗嘱指定其去世后继任该庇护职务的人。

第 452 条 如保佐人对其有侮辱性或损害性行为，浪费人有权请求检察官干预；保佐人应遵循检察官的决定。

第 453 条 浪费人始终保留其自由，并可为其个人开销而自由处分一笔与其资力相适应并由法官确定的金钱。

只有在极端情况下，保佐人可被授权自行向浪费人提供必需品而维持其生活。

第 454 条 如浪费人经确认能适当管理自己的事务，应被重新赋予管理其财产的资格；复权后如出现同样事由，可被再次裁决禁治产。

第 455 条 前条规定由法官依初次裁决禁治产的同一程序裁决之；且均应依第 447 条的规定予以登记和公告；在复权的情形，公告仅限于声明该人（指明其姓名和住所）享有对其财产的自由管理。

第二十五题 对精神病人保佐的特别规定

第 456 条 适婚人经常处于精神病状态时，即使有清醒间歇期，也应被剥夺对其财产的管理。

对精神病人的保佐，可由遗嘱设定、法律规定或法官指定。

第 457 条 精神病幼童到适婚年龄时，家父可继续对其人身和财产进行照顾，直至其成年为止；至其成年时，家父应提起禁治产之诉。

第 458 条 如未事先在法院获得禁治产裁决，监护人不得随后对精神病的被庇护人执行保佐，但在提起禁治产之诉的必要时间内执行此等职务的，除外。

处于保佐下的未成年人又出现精神病状态的，亦有如此必要。

第 459 条 可对浪费人提起禁治产之诉的人，同样可对精神病人提起禁治产之诉。

未成年人在保佐期间又出现精神病状态的，保佐人应提起禁治产之诉。

如精神病处于发作状态，或疯癫人对居民造成明显的不便利，也可由市镇检察官或民众中任何人提起禁治产之诉。

第 460 条 法官应调查假定的精神病人先前的生活和惯常性行为，并应就精神病状态的存在和性质听取其信任的医生的意见。

第 461 条 第 446 条、第 447 条及第 449 条的规定扩及于精神病情形。

第 462 条 应被授予精神病人之保佐职务的人有：

1. 未离婚的配偶，但和第 503 条之规定相冲突者除外；

2. 直系卑血亲；

3. 直系尊血亲，但在裁判上已驳回其异议而确认其父子关系或母子关系的父亲或母亲，或者已与第三人结婚的父亲或母亲，不得执行此等职务；

4. 兄弟姐妹以及；

5. 第四亲等以内的旁系血亲。

对于第 2 项、第 3 项、第 4 项和第 5 项指定的每类人员，法官可从中选任他认为最适格的人选。

所有前述人员均不存在时，发生指定保佐。

第 463 条 妻对其精神病之夫担任保佐职务的，应管理夫妻共同财产。

妻如因未成年或其他障碍而未担任其精神病之夫的保佐职务，可在该障碍停止后，依其意愿请求担任保佐职务或主张财产的分别。

第 464 条 如对精神病人指定两个或更多的保佐人，可委任其中之一负责直接的人身料理，而由其他人管理财产。

精神病人的人身直接料理不得托付给对其有继承权的人，但其父母或配偶除外。

第 465 条 精神病人在禁治产裁决后所为的行为和合同无效；即使主张此等行为和合同乃于裁决后的清醒间歇期实施或成立，亦同。

反之，在不存在事先的禁治产裁决时实施或成立的行为及合同，有效，但证实实施人或订立人当时处于精神病状态的，不在此限。

第 466 条 仅得在精神病人有利用其人身自由进行自残，或者对他人造成危险或明显不便利之虞时，剥夺其人身自由。

不得将精神病人迁入疯人院或进行禁闭、捆绑，但依保佐人或民众中任何人的请求，经法官的授权临时采用此等方法的，不在此限。

第 467 条 精神病人的财产孳息，以及在必要情形经法官授权的本金，应主要用于缓减其精神病状态和争取其康复。

第 468 条 精神病人如永久恢复理智，可重新取得管理自己财产的资格；他也可被重新依正当事由剥夺该资格。

在此等情形，应遵守第 454 条和第 455 条的规定。

第二十六题　对聋哑人保佐的特别规定

第 469 条　对已达适婚年龄的聋哑人的保佐,可由遗嘱设定、法律规定或法官指定。

第 470 条　第 449 条、第 457 条、第 458 条第 1 款、第 462 条、第 463 条和第 464 条的规定准用于对聋哑人的保佐。

第 471 条　聋哑人的财产的孳息,以及在必要情形经法官授权的本金,应特别用于缓减其聋哑状态和为其谋求适当的教育。

第 472 条　聋哑人已有能力通过书面方式进行理解或被理解时,如其本人请求并有管理其财产的足够智力,应终止对他的保佐;法官应就此收集适当的资料。

第二十七题 财产保佐

第 473 条 一般而言,在下列情形同时存在时,应为不在人指定财产保佐人:

1. 不在人失踪,或者至少已断绝与其家人通讯,且其杳无音信对其本人或第三人造成严重损失;

2. 未设定代理人,或者仅设定有特别事项或特别业务的代理人。

第 474 条 可对精神病人提起禁治产之诉者,同样可诉请指定财产保佐人。

此外,不在人的债权人有权请求指定财产保佐人,以答复对其请求。

隐匿的债务人属于不在人之列。

第 475 条 依第 462 条可被指定担任精神病人的保佐职务者,同样可被指定为不在人的财产保佐人,并且此等人员之间应遵守该条规定的同一优先顺序。

尽管如此,法官仍可依合法继承人或债权人的请求,在认为适当时不遵从此等顺序。

如不在人有数量可观的财产并处于不同的市镇,法官也可指定一个以上的保佐人,并在他们之间划分管理职责。

第 476 条 不在人事务监察专员可干预保佐人的指定。

第 477 条 不在人如遗有未离婚之妻,应遵守夫妻共同财产一题中为此情形作出的规定。

第 478 条 如不在人为已婚妇女,其夫仅得在第 503 条规定的条件下成为保佐人。

第 479 条 为不在人的特定行为或事务设定的代理

人，应服从保佐人，但保佐人只有在法官授权时，方可不遵循不在人对代理人所作的指示。

第 480 条 如不在人失踪，保佐人的第一位义务为查明其下落。

保佐人知晓不在人行踪的，应尽其所能与其联络。

第 481 条 对于无人接受继承的遗产，亦即无人接受继承的死者之财产，应指定保佐人。

无人接受继承的遗产的保佐应由法官指定。

第 482 条 其遗产需指定保佐人的死者如有外国继承人，该继承人所在国的领事有权推荐看管和管理财产的保佐人。

第 483 条 如领事推荐的保佐人适格，审判官应指定其担任保佐职务；依债权人或其他对继承有利害关系之人的请求，审判官可依构成遗产的财产的数量及状况，补充其他保佐人。

第 484 条 其遗产处于保佐下的人死亡后经过 4 年，受理案件的法官可依保佐人的请求，命令出售现有的全部遗产，并将变卖所得有适当担保地予以生利，如无担保，则可命令寄托于国库。

第 485 条 遗腹子在合理时间出生且为活体时应得到的财产，应由父之遗嘱为此目的而指定的保佐人负责保佐，或者由法官依母之请求指定的保佐人担任该职务，法官也可依其他任何人的请求指定保佐人，但必须是该请求人在遗腹子如果不继承上述财产时就有权继承之。

如果适当，法官可指定两个或两个以上的保佐人。

第 486 条 若父在子女出生前死亡，父为该子女的监护在遗嘱中指定之人，也被推定为为该子女不确定的权利指定的保佐人。

亲权由母行使时，不发生本条和前条规定的情形。

第 487 条 不在人的财产保佐人，无人接受继承之遗产的保佐人，以及胎儿的不确定权利的保佐人，应在管理中接受监护人或保佐人所应接受的一切约束，并且除纯粹的看管、保存行为以及对其相应被代理人的债权或债务进行受领或清偿等必要行为外，禁止其执行其他管理行为。

第 488 条 尤其禁止前述保佐人变更财产的形式、成立借贷乃至转让不易变腐的动产，但转让属于不在人事务的日常管理范围的，或者为清偿债务需要作此等转让的，不在此限。

第 489 条 尽管有前数条规定，但只要法官裁定有必要或有益并事先授权，财产保佐人受禁止的行为有效。

未经法官授权的，财产所有人有权请求宣告此等行为无效；经宣告无效的，保佐人应对所有人或第三人因此遭受的一切损害承担责任。

第 490 条 其相应被代理人的诉权和抗辩，由财产保佐人行使；对财产享有债权的人可针对相应的保佐人主张债权。

第 491 条 对不在人权利的保佐在其返回时消灭；或者因适当设定了一般代理人处理其事务而消灭；或者因不在人的死亡而消灭；或者在失踪情形因裁决临时占有而消灭。

对无人接受继承之遗产的保佐，因遗产被接受而终止，或者在第 484 条的情形，因将变卖所得寄托于国库而终止。

对胎儿的不确定权利的保佐因分娩的事实而终止。

一切财产保佐因财产的完全灭失或耗费而终止。

第二十八题 辅助保佐人

第 492 条 辅助保佐人就被置于其职责下的财产享有和监护人同等的管理权限,但辅助保佐人被委派充当财产保佐人助手的除外。

在后一情形,辅助保佐人仅享有财产保佐人的权限。

第 493 条 辅助保佐人独立于有关的父亲、丈夫或庇护人。

第 419 条就未进行管理的监护人或保佐人规定的补充责任,扩及于和辅助保佐人相对应的父亲、丈夫或庇护人。

第二十九题　特别保佐人

第 494 条　特别保佐为指定保佐。
诉讼保佐人或关于诉讼的保佐人由审理案件的法官指定,如为在编的检察官,无须任命其执行此项职务。

第 495 条　特别保佐人不负制作财产清单的义务,但对于为履行其职责而交由其处分的文件、金钱或财物,应签发收据并忠实而精确地作成账目。

第三十题　关于监护或保佐的无资格及职务豁免的理由

第 496 条　存在法律禁止担任监护或保佐职务的人，同时也存在允许被豁免监护或保佐职务的人。

第一节　无资格

一、有关身体缺陷和道德缺陷的规定

第 497 条　下列人无资格担任任何监护或保佐职务：

1. 盲人；
2. 哑人；
3. 即使未处于禁治产下的精神病人；
4. 未向其债权人清偿债务的破产者；
5. 因浪费而被剥夺对自己财产的管理的人；
6. 在共和国境内无住所者；
7. 不会读写者；
8. 行为明显卑劣者；
9. 因应被处以重罪的犯罪行为而被判有罪之人，其刑罚即使已被赦免，亦同；
10. 因通奸而离婚者，但如果涉及对其子女的庇护，且只要未被剥夺对子女的人身照顾，不在此限。即使该离婚状况因解除婚姻或因和解而终止，此等无资格仍然存在；
11. 依第 271 条被剥夺行使亲权者；

12. 此前因不当或不谨慎管理而被褫夺庇护职务者，或在原庇护终止后的诉讼中因诈欺或重过失而被判令对被庇护人进行赔偿者。

二、有关职业、雇佣和公共职务的规定

第 498 条 下列人同样无资格担任任何监护或保佐职务：
1. 已被废除。
2. 已被废除。
3. 须长时间或在不确定时间内于智利境外执行公职或公共任务的人。

三、有关性别的特别规定

第 499 条 已被废除。

四、有关年龄的规定

第 500 条 未满 21 岁的人不得担任监护人或保佐人。
但是，如未满 21 岁的直系尊血亲或直系卑血亲被授予监护或保佐职务，则应在其达到年龄时履行该职务，在过渡期应指定一名临时监护人或保佐人。
未满 21 岁的人由遗嘱设定为监护人或保佐人时，适用同一规定。但未成年人满 21 岁后其必须执行监护或保佐职务的期限少于两年的，该指定无效。

第 501 条 年龄不能确定时，应依第 314 条的规定判断，如据此任命指定的监护人或保佐人执行职务，该任命有效，并且不问该年龄是否真实，指定继续有效。

五、有关家庭关系的规定

第 502 条 继父不得成为继子女的监护人或保佐人。
第 503 条 财产全部被分别时，夫和妻不得成为配偶他方的保佐人。
尽管如此，在第 135 条和约定分别财产的情形，以及在夫妻间采用

所得参与制的情形，不发生此等无资格，在此等情形，法官可听取亲属的意见，授予夫或妻以庇护职务。

第 504 条 父为浪费人时，子女不得成为其保佐人。

六、有关庇护人和被庇护人之间存在对立利益和宗教差异的规定

第 505 条 对他人民事身份提出或已提出异议者，不得成为该他人的监护人或保佐人。

第 506 条 某人的债权人或债务人，以及为自己或他人的利益而与该人争讼者，不得单独成为该人的监护人或保佐人。

法官应依其认为最适当的方式，或者添加其他监护人或保佐人进行共同管理，或者宣告此等人无担任该职务的资格。

对被庇护人的配偶、直系尊血亲和直系卑血亲，不适用本条规定。

第 507 条 如业已证明遗嘱人在指定监护人或保佐人时知晓上述债权、债务或争讼的存在，前条规定不适用于该遗嘱设定的监护人或保佐人。

如法官认为此等债权、债务或争讼无关紧要，也不适用前条规定。

第 508 条 某人信奉的宗教不同于被庇护人应据之受教育或已据之受教育的宗教的，不得成为该被庇护人的监护人或保佐人，但此等庇护人已被直系尊血亲接受的，或者在无直系尊血亲时已被亲等最近的血亲接受的，不在此限。

七、关于嗣后发生的无资格的规定

第 509 条 上述无资格事由在行使监护或保佐职务期间发生的，应终止该职务。

第 510 条 监护人或保佐人出现精神病时，即使未裁决其禁治产，其在精神病期间履行的一切行为亦告无效。

第 511 条 执行监护或保佐职务的妇女如结婚，只要未因结婚的事实而使被庇护人处于夫或妻之亲权下，则继续担任该职务。否则，该庇护终止。

八、关于无资格的一般规定

第 512 条 监护人或保佐人如隐瞒授予职务时存在的或嗣后发生的

无资格事由,除对其管理承担一切责任外,也丧失其知晓无资格而行使职务期间的应得酬金。

监护人或保佐人不知无资格之事由的,其行为并不因此无效,但在其所知晓后,监护或保佐终止。

第 513 条 庇护人自认为无资格行使被授予的监护或保佐职务的,应在第 520 条为职务豁免之诉规定的同一期限内,提起无资格之诉。

嗣后在行使监护或保佐职务期间发生无资格的,庇护人应自该原因开始存在或知晓其存在之时起 3 日内告知法官;这一期限可依第 520 条为 30 日的期限规定的同一方式予以延展。

监护人或保佐人的无资格,也可由被庇护人的任何血亲、配偶乃至民众中的任何人向法官告发。

第二节　豁免

第 514 条 下列人可被豁免担任监护或保佐职务:

1. 共和国总统、政府各部部长、最高法院和上诉法院的职务人员、财政官及其他执行检察官职务的人员、市镇独任专业法官①、未成年人事务监察专员、慈善事务监察专员以及其他公共事务监察专员;

2. 国库收入的管理人员和征募人员;

3. 长期远离执行庇护职务之市镇而从事公职者;

4. 其住所与执行庇护职务之市镇相距遥远者;

5. 负责家庭日常照管的父或母;

6. 患有严重的顽固性疾病或年满 65 岁者;

7. 被迫以每天的个人劳动为生的贫困人;

8. 已担任两个庇护职务者;以及在已婚情形或有子女的情形,已担任一个庇护职务者,但特别保佐不应计算在内。

法官可将过于复杂和繁重的监护或保佐计作两个职务;

9. 有 5 个或 5 个以上生存的子女处于其亲权下的人;在战事中死于共和国旗帜下的子女也计算在内;

---

① 在其民法典制定之时,智利共和国将最基层的法官区分为市镇专业法官(juez letrado)和非专业法官(juez de letras),他们都是独任的,但前者由法律专业人士担任,后者由非法律专业人士担任。按现行的法院组织法,这种区分已被取消,仅以 juez de letras 一词指称市镇独任民事法官。——译者

10. 教士或任何宗教的神职人员；

11. 国防部队和缉私部队的现役军人；包括军需官、内外科医生以及其他参加前线部队或国家海军的人员。

第 515 条　在前条第 8 项的情形，对并非其子女的人行使两个或两个以上庇护职务者，为了担任自己的一个子女的庇护人，有权请求免除其中一项庇护职务，但他不得请求豁免对子女的庇护。

第 516 条　第 514 条第 9 项规定的豁免事由，不得用以主张对子女的监护或保佐职务的豁免。

第 517 条　如主张豁免职务者有足够财产，不得以未找到保证人作为豁免理由；在此等情形，该人应就其财产设定抵押或质押，其数量应足以对其管理承担责任。

第 518 条　连续 10 年或 10 年以上担任同一被庇护人的庇护职务者，不问是仅作为监护人或保佐人，还是先后作为监护人和保佐人，均可请求豁免继续担任该职务，但配偶、直系尊血亲或直系卑血亲，不得主张此等豁免。

第 519 条　前数条规定的豁免理由应由意欲加以利用者在被授予庇护职务之时主张；如嗣后在庇护期间发生此等事由，应予采纳。

第 520 条　可拒绝接受被授予的庇护职务的豁免理由，应在以下期限内主张：

如被指定的监护人或保佐人位于应处理豁免事由的法官所在的法院管辖区，应自知悉职务指定之时起在 30 天内主张之；如他并未位于该司法管辖区但在共和国境内，则应按该法院管辖区所在首府与被指定的监护人或保佐人的实际居住地之间的距离，每 50 公里延展 4 天。

第 521 条　本可通过一般谨慎予以避免的一切超过法定期限的迟延，均使监护人或保佐人对其迟延执行监护或保佐职务所引起的损害承担责任；此外也使其意图主张的豁免理由不被采纳，但根据被庇护人的利益宜予接受者除外。

第 522 条　嗣后在庇护期间发生的豁免理由，并不因任何的迟延主张而罹于时效。

第 523 条　如被指定的监护人或保佐人位于国外，并且不知其何时返回或其下落不明，法官可依具体情况规定一个期限，在此期限内，该监护人或保佐人应到庭接受监护或保佐职务或者主张豁免；该期限届满时，法官可依情形或予延展，或宣告该指定无效；在后一情形，即使监护人或保佐人此后到庭，该指定也不重新生效。

第三节 关于无资格和豁免的共同规定

第524条 由庇护人提起的无资格之诉或豁免之诉,应会同相应的监察专员审理。

第525条 如初审法官未承认庇护人主张的无资格事由,或未接受其豁免理由,而庇护人并未提起上诉,或者上诉庭确认该初审法官的此等判决,庇护人应对其迟延担任庇护职务而给被庇护人带来的一切损害承担责任。

监护人或保佐人为免除该责任临时担任监护或保佐之职的,不发生此等责任。

第三十一题 监护人和保佐人的报酬

第 526 条 监护人或保佐人一般可自其管理的被庇护人财产的孳息中提取 1/10 作为其工作报酬。

如有数个监护人或保佐人共同管理，该 1/10 的报酬应在他们之中均分。

如某一庇护人行使的职责与孳息的收取无关，法官可从其他庇护人的 1/10 份额中为其扣除他认为应分给的报酬。

如各庇护人的工作和相应报酬之间存在明显的不相称，法官也可增加某庇护人的 1/10 份额，该增加部分从其他庇护人的 1/10 份额中扣除。

在必要情形，法官应依相应庇护人的请求，在听取其他庇护人的意见后采取后两种措施。

第 527 条 只要未依前条第 3 款和第 4 款由当事人协议变更或法官判令变更，该 1/10 的份额即依第 1 款和第 2 款的一般规定予以分配；重新分配自协议之日或判决之日起生效。

第 528 条 监护人或保佐人在任期内支出的必要费用，不计入 1/10 的份额，而应单独获得偿付。

第 529 条 一切为酬报遗嘱设定的监护人或保佐人的工作而明确对其做出的分配，应计入该监护人或保佐人自孳息中本该分得的 1/10 份额之中；如此等分配额少于其应得份额，该监护人或保佐人可请求补足报酬；如分配额多于应得份额，则只要超出部分属于遗嘱人本可依其意思处分的财产份额之列，即无须返还。

第 530 条 遗嘱设定的监护人或保佐人的职务豁免理由如被接受，作为其工作的分配额即被剥夺。

如嗣后发生职务的豁免，仅剥夺其相应部分的报酬。

第 531 条 事先存在的无资格，使庇护人就前述分配额所享有的一切权利被剥夺。

嗣后发生的无资格如非庇护人的行为或过失所致，或者庇护人在庇护期间死亡，不发生分配物的全部或部分返还。

第 532 条 临时监护人或保佐人如接替正式庇护人的所有职责，应取得其任期内的全部 1/10 份额，但正式监护人或保佐人保留部分职责时，可从其 1/10 份额中保留相应部分。

如报酬包含在遗产或遗赠份额中，则在正式庇护人因诸如担任公职或避免其利益的重大损失等合理事由而有必要指定临时庇护人时，可完整地维持其遗产或遗赠份额，而由临时庇护人自其管理物的孳息中取得 1/10 的份额。

第 533 条 监护人或保佐人如进行诈欺性管理或违反第 116 条的规定，丧失其 1/10 份额的权利，并应返还已收取的一切职务报酬。

监护人或保佐人管理不谨慎的，对于因其懈怠而遭受损害或导致产量大量减少的财产部分，不得支取孳息的 1/10。

在两种情形下，监护人或保佐人尚应赔偿被庇护人所遭受的损失。

第 534 条 如被庇护人的财产孳息仅足以维持其必要生活，监护人或保佐人负无偿担任职务的义务；如被庇护人嗣后取得更多财产，则不问此等取得发生在庇护期间还是庇护结束之后，庇护人均不得请求被庇护人此前期间应得的 1/10 份额。

第 535 条 庇护人应随着孳息的实现而收取其 1/10 份额。

为确定 1/10 份额的价值，不仅应考虑为生产孳息而消耗的费用，而且应顾及在该财产之上设定的一切年金和用益负担。

第 536 条 孳息如在庇护开始之时或庇护届满之时尚未分离，对监护人或保佐人的 1/10 份额，应适用关于用益权的同一规定。

第 537 条 对于分离后不能再生或分离将导致实质损害或减低其价值的材料，一般不得列入应扣除 1/10 份额的孳息之列。

因此，出售的木材若系违背使树林和丛林维持其实质的必要规律而被砍伐，不得计作孳息。

但是，1/10 份额应及于采石场和矿场的产品。

第 538 条 不在人的财产保佐人、遗腹子的不确定权利保佐人、无人接受继承之遗产的保佐人以及特别保佐人，不得请求 1/10 的份额。

为酬劳其工作，应由法官就其管理的财产的孳息确定一个公平的份额，或者由法官分配一笔确定数量的酬金。

第三十二题　监护人或保佐人职务的褫夺

第 539 条　监护人或保佐人因下列事由而被褫夺职务：

1. 无资格；
2. 执行职务时的诈欺或重过失，尤其是第 378 条和第 434 条规定的事由；
3. 明显的不能胜任；
4. 惯常性的不谨慎管理行为；
5. 可能对被庇护人的生活方式造成损害的不道德行为。

监护人或保佐人系被庇护人的直系尊血亲、直系卑血亲或配偶时，不因第 4 项事由而被褫夺职务，但须由其他监护人或保佐人加入管理。

第 540 条　有财产损坏或孳息大量减少的事实时，推定存在惯常性的不谨慎；监护人或保佐人如未对该损坏或减少提供满意的解释以推翻此等推定，其职务应被褫夺。

第 541 条　行使数个监护或保佐职务者如因诈欺或重过失而被褫夺其中一项职务，也可由法官依职权，或者依相应的监察专员或民众中任何人的请求，基于同一事实褫夺其他数项职务。

第 542 条　褫夺可由被庇护人的任何血亲、配偶乃至民众中的任何人诉请。

已到适婚年龄的被庇护人，也可求助于相应的监察专员而自行诉请。

法官也可依职权促成此等诉讼之提起。

亲属和检察官的意见始终应被听取。

第 543 条　只要法官在听取亲属意见后认为适当，即应在褫夺之诉系属期间指定临时监护人或保佐人。正式监护人或保佐人如非直系尊血亲、直系卑血亲或配偶，临时监护人或保佐人当然排斥之；如正属相反，则补充之。

第 544 条 其职务被褫夺的监护人或保佐人应充分赔偿被庇护人的损失。

对于其执行职务所为的不法行为，也应进行刑事诉追。

第三十三题 法人

第 545 条 能行使民事权利和承担民事义务，并能在法院内外被代表的拟制人，谓法人。

法人分为两类：社团和公益基金会。

可存在兼有两种性质的法人。

第 546 条 未依法律设立或未经共和国总统批准的基金会或社团不是法人。

第 547 条 产业合伙（公司）① 不包括在本题的规定中；其权利和义务依其性质由本法典其他题节以及商法典调整。

本题规定也不扩及于具有公法性质的社团或基金会，如国家、国库、市政府、教会、宗教团体以及由国库承担费用的机构；此等社团和基金会由特别法和法规调整。

第 548 条 由社团自己起草的社团规章或章程，应提交共和国总统审批，如无任何违反公共秩序、法律或善良风俗的事项，应予批准。

社团章程对其造成损害的任何人可诉诸总统，以便改正章程中损害第三人的条款；并且章程即使已获批准，仍可无阻碍地诉至司法机关，以请求赔偿因适用上述章程而已经或可能对其造成的伤害或损害。

第 549 条 社团拥有的一切，既不全部也不部分属于组成该社团的个人；相应地，社团的债务并不使任何人取得向组成该社团的个人主张全部或部分清偿的权利，并且除社团财产外，此等债务也不导致对成员个人财产的任何

---

① Sociedad 一词兼有合伙和公司之意。——译者

诉权。

然而，社团成员可明示表示与社团共同承担特定债务；如有明示约定，则成员承担连带责任。

但此种责任仅在社团成员明示地使其继承人承担时，方可扩及之。

如社团未依第546条合法成立，其团体行为连带地约束所有的以及每一位成员。

第550条　根据章程拥有表决权的社团成员的多数，应被视为整个社团的法定决策机构或法定会议。

决策机构的多数人意思为社团的意思。

以上规定应理解为不妨碍社团章程对这些方面作出的变更。

第551条　社团由法律或相应章程指定的人代表，如无此等法律或章程，由社团决议授予此种资格。

第552条　社团代表人的行为在未超出其受托职务范围时，为社团的行为；如超出职务范围，仅约束代表人个人。

第553条　社团章程对整个社团有约束力，其成员负遵守章程以及接受章程所作处罚的义务。

第554条　所有社团对其成员均享有章程所赋予的治安惩治权利，此项权利应依章程行使。

第555条　对于诈欺、挥霍以及贪污社团资金的不法行为，可按章程进行处罚，但不妨碍执行普通法律对同一不法行为规定的惩罚。

第556条　社团可根据任何名义取得任何种类的财产。

第557条　已被废除。

第558条　已被废除。

第559条　未经宣告其合法成立的机关批准，社团不得自行解散。

但是，不管其成员意思如何，只要社团最终危及国家安全或利益，或者不符合其设立宗旨，均可由上述机关依法律规定予以解散。

第560条　社团成员因死亡或其他事故而减至极少数目，以致社团设立时的宗旨已不能实现时，或者在全部成员均已不存在时，如章程并未规定此等情形下的合并或更新的方式，则应由宣告其合法成立的机关宣布应予执行的合并或更新方式。

第561条　社团解散时，其财产应依章程为此情形规定的方式处置；如章程未对此作出规定，上述财产归属国家，但须按照和该团体相类似的宗旨使用该财产。此等宗旨由共和国总统确定。

第562条　须由一定数量的人员管理的公益基金会，应受创始人对之发布的章程的约束；如创始人未对此阐明其意思，或者只是不完全地予以阐述，可由共和国总统补充该缺陷。

第 563 条 第 549 条至第 561 条关于社团及其成员的规定，准用于公益基金会及其管理人员。

第 564 条 基金会因用于其存续的财产的毁灭而终止。

第二编 财产及其所有、占有、使用和收益

第一题 财产的种类

第565条 财产或为有体物，或为无体物。

有实际形体并能被感官察觉的物为有体物，如房屋、书籍。

由纯粹的权利构成的物为无体物，如债权和积极役权。

第一节 有体物

第566条 有体物分为动产和不动产。

第567条 可以从此地移往彼地的物，不问如动物以自力移动（因此被称为自己移动的物），或如非动物仅依外力移动，均为动产。

依其性质为动产的物，如依第570条按其用途视为不动产的，不在此限。

第568条 不能从一地移往他地的物，为不动产；例如土地和矿产，以及永久附着其上的物，如建筑物、树木。

房屋和田地称地产。

第569条 扎根于土地的植物为不动产，但花盆或盒箱中可以移转场所的植物除外。

第570条 虽能与不动产无损害地分离，但永久地用

于不动产的使用、耕作及便利的物，即使依其性质为动产，也视为不动产。属于此等物的，有如：

铺路石板；

管道中管子；

农具或采矿工具，以及被不动产的所有人圈入不动产并实际用于该不动产之耕作或便利的动物；

不动产的既有肥料以及不动产所有人用于改良不动产的肥料；

压力器、锅炉、桶、蒸馏器、滚桶，以及构成定着于地面之工业设施的一部分并属于业主的机器；

兔园、鸟舍、池塘、蜂箱及其他任何此类养殖场中的动物，只要这些场所定着于地面，或者构成土地或建筑物的一部分。

第571条 不动产的产物以及附着其上的物，例如田地上的草皮、树之木材和果实，以及养殖场中的动物，如果是为了所有人以外的人而在上述产物或物上设立权利，则即使它们未被分离，也视为动产。

前款规定适用于地面之土壤或砂石、矿场中的金属以及采石场里的石块。

第572条 钉于或固定于房屋墙壁上并能轻易移动而不损及墙壁的设备或装饰物，如火炉、镜子、图画、壁毯，视为动产。如果图画或镜子镶嵌于墙壁中且与之构成一体，则即使能不毁损地予以分离，也视为墙壁的一部分。

第573条 因附着于不动产而被视为不动产的物，并不因其瞬间分离而不再为不动产；例如，为重新种植而拔出的鳞茎或葱头，为建造或修葺而拆除并即将恢复原位的坟墓或石块。但以赋予不同用途为目的而予分离时，则自其分离之时起不再为不动产。

第574条 法律或人使用动产一词而无其他限定说明时，该词包括一切依第567条被视为动产的物。

房屋中的动产一词，不包括金钱、文书和文件、科学或艺术收藏品、书籍或书架、勋章、武器、技能和手艺用具、珍宝、衣服和床上用品、车辆、坐骑或挽具、谷物、油料、货物，并且一般不包括构成房屋用具的其他物件。

第575条 动产分为可消耗物和不可消耗物。

非经毁损即不能依其性质予以利用的物，属于前者。

货币物件如果对将之用作货币的人而言归于消灭时，为可消耗物。

第二节　无体物

第576条　无体物或为对物权，或为对人权。

第577条　对物权为不针对特定的人对某物享有的权利。

所有权、遗产继承权、用益权、使用或居住权、积极役权、质权和抵押权，均为对物权。对物之诉产生于此等权利。

第578条　仅得向因其行为或依纯粹的法律规定而承担相应义务的特定人主张的权利，谓对人权或债权；例如出借人因贷放的金钱而对债务人享有的权利，或者子对父享有的请求扶养费的权利。对人之诉产生于此等权利。

第579条　即使纳供人未占有已设定岁供的不动产，在可诉追纳供人的范围内，岁供权亦为对人权，但在可就该不动产而追索时，岁供权为对物权。

第580条　权利和诉权依其行使或主张所指向之物的性质而被视为动产或不动产。因此，不动产上的用益权为不动产。买受人请求交付不动产的诉权为不动产；出借金钱之人请求偿付的诉权为动产。

第581条　应实施的行为被视为动产。因此，要求工匠作成约定的工作物的诉权，或对未履行约定而造成的损害的求偿诉权，属于动产。

第二题　所有权

第 582 条　所有权（也称产权），是对有体物任意享用和处分的对物权，但其享用和处分须不违背法律或他人权利。

与物之享用相分离的所有权，称纯粹所有权或空虚所有权。

第 583 条　对于无体物，也有一种所有权。因此，享有用益权者对其用益权拥有所有权。

第 584 条　天才或智者的创作是其作者的财产。

此种所有权由特别法调整。

第 585 条　依其性质已为全人类共有之物，例如公海，不得处于所有权之下，任何国家、社团或个人均无权据为己有。

同一国家之个人间对这些物的使用和收益由该国法律决定，不同国家之间对它们的使用和收益由国际法决定。

第 586 条　为礼拜神而被祝圣之物，由教会法调整。

第 587 条　小教堂和墓地位于私人产业中且构成其从物时，其使用和收益随该产业并连同法衣、圣杯及其他属于该小教堂或墓地的物件，一起移转于相继取得这些物件所处的产业的人，但通过遗嘱或生前行为另有约定的除外。

第 588 条　所有权的取得方式为先占、添附、让渡、死因继承和时效。

关于最后两种所有权取得方式，将在死因继承一编和本法典的最后部分规定。

第三题　国有财产

第 589 条　其所有权属于整个国家的财产，称国有财产。

国有财产的使用如属于国家的全体居民，例如街道、广场、桥梁、道路、近海及其海滩，谓公用国有财产或公共财产。

其使用一般不属于居民的国有财产，称国家财产或国库财产。

第 590 条　处于国境内且不为他人所有的一切土地，为国家财产。

第 591 条　即使矿藏的土地表层为社团或私人所有，国家仍为所有金矿、银矿、铜矿、汞矿、锡矿、宝石矿及其他化石物质的所有人。

但是，私人为了探寻前款所指的矿藏此等矿藏而在任何人所有的土地上勘测与挖掘的权限，以及加工、开采的权限，和作为所有人加以处分的权限，均依矿产法典规定的条件和规则授予。

第 592 条　特定人自负费用在其所有的土地上修建的桥梁和道路，即使允许其他任何人使用和收益，也不属于国有财产。

其他任何由特定人自负费用在其土地上兴建的建筑，即使经该所有人同意可供公共使用，亦同。

第 593 条　自有关基线至 12 海里处的近海，属于领海并由国家所有。但是，为防止和制裁违反海关、财政、移民或卫生检疫等法律、法规的行为，国家对毗连区海域行使管辖权，这一区域以同样测量方法延伸至 24 海里处。

领海基线以内的水域构成国家内水的一部分。

第 594 条 海潮交替涨退的地域，直至最高潮处，视为海滩。

第 595 条 所有水体为公用国有财产。

第 596 条 自测量领海宽度之基线起，延伸至除领海外的二百海里之近海区域，谓专属经济区。为勘测、开发、维持和管理海底深水、海床及海洋底土中的生物或非生物自然资源，以及为发展任何其他以经济勘探和开发该区域为目的的活动，国家可在该区域内行使主权。

为维持、勘探和开发其自然资源的目的，国家对大陆架行使排他性主权。

此外，国家对专属经济区和大陆架行使符合国际法规定的一切其他管辖权和权利。

第 597 条 形成于领海中或形成于能通航百吨以上船只的江河或湖泊中的新岛，属于国家。

第 598 条 私人为通行、灌溉、通航和其他任何合法目的，对街道、广场、桥梁、公共道路、海洋及沙滩、江、湖以及其他一切公用国有财产进行使用和收益时，均受本法典以及就该事项颁行的一般性或地方性法规的约束。

第 599 条 任何人不得在街道、广场、桥梁、海滩、属于国库的土地及其他国有场地之上建造工程，经有权机构特别许可者，不在此限。

第 600 条 圆柱、壁柱、台阶、过梁，以及其他任何用于便利或装饰建筑物，或构成建筑物之一部分的构造物，不问其大小，均不得占用街道、广场、桥梁、道路及其他国有场地的地表空间。

建筑物如已存在被容忍的相反构造，则在重建时应受前款规定的约束。

第 601 条 建于街道或广场旁侧的建筑物，在低于 3 米处不得有突出于地界之垂直面半分米的窗户、阳台、凸窗或其他构造；在高于 3 米处也不得有突出此等垂直面的构造，但未超出水平距离 3 分米者，不在此限。

前条第 2 款的规定准用于重建此等构造的情形。

第 602 条 对于经有权机关批准而建于国有场地的建筑物，取得许可的私人除对该建筑物进行使用和收益外，不对土地享有所有权。

如建筑物被遗弃或者所授予的许可的期限届满，该建筑物连同土地依法律规定恢复由国家专门使用和收益，或者依最高权力机关的规定，恢复由居民普遍地使用和收益。

但该土地的所有权被国家明确赋予的，不适用本条规定。

第 603 条 除非依照相关法律或法规的规定,不得为任何工业或家用目的从江河中导引水流。

第 604 条 除法律为此目的指定的港口外,本国或外国船舶不得停靠或驶近任何海滩地;船舶遇难、遭捕获或出现其他类似紧急危险而被迫停靠或驶近时,不在此限;在其他情形下,停靠或驶近之船舶的船长或船主,须接受有关法律、法规所作的处罚。

船舶失事的遇难者可自由进入海滩,地方当局应予救助。

第 605 条 尽管在本题和添附一题中对江河、湖泊和岛屿有关于国家所有权的规定,但在本法典颁布之前由私人取得的权利仍然有效。

第四题 先占

第 606 条 物之所有权可依先占而取得,但须该物不属于任何人且其取得不为智利法律或国际法所禁止。

第 607 条 狩猎和捕鱼为先占的种类,依此可取得野生动物的所有权。

第 608 条 天然自由并独立于人类而生存的动物谓野生或未驯化的动物,如野兽和鱼;通常依赖人类生存的动物谓家养动物,如鸡、绵羊;其天性为野生但已习惯于被养殖之生活,并已识别人类之特定控制方式的动物,谓驯化动物。

驯化动物如保持受人类保护或照料的习惯,适用关于家养动物的规定,失去这一习惯时,重新归入野生动物。

第 609 条 狩猎必须遵守对其进行调整的特别法的规定。

仅得在自己的土地上或者经所有人的许可而在他人的土地上狩猎。

第 610 条 未经所有人许可而在他人土地上狩猎者,如依法律有义务取得此种许可,则应将猎物交还所有人并赔偿其一切损失。

第 611 条 进行海洋狩猎及捕鱼活动时,应遵守本法典的规定;对此有特别立法的,优先适用之。

第 612 条 捕鱼者可为捕鱼之必需而利用海滩,例如建筑茅舍,在陆地上放置船只、捕鱼工具和收获物,以及晒网等等,但未经所有人的许可,不得利用已有的建筑物或构造物,或者不得妨碍其他捕鱼者的合法利用。

第 613 条 捕鱼者也可为前述之必需而利用邻接海滩 8 米远的陆地,但不得触及该陆地内已有的建筑物或构造物，不得翻越围墙，也不得进入小树丛、刚种下植物的地方以及已播种的土地。

第 614 条 邻接海滩之陆地的所有人，不得在上述 8 米的距离内设置篱笆、建筑物、构造物或种植农作物，但为捕鱼需要而零星地留有足够且便利的空间的，不在此限。

在相反的情形，捕鱼者应上告于当地机关，以便其采取适宜的措施。

第 615 条 在江河与湖泊中捕鱼的人，不得利用河岸两侧的任何建筑物和已耕作的土地，也不得翻越围墙。

第 616 条 第 610 条的规定扩及于在他人水域捕鱼的情形。

第 617 条 自狩猎者或捕鱼者重创野生动物而使之不能轻易逃生之时起，只要他继续追捕，即被理解为管控该动物并取得其所有权；或者自此等动物落入其陷阱或鱼网之时起，只要放置此等器械的地点为合法狩猎或捕鱼区，亦同。

如果受伤动物进入他人土地，而未经所有人许可又不能合法进入其中狩猎，则该所有人可据之为己有。

第 618 条 狩猎者或捕鱼者追捕已被他人追捕的野生动物，不被法律认可；如未经同意已追捕并管控该动物，该他人可主张归自己所有。

第 619 条 进入鸟笼、鸟舍、兔园、池塘、蜂箱或畜栏的野生动物，归属于相应的所有人，但在它们恢复天然自由后，只要该所有人未予追捕，同时此等动物不在其视线之内，则任何人可在不违反第 609 条之规定的情况下予以管控并据为己有。

第 620 条 逃出蜂箱的蜜蜂如栖息于不属于该蜂箱之所有人的树木上，并恢复其天然自由，任何人可连同其所筑蜂巢予以管控，但未经所有人许可，在他人已围圈或耕作的土地上管控者，或者在其他土地上不顾所有人的禁止而管控者，不在此限；蜂箱的所有人在既未围圈也未耕作的土地上追捕逃蜂，不受禁止。

第 621 条 离开鸽房而定居于其他鸽房的鸽子，视为被后一鸽房的所有人合法地先占，但他须未利用技能故意加以引诱并使之留恋不返。

在此等情形，所有人负赔偿全部损失的义务，原所有人有要求时，尚应返还实物，未作此要求时，则应支付其价金。

第 622 条 在其他方面，从事狩猎和捕鱼作业尚应遵守对此进行规范的特别法规。

因此，除非在不被禁止的地点、不被禁止的时间并使用不被禁止的武器和方法，不得狩猎或捕鱼。

第 623 条 家养动物处于所有权支配之下。

脱逃的家养动物即使进入他人土地，原所有人仍享有所有权，但乡村或城市警察法规有相反规定的除外。

第 624 条 发现或拾得为先占的一种，依此种方法，如发现不属于任何人的无生命物，可予管控并取得其所有权。

被海浪卷上的卵石、贝壳和其他物品，如未附带他人所有的标志，可依此种方式取得其所有权。

对于所有人已抛弃其所有权的物品，可依同一方式取得其所有权，例如抛掷钱币使最先占有者据为己有的情况。

航海者为减轻船舶负载而抛入海洋的物品，不得推定已被所有人抛弃。

第 625 条 埋藏物的发现为发现或拾得的一种。

钱币、珠宝或其他经人加工的珍贵财物，如长时间被埋藏或隐藏而未留有其所有人的记号或标志，谓埋藏物。

第 626 条 在他人土地中发现的埋藏物，应由土地所有人和埋藏物发现人均分。

但发现人只有在偶然发现埋藏物，或者经土地所有人许可而寻找埋藏物时，方可取得其份额。

在其他情形，或者土地所有人与发现人为同一人时，所有埋藏物归属于土地所有人。

第 627 条 为取出埋藏于土地中并确定为其所有的钱币或珍宝，任何人可请求土地或建筑物的所有人许可其挖掘该土地；如请求人指明埋藏地点并提供适当担保，以证明其权利并保证补偿所有人的全部损失，则土地或建筑物的所有人不得拒绝或反对挖掘此等钱币、珍宝。

第 628 条 不能证明对上述钱币或珍宝的权利的，此等物品依过去的情况和有关迹象，或被视为遗失物，或被视为在他人土地上发现的埋藏物。

在第二种情形下，埋藏物经扣除费用后由告知人和土地所有人均分；所有人仅可在抛弃其份额时主张赔偿损失。

第 629 条 如发现的实物动产看起来是遗失物，应交由其所有人支配；未出现任何人证明该实物为其所有时，应交给有权机关，该机构应在市报上刊登拾得通知，或者没有市报时，在省会或大区首府的报纸上刊登之。

通知应指明该实物的种类和质量、拾得日期和地点。

已每隔 30 天发出两次通知,但所有人仍未出现时,应发出第三次通知。

第 630 条 在继最后通知之后的一个月内,如无人出现并证实其所有权,可对该物进行拍卖;拍卖所得在扣除拾捡、保管及其他附带费用后,由物之发现人和所在地的市政机关均分。

第 631 条 未尽此处所要求之注意的人,丧失其份额,该份额归市政机关所有;此外,尚可对其提起损害之诉并依情形以盗窃论处。

第 632 条 如所有人在拍卖前出现,则应在其支付有关费用,并依有权机关的决定向发现及申报失物者支付救助酬金后,将失物返还于他。

如所有人已就拾得悬赏,申报人可在救助酬金和赏金间选择。

第 633 条 失物拍卖后,所有人被视为已不可撤销地丧失该物。

第 634 条 如失物为易腐物或其保管费昂贵,拍卖可予提前;所有人自最后通知后一个月期满前出现时,有权取得其价款,但须扣除前述费用和救助酬金。

第 635 条 如船只在共和国海岸遇难,或者海洋将船只残骸或看似船具、货物的物件卷上共和国的海岸,发现人或知情者应告知职权机关,同时应保障财物能被救助,以便将其返还给相应的权利人。

对于将此等财物据为己有者,可提起损害之诉并以盗窃论处。

第 636 条 被救助的海难物件应由职权机关返还给利益人,但利益人须支付救助费用和救助酬金。

第 637 条 如利益人未出现,则应在报纸上公告 3 次,每次间隔 15 天;此外应符合第 629 条以及该条以下的规定。

第 638 条 有权机关应依具体情况确定救助酬金,该酬金以不超过被救助物品价值的一半为限。

但是,海难物件的救助如在公共机构的命令和指挥下进行,则在将此等物品返还给利益人时,除救助费用外,不得要求支付救助酬金。

第 639 条 第 635 条以及该条以下的规定,应理解为不抵触和外国当局订定的有关该事项的条约,不抵触关于海难物件之存储和收管的财政法规。

第 640 条 在国家之间的战争中,自敌国、中立国乃至依各种情形自盟友和国民手中取得的一切财产,均为国家所有,国家则依海军条例及私掠巡航条例对其进行处分。

第 641 条 盗匪、海盗或暴民掠获之物并不移转其所有权，此等物件在被截获时应返还于所有人，所有人应向截获者支付救助奖金。

该奖金的确定，应参照国家之间的战争中在类似情形下授予捕获人的奖金。

第 642 条 如所有人未出现，截获物应作为遗失物处理，但自最后通知之时起，所有人在一个月内未认领的，截获者可就该财产享有国家之间的战争中的捕获人的同样权利。

第五题 添附

第 643 条 添附为财产的取得方式之一，物之所有人依此可成为该物所产生之物的所有人，或者成为组合于原物之物的所有人。物之产物或为天然孳息，或为法律孳息。

第一节 孳息的添附

第 644 条 借助或不借助人工而由自然赋予的孳息，谓天然孳息。

第 645 条 仍依附于原物的天然孳息，谓未分离的孳息，例如扎根于土壤的植物、尚未分离的植物果实。

已与原物分离的天然孳息谓已分离的孳息，例如砍下的木材、收获的水果和谷物等等；如孳息已被现实消耗或已被转让，谓已消耗的孳息。

第 646 条 物所生的天然孳息归属于原物的所有人，但无妨依法律或人的行为在孳息之上为善意占有人、用益权人、承租人设定权利。

因此，土地中自然地或经培植生长的植物、水果、种子及其他植物产物，归属于土地所有人。

因此，动物所产生的皮、毛绒、角、奶、乳雏及其他动物产物，同样归属于动物的所有人。

第 647 条 租赁的价金、住房租金或岁供的岁金，以及可要求返还的本金的利息，或就不予返还的本金产生的利得，谓法律孳息。

待收取的法律孳息为未分离的法律孳息，自收取之时起谓已分离的法律孳息。

第 648 条　依与天然孳息相同的方式，并受同一限制，法律孳息也归属于原物的所有人。

第二节　关于土地的添附

第 649 条　海洋、河川或湖泊的沿岸地经流水缓慢而不易察觉地冲积所形成的增加地，称淤积地。

第 650 条　淤积地依沿岸各地产的分界线延伸至水边的直线而分别添附于沿岸各地产，但被赋予港口资格的港口的淤积地属于国家。

因周期性水涨水落而被交替淹没和露出的土地，构成沿岸地或河床的一部分，因而并不添附于邻接地产。

第 651 条　上述分界线的延伸如在达到水边前即已相交，则它们和水之边缘形成的三角地添附于两侧的地产；自交叉点至水边并将三角地二等分的直线，为两块地产的分界线。

第 652 条　对于因洪水或其他猛烈的自然力而从一地移至他地的地块，所有人仅以收回为目的，保留其所有权，但所有人在随后 1 年内未为此种主张时，该地块移至之地的所有人可将其据为己有。

第 653 条　被淹没的地产如在随后 5 年内因水退恢复为土地，仍归属于原所有人。

第 654 条　如河川改道，沿岸地所有人为使河水重新流进其惯常河床，可经有权机关许可而修建必要工程；原河床的永久干涸部分，如同第 650 条规定的淤积地，添附于邻接地产。

如两岸沿岸地因原河床完全永久干涸而连为一体，应以纵线将新土地划分为两个相等部分；每一部分如同第 650 条规定的情形，添附于其邻接地产。

第 655 条　如果河川分成两条不再汇合的支流，则原河床的干涸部分，如同前条规定的情形添附于其邻接地产。

第 656 条　对于依第 597 条并不归属于国家的新岛，应适用以下规定：

1. 因周期性水涨水落而交替淹没和露出的新岛，视为河床或海床的一部分，并且不添附于沿岸地产。

2. 河川分成两条支流又汇合而形成新岛时，不改变该岛屿中土地的原所有权，但因该河川分流而暴露的新土地，应视同第 654 条规定的情形而添附于其邻接地产。

3. 形成于河床内的新岛，添附于整个岛屿离之最近的一岸的各地产；将各地产的相应分界线笔直延伸至该岛屿表面而划定的部分，对应添附于各地产。

如整个岛屿离任何一岸的距离相等，则它添附于两岸的各地产；将各地产的相应分界线笔直延伸至该岛屿表面而划定的部分，对应添附于各地产。

新岛的某一部分依本规定属于两个或数个地产的，应在共有地产中进行均分。

4. 为分配新岛，应完全撇开先于其存在的岛屿；新岛如同单独存在而添附于沿岸各地产。

5. 河流形成之岛屿的各所有人，对于因淤积而添附于该岛屿的一切土地，不问因退水而形成的新土地离哪一岸最近，均各自取得其所有权。

6. 形成于湖泊内的岛屿，准用第 3 项第 2 款的规定，但至该岛屿的最近距离超过该岛屿直径一半的各地产，不得参与由湖水形成的新土地的分割，上述直径依该最近距离的同一方向进行测量。

第三节　动产间的添附

第 657 条　附合为添附的一种，分属不同所有人的两个动产相互组合即为附合，但其结果须为两个动产尚能分离，并且其中任何一个动产在分离后均能继续存在；例如一人的钻石镶嵌于他人的黄金中，或将自己的镜子置于他人的镜框中。

第 658 条　在附合的情形，如一方并非不知该事实，而他方也无恶意，则从物的所有权添附于主物的所有权，但主物所有人负支付从物之价值的义务。

第 659 条　二物附合成为一体，且甲物的估价远远高出乙物时，甲物被视为主物，乙物被视为从物。

对所有人而言有重大感情价值的物件，视为估价较高。

第 660 条　二物的估价并无差别时，如乙物仅被用作甲物的使用、装饰或补全，乙物被视为从物。

第 661 条 在不能适用前数条规定时,容量较大之物被视为主物。

第 662 条 加工为另一种添附,以他人所有的材料作成任何物品或器具即属加工,例如以他人的葡萄酿酒,或以他人白银铸杯,或以他人木材造船。

如一方并非不知该事实,他方也无恶意,则材料所有人在支付加工费后,可请求取得新物品。

但新物品价格远超出材料价格的,例如在他人手帕上绘画,或用他人的大理石进行雕刻,应为例外;此种情形下,新物品归属于加工人,材料所有人仅有权请求损害赔偿。

如被加工的材料部分为他人所有,部分为加工人自己或委托加工者所有,并且两部分不能被便利地分离时,该物为两位所有人共有;一方的份额为其所有的材料的价值,另一方的份额为其所有的材料的价值及加工的价值。

第 663 条 归不同所有人所有的固体或液体物质,如依混合形成新物体,则在一方并非不知该事实,他方也无恶意时,该物所有权归此等所有人共享,其份额依各自所有的材料的价值予以确定。

但所有人之一的材料在价值上超出太多时,应为例外,在此种情形下,该所有人在支付其他所有人的材料的价金后,可请求取得混合物。

第 664 条 两种材料组合的,其中一种材料的所有人如不知组合的事实,则在该材料不易被其他同质、同值及相同用途的材料替代,且能不损害另一种材料而被分离时,可请求分离和交付,此项费用由利用人承担。

第 665 条 其材料已被利用的所有人不知利用的事实,因而有权主张该材料的所有权时,也可请求返还同种、同质及同量的材料或其金钱价值,以取代该材料。

第 666 条 已知晓其材料被他人利用的,视为同意利用且仅可主张其价值。

第 667 条 利用他人材料而为他人不知时,如无正当的错误理由,利用人丧失自己的材料,该他人遭受的损失如超出利用人之材料的价值,尚须支付此项差额;如利用人系故意,无妨对其进行刑事诉追。

如新物价值显著超出所利用的材料,前款规定不予适用,但利用人系故意时,不在此限。

第四节　动产添附于不动产

第 668 条　土地所有人以他人材料在自己的土地上进行建筑时，因该材料转化为构造物的事实而成为其所有人，但他有义务向材料的原所有人支付合理价金，或者交付同种、同质及同量的材料。

如无正当的错误理由，土地所有人负赔偿损害的义务，如系故意，也须接受适当的刑事诉追，但材料所有人知悉利用的事实时，仅应遵守前款规定。

在自己的土地上种植或撒播他人的植物、种子时，亦同。

如材料未转化为构造物，或者植物未扎根于土地中，所有人可主张之。

第 669 条　一人在他人的土地上进行建筑、种植或播种而不为土地所有人所知的，土地所有人有权取得建筑物、种植物或所播种子的所有权，但他须支付所有物返还之诉一题中为善意或恶意占有人规定的赔偿费，或者土地所有人可请求建筑人或种植人向其支付整个占用期间的合理土地价金及法定利息，也可请求播种人向其支付土地的租金并赔偿损失。

为土地所有人知悉并容忍而建造、种植或播种的，该所有人为收回土地，应支付该建筑物、种植物或所播种子的价值。

第六题　让渡[①]

第一节　通则

第 670 条　让渡为物之所有权的一种取得方式，它由所有人将物交付于他人的行为构成，但须当事人一方具有移转所有权的权限和意图，他方具有取得所有权的能力和意图。

此处所谓的所有权，扩及于其他一切物权。

第 671 条　由其自己或以其名义依让渡而移转物之所有权的人，谓让渡人；由其自己或以其名义依让渡而取得物之所有权的人，谓取得人。

所有人的受任人或其法定代理人，可以以所有人的名义进行交付和受领。

在应债权人要求而依法院裁决强制拍卖的情形，其所有权被移转之人为让渡人，法官为其法定代理人。

经适当授权的受任人如进行让渡或接受让渡，应理解为相应的委任人实施的行为。

第 672 条　为使让渡有效，应由让渡人或其代理人依其意思为之。

[①] 原文为"tradición"，该词源自拉丁文"traditio"，我国学者多将其译为"交付"，也有学者将其译为"让渡"（参见〔意〕彼德罗·彭梵得：《罗马法教科书》，黄风译，中国政法大学出版社 1992 年版，第 209 页）。罗马法上"traditio"有双重含义：一是指作为法律行为的所有权转让（此为物权行为概念的罗马法渊源）；二是指作为事实行为的占有取得。参见田士永：《物权行为理论研究》，中国政法大学出版社 2002 年版，第 41 页。《智利民法典》的起草人贝略是罗马法的忠实追随者，此处的"tradición"乃取其罗马法上的第一重含义。此外，该法典还使用 entregar 一词，其含义与"traditio"的现代含义（即交付）大致相当。为了有效区分这两个词，我在译文中贯穿始终地将 tradición 译为"让渡"，将 entregar 译为"交付"。请读者诸君明鉴。——译者

让渡因欠缺让渡人或其代理人的意思原本无效的，如果经过作为所有人或其代理人的物之有权处分人的事后追认，可自始有效。

第 673 条 为使让渡有效，也须有取得人或其代理人的同意。

欠缺此种同意而原本无效的让渡，可因追认而溯及地有效。

第 674 条 为使其代理的让渡有效，受任人或其法定代理人尚须在其委托范围或法定代理范围内为之。

第 675 条 让渡的有效，尚须有移转所有权的名义①，如出售、互易、赠与等等。

此外，对因名义获得权利的人而言，该名义须为有效。因此，以不可撤销的赠与作为名义的，不在配偶间发生所有权的转移。

第 676 条 为使让渡有效，也须对应被交付之物的同一性、向其实施交付之人的身份以及名义不存在错误。

如仅存在名称上的错误，让渡有效。

第 677 条 无论是只有当事人一方以为存在移转所有权的名义，例如一方以为自己是根据使用借贷这一名义来进行交付，而他方则以为自己是以赠与之名义受领交付，还是当事人双方虽然都认为存在移转所有权的名义，但各自认为的名义并不相同，例如一方以消费借贷为名义，而他方以赠与为名义，均属对名义的错误而使让渡无效。

第 678 条 通过受任人或法定代理人进行让渡时，此等人的错误导致让渡无效。

第 679 条 法律对转让规定有特别程式时，未经履行该程式不得移转所有权。

第 680 条 只要已予明示，让渡可附停止条件或解除条件地移转所有权。

卖方已为交付时，即使尚未支付价金，也视为出卖物的所有权已予移转，但卖方保留所有权直至支付价金或直至条件成就之时的除外。

---

① 原文为 titulo，其拉丁词源为 titulus。在所有权的取得这一问题上，前萨维尼的自然法学派采名义加形式取得说，其中"名义"即取得所有权的各种原因，如买卖、赠与等；"形式"的概念则对应于"交付（或让渡）"的概念。参见田士永：《物权行为理论研究》，中国政法大学出版社 2002 年版，第 69 页以下。显然，贝略秉持这一教义。因此，在智利民法典中，所有权的意定移转通过让渡而实现，而让渡是一种自愿行为（第 670 条和第 672 条）。让渡必须有取得名义（即本条所谓的移转所有权的名义），且这些名义必须有效（第 675 条）；此外，对于交付的标的物本身（即同一性）、实施交付之人的身份以及取得名义，不能存在错误（第 676 条以下）。Raoul de la Grasserie, *Code civil chilien*, V. Giard & E. Brière, paris, 1896, p. 186. ——译者

第 681 条 自不存在为清偿而规定的未届满期限之时起,可请求让渡所有被负欠之物,但有相反的法院裁决时,不在此限。

第 682 条 让渡人并非其交付之物或以其名义交付之物的真正所有人时,基于让渡而就交付物取得的权利不得大于该让渡人可以转让的权利。

但让渡人随后取得所有权时,应认为所有权自交付之时起业已移转。

第 683 条 在法律规定的情形并依规定的方式,让渡赋予取得人通过时效取得让渡人所不具有的所有权的权利,即使让渡人本无此项时效取得权,亦同。

第二节 有体动产的让渡

第 684 条 让渡有体动产,应由一方当事人向他方当事人表示移转所有权的意思,并依以下方式之一表征所有权的移转:

1. 允许他方对现有物的实体控制;
2. 向他方出示让渡物;
3. 交付仓库、商店、箱子或任何存放物件之地点的钥匙;
4. 在约定的地点将物交由他方支配;
5. 对于用益权人、承租人、使用借贷人、受寄托人或依其他任何非移转所有权的名义而已持有动产的人,应以买卖、赠与或其他转让所有权的名义来表征所有权的移转;反之,在所有人变成用益权人、使用借贷人、承租人等时,让渡仅依合同而成立。

第 685 条 经不动产所有人的同意取出砖石、采摘果实或收取其他构成不动产一部分的物品时,让渡自该物品被分离之时起成立。

对播种地、葡萄园或种植园中产生的果实享有权利的人,可以为了采摘而进入,但须和所有人共同商定日期和时间。

第三节 其他种类的让渡

第 686 条 不动产所有权的让渡,通过在文件保管处的登记簿上登记名义而成立。

在不动产之上设定的用益权、使用权或居住权、岁供权以及抵押权，其让渡依同一方式而成立。

矿物的让渡适用矿产法典的规定。

第687条 对前条所述的所有权及任何其他物权进行名义的登记时，须在不动产所在地的文件保管处的登记簿上为之，如不动产所在地分属不同地区，则应在各地区的文件保管处的登记簿上分别登记。

名义关涉两个或更多的不动产，且不动产的所在地分属不同地区时，应在所有这些地区的文件保管处的登记簿上登记。

原本共同占有的不动产或不动产之一部，通过分割行为而被分配给不同的人时，就各不动产或不动产部分所作的分割行为，应在该不动产或不动产之一部的所在地进行登记。

第688条 在遗产被依法当然移转①之时，其占有依法授予给继承人，但未事先进行以下程序的，此种法定占有并不使继承人取得以某种方式处分不动产的资格：

1. 已依法院裁决准许有效占有：裁决应在宣判所在的市或联合市镇之登记处进行登记；如为遗嘱继承，应同时登记遗嘱；

2. 已依前条第1款和第2款的规定进行特别登记：依此登记，继承人可共同处分不动产遗产；

3. 已进行前条第3款规定的登记；未经此项登记，继承人不得单独处分在分割中取得的不动产遗产份额。

第689条 第686条及该条以下条款所提及的所有权及其他权利，如依生效判决被认可为通过时效取得，则该判决应作为名义并登记在相应的登记簿中。

第690条 为使登记达其效果，应在相应情形向文件保管处出示相关名义和相关法院裁决的有效副本。

登记自出示行为之日起开始；根据权利证书（名义）上所记载的一切，登记中应载明名义的性质和日期、当事人的姓名和地址以及物的名称；此外应记载保存原始权利证书（名义）的处所或卷宗；登记依保管处的签章而完成。

第691条 遗嘱登记应包括订立遗嘱的日期、遗嘱人的姓名和住所、申请登记之继承人或受遗赠人的姓名和住所，并应载明其份额或相应的受遗赠物。

判决或裁决的登记应包括其日期、有关法庭或审判组织的构成以及判决结论部分的文字副本。

---

① 关于遗产的依法当然移转，参见第956条。——译者

分割之法律行为的登记，应包括该行为的日期、作为分割人的法官的姓名以及分配给申请登记者的份额或物品。

在其他方面，上述登记应遵守前条规定。

第 692 条 如移转曾被登记的权利，应在新的登记中提及前一登记。

第 693 条 如果通过生前赠与或合同移转未曾登记的不动产的所有权，文件保管处应要求证明已就上述转让通过公告公之于众，此项公告应在市报上，或者当地没有市报时，在省会或大区首府的报纸上刊登 3 次，并且须在相应的不动产文件保管处的办公室张贴一份为期至少 15 天的海报。

通过生前行为就未曾登记的不动产创设或移转前数条提及的其他物权时，应遵守同一规则。

第 694 条 登记中提及的记录或文件如未保存在公共机关的登记簿或备忘录内，则应将此等记录或文件存放在保管处的卷宗中，以便其处于其保管和责任之下。

第 695 条 保管处的义务和职权，以及登记的形式和程序，由特别条例确定。

第 696 条 依前数条应予登记的名义，在未依该数条规定的方式进行登记时，并不赋予或移转对有关权利的有效占有，但本规定仅调整在前述特别条例所确定的期限之后产生的名义。

第 697 条 在本法典开始生效之日和登记开始成为必要手续之日的中间期间内，前数条提及的物权登记依下列方式为之：

1. 所有权、用益权、使用权或居住权的登记采公文书的方式，让渡人应在该证书上明确表示交付，而取得人应明确表示受领；该文书可与移转或创设权利的行为或合同是同一文书；

2. 抵押权或岁供权的登记应在负责抵押事务的机构予以记录；

3. 继承权根据赋予有效占有的法院裁决予以登记；

4. 遗赠的登记按照第 1 款的规定采用公文书的方式；

5. 分割行为中的分配物的登记，应采公文书的方式，该证书应记载该分配以及被分配人已接受分配的事实。

第 698 条 役权的让渡以公文书的方式为之，让渡人在证书中应明确表示设定役权，取得人应明确表示接受；该文书可与创设行为或合同是同一文书。

第 699 条 一人向他人让与对人权时，其让渡由让与人向受让人交付权利证书而实现。

第七题 占有

第一节 占有及其不同品质

第700条 不问是所有人或自认为所有人的人自己持有，还是他人以其名义代为持有，只要以主人或所有人的意思确定地持有某物，即为占有。

只要他人未能证明自己为所有人，占有人即被推定为所有人。

第701条 可按不同的名义占有某物。

第702条 占有可以是规则占有或不规则占有。

有正当名义且善意取得的占有，即使在取得占有后不再存在善意，也称规则占有。因此，恶意占有人可以同时是规则占有人，反之，善意占有人可以是不规则占有人。

如果名义是关于所有权之移转的，尚须实施让渡。

对某物负交付义务的人如知悉并容忍他人占有该物，推定已进行让渡，但该让渡应依名义的登记而成立的，除外。

第703条 创设或移转所有权的名义为正当名义。

先占、添附及时效取得，系创设所有权的名义。

依其性质用作移转所有权的名义，为移转所有权的名义，例如出售、互易、生前赠与。

分割之诉中的析产判决和分割之法律行为，属于移转所有权的名义。

就争讼中的权利所作的法院判决，不构成使占有合法的新名义。

和解如仅限于承认或宣告原本存在的权利，不构成新的名义，但涉及移转无争议物的所有权时，构成新的名义。

第 704 条　下列名义不是正当名义：

1. 伪造的名义，亦即主张某名义的人事实上并未获得该名义；

2. 并非他人的受任人或法定代理人却以此等身份达成的名义；

3. 有无效瑕疵的名义，例如应经法定代理人或法院裁决授权的转让未经此种授权；

4. 纯粹假想的名义，例如实际上不是继承人的表见继承人之名义、其所受遗赠已被后一遗嘱行为撤销的受遗赠人之名义等等。

但是，法院裁决已授与假想的继承人有效占有时，该法院裁决可作为正当名义；对于假想的受遗赠人，已被法院承认的相应遗嘱行为也可作为正当名义。

第 705 条　初始无效而经追认或依其他法定方式取得效力的名义，其效力溯及至该名义成立之时。

第 706 条　深信是以合法方式而非以诈欺及其他一切有瑕疵的方式取得物之所有权的，为善意。

因此，在移转所有权的名义中，受让人深信转让人有物之转让权限，且在该行为或合同中不存在诈欺及其他瑕疵而予受领时，为善意。

对事实问题的正当错误，可以构成善意。

但对法律问题的错误构成恶意之推定，此项推定不允许作相反证明。

第 707 条　除法律有相反推定的情形外，应作善意推定。

在所有其他情形，恶意应被证明。

第 708 条　不具备第 702 条规定的一项或多项要件的占有为不规则占有。

第 709 条　暴力占有和秘密占有为瑕疵占有。

第 710 条　以武力取得的占有为暴力占有。

武力可以是现时的或迫近的。

第 711 条　趁所有人不在时管控某物，而在所有人返回时对其进行排斥的，也为暴力占有。

第 712 条　暴力瑕疵的存在，并不问是针对物之真正所有人，还是针对先行占有的非所有人，抑或是针对替代他人持有某物或以他人名义持有某物的人。

暴力瑕疵的存在，也不问暴力是由某人自己所为，还是由其代理人经其同意所为，抑或是暴力完成后经其明示或默示地追认。

第 713 条　占有时如对有权反对其占有者进行隐瞒，称秘密占有。

第 714 条　并非以所有人的身份，而是替代所有人或以所有人名义持有某物时，称纯粹持有。质权人、讼争物的受寄托人、用益权人、使用权人、居住权人对于质物、寄托物或其享有用益权、使用权或居住权之物，为纯粹持有人。

上述规定一般适用于所有承认他人之所有权而持有某物的人。

第715条 有体物占有中的品质和瑕疵问题，同样存在于对无体物的占有中。

第716条 纯粹持有不因单纯的时间经过而转化为占有，但第2510条第3项规定的情形除外。

第717条 不问是概括继承还是为单一物继承，继承人的占有开始于自己，但继承人欲将被继承人的占有累加于自己的占有时，不在此限；在此等情形，被继承人的占有连同其品质和瑕疵一同并入。

对于未间断的一系列被继承人的占有，可依相同条件主张累加于自己的占有之中。

第718条 共同占有某物的每一个人在未进行分割的整个期间，均被视为已排他地占有其应得份额。

因此，占有人可将此期间计入其排他性占有期间之内，并且其单独转让共同物的行为，以及在共同物上设定的物权，只要涉及其应得份额，即相对于其份额继续有效。但转让行为或物权的设定扩及到其他占有人的份额时，有违各份额取得人之意愿的转让或设定行为无效。

第719条 如已以自己名义开始占有，推定该占有持续至被他人主张之时。

如已以他人名义开始占有，同样推定该占有持续至有争议之时。

如某人证明先前已经占有，且现在仍在占有，则推定他在前后两时之间保持占有。

第720条 占有不仅可由意图人为自己取得，也可由其受任人或法定代理人取得。

第二节 取得和丧失占有的方式

第721条 作为受任人或法定代理人替代他人或以其名义取得物之占有时，即使委任人或被代理人不知，亦认为占有开始于该人的占有行为。

如以他人名义占有者并非受任人或代理人，则该他人仅可在知悉并接受时取得占有；其占有回溯至以其名义取得之时。

第722条　即使继承人不知，遗产的占有亦自遗产被依法当然移转之时起取得。

有效抛弃遗产者视为从未占有该遗产。

第723条　不能自由管理其财产者，如同时具备占有意思和实体或法定控制的事实，可无须任何授权即取得动产的占有，但除非经适格人的授权，他不得行使占有人的权利。

不问为其自己或为他人，精神病人和幼童无能力依自己的意思取得占有。

第724条　物的让渡应登记在文件保管处的登记簿上时，仅可以此种方式取得该物的占有。

第725条　占有人将物用于出租、使用借贷、抵押、寄托、设定用益权或其他任何不移转所有权的名义时，即使已移转物的持有，也保留其占有。

第726条　某物自他人以据为己有的意思被管控之时起，不再为前一占有人占有，但法律明确排斥的情形除外。

第727条　只要动产占有处于占有人权力之下，即使占有人偶尔不知其下落，也不丧失占有。

第728条　为终止已被登记的占有，须基于当事人的意思，或基于被登记之占有人向他人移转其权利的新登记，或基于法院裁决，撤销原登记。

如原登记依然有效，则对于所登记的名义指向之物，其管控者并不取得其占有并终止原占有。

第729条　意图成为所有人的人，如以暴力或者秘密地管控其名义未被登记的不动产，原占有人丧失占有。

第730条　替代并以他人名义持有某物的人，如僭夺该物并自诩为所有人，一方并不丧失占有，他方也不取得占有；僭夺者以其自己名义转让该物时，不在此限。在后一情形，受让人取得物之占有并终止原占有。

尽管如此，替代被登记的占有人并以其名义持有某物的人如自诩为物之所有人并转让该物，则在未经适当登记时，一方并不丧失占有，受让方也不取得占有。

第731条　合法恢复其所失占有的人，视为在整个间隔期间保持占有。

第八题　所有权的限制以及首先关于信托所有权的规定

第732条　所有权可以通过下列各种方式得到限制：
1. 附条件将所有权移至他人；
2. 对他人之物设定用益权、使用权或居住权之负担；
3. 设置役权。

第733条　所有权如附有依条件成就的事实而移转于他人的负担，称信托所有权。

信托所有权的创设，称信托。

上述名称也指信托所有权中的信托物。①

所有权移转于为其利益而设立信托的人（信托受益人），谓返还。

第734条　信托的设立，仅可针对遗产整体或其确定份额，或针对一个或多个特定物。

第735条　信托的设立，仅可通过公文书中订定的生前行为或通过遗嘱行为为之。

设立涉及或影响不动产的信托时，应登记在适当的登记簿上。

第736条　在同一财产上，可以同时为一人设立用益权而为他人设立信托。

第737条　信托受益人可在信托财产被依法当然移转②时并不存在，但其存在须可期待。

第738条　信托总以信托受益人或其替补人在返还之时生存为明示或默示的条件。

在以信托受益人或替补人的生存为条件之外，尚可增加其他须同时成就的或无须同时成就的条件。

---

① 在西班牙语中，信托和信托物为同一单词，故有本款规定。——译者
② 所谓依法当然移转，须参照本法典第956条的规定。——译者

第 739 条 所有决定信托物之返还的条件须超过 5 年才成就的，视为落空，但以信托权人①的死亡作为决定返还的事件时，不在此限。

此 5 年期自召领②信托所有权之时起算。

第 740 条 已被废除。

第 741 条 附期限的处分如依遗嘱分配一题第三节的规定并不等同于条件，则不构成信托。

第 742 条 设立信托者可指定一个或多个信托权人以及一个或多个信托受益人。

第 743 条 信托设立人可依其意愿为信托受益人指定替补人，以防信托受益人在返还前因死亡或其他原因而不再存在。

替补可以是不同顺位，其中一个替补人替补被指定为第一顺序的信托受益人，他人则对第一替补人进行替补，依此类推。

第 744 条 非由有关生前行为或遗嘱明确指定的替补人，不被承认。

第 745 条 禁止设立两个或更多的连续信托，以免信托物在返还给一人后，该人又负将信托物最终返还给他人的义务。

事实上已设立连续信托时，如指定的信托受益人之一已取得信托物，其他受益人的期待权永久消灭。

第 746 条 如指定一个或多个第一顺序的信托受益人，且此等受益人的存在依第 737 条的规定应能予期待，则应在规定的时间将信托物整体返还给已存在的信托受益人，其他受益人随着与其有关的条件成就而相继参与享用。但第 739 条规定的期限届满时，不产生其他任何受益人。

第 747 条 不动产如已现实地附有永久信托、长子继承权或世袭财产的限定继承等负担，应依已为此颁行或将颁行的特别法将之转化为产生收入的资本。③

---

① 原文中的 fiduciario 一词源自拉丁语 fiduciarius，我国学者将后者通译为"受托人"。然而，《智利民法典》中的信托所有权是一种受限制的所有权，其权利人就是 fiduciario。该权利人对信托财产享有所有权，但负有在条件成就时将其返还给信托受益人的义务，故译为"信托权人"更为妥帖。全部译文中如出现"信托权人"、"信托所有人"等词，均参考本注释。——译者

② 参见第 956 条。——译者

③ 《智利民法典》制定之时，长子继承权和世袭财产的限定继承构成社会变革的焦点问题之一。对此，《智利民法典》之父贝略认为，一方面应不允许特权阶层的存在，以保障财产的自由制度，他方面又不能剥夺长子的合法权利。于是，对已现实存在的长子继承权和限定继承，贝略的解决方法非常简单：将限定继承的财产转化为可以转让和分割的产生收入的本金，其收入继续支付给享有长子继承权的继承人。这一允许世袭财产自由转让和分割的做法，最终取得胜利并进入《智利民法典》有关信托和岁供的章节。此为本条之由来。——译者

第748条 在条件未成就时，如设立的信托未明确指定信托权人，或指定的信托权人因任何原因阙如，生存的设立人可依信托享用该财产，或在其死后由其继承人享用之。

第749条 如规定在条件未成就的期间，应为条件成就或落空时将取得绝对所有权之人保留孳息，则财产的管理人只是信托持有人，且仅享有财产保佐人的权限。

第750条 有两个或更多的信托所有人时，可依第780条第1款为用益权所作的规定，在其相互之间发生增加权。

第751条 对信托财产可以进行生前转让，也可进行死因移转，但在这两种情形下，信托权人均有责任维持其不分割的状态，并有依先前的相同条件予以返还的义务。

然而，在设立人禁止时，不得进行生前转让；在规定的返还日为信托权人的死亡日时，也不得以遗嘱或无遗嘱的方式转让；在其死亡日为返还日的情形，如信托权人在生前进行转让，其死亡当然决定返还的日期。

第752条 设立人依第742条赋予两人或更多的人以信托所有权时，或者信托权人的权利依前条移转给两人或更多的人时，法官可依其中任何人的请求，委托已提供较好担保的保管人管理信托财产。

第753条 对某一份额具备信托权人的身份，同时又对另一份额具有绝对所有人之身份的人，在财产保持未分割的状态时，可对两个份额行使信托权人的权利，但该人也可请求分割。

第761条指定的人可参与分割。

第754条 信托所有人对于其可能负担返还义务的物件，享有并承担用益权人的权利和责任，但以下条款对此明示变更者除外。

第755条 信托所有人不对保管和返还负提供担保的义务，但依第761条规定之人的请求而由法官判令提供担保以作为保全措施的，不在此限。

第756条 信托所有人应承担保管信托物的一切非常费用，包括清偿与该物有关的债务和赎回与该物有关的抵押，但在返还情形届至时，他有权要求信托受益人预先偿付此等费用，但偿付的费用应限制在以中等人的智力和注意应当花费的范围之内，且应依以下规定扣除有关项目：

1. 投资于物质性工程时，例如堤堰、桥梁、墙壁，仅在这些工程于返还时所具有的价值范围内获得偿付；

2. 耗资于非物质性项目时，例如赎回抵押，或为提起非损及信托受益人之权利则不能息讼的诉讼而支付费用,则自该项目费用支付之时起至返还之日,每经历1年扣除已支付费用的1/20;超过20年的,不得再依该原因获得任何偿付。

第757条 在抵押、岁供、役权及其他任何负担的设定方面,依信托而占有的财产视同处于监护或保佐下之人的财产,信托权人的权限也视同监护人或保佐人的权限。在设定前述负担时,如果没有事先获得知悉案情的法官的授权,并听取依第761条有权请求采取保全措施者的意见,则信托受益人对此等负担并无承认的义务。

第758条 在其他方面,信托权人可自由管理信托物,并可改变其形式,但他须维持其完整性及价值。

信托权人应对其行为或过失所致的损坏及减值负责。

第759条 除与接受返还的信托受益人对此有协定外,信托权人无权以不必要的改良为由主张任何物,但信托权人可以以信托物的改良所增值的部分,在其应负的赔偿责任范围内主张抵销。

第760条 信托权人依信托的设立被明确赋予任意享用信托财产的权利时,不对任何损坏负责。

此外,信托权人被授权自由处分信托财产时,信托受益人仅有权主张返还时尚存之物。

第761条 信托受益人在条件未成就时,对信托物仅享有单纯的取得期待权。

但财产在信托权人手中有危险或受损之虞时,受益人可请求采取适宜的保全措施。

如信托受益人尚未存在但其存在可予期待,其正统直系尊血亲[①]享有上述权利;有利害关系的社团和基金会的代理人,亦同;如信托乃为慈善机关设立,慈善事业监察专员也享有同一权利。

第762条 信托受益人在返还前死亡的,如果其信托权利乃至纯粹的期待权,依法应移转给设立人指定的替补人,则他不得依遗嘱继承或法定继承移转此等权利。

第763条 信托因下列原因消灭:

1. 返还;
2. 其创设人的权利被解除,例如在附买回简约购买的物上设立信托,尔后卖主已将该物买回;

[①] 修订后的智利民法典已废除正统血亲和非正统血亲的区分,本条中所谓的"正统"似应删除。——译者

3. 设立信托之物发生毁损,对此应符合第 807 条为用益权所作的规定;

4. 信托受益人在返还日之前的抛弃,但这不得妨碍替补人行使其权利;

5. 条件不成就或条件未在适当期间内成就;

6. 惟一的信托受益人和惟一的信托权人在身份上发生混同。

第九题　用益权

第 764 条　用益权为物权，它由享用某物的权能构成，并且在物为不可消耗物时，应承担维持其形式、实体并返还给所有人的责任；或者在物为可消耗物时，应承担返还同种、同质及同量物的责任或支付其价值的责任。

第 765 条　用益权必为空虚所有人和用益权人之权利的共存。

因此，用益权有限定的存续期，在此期限后，权利移转于空虚所有人并由此并入所有权。

第 766 条　用益权可通过下列方式设定：

1. 法律规定；
2. 遗嘱；
3. 赠与、出售或其他生前行为；
4. 也可通过时效取得用益权。

第 767 条　以生前行为对不动产设定用益权的，如未以登记的公文书的方式作成，不发生效力。

第 768 条　设定用益权时，禁止附加任何中止其执行的条件或期限。已设定的，视为无效。

尽管如此，如以遗嘱设定用益权，且在遗嘱人死亡之前条件已成就或期限已届满，该用益权有效。

第 769 条　禁止设定两个或两个以上相继的或选择的用益权。

事实上已设立的，后续用益权人被视为替补人，他在第一顺位用益权依法当然移转前对缺位的顺位在先的用益权人进行替补。

具有效力的第一顺位用益权，可使其他顺位的用益权不发生效力，但第一顺位的用益权仅在其规定的期间存续。

第770条 用益权可就确定的期间或用益权人之终身设定。

设定用益权时未确定其存续期间的，视为就用益权人的终身设定。

为社团或基金会设定的用益权，不得超过30年。

第771条 依前数条规定就一定期间或用益权人的终身设定用益权时，可对其添加条件，条件成就时用益权与所有权混同。

如条件依情形在前述期间届满前或用益权人死亡前未成就，视同未被添加。

第772条 可以为两人或更多的人设定共有用益权，此用益权或被均分，或由设定人确定份额；在此等情形，用益权人也可通过共同商定的方式自行分割用益权。

第773条 空虚所有权可以通过生前行为被转让，也可对其进行死因移转。

用益权不得通过遗嘱继承或法定继承而被移转。

第774条 用益权人有义务按召领①之时的状态受领用益物，但他对该物自召领之时起因处于所有人权力之下且因其过失所致的损害，有权请求赔偿。

第775条 用益权人没有提供足够的保存和返还担保，且未像财产保佐人一样自负费用事先作成要式财产清单的，不得持有用益物。

但用益权的设定人以及所有人可免除用益权人的担保义务。

对赠与物保留用益权的赠与人，不负担保义务。

可消耗物之用益权人所提供的担保，仅及于同种、同质之物的返还义务，或仅及于返还时物之价值的清偿义务。

第776条 如果用益权人未履行担保义务，而财产清单已被完成，则所有人可管理用益物，但应将孳息的净值交付给用益权人。

第777条 用益权人在法官依所有人的请求而确定的合理期限内未履行担保义务时，用益物的管理可判归所有人负责，所有人应在扣除法官依所有人的工作及照管而确定的费用后，向用益权人支付孳息的净值。

在该情形中，所有人可经用益权人的同意，承租用益物或有息地借入被用益的金钱。

所有人也可经用益权人的同意出租用益物和计息地出借被用益的

---

① 即召唤那些被设立为权利人者实际受领用益权，请参见第956条。——译者

金钱。

所有人也可经用益权人的同意购买或出售可消耗的用益物，并对因此而获得的金钱，可计息地借入或出借。

被设定用益权的动产如系用益权人个人及其家庭的私人使用所必需，用益权人可在宣誓返还实物或其有关价值，并偿付因时间和正当使用所致损耗的情形下，取得该动产。

已履行担保义务的用益权人，可在任何时间主张管理用益物。

第 778 条 所有人应注意作成财产清单并附加适当说明，不得嗣后攻击该清单不准确或不完整。

第 779 条 所有人不得实施任何有损于用益权人行使权利的事项，但经用益权人正式同意的，不在此限。

所有人欲作必要修缮时，用益权人可要求其在合理的期间内为之，并尽可能不损及用益权。

所有权移转时，附于其上的用益权即使未经明确表示，亦附随之。

第 780 条 用益权人为两人或更多的人时，其相互之间发生增加权，且用益权的总体存续至最后一名用益权人的权利终止之时。

如果设立人并未规定部分用益权终止时并入所有权，则应依前款进行理解。

第 781 条 不动产的用益权人有权取得一切天然孳息，包括用益权被依法当然移转时尚未分离的孳息。

反之，用益权终止时尚未分离的孳息，归属于所有人。

第 782 条 地产的用益权人享有为该地产之利益设定的一切积极役权，同时受设于其上的消极役权的约束。

第 783 条 地产用益权人的享用扩展至森林及丛林，但他应承担维持其存在的义务，对非因自然原因或意外事件而毁坏的树木进行补植，并对此造成的损失负责。

第 784 条 用益物为正在采掘中的矿场和采石场时，用益权人可对其进行利用，并且只要遵守有关法规的规定，即不对产量减少的后果负责。

第 785 条 地产的用益权及于因淤积或因其他自然添附而发生的增积地。

第 786 条 对于用益土地中发现的埋藏物，用益权人不享有法律赋予土地所有人的权利。

第 787 条 动产的用益权人有权依其性质和用途进行使用；用益权

终止时，用益权人仅有义务依其返还时的状态返还之，且仅对其故意或过失所致灭失或损害负责。

第788条 畜群的用益权人，仅有义务以该畜群自然增加的牲畜补足死亡或丢失的动物，但牲畜的死亡或丢失可归责于其行为或过失时，不在此限；此种情形下，用益权人应向所有人赔偿损失。

畜群因瘟疫或其他意外情形而全部或大部分死亡时，用益权人不负补足义务，而仅应交付本可幸免于难的牲畜。

第789条 以可消耗物设定用益权时，用益权人成为其所有人，而原所有人作为单纯的债权人，仅可主张交付同质同量的其他物，或请求支付其在用益权终止时的价值。

第790条 法律孳息按日归属于用益权人。

第791条 前数条规定应视为不妨碍空虚所有人和用益权人之间关于同一事项的协议，或者不妨碍用益权设定时明确赋予空虚所有人或用益权人的利益。

第792条 对于以生前行为设定用益权之前，或以遗嘱设定用益权的人死亡之前，而由所有人订立的用益物之租赁，用益权人负尊重义务。

自用益权开始之时起，用益权人接管收取租金或年金。

第793条 用益权人可出租以及有偿或无偿地让与用益权。

用益权让与给第三人时，让与人仍直接对所有人负责。

如设定人禁止，用益权人不得出租或让与其用益权；所有人解除此等禁令时，不在此限。

违反本条规定的用益权人丧失其用益权。

第794条 即使用益权人有权出租或依任何名义让与用益权，为此订立的一切合同也应在用益权终止时解除。

但所有人应为收取在即的孳息赋予承租人或受让人必要的时间；所有人在此期间内取代合同中的用益权人。

第795条 一切管理和保养的日常费用由用益权人负担。

第796条 先前对用益物设定的年金、租金以及一般性的定期负担，如在用益权存续期间到期，则应由用益权人负担。空虚所有人不得就用益物设定有损于用益权的新负担。

就用益物在用益权存续期间设定的定期国家的或市政的赋税，用益权人负有在任何规定的时间进行清偿的义务。

如用益权人未清偿此等赋税，以致由所有人进行清偿，或者导致用益物被转让或被扣押，前者应向后者赔偿所有损失。

第797条 为保存用益物所必需的重大工程或修缮，应由所有人负担，用益权人在其权利存续期间应向其支付所耗金钱的法定利息。

用益权人应告知所有人为保存用益物所需要的重大工程和修缮。

所有人拒绝或迟延履行此项义务时，用益权人可为保存用益物和维持其用益权而自负费用完成此等工作，所有人应偿付此等费用，但他无须支付利息。

第798条 为一劳永逸或长期性的目的进行的、关涉用益物的保存及永久效用的工程或修缮，为重大的工程或修缮。

第799条 建筑物因陈旧或意外情形而坍塌时，所有人和用益权人均无重建义务。

第800条 用益权人可留置用益物，直至所有人依前数条规定清偿有关费用和赔偿金。

第801条 用益权人无权因其自愿对用益物的改良而有任何主张，但对可归责于他的损坏，可以此等改良主张抵销，或者在他能无损于用益物而分离其材料时，如果所有人不向其支付分离后的材料价值，可收回其材料。

前款规定不影响用益权人和所有人之间就改良达成的协议，或就上述材料而在用益权设立行为中约定的事项。

第802条 用益权人不仅对其自己的行为或疏忽负责，也对其懈怠引起的他人行为负责。

因此，用益权人对因其容忍而使他人在用益不动产上取得的役权负责，并且在他人僭夺用益物而对所有人造成损害时，用益权人如能及时将此项事实通知所有人而未通知者，亦应对此损害负责。

第803条 用益权人的债权人向相应人提供适当的保管和返还担保后，可主张扣押用益权，并可在债权限度内请求以之清偿。

因此，一切让与或抛弃用益权的行为如构成对债权的诈害，债权人可予反对。

第804条 用益权一般因预定的终止条件成就或终止期日届至而消灭。

用益权以用益权人以外的第三人达一定年龄作为其存续期间时，虽该第三人在此年龄前死亡，用益权仍延续至该人如生存将达到该年龄之日。

第805条 用益权人因不知、剥夺或其他任何原因而未享用用益权的期间，亦计入用益权的法定存续期间。

第806条 用益权也因下列事由消灭：

用益权人死亡，即使死亡发生在预定的解除条件成就之前或解除期日届至之前，亦同；

设定人的权利消灭，例如权利设立在信托财产上，而返还情形发生；

用益权与所有权的混同；

时效；

用益权人的抛弃。

第807条 用益权因用益物的完全毁损而消灭；如仅毁损一部，用益权仍就其余部分继续存在。

如全部用益权仅就建筑物设定，则因该建筑物的完全毁损而永久终止，用益权人不对土地保留任何权利。

如毁损的建筑物附属于地产，地产的用益权人可就整个地产保留其权利。

第808条 被淹没的用益地产在退水后距终止日期尚有一段期间的，在该期间内其用益权恢复。

第809条 用益权人未在重大事项上履行其义务，或者给用益物造成相当损害或损失时，法官可依所有人的请求判令终止用益权，依此判决，用益权最终消灭。

法官可依情况的严重程度，或命令用益权绝对消灭，或命令所有人在对用益权人支付一定年金直至用益权消灭的条件下，收回用益物。

第810条 家父或家母对子女的特定财产享有的法定用益权，或者夫作为夫妻共同财产的管理人而对妻之财产享有的法定用益权，依亲权一题及夫妻共同财产一题的特别规定。

第十题 使用权和居住权

第811条 使用权为物权,它一般是指对物之效用及产物进行有限制的享用的权能。

使用权如关涉房屋及居住其中的效用,称居住权。

第812条 使用权及居住权依用益权的同一方法设定与消灭。

第813条 使用权人和居住权人均无义务提供担保。

但居住权人有义务编制财产清单;针对应以实物返还之物设定使用权时,使用权人负同一义务。

第814条 被授予的使用权或居住权的范围依设定此等权利的证书确定,权利证书中未确定者,依以下各规定。

第815条 使用和居住仅限于使用权人或居住权人的个人必需。

使用权人或居住权人的个人必需包括其家庭的必需。

家庭包括妻和子女;此等成员既可为设定时已存在者,也可为随后出现者,并且不问使用权人或居住权人当时是否已婚,抑或在设定时是否已认领其子女。

家庭必需的一定数目的佣人亦包括在内。

此外尚包括设定时由居住权人或使用权人承担费用而与之居住者,以及居住权人或使用权人对之承担扶养费者。

第816条 使用权人或居住权人的个人必需不包括其营业或交易之必需。

因此,动物的使用权人不得以动物运输交易物,居住权人不得将房屋用作商店或货栈。

但权利客体依其性质和一般用途,并依其和权利行使人之职业或营业的关系，应可用于上述目的时，不在此限。

第 817 条 田产的使用权人仅有权主张普通的食品和燃料，而无权要求优质品；并且，该使用权人负有自所有人处收受此等物品或经其许可取得此等物品的义务。

第 818 条 使用权人和居住权人应以善良家父的节制与注意利用其相应权利的客体，并有义务按收益的比率分担保存和耕作的普通费用。

后一义务不扩及于因慈善而赋予需要者的使用权或居住权。

第 819 条 使用权和居住权不得移转于继承人，也不得出借、出租或以任何名义让与。

对于行使其权利所涉及的物，使用权人和居住权人也不得予以出租、出借或转让。

但使用权人和居住权人完全可将其能合法消费的孳息用于个人需要。

第十一题 役权

第 820 条 地役权或简称役权,系指为他人不动产的利益而对一个不动产所加的负担。

第 821 条 承受负担的不动产称供役地,接受利益的不动产称需役地。

役权相对于需役地时称主动役权,相对于供役地时称被动役权。

第 822 条 无需人的现实行为而持续或可持续行使的役权为持续役权,例如通过属于需役地的人工渠道而发生的导水役权;以人的现实行为为前提而长期或短期断断续续行使的役权为非持续役权,如通行役权。

第 823 条 供役地所有人有义务允许他人为一定行为的役权,通称积极役权,如前条列举的两种役权;供役地所有人在役权不存在时本可合法实施的行为,如在设立役权后被禁止实施,则该役权称消极役权,例如墙壁达一定高度后不得再予加高的役权。

积极役权有时使供役地所有人承担作为义务,例如第 842 条规定的役权。

第 824 条 表见的役权,为持续显而易见的役权,例如通过特别用于通行的路径或门而予表现的通行权;非表见的役权,为不依外部标志而予认知的役权,例如不存在门、路径以及其他类似标志的通行权。

第 825 条 主动或被动附属于地产的役权,不得与地产分离。

第 826 条 供役地分割的,设于其上的役权不发生改变,其分得部分如原本存在役权,分得人应予忍受。

第 827 条 需役地分割的,每位新所有人都可享受役权，但不得增加供役地的负担。

因此，需役地的新所有人如享有通行权，不得要求改变用于通行之路径或通道的方向、形式、品质或宽度。

第 828 条　享有役权者，同样有权为行使役权采取必要手段。因此，对位于相邻地产之泉水享有汲水权者，即使在设定证书中没有明确规定，也对该地产享有通行权。

第 829 条　享受役权者可为权利的行使设置必要的工作物；没有相反规定时，应由其自负费用；即使供役地所有人有义务设置或修复工作物，但该所有人如抛弃本应设置或维持工作物之有关地产部分，可免除其义务。

第 830 条　供役地所有人不得变更或减少供役地所负担的役权，也不得使该役权对于需役地变得较不便利。

尽管如此，如果役权的初始方式经一段时间变得对供役地所有人负担更重，该所有人可建议以自己的费用加以变更；变更并不损害需役地的，应被接受。

第 831 条　役权或为依地点的自然情境发生的自然役权，或为法律设定的法定役权，或为依人的行为设定的意定役权。

第 832 条　本题规定应视为不抵触一般性或地方性法规关于役权的规定。

第一节　自然役权

第 833 条　低地须接受从高地不假人力而自然流下之水。

因此，如未设定特别役权，不得在相邻地产上设置下水道或水沟。

不得在供役地内建造妨碍自然役权之物，也不得在需役地内加重自然役权的负担。

本条规定的役权由水法典调整。

第 834 条　已被废除。

第 835 条　已被废除。

第 836 条　已被废除。

第 837 条　已被废除。

第 838 条　已被废除。

第二节 法定役权

第 839 条 法定役权或关涉公共使用，或关涉私人便利。

关涉公共使用的法定役权为：

为通航或横渡的必要而对河岸的使用，此等役权由水法典规范；

以及其他由相应法规或规章决定的役权。

第 840 条 已被废除。

第 841 条 第二类法定役权由乡村警察法规规定。本节特别规定划界物和围圈物的役权、通行权、关于共有分界物的役权、导水役权、采光权和眺望权。

第 842 条 地产的全部所有人有权主张划定其地产和相邻地产的分界线，并可要求相应的所有人共同参与，以共担费用进行划界。

第 843 条 如自其土地除去与相邻地产划界的界碑，受损害的地产所有人可主张除去人自负费用修复之并赔偿所致损失，同时不排除法律对该不法行为课加的处罚。

第 844 条 地产所有人有权全部围圈其地产，但以无损于为他人设定的役权为限。

围圈物得为墙壁、沟壑、有生命的或无生命的篱笆。

第 845 条 所有人在自己的土地上自负费用修建围圈物时，可按自己的意愿决定其品质和面积，相邻所有人不得为任何目的利用此等墙壁、沟壑或篱笆，但依名义或依为取得所有权而计算的 5 年时效已获得此种权利者，不在此限。

第 846 条 地产所有人可要求相邻地产所有人共同建造和修复共同分界墙。

法官在必要时应判令共同建造和修复的方式和形式，但不得对任何所有人强加难以承受的负担。

以共同费用建造的分界墙受共有分界物之役权的约束。

第 847 条 为其他地产所围绕而不能与公共道路相连接的地产之所有人，为其地产的使用和便利之必要，有权要求在相邻地产上设定通行权，但须支付设定役权所需土地的价值并赔偿所有其他损失。

第 848 条 如当事人未就赔偿金额和役权的行使达成协议，应由专家确定之。

第 849 条 依前数条设定的通行权因取得有便利通道之土地或因其他原因而不再为需役地所必需时，供役地所有人可请求消灭此等役权，但应返还设定役权时向其支付的土地之价值。

第 850 条 如出售或互易地产一部，或者裁判任一共同占有人取得地产一部，以致该部分地产与通道分离，应为其利益不附任何赔偿地设定通行权。

第 851 条 共有分界物之役权为法定役权，基于该役权，共同拥有分界墙、分界沟或分界篱的两个相邻地产所有人，依以下规定互负义务。

第 852 条 如显然或依标志表明围圈物乃基于合意并以共同费用建造，两位相邻所有人均对共有分界物享有权利。

第 853 条 两个建筑物之间的一切用于分隔的墙壁均被推定为共有分界物，但该推定仅限于两个建筑物的共同部分。

在诸庭院、花园和田园之间的一切围圈物，在每一个此等相邻土地均已被四面围圈时，被推定为共有分界物；如仅其中一块土地被依此种方式围圈，应推定该围圈物为其专有。

第 854 条 在所有情形下，即使分界篱或分界墙显然排他地属于相邻地产所有人之一，其他邻人也可不经其同意，在支付围圈物所用土地的价值的半数，以及其希望成为共有分界物之围圈物部分的现有价值的半数后，使该分界物全部或部分成为共有分界物。

第 855 条 任一共有人为在共有分界墙上进行建筑或使之支撑新建筑物的重量，而意图利用该分界墙时，应事先征得其邻人的同意，如邻人拒绝，可提起执行之诉，在此种诉讼中，可判决采取必要措施，以便新构造物不对该邻人造成损害。

在一般情形下，应认为共有分界墙的任一共有人可为在墙上进行建筑的目的，将木料嵌入距离墙之反面 1 分米的深度；如邻人欲在同一位置嵌入木材或建造壁炉，可削短其邻人的木材直至墙壁厚度的一半，但不得移动其位置。

第 856 条 涉及水井、茅厕、马厩、烟囱、炉灶、锻炉或其他可能给相邻建筑物或土地造成损害的构造物时，不问界墙是否为共有分界物，均应遵守一般性或地方性法规的规定。对火药、潮湿物质或恶臭物质的存放处，以及其他一切可能对建筑物的坚固、安全及卫生状况造成损害的物质的存放处，亦适用之。

第 857 条 任一共有人可加高共有界墙，但须不为一般性或地方性法规禁止，并应遵守以下规定：

1. 应承担新工程的全部费用；

2. 对于新工程给共有界墙增加的负担，应向邻人支付新工程价值的 1/6 作为赔偿费；

3. 只要重建共有界墙，均应支付相同的赔偿费；

4. 对于邻人位于共有分界墙上的烟囱，应负担费用予以加高；

5. 共有界墙无力支撑增加的重量时，应以其费用予以重建，并对分界墙所负担的或附于其上的属于邻人一方的一切建筑物的移位及重置，承担赔偿责任；

6. 如重建共有界墙时有必要增加其厚度，应占用新工程建造者的土地；

7. 邻人可在任何时候支付全部加高费用的半数，以及依前项为增加共有分界墙的厚度而占用的土地价值的半数，从而取得新加高部分的共有权。

第 858 条 共有围圈物的建造、保存和修缮费用，依其相应权利的比例由所有共有人分担。

任一共有人可抛弃对共有分界物的权利而免除其责任，但围圈物为支撑其所属建筑物的墙壁时，不得免除之。

第 859 条 间杂于共有分界篱中的树木，同样是共有的；树木的躯干处于两块土地的分界线上时，即使土地之间并无围圈物，亦同。

一切共有人在证明前述树木对其造成损害后，可要求去除；树木意外毁灭时，未经其同意不得补植。

第 860 条 已被废除。

第 861 条 对于其播种地、种植园或牧场的耕作缺乏必要用水的土地，或者其居民有家庭用水之需的村镇，或者其机器运转需水带动的工业设施，均可为其利益在一切土地上设定导水役权。

此项役权在于受益人可自负费用通过供役地导引水流；它由水法典规定的规则调整。

第 862 条 已被废除。

第 863 条 已被废除。

第 864 条 已被废除。

第 865 条 已被废除。

第 866 条 已被废除。

第 867 条 已被废除。

第 868 条 已被废除。

第 869 条 已被废除。

第 870 条 水法典中关于导水役权的规定，准用于为排放及疏导富余水而设定的权利，也准用于借助沟渠及下水道滤干泥潭及自然过滤的情形。

第 871 条 已被废除。

第 872 条 已被废除。

第 873 条 法定的采光役权以为一切闭合并封顶的空间取得光线为目的，但它并不产生对不论是否被围封的相邻不动产的眺望役权。

第 874 条 未经共有人同意，不得在共有分界墙上装置任何种类的窗户或望孔。

非共有分界墙的所有人得在墙上依其意愿装置任意数目及任意面积的窗户或望孔。

墙壁仅在一定高度之上为共有分界墙时，非共有分界墙部分的所有人享有同样的权利。

不得以墙壁与相邻地产的邻接妨碍采光役权的行使。

第 875 条 法定的采光役权须依循以下条件：

1. 窗户应装配铁栅栏和金属网，网孔至多 3 厘米宽；
2. 窗户下部应距离企图取得光线的室内的地面至少 3 米。

第 876 条 享有采光役权者无权阻止在相邻土地上修建妨碍其采光的墙壁。

第 877 条 分界墙成为共有时，法定的采光役权终止，此时仅得依双方所有人的相互同意设定意定役权。

第 878 条 对属于相邻地产的房间、天井、庭院，不问该地产是否被围封，不得设置窗户、阳台、望台或屋顶平台进行眺望，但距离 3 米者，不在此限。

此等距离的测量，应在窗户、阳台等工作物最凸出部分的垂直面和两个地产之分界线的垂直面之间测定，两个垂直面须平行。

如两个垂直面并不平行，应在两者之间最短距离处测量。

第 879 条 对雨水不存在法定役权。一切建筑物的顶部应使雨水流注于自己的土地，或流注于公共的或市镇的街道、通道；任何人不得使雨水流注于他人不动产上，但经所有人同意者，不在此限。

第三节 意定役权

第880条 任何人可依其意愿在其地产上设定役权，也可经其所有人的同意，在相邻地产上取得役权，但不得以此等役权损害公共秩序，也不得违反法律。

此等役权也可在法律规定的情形依法官判决而取得。

第881条 地产所有人为了其所有的另一个地产的利益而在前一个地产上设定持续的且表现的负担，随后又出让其中一个地产或将两个地产分配给不同的所有人时，设定的负担以役权的形式继续存在于两个地产之间，但出让或分割之设立名义中明确约定其他事项者，不在此限。

第882条 所有类型的不持续役权，以及持续的但非表见的役权，仅可依某一名义①取得；即使是为期遥远地享用供役地，也不足以创设此等役权。

持续的且表见的役权，可依名义或5年的时效而取得。

第883条 役权的创设名义可由供役地所有人的明示承认代替。

依第881条发生的先前指定也可作为名义。

第884条 名义，或在第882条规定期限内对役权的占有，决定需役地的权利及供役地的义务。

第四节 役权的消灭

第885条 役权因下列事由消灭：

1. 设定役权者的权利消灭；
2. 附有期限或条件者，该期限届满或条件成就；
3. 混同，亦即两个不动产完全并不可撤销地归于同一所有人。

因此，其中一块地产的所有人购买另一地产时，役权消灭，并且在两个地产因重新出售而被分离时，役权不恢复，但第881条规定的情形除外；在相反情形，如果夫妻共同财产取得的地产应对夫妻一方的其他地产供役，则仅在夫妻共同财产解散后两块地产经析产判决被判给同一

---

① 关于本节所谓的名义，可参见第675条和第703条。——译者

人时发生混同；

4. 需役地所有人的抛弃；

5. 役权经过3年未予行使。

对不持续的役权，该期间自停止行使役权之日起算；对持续役权，自实施违背役权的行为之日起算。

第886条 需役地属于数人共有时，其中一人对役权的行使，对其余的人产生时效中断的效果；时效对共有人之一不能进行时，也不得对其他共有人进行。

第887条 役权如因物处于不能被使用的状况而归于终止，则只要此等不能的情形未满3年即不再存在，役权应自其不再存在之时起恢复。

第888条 行使役权的特定方式，与役权本身一样，可因时效而取得及丧失。

第十二题 原物返还之诉

第 889 条 单一物的所有人在未对其进行占有时享有的请求判令占有人返还该物的诉权,称原物返还之诉权或所有权之诉权。

第一节 可被要求返还之物

第 890 条 对有体物、不动产及动产,可要求返还。
如动产为占有人在集市、商店、货栈或其他出售同类动产的营业场所所购买,不在此列。
此等情形经证实的,如占有人未就其代价及修缮、改良费用获得偿还,不负返还义务。
第 891 条 除遗产继承权外,其他物权如所有权等,可被要求返还。
遗产继承权产生第 3 编规定的遗产恢复之诉权。
第 892 条 对单一物之确定的共有份额,可要求返还。

第二节 可要求返还的人

第 893 条 完全所有人或空虚所有人,以及绝对所有人或信托所有人,均可提起原物返还之诉或所有权之诉。
第 894 条 丧失对物的规则占有的人,在本可以时效取得此等占有的情形,即使不能证明其所有权,也被授予该诉权。
但此项诉权不得用以对抗真正的所有人以及享有同等

或更多权利的占有人。

第三节 可对之要求返还的人

第 895 条 可以以所有权之诉攻击现实占有人。

第 896 条 以他人名义持有被要求返还之物的单纯持有人,有义务告知该他人的姓名及居所。

第 897 条 任何人对被要求返还之物恶意自诩为占有人的,可判令其赔偿该诈欺行为对请求人造成的损害。

第 898 条 被要求返还之物的出让人因转让该物已使得追索变得困难或不能时,可用所有权之诉攻击之,以便请求该出让人返还出让该物所收受的代价;如出让人明知为他人之物而为转让,尚可利用所有权之诉请求其赔偿一切损失。

要求返还者自出让人处收取其所得代价后,转让行为因该事实得以确认。

第 899 条 对于继承人,仅得就其占有的物之有关部分,以所有权之诉攻击之,但占有人基于孳息或可归责于他的损坏有给付义务时,此等义务依遗产份额的比例移转于其继承人。

第 900 条 曾经进行恶意占有的人因其自己的行为或过失不再占有时,可视其为现实占有人而以所有权之诉攻击之。

无论此等人以何种方式停止占有,并且即使要求返还之人宁愿对现实占有人提起诉讼,恶意占有人也就该物处于其权力下的期间,根据本题关于恶意占有人对孳息、损坏和费用问题所作的规定,承担并享有义务和权利。

恶意占有人支付被要求返还之物的价值而为要求返还之人接受的,可继受后者对该物的权利。

善意占有人在诉讼期间因其过失处于不能返还占有物之境地时,可适用同一规定。

请求人在前两款规定的情形中不负物之瑕疵担保义务。

第 901 条 要求返还之人在要求返还有体动产时,如担心该动产在占有人手中将丧失或遭受损失,可请求将之作为讼争物寄托;为预防可能出现的判令其返还的情形,占有人负同意的义务,或者应提供足够的返还担保。

第902条 就不动产上设立的所有权或其他物权为请求时，在确定的判决就既判事项发生效力之前，占有人可继续享用之。

但原告在有正当理由担心该不动产以及附属于该不动产且在要求返还范围之内的动产和牲畜将遭受损坏时，或者在被要求返还之人的财力未能提供足够的担保时，可为避免一切损失而要求采取必要的预防措施。

第903条 第三人对实施转让的占有人负欠的价金或互易物，仍被扣押在该第三人之手的，要求返还之诉扩及之。

第四节 相互的给付

第904条 如占有人败诉，应在法官指定的期限内返还占有物；物如已被作为讼争物寄托，原告应向受寄人支付看管和保存费用，并有权要求恶意占有人偿还此等费用。

第905条 在不动产的返还中，应包括构成其一部分的物，或按照财产的种类一题的有关规定，因其相互联系而被视为不动产之物。其他物件如不在请求及判决范围内，不在返还之列，但此等物可被分别要求返还。

建筑物的返还包括钥匙的返还。

对于一切物的返还，如与之有关的证书为占有人控制，应一并返还。

第906条 被要求返还之物因恶意占有人的行为或过失遭受损坏时，该占有人应对此承担责任。

善意占有人，在仍然维持其善意时，仅在此等损坏给他带来利益的范围内，承担损害赔偿责任；例如破坏森林或树木，并出售木材或木料，或为其利益利用此等木材或木料。

第907条 恶意占有人对占有物的天然孳息及法律孳息负返还义务；此等孳息并非仅指已收取的孳息，而且包括占有物如处于所有人权力之下他依一般人的智力和勤勉本可收取的孳息。

如不存在此等孳息，恶意占有人应返还收取之时本已存在或本可存在之孳息的价值；在其控制下即已遭受损失的孳息，视为不存在。

善意占有人无义务返还在诉请被证讼[①]之前收取的孳息；对于此后

[①] 证讼渊源于罗马诉讼制度，其详细介绍可参见周枏：《罗马法原论》（下册），商务印书馆2004年版，第936页以及第970—971页。在现代法上，证讼一词的使用，应指诉讼已正式成立。——译者

收取的孳息，依前两款的规定。

在一切返还孳息的情形，应向返还人支付生产孳息所投入的通常费用。

第 908 条　败诉的占有人可依如下规定要求支付保存返还物所投入的必要费用：

如此等费用被用于永久性工作物，如阻止他人劫掠的围墙、截阻洪水的堤坝或对地震毁损之建筑物的修复，则应在实际需要的范围内向占有人清偿，但此等清偿以工作物在返还时的价值为限。

如此等费用被用于依其性质并不留下永久性物质结果的项目，例如对不动产的司法保护费用，则应在此等事项给要求返还之人带来利益时，在依一般人的智力和节俭而予实施的范围内向占有人清偿。

第 909 条　败诉的善意占有人如在诉请被证讼之前改良占有物，也有权要求偿付有益改良的费用。

有益改良仅得被理解为该改良已增加占有物的出售价值。

要求返还之人有权选择支付构成改良之工作物在被返还之时的价值，或者支付占有物在被返还时因上述改良而增加的价值。

对于返还诉请被证讼之后作成的改良物，善意占有人仅享有次条赋予恶意占有人的权利。

第 910 条　恶意占有人无权要求对其偿付前条所述的有益改良。

但是，只要此等改良的材料能与被要求返还的物无损害地加以分离，并且所有人拒绝支付此等材料在分离后所具有的价格，该占有人即可收回材料。

第 911 条　对于奢乐型改良，所有人无须为此向恶意及善意占有人清偿，此等占有人仅对改良物享有前条赋予恶意占有人对有益改良的权利。

奢乐型改良物应理解为仅用于奢侈及消遣目的的改良物，如花园、看台、喷泉、人工瀑布以及一般并不增加被要求返还之物在普通市场上的出售价值的改良物，或者仅在微不足道的规模上增加其价值的改良物。

第 912 条　前数条允许的材料分离，如使得被要求返还之物处于比改良前更为恶劣的状态，是对被要求返还之物的损害，但败诉的占有人能立即将其恢复原状并排除障碍者，不在此限。

第 913 条　占有人的善意或恶意，相对于孳息而言，以其收取之时为准；相对于有关费用和改良而言，以支出费用及作出改良之时为准。

第 914 条 败诉的占有人针对基于费用和改良而为的主张尚有顺差的,可留置占有物,直至获得清偿或确已取得清偿担保。

第 915 条 对于以他人名义为占有时不恰当地留置不动产或动产之人,即使他不是以所有人的心素为此等留置,也应不利于他而适用本题规定。

第十三题 占有之诉

第 916 条 占有之诉，以维持或恢复对不动产的占有或对设于其上的物权的占有为目的。

第 917 条 对于不能以时效取得之物，例如非表见的或不持续的役权，不得提起占有之诉。

第 918 条 占有之诉仅可由和平且未被中断地占有整 1 年的人提起。

第 919 条 继承人享有被继承人如生存时原本享有的占有诉权，但也应承受被继承人如生存时本应承受的占有之诉。

第 920 条 以维持占有为目的的诉权，自骚扰或妨碍占有的行为之时起，经整 1 年的时效消灭。

以恢复占有为目的的诉权，自原占有人丧失占有之时起，经整 1 年的时效消灭。

新的占有为暴力占有或秘密占有时，此等时效自最后的暴力行为之时起算，或者自秘密状态结束之时起算。

第 717 条、第 718 条和第 719 条关于占有期间之合并计算的规定，准用于占有之诉。

第 921 条 占有人可请求停止骚扰、妨碍或侵夺其占有的行为，也可请求赔偿所受损失，并有权要求他有充分理由惧怕的人提供担保。

第 922 条 即使是对抗所有人本人，用益权人、使用权人和享有居住权的人亦有资格自行行使占有诉权并主张占有抗辩，以维持或恢复对其相关权利的享用。对于一切外部骚扰或僭夺，所有人在被要求时负有援助上述人等的义务。

针对用益权人、使用权人或享有居住权的人获得的判决，亦对所有人发生效力，但关涉不动产所有权的占有或附属于该所有权的权利的占有时，不在此限；此等情形下，判决对未介入诉讼的所有人不发生效力。

第 923 条　在占有之诉中，并不考虑任何一方主张的所有权。

尽管如此，仍可出示所有权证书以证明占有，但此等证书仅以其存在能被即时证明者为限，而用以有效攻击此等证书的瑕疵或欠缺，也以能依同一方式予以证明者为限。

第 924 条　对已被登记的权利的占有，可通过登记而予证明，并且只要登记仍然有效且历时 1 整年，即不得以其他任何证明占有的证据攻击此等登记。

第 925 条　对土地的占有，应通过所有权仅对其赋予权利之人的积极行为予以证明，例如树木的砍伐、建筑物、围圈物、种植园或播种地的营造，以及通过其他具有同等意义且未经对占有有争议者的同意而完成的行为予以证明。

第 926 条　被不正当剥夺占有的人有权请求返还占有，同时可请求赔偿损失。

第 927 条　返还占有之诉不仅可对抗僭夺占有的人，也可对抗一切自僭夺人处以任何名义取得占有的人。

但除僭夺人或恶意第三人外，上述人不负损害赔偿义务；有多个义务人时，所有此等人都应承担连带责任。

第 928 条　一切遭受暴力侵夺的人，不问该侵夺是针对占有还是针对纯粹持有，如果该人乃以他人名义占有，或者其占有未达足够期间，或者基于其他任何原因，从而不能提起占有之诉，则仍可请求将被侵夺之物恢复至先前状态；对此，他仅须证明存在暴力侵夺，而他人不得以其先前的秘密行为或侵夺行为反对他。此项权利经过 6 个月的时效而消灭。

在恢复被侵夺物并确保损害赔偿后，任何一方均可提起相应的占有之诉。

第 929 条　使用武器或未使用武器的暴力行为，此外尚受刑法典的相应刑罚的处罚。

第十四题　某些特别占有之诉

第 930 条　占有人有权请求在其占有的土地上禁止建造一切新工作物。

但对于防止楼房、水管、沟渠、桥梁等物的毁损而有必要建造的工作物，只要能将其不便利严格限定在必要的范围内，并且工作物的所有人能在施工终结时自负费用将占有物恢复至先前状态，占有人即不得告发。

占有人亦无权妨碍使通道、沟渠、管道等保持应有清洁的工作。

第 931 条　建于供役地上的新工作物如妨碍享有设立于其上的役权，可告发之。

需他人建筑物支撑的构造物，如该他人的建筑物无须负担此等役权，也可告发之。

对于一切外凸工作物，如果其穿越两个地产的分界线的垂直面，则即使它未倚靠于他人之地产、也未导致对他人地产的眺望或将雨水倾注于他人地产，尤其被宣告为可被告发。

第 932 条　担心相邻建筑物的坍塌将对其造成损害者，可在此等建筑物坏得不能修复的情况下，请求法官判令所有人拆毁之；或者在能予修复时，命令其立即修复；如被请求人未着手履行司法判决，可由其承担费用拆毁或修复该建筑物。

如果某人担心的建筑物之损坏并不严重，则对于该建筑物的恶劣状态可能导致的一切损害，仅由被请求人提供赔偿担保即为已足。

第 933 条　前条所述的修复并非由被请求人所为时，负担修复者应维持旧建筑物的全部形式和规模，但为防止危险而须作变更者，不在此限。

只要和诉讼请求不相违背，可依该建筑物的所有人的意思调整此等变更。

第 934 条 在就申诉为通知后，建筑物因其恶劣状况而倒塌者，其所有人应向邻人赔偿一切损失，但倒塌出于如洪水、闪电、地震之类的意外事件时，不发生赔偿责任，但经证实该建筑物如非处于恶劣状态则不可能因意外事件而倒塌者，不在此限。

未就申诉为通知的，不发生损害赔偿责任。

第 935 条 前数条规定扩及于担心任何构造物发生危险的情形，或者惧怕植根未深的树木发生危险或树木在普通事件有摧折之虞的情形。

第 936 条 已被废除。

第 937 条 对于污染空气并明显使之有害的工作物，不适用任何时效。

第 938 条 已被废除。

第 939 条 已被废除。

第 940 条 已被废除。

第 941 条 房屋的所有人有权阻止水或其他可能导致损害其房屋的潮湿物质存积或流经其墙壁附近。

该所有人也有权阻止在距其墙壁不到 15 分米的范围内植树，或者在不到 5 分米的距离内种菜或种花。

如系根须长距离延伸的树，法官可判令在适当的距离种植此等树木，以免树根对相邻建筑物造成损害；法官指定的最大距离应为 5 米。

本条赋予的权利对于已予种植的树木、花草或蔬菜同样有效，但在墙壁修建前即已种植者，不在此限。

第 942 条 如树枝伸至他人土地之上，或者其树根延伸至他人土地之中，该土地的所有人可要求刈除树枝或树根的越界部分。

树木即使被种植在适当的距离内，也适用上述规定。

第 943 条 伸至他人土地的树枝所结果实，归属于树木的所有人，但他人土地被围圈者，该所有人未经土地所有人的许可，不得进入采摘。

土地所有人负同意的义务，但他仅须许可在不对其造成损害的适当时日内进入采摘。

第 944 条 已被废除。

第 945 条 已被废除。

第946条 为数人所有的工作物应被禁止、拆毁或改造时,可对其全体或其中任何一人告发或提起申诉;所发生的损害赔偿责任应在所有此等人之间均摊,但此等人无妨依各自对工作物所占有的比例而自行分配赔偿责任。

如数人已遭受或担心遭受损害,其中任何一人均可就该工作物的禁止、拆毁或改造,独自告发或提起申诉,但除非他依法取得对其他人相应的代理人资格,否则仅得就自己遭受的损害请求赔偿。

第947条 本题赋予的诉权不得用以攻击合法设定的役权的行使。

第948条 为通道、广场或其他公共使用场所的利益,并为通行于此等场所之人的安全,市政当局以及民众中的任何人均享有授予给私人地产或私人建筑物之所有人的权利。

依民众之诉应拆毁或改造建筑物时,或者依民众之诉应赔偿所致损失时,原告应获赔偿,赔偿费用由被申诉人承担,它不得低于拆毁或改造费用的1/10,也不得超过此等费用的1/3,但同时对不法或疏忽行为处以罚金的,无妨将其半数判给原告。

第949条 市政当局的诉权或民众诉权应理解为不损害直接利益人的诉权。

第950条 本题赋予的损害赔偿请求权,经1整年的时效而永久消灭。

只要正当的担心理由存在,预防损害之诉权即不因时效而消灭。

如在1年内未对新工作物提出诉请,被告发人或被申诉人应在占有之诉中受到保护,而告发人或申诉人仅得通过普通途径主张其权利。

但依关于役权的规定,其权利已因时效而消灭的,不产生此项诉权。

第三编 死因继承和生前赠与

第一题 定义和通则

第951条 可对死者为概括继承或单一物继承。

对死者一切可移转的财产、权利和义务进行继承，或者对其中份额如半数、1/3 或 1/5 进行继承的，称概括继承。

对一个或数个特定的实物如特定的马、特定的房屋进行继承，或者对一个或数个不确定的特定种类之物如一匹马、三头奶牛、600 比索、40 法内格①小麦进行继承的，谓单一物继承。

第952条 依遗嘱为继承的，称遗嘱继承，依法律为继承的，称法定继承或无遗嘱继承。

对死者财产的继承，可为部分遗嘱继承、部分法定继承。

第953条 为继承死者的财产而由法律或死者的遗嘱作出的分配，为死因分配。

分配一词在本编中指人或法律作出的死因分配。

受分配人为对之为分配的人。

第954条 以概括名义所作的分配，称遗产；以单一物所作的分配，称遗赠物。遗产的受分配人称继承人，遗赠物的受分配人称受遗赠人。

第955条 对某人财产的继承，自该人死于最后住所之时开始；明定例外的情形除外。

---

① 智利的一种计量单位。——译者

继承适用继承开始时的住所地法；法定例外者除外。

第 956 条 （死因）分配之召领①是法律的一种实际召唤，被召唤者可据此接受或者放弃分配。

继承人或受遗赠人未附条件地被召唤的，遗产或遗赠自被继承人死亡之时起依法当然移转②给继承人或受遗赠人；继承之召唤附有条件的，则自条件成就之时起依法当然移转。

如条件为取决于受分配人单方意思的不作为，分配（的遗产或遗赠）在此等情形自遗嘱人死亡之时起被依法当然移转，但为防止违背该条件，须由受分配人对返还被分配物及其从物和孳息提供足够的担保。

然而，如遗嘱人命令被分配物在不作为条件悬置期间归属于其他受分配人，则不适用上述规定。

第 957 条 其继承权未因时效消灭的继承人或受遗赠人，如在接受或放弃已依法当然移转给他的遗产或遗赠前即已死亡，则尽管在其死亡时并不知晓已依法当然移转给他的此等遗产或遗赠，其接受或放弃继承的权利亦移转于其继承人。

转继承人如未接受移转人遗产，不得行使此项权利。

第 958 条 两人或更多的人被召唤相互继承时，如发生第 79 条规定的情形，其中任何一人均不得继承其他人的财产。

第 959 条 在一切死因继承的情形，为使死者或法律的处分达其效果，应自死者遗留的包括遗产债权在内的财产总数中扣除以下项目：

1. 存在遗嘱时的遗嘱公示费用以及继承开始时的其他附加费用；

---

① 原文 delación 一词来源于拉丁文 delatio，后者是罗马继承制度中的一个专门术语，黄风教授将其译为继承指令。详见〔意〕彼德罗·彭梵得：《罗马法教科书》，黄风译，中国政法大学出版社 2005 年修订版，第 329—330 页和第 333 页；黄风编著：《罗马法词典》，法律出版社 2002 年版，第 85 页以下的相关词条。在近现代的一些民法典中，如《智利民法典》的本条和第 739 条、《意大利民法典》第 457 条（Delazione dell'eredità），该词意指召唤那些被遗嘱、法律或法院裁判指定有权继承的人接受或放弃遗产，故我采其召唤受领遗产之意，意译为"召领"。——译者

② 依智利共和国民法典，最主要的所有权取得方式为让渡（参见第二编第六题），它一般适用于基于意思表示发生的物权变动；但在继承人取得遗产的时间和方式这一方面，该法典采当然继承主义，即遗产因继承的开始而依法当然地移转于继承人，无须继承人的意思表示。至于继承的接受和抛弃，虽其效力都溯及至当然移转之时（第 1239 条第 1 款），但前者仅具消极意义，即维持原已发生的法律效力，后者则溯及地使当然移转不生效力。关于这种立法例及其他立法主义的介绍，可参见戴炎辉、戴东雄：《中国继承法》，台北三民书局 1998 年版，第 161—162 页。智利民法典以专门术语 deferirse 指称这种所有权取得方式，该词不仅在继承编大量出现，也偶见于和继承相关的一些制度（如信托所有权、用益权的条文），我一以贯之地将其意译为"依法当然移转"。——译者

2. 遗产债务；

3. 对遗产总体征收的国家赋税；

4. 强制性的扶养性分配；

经扣除的剩余财产为遗嘱或法律得予处分的净产。

第 960 条 对遗产总体征收的国家赋税，应扩及于因死亡而被确认的可撤销赠与。

就特定份额或特定遗赠征收的国家赋税，由相应的受分配人负担。

第 961 条 所有未被法律宣告为无能力和不配的人，有继承的能力和资格。

第 962 条 有能力继承者，须在继承开始之时存在，但依第 957 条规定的转继承权为继承时，如遗产或遗赠因某人而发生转继承，则只要转继承人在对该人的继承开始时存在，即为已足。

如遗产或遗赠是附停止条件地遗留的，继承人须在条件成就之时存在。

尽管如此，如果受分配人在继承开始时并不存在但可期待其存在，则只要此等人在继承开始后 10 年期满前存在，分配即不得因此项原因而无效。

为奖赏提供重要服务者作出分配时，即使提供服务者在遗嘱人死亡之时已不存在，分配仍在受相同限制的条件下有效。

第 963 条 对于一切遗产或遗赠，任何教友会、行会或机构，不论是否为法人，无能力继承之。

但分配乃以设立新的社团或机构为目的时，可申请法定许可，如取得此种许可，则分配有效。

第 964 条 在对其依法当然移转遗产或遗赠之前，某人因和他人发生构成犯罪的性关系而受法院判处时，如该人并未与之缔结具有民事效果的婚姻，则无能力作为继承人或受遗赠人继承该他人。

在对其依法当然移转遗产或遗赠之前被控犯有此等罪行者，虽在法院裁决进行之中，亦同。

第 965 条 教士如在死者最后患病期间听取其忏悔，或在订立遗嘱之前的最近两年内经常听取其忏悔，则即使他以信托遗嘱执行人的身份，亦不得依死者最后患病期间订立的遗嘱收受遗产或遗赠；上述教士为其成员的教团、修道院或教友会，也不得收受前述遗产或遗赠；该教士的第三亲等以内的血亲或姻亲，亦同。

但此项无能力不扩及于遗嘱人所在的本堂，并且在无遗嘱时，上述教士或其亲属依法继承的财产份额，也不适用此项关于无能力的规定。

第966条 为无能力继承之人的利益所作的处分，即使以有偿合同的形式或以第三人为中介的形式予以伪装，亦告无效。

第967条 只要利害关系人能对其提起的诉权未因时效而消灭，无能力继承者即不得取得遗产或遗赠。

第968条 下列人不配作为继承人或受遗赠人对死者进行继承：

1. 对死者犯有杀人罪者，以协助或教唆参与此等犯罪者，或见死不救者；

2. 严重危害被继承人或其配偶、直系尊血亲、直系卑血亲的生命、荣誉或财产者，此等危害须依生效判决予以证实；

3. 第六亲等之内的血亲在被继承人处于精神病状态或困难境地时能救济而未予救济者；

4. 以胁迫或诈欺方式取得死者遗嘱处分或阻止其订立遗嘱者；

5. 故意扣留或隐匿死者的遗嘱者，此等故意仅依单纯的扣留或隐匿行为而予推定。

第969条 6. 成年人未尽快向法院控告对死者的谋杀的，不配继承。

司法机关已着手案件的侦查时，此种不配终止。

但仅在继承人或受遗赠人不是实施或教唆谋杀之人的配偶，或者不是该人的直系尊血亲或直系卑血亲，或者与之不存在三亲等以内的血亲或姻亲关系，才可以此等原因主张不配。

第970条 7. 在无遗嘱情况下被召唤继承未适婚人、精神病人或聋哑人的直系尊血亲或直系卑血亲，如先前未为此等人请求指定监护人或保佐人，且此种懈怠持续1年整，则不配继承上述人等，但显然不可能自行或通过代理人请求指定者，不在此限。

数人被召唤继承的，其中一人履行上述义务所带来的利益惠及其他人。

1年的期间经过后，前述请求指定监护人或保佐人的义务，由被召唤为法定继承之第二顺位的人承担。

此种义务并不扩及于未成年人，一般也不扩及于处于监护、保佐下的人。

自未适婚人达到适婚年龄之时起，或者自精神病人、聋哑人取得对其财产的管理权之时起，此种不配事由即告消灭。

第971条 8. 遗嘱人指定的监护人或保佐人无法定事由主张豁免

此等职务者，不配成为继承人。

遗嘱人指定的遗嘱执行人未证明严重不便而主张豁免者，同样不配继承他。

对于分配人有义务留给其法定份额的受分配人，以及其职务豁免的主张被法官驳回后即担任该职务者，不适用此种不配事由。

第 972 条 9. 最后，明知某人无能力继承，却向死者承诺将其财产的全部或一部依任何方式移转于该人者，不配继承。

但对因敬畏而向死者作出此等承诺之人，不得主张其不配；该人已着手履行诺言者，不在此限。

第 973 条 如果遗嘱处分发生在导致不配的事实之后，则不得以前数条提及的不配事由对抗该处分，即使已证实死者在订立遗嘱之时或之后并不知悉此等事实，亦同。

第 974 条 非依排斥不配之继承人或受遗赠人的利害关系人的请求，并在诉讼中宣告，不配不发生任何效果。

经法院宣告不配事由后，不配人应将遗产或遗赠物连同从物及孳息一并返还。

第 975 条 不配因对遗产或遗赠的 5 年占有而被去除。

第 976 条 不配之诉不得移转对抗善意第三人。

第 977 条 原继承人不配继承的遗产或遗赠物移转于其继承人，但在 5 年期满前的任何时间里，原继承人的不配之瑕疵也伴随存在。

第 978 条 遗产债务人或遗嘱债务人不得以无能力或不配之抗辩对抗请求人。

第 979 条 无能力或不配并不剥夺被排斥的继承人或受遗赠人的法定扶养费，但在第 968 条的情形，不产生任何受扶养的权利。

第二题　关于法定继承的规则

第980条　死者对其财产未加处分、未依法处分或者其处分不生效果的，其财产的继承依法律规定。

第981条　法律规定法定继承时，或使法定继承承受返还或保留之负担时，并不考虑财产的来源。

第982条　法定继承不虑及性别和长子身份。

第983条　死者的直系卑血亲、直系尊血亲、生存配偶、旁系血亲、相应情形下的被收养人以及国家，均被召唤参加法定继承。

被收养人的继承权依相应法律的规定。

第984条　法定继承的发生，或基于人身权，或基于代位继承权。

代位继承为法律的拟制，在此种拟制中，某人在其父或母不愿或不能继承时，被假定取得父或母的地位以及由此而来的亲等与继承权。

父或母在愿意或可能时本可依代位权继承的遗产，其子女也可代位继承之。

第985条　代位继承人在一切情形均按房数继承，也就是说，不问代位继承的子女数目为多少，全体子女取得被代位的父亲或母亲的应继份额并予均分。

非代位继承人按人数继承，亦即全体继承人取得法律指定的份额并予均分；同一法律作不同分割者，不在此限。

第986条　死者的直系卑血亲、其兄弟姐妹的直系卑血亲，均可代位继承。

在此等直系卑血亲之外，不发生代位继承。

第987条　对于其遗产已被放弃的直系尊血亲，仍可代位继承之。

对于无能力继承的人、不配继承的人、被剥夺继承权的人以及放弃死者遗产的人，也可对其进行代位继承。

第 988 条 子女排斥其他一切继承人，但同时存在生存配偶者除外，在此情形，生存配偶与子女同时继承。

生存配偶应得的份额，一般应为分配给每一个子女的严格特留份或实际特留份的二倍。若仅存在一个子女，配偶的份额应该和该子女的严格特留份或实际特留份相同。但依其情形，配偶应得份额绝对不得低于遗产的 1/4 或作为特留份的半数遗产[①]的 1/4。

遗产的 1/4 或作为特留份的半数遗产的 1/4 归属于生存的配偶后，剩余部分在子女之间均分。

前述 1/4 部分应考虑第 996 条的规定而予计算。

第 989 条 死者未遗有直系卑血亲的，配偶及其亲等最近的直系尊血亲可继承之。

在此情形，遗产分为 3 部分，配偶得 2 份，直系尊血亲得 1 份。无直系尊血亲的，配偶取得全部财产；无配偶者，直系尊血亲取得全部财产。

只有一个亲等最近的直系尊血亲时，该尊血亲或者继承全部财产，或者继承直系尊血亲的全部遗产份额。

第 990 条 如死者既未遗有直系卑血亲，亦未遗有直系尊血亲，且未遗有配偶，其兄弟姐妹可继承之。

本条所谓的兄弟姐妹，甚至包括仅同父或仅同母的兄弟姐妹，但仅同父或仅同母的兄弟姐妹的应继份应为同父同母的兄弟姐妹应继份的一半。

第 991 条 已被废除。

第 992 条 死者未遗有直系卑血亲、直系尊血亲、配偶、兄弟姐妹的，其他亲等最近的旁系血亲，无论是单系抑或双系，在第六亲等的范围内，均可对其进行继承。

单系旁系血亲，亦即死者的父系或母系亲属，有权取得双系旁系血亲亦即死者之父系兼母系亲属的份额的一半。

亲等最近的旁系血亲始终排斥其他旁系血亲。

第 993 条 已被废除。

[①] 按第 1184 条的规定，遗产经扣除和添加后的一半被作为特留份，该份额不属于遗嘱人自由处分的范围。——译者

第 994 条 因其过失导致暂时或永久离婚的配偶，在对其妻或其夫的法定继承中不享有任何份额。

针对父母的否认而已在裁判上确认父子关系或母子关系时，该父母也无法定继承权，但采取了第 203 条所指的恢复措施的，不在此限。

第 995 条 前数条指定的法定继承人均不存在时，由国库继承。

第 996 条 对同一财产同时存在遗嘱继承和法定继承时，应执行遗嘱处分，剩余部分依通则经裁判分配给法定继承人。

对同时参加遗嘱继承和无遗嘱继承的人，应将依遗嘱收受的份额计入其在法定继承中应得的份额，但前者超过后者时，可以保留全部遗嘱份额。

遗嘱人的明示意思优于以上在法律上所作的一切相应规定。

无论如何，只要有权获得遗产之特留份和额外份额者的这些份额被完全满足，即应适用第一款规定。

第 997 条 对于在智利境内开始的法定继承，外国人像智利人一样，按相同方式和相同规则被召唤参加之。

第 998 条 在对死于共和国境内或境外的外国人进行法定继承时，智利人可依遗产或扶养费的名义取得权利，此等权利与智利法律在规定对智利人的法定继承时所赋予的权利，正属相同。

有利害关系的智利人，可请求从该外国人在智利境内的财产中，以裁判向其分配在对该外国人的继承中其所有应得的部分。

上述规定在必要情形下也适用于对在外国遗留了财产的智利人的继承。

第三题 遗嘱处分

第一节 关于遗嘱的通则

第999条 遗嘱基本上为要式行为，依此行为，一人可全部或部分处分其财产并使该处分在其死后取得完全效果，同时保留在其生存期间对此等处分内容的撤销权限。

第1000条 仅在赠与人或允诺人死亡时产生完全且不可撤销效力的一切赠与或允诺，亦为遗嘱，并应依订立遗嘱的同一手续作成。夫妻之间的赠与或允诺应为例外，此等赠与或允诺虽可撤销，仍可依生前合同的形式作成。

第1001条 即使遗嘱人在遗嘱中明定不得撤销，一切遗嘱处分在本质上仍可被撤销。对将来的处分订有撤销条款者，虽依宣誓方式得到确认，亦视为未订立。

如果依先前的遗嘱，撤销不以特定词句或标志作成即无效，则该规定视同未订立。

第1002条 遗嘱人在遗嘱中提及的证书或文件，虽为遗嘱人所要求，亦不被视为遗嘱的一部分；此等证书或文件，仅在不作为遗嘱的一部分也能有效的范围内有效。

第1003条 遗嘱为单独一人的行为。

两人或更多的人在一个时间订立的遗嘱所包含的处分，不问是为订立人的相互利益，还是为第三人的利益，均告无效。

第1004条 订立遗嘱的权限，不得委托行使之。

第1005条 下列人无资格订立遗嘱：

1. 已被废除；

2. 未适婚人；

3. 因精神病而受禁治产宣告的人；

4. 因酒醉或其他原因正处于不清醒状态的人；

5. 一切不能以口头或书面清楚地表达其意思的人。

未包含于上述列举之中的人，有订立遗嘱的资格。

第1006条 存在前条所列的无资格原因而订立遗嘱的，即使此等原因随后不再存在，该遗嘱亦告无效。

反之，有效遗嘱并不因随后发生任何此等无资格原因的事实而停止其效力。

第1007条 有任何胁迫成分的遗嘱，全部无效。

第1008条 遗嘱或为要式，或为略式。

依法律普遍要求的一切程式作成的遗嘱，为要式遗嘱。

虑及特定情形而由法律明示规定省略某些程式的遗嘱，为略式遗嘱或特权遗嘱。

要式遗嘱或采用公开方式，或采用密封方式。

遗嘱人将处分内容告知证人的遗嘱，为开示遗嘱、公示遗嘱或公开遗嘱；证人无须知悉处分内容的遗嘱，为密封遗嘱或秘密遗嘱。

第1009条 遗嘱的开启和公示应在遗嘱人最后住所地的法官面前为之；本规定不与法律就此规定的例外情形相抵触。

第1010条 法官着手开启和公示遗嘱时，应事先证实遗嘱人已死亡。依照法律应作死亡推定的情形除外。

第二节 要式遗嘱以及首先关于在智利订立的要式遗嘱

第1011条 要式遗嘱总是以书面形式作成。

第1012条 对于在智利订立的要式遗嘱，下列人不得为证人：

1. 已被废除；

2. 未满18岁的未成年人；

3. 因精神病而被禁治产者；

4. 一切正丧失理性者；

5. 盲人；

6. 聋人；

7. 哑人；

8. 依第267条第4项①被判处刑罚者,以及一般依生效判决无资格作证者;

9. 赋予遗嘱以公信力之公证人的书记员;

10. 不在智利定居的外国人;

11. 不理解遗嘱人之语言的人,但本规定不和第1024条的规定相冲突。

证人中至少应有两人定居在订立遗嘱的市镇,并且在只有3名证人到场时,至少应有一人能读能写,或者在5名证人到场时,应有两人能读能写。

第1013条 如果前条所述的无资格事由在证人的外表或举止中没有表露出来,并且在遗嘱订立地因以积极的和公开的事实为基础的相反意见导致普遍无视该事由,则遗嘱并不因证人的实际无资格无效。

但证人中仅可有一人可以具有此等假定资格。

第1014条 在智利订立的公开要式遗嘱,应在一个适格的公证人和3个证人面前作成,或者应在5个证人面前作成。

遗嘱订立地有管辖权的市镇独任民事法官,可代行公证人的职能;本题所有关于公证人的规定,根据具体情况也适用于此等法官。

第1015条 遗嘱人使证人知悉其处分内容的行为,以及在有公证人时使公证人也知悉此等内容的行为,为公开遗嘱的本质构成因素。

遗嘱的订立应始终有遗嘱人、同一公证人(如有)和相同证人到场。

第1016条 遗嘱应载明遗嘱人的姓名、出生地、所属国、是否定居于智利(如定居于智利,明示其住所)、年龄、处于完全理智的情状,区分死者和生者地载明与遗嘱人结婚者的名字、每次婚姻中生育的子女的名字以及遗嘱人的其他一切子女的名字,每位证人的姓名和住所。

此等记载应与遗嘱人和证人的相应陈述相符。同样,遗嘱应载明订立地和订立的年月日;在有公证人在场时,应载明其姓名和职务。

第1017条 公开遗嘱可事先写成。

但不问遗嘱是否由遗嘱人书写,也不问遗嘱是被写进一个还是数个文件中,均应在有公证人参与时,由公证人高声诵读遗嘱之全部,或者在无公证人时,由遗嘱人为此效果指定的证人中的一人诵读。

诵读遗嘱时,遗嘱人应亲自在场,并且有必要在场者应聆听其全部

---

① 第267条第4项已被修改,在本译本中应指第271条第3项。——译者

处分内容。

第 1018 条 遗嘱行为依遗嘱人和证人的签名而完成，在有公证人参与时，尚应有公证人的签名。

遗嘱人不会或不能签名时，应在遗嘱中记载此种情况并明示其原因。

如任一证人处于同样情形，其他证人应依其请求代其签名，此种情形亦应载明。

第 1019 条 盲人只能在公证人面前，或在代行该职能的官员面前，通过精确宣布自己最后意思的方式订立遗嘱。其遗嘱应被高声诵读两次；第一次由公证人或代行其职能的官员诵读，第二次则由遗嘱人为此效果选定的证人中的一人诵读。此等遗嘱应特别记载这一程式。

第 1020 条 遗嘱在 5 个证人面前而非在公证人、市镇独任民事法官面前作成的，须依以下形式予以公示：

有管辖权的法官令证人出庭，以便他们识别其签名及遗嘱人的签名。

如证人中的一人或数人因不在或其他障碍而未到庭，则只要到庭的遗嘱证人对遗嘱人、缺席证人及其自己的签名进行识别，即为已足。

在必要情形，只要法官认为适宜，可通过其他可靠人士的誓言证明遗嘱人及缺席证人的签名。

法官应随即在每页遗嘱的首端和末端签章，并命令将已签章的遗嘱交给法院书记官以放入其案卷中。

第 1021 条 密封的要式遗嘱应在 1 个公证人和 3 个证人面前作成。
相应的市镇独任专业法官可代行公证人的职能。

第 1022 条 凡不会读写者，不得订立密封遗嘱。

第 1023 条 密封遗嘱的要件为遗嘱人提交密封文书于公证人和证人的行为，在该行为中，遗嘱人应按公证人和证人能耳闻、目睹并理解他的方式，口头地（次条规定的情形除外）声明该文件含有其遗嘱。哑人可在公证人和证人到场时以书写的方式为此种声明。

遗嘱应由遗嘱人亲笔书写，或至少应由其签名。

遗嘱的封皮或封套应自外部密封，以便非经毁坏封皮不能取出遗嘱。

封皮是否加盖火漆或印记，抑或是否以其他手段保障其安全，取决于遗嘱人的意愿。

公证人应在封皮或封套的遗嘱标题之下，载明遗嘱人处于理智健全下的情状、遗嘱人以及每位证人的姓名和住所、遗嘱订立地及作成的年月日。

遗嘱的订立，通过遗嘱人和证人在封套上的签名以及公证人在封套上的签名和花押而告完成。

遗嘱订立期间，除遗嘱人外，尚应有同一公证人和相同证人始终到场，并且除非某种意外事件导致短暂间断，遗嘱的订立不得有任何中断。

第 1024 条 遗嘱人不能口头理解或口头被理解时，仅可订立密封遗嘱。

遗嘱人应亲笔在封皮上书写遗嘱字样，或以其意愿的语言书写相当的文字，并且应以同一方式记载其个人情况，其中至少应载明其姓名、住所和所属国；在其他方面，遗嘱人应遵守前条规定。

第 1025 条 密封遗嘱在被执行前应呈交于法官。

此种遗嘱仅得在公证人和证人在法官面前识别遗嘱人及其自己的签名后予以开启，此外，此等人应声明在其看来遗嘱是否按照交付行为中的状态那样被密封、加盖火漆或标记。

如所有遗嘱证人不能到庭，则只要公证人和到庭的文件证人识别遗嘱人及其自己的签名并证明缺席证人的签名，即为已足。

如公证人或赋予遗嘱以公信力的其他官员未能到庭，可由法官选定的公证人替代其处理开启遗嘱的事务。

在必要情形，只要法官认为适宜，缺席公证人和证人的签名可比照第 1020 条第 3 款规定的情形予以证明。①

第 1026 条 公开的或密封的要式遗嘱，如遗漏任何依前数条规定应分别遵守的程式，不发生任何效力。

尽管如此，如第 1016 条、第 1023 条第 5 款以及第 1024 条第 2 款规定的一项或数项记载事项被遗漏，则只要对遗嘱人、公证人或证人的个人身份无疑问，遗嘱不因此无效。

第三节 在外国订立的要式遗嘱

第 1027 条 在外国订立的书面遗嘱，如在程式方面显然符合订立

---

① 本条所指的第 1020 条第 3 款，应理解为该条第 4 款。——译者

国的法律，并且以普通形式作成的相应文件之真实性能被证实，则在智利亦具效力。

第1028条 在外国订立的遗嘱只要同时符合以下明确规定的要件，在智利境内亦具效力。

1. 此种遗嘱仅得由智利人或在智利有住所的外国人订立。

2. 此种遗嘱仅得由全权公使、使馆代办、经共和国总统授予此等资格的使节秘书或具有同等职能的领事认证，但副领事不得认证。其中应明确提及其职务、头衔和职能。

3. 证人应为定居于遗嘱订立城市的智利人或外国人。

4. 在其他方面应遵守关于在智利订立要式遗嘱的规定。

5. 文件应有使馆或领事馆的印章。

第1029条 依前条规定的形式订立的遗嘱，如未在使馆官员面前作成，则应载有该官员的"已阅"批语；如为公开遗嘱，应在其末尾记载之；如为密封遗嘱，应在扉页上记载之；公开遗嘱总是应由同一官员在每页首末签章。

使馆官员应随即向智利外交部长寄发公开遗嘱副本一份或密封遗嘱的扉页副件一份；外交部长须证明该官员的签名，并将上述副件寄达被继承人在智利的最后住所地的法官，以便该法官将其编入该住所地一名公证人的备查文件簿册中。

遗嘱人在智利的任何住所不为人知时，应由外交部长将遗嘱寄至圣地亚哥的一名市镇独任民事法官，以便将其编入该法官指定的公证处的备查文件簿册中。

第四节　特权遗嘱

第1030条 下列遗嘱为特权遗嘱：

1. 口头遗嘱；
2. 军人遗嘱；
3. 海上遗嘱。

第1031条 一切18岁以上的男性或女性，只要具备健全的理智，能耳闻、目睹和理解遗嘱人，并且不具备第1012条第8项列举的无资格事由，即可在特权遗嘱中充任证人。对于书面的特权遗嘱，尚要求证人会读写。

按照第 1013 条的规定,被假定为有资格者,亦可。

第 1032 条 在特权遗嘱中,遗嘱人应明确声明其意图为订立遗嘱;必须在场者应自始至终为相同之人;遗嘱行为应为持续行为,或者仅仅在某种意外事件导致的短暂间断中有所中断。

特权遗嘱仅须依循前款以及以下条款规定的程式。

第 1033 条 订立口头遗嘱时,至少应有 3 名证人到场。

第 1034 条 订立口头遗嘱时,遗嘱人口头地进行声明和处分,以便所有在场人能耳闻、目睹并理解之。

第 1035 条 仅得在危险已危及遗嘱人的生命,以致没有办法或时间订立要式遗嘱的情况下,订立口头遗嘱。

第 1036 条 遗嘱人如在订立遗嘱的 30 天后死亡,或如果遗嘱人在此之前死亡,在其死亡后的 30 天内未按以下规定的程式将此等遗嘱作成书面形式,口头遗嘱不发生任何效力。

第 1037 条 为将口头遗嘱作成书面形式,对遗嘱订立地有管辖权的市镇独任民事法官依对继承有利害关系者的请求,在对居住于该地的其他利害关系人进行传唤后,应接受作为遗嘱证人而目睹此事的人经宣誓的声明,并且法官对于自己认为其证言有利于澄清以下各事项的其他人,也应接受其经宣誓的声明:

1. 遗嘱人的姓名、住所、出生地、所属国、其年龄,以及令人相信其生命当时已处于迫近的危险之中的情状;
2. 遗嘱证人的姓名及其居住地;
3. 订立遗嘱的地点及年月日。

第 1038 条 遗嘱证人应陈述以下各点:

1. 遗嘱人在外表上是否处于理智健全的状态;
2. 遗嘱人是否在他们面前表示过订立遗嘱的意图;
3. 其声明及遗嘱处分的内容。

第 1039 条 如果前数条所述的资讯并非由最后住所地的市镇独任民事法官收受,则应向其寄发此等资讯;如该法官认为规定的程式已得到遵守,并且认为资讯中已明确表现遗嘱人的最后意思,则应根据此等资讯裁决遗嘱人已作成遗嘱后部的声明和处分(裁决中应予明列);他也应判令此等声明和处分作为死者的遗嘱生效,且其裁决应被作为死者的遗嘱而编制成备查的簿册。

只有由依程式到场的证人一致认可的声明或处分,方应被视为遗嘱声明或遗嘱处分。

第 1040 条 对于在被编制成备查簿册的法院裁决中注明的遗嘱,得以对抗其他任何有效遗嘱的同样方式对其提出攻击。

第 1041 条 在战争期间,军人及其他受雇于共和国军队之人的遗嘱,属于此等军队的志愿人员、人质及囚犯的遗嘱,以及随军并服务于上述任何人员之人的遗嘱,可由上尉、军衔高于上尉的长官或者军需长、军事委员、军法官收受之。

欲立遗嘱者患病或受伤的,可由对其进行护理的军队神父、内外科医生收受其遗嘱;如为分遣队员,则即使其指挥官的军衔低于上尉,也可由其收受该遗嘱。

第 1042 条 遗嘱人既会也能书写的,应由其在遗嘱上签名,并且收受遗嘱的官员和证人也应签名其上。

如遗嘱人不会或不能签名,应在遗嘱中载明此等情事。

第 1043 条 为订立军人遗嘱,须正处于向敌人行军或扎营之出征情形,或者驻屯于正被围困的处所。

第 1044 条 遗嘱人可订立军人遗嘱的情形停止后,该遗嘱人如在此等情形停止后未满 90 天时死亡,其遗嘱视同按普通方式订立的而有效。

如遗嘱人超过这一期限仍然生存,遗嘱失效。

第 1045 条 如遗嘱并非在出征军队的最高长官或驻屯部队的指挥官面前作成,则应在其末端由该长官或指挥官签署"已阅"字样,同时他始终应在每页遗嘱的首末签章;此等长官应迅速将遗嘱尽可能安全地寄送战争部长,战争部长应和第 1029 条情形中的外交部长一样行事。

第 1046 条 可订立军人遗嘱者如处于急迫的危险中,可依前面规定的方式作成口头遗嘱,但该遗嘱因遗嘱人生还的事实而失效。

第 1037 条和第 1038 条所述的资讯,应尽快在战争中的军法官或代行军法官职能的人面前得到处理。

为向最后住所地法官寄发此等资讯,应执行前条规定。

第 1047 条 可订立军人遗嘱者宁愿作成密封遗嘱时,应遵守第 1023 条规定的程序,为第 1041 条第 1 款目的而被指定的任何人,可担当公证职责。

遗嘱扉页应如同第 1045 条中规定的遗嘱予以签阅;且应遵守该条关于寄送的规定。

第 1048 条 可在位于公海的智利战舰上作成海上遗嘱。

此等遗嘱应由指挥官或其副手会同 3 名证人收受。

如遗嘱人不会或不能签名，应在遗嘱中载明此等情形。

和原件有同样签名的遗嘱副本亦为有效。

第1049条 此等遗嘱应保存在船舰最重要的文件之中，并应在航海日志中记载遗嘱的订立。

第1050条 船舰在返回智利之前抵达外国港口时，如该地有智利外交或领事代表处，指挥官应向该代表处交付遗嘱副本一份，同时应要求其出具收据并记载于航海日志中，相应的代表处为第1029条规定的效果，应将遗嘱副本寄达海军部。

如船舰先行抵达智利，应依同一程式将前述遗嘱副本交付于有关的海事长官，该长官应为同一效果将此副本寄送海军部。

第1051条 凡在处于公海的智利战舰之上的人，不问是军官团成员和船员，还是其他任何人，均可依第1048条规定的形式订立遗嘱。

第1052条 海上遗嘱仅得在遗嘱人登岸前死亡，或在其登岸后满90天之前死亡时，方为有效。

为再次登上同一船舰而为的短期着陆，不得被理解为登岸。

第1053条 在急迫的危险之情形，可遵守第1046条的规定，在位于公海的战舰上订立口头遗嘱；遗嘱人从危险中生还的，遗嘱失效。

第1037条和第1038条所述的资讯应由指挥官或其副手收受，并且为通过海军部向市镇独任民事法官寄送此等资讯，应适用第1046条的规定。

第1054条 可订立海上遗嘱者如宁愿作成密封遗嘱，应遵守第1023条规定的程式，船舰指挥官或其副手可担当公证职责。

此外须遵守第1049条的规定，并且如同第1050条规定的遗嘱，应将扉页的副本寄达海军部，以将其编制成备查的簿册。

第1055条 在悬挂智利国旗的商船上，仅得依第1048条规定的形式订立遗嘱，遗嘱由船长、其副手或领航员收受，并应遵守第1050条的规定。

第四题　遗嘱分配

第一节　通则

第 1056 条　一切依遗嘱的受分配人，不问是依其名称还是依遗嘱的明确描述而被确定，均应为特定的自然人或法人。以除此以外的方式作出的遗嘱处分视为未订立。

但遗嘱分配以慈善为目的时，即使不是为特定的人作出的，仍然有效。

遗嘱分配针对慈善机构作成但未确指时，应将此等遗嘱分配授予共和国总统指定的慈善机构，在为此等指定时，应在遗嘱人所在市或省的慈善机构中优先选择其一。

遗嘱人遗留给自己灵魂的物，在未以其他方式特别指定其用途时，应被理解为遗留给慈善机构，并须遵守前款的规定。

概括遗留给穷人之物，应用于遗嘱人所在堂区的穷人。

第 1057 条　对受分配人的名称或身份的错误如不致对该人产生疑问，遗嘱处分并不因此无效。

第 1058 条　基于对事实的错误作出遗嘱分配的，如果显然无此等错误即不可能作出此等分配，则该分配视同未订立。

第 1059 条　附对价的遗嘱处分无效。

遗嘱人分配其财产的一部时，如以受分配人也须通过遗嘱向他遗留其财产的任何部分为条件，视为附对价的处分。

第 1060 条　遗嘱人仅对问题回答"是"或"否"，或者仅对问题给出肯定或否定的手势，从而进行遗嘱处分者，无效。

第 1061 条　遗嘱处分如为认证遗嘱的公证人、代行公证人职责的官员、此等公证人或官员的配偶或其直系尊血亲、直系卑血亲、兄弟姐妹、姻亲、雇员或工资领取者的利益订定，无效。

遗嘱处分系为证人或其配偶、直系尊血亲、直系卑血亲、兄弟姐妹或姻亲的利益订定者，亦同。

第 1062 条　其债权仅由遗嘱记载的债权人，就前条规定而言被视为受遗赠人。

第 1063 条　遗嘱分配之受分配人的选择，不问是绝对选择，还是在一定人数之间选择，不得取决于他人的纯粹意愿。

第 1064 条　未确定指名地遗留给亲属们的财产，应理解为依法定继承的顺位遗留给最近亲等的血亲，并依法定规则发生代位继承权，但在遗嘱订立之日如果仅有一名该亲等的血亲，应认为次一亲等的血亲同时被召唤。

第 1065 条　如遗嘱分配的措辞或表达不能使人知晓遗嘱人意图指定两个或更多的人中的何人为受分配人，则他们都不对该分配享有权利。

第 1066 条　一切遗嘱分配，或者应为概括分配，或者应为确定的或依遗嘱的描述能予确定的特定物之分配，或者应为其种类和数量确定的或依同样方式能予确定的种类物之分配，除此之外方式的遗嘱处分，视同未订立。

然而，遗嘱中明示处分乃为慈善目的，但未确定用于该目的的份额、数量或种类时，该分配有效，此时应虑及该目的的性质、遗嘱人的其他处分以及遗嘱人在当时可自由处分的范围内的财力，以确定其份额、数量或种类。

法官应在听取慈善事业监察专员和继承人的意见后为此种确定；此种确定应尽可能符合遗嘱人的意图。

第 1067 条　如遗嘱分配的执行委诸某继承人或受遗赠人的意志，而拒绝该分配对其有利，则除非该人证明有拒绝的正当理由，他负有执行该分配的义务。拒绝该分配并不对该继承人或受遗赠人产生利益时，不问其作出何种决断，均无须证明其正当理由。

为实现本规定的效果，其直系尊血亲、直系卑血亲、配偶、兄弟姐妹或姻亲因此获得的利益，被推定为该继承人或受遗赠人获得的利益。

第 1068 条　遗嘱分配因受分配人阙如而依增加、替补或其他原因被移转于他人时，一切可移转的义务和负担附随之，并且接受或放弃分配的权利也分别移转。

遗嘱分配所附负担过重，以致依遗嘱或法律相继被召唤参与此等分配的一切人均予放弃时，应将该分配最后提交给为其利益设定此等负担者。

第 1069 条 遗嘱人清晰表示的意思不违反法定要件或法律禁止事项时，应优于本题关于遗嘱处分的理解和效力的规定。

为认知遗嘱人的意思，遗嘱处分的要旨重于遗嘱处分所用的文字。

第二节 附条件的遗嘱分配

第 1070 条 遗嘱分配可附条件。

遗嘱中所作分配如取决于一项条件，亦即取决于一项未来的且不确定的事件，以致依遗嘱人的意图，该分配在积极事件未发生或消极事件发生时不发生效力者，谓附条件的分配。

除以下规定的例外和变更外，附条件的遗嘱分配应遵循附条件之债一题中所作的规定。

第 1071 条 条件由现在或过去的事实构成的，不中止遗嘱处分的执行。如该事实正存在或业已存在，条件视为未订立；如该事实不存在或未曾存在，此等处分无效。

对过去、现在和将来的理解，应以订立遗嘱之时为准，但有其他明确表示的除外。

第 1072 条 针对将来时间设定的条件如为遗嘱人生前业已发生的事实，并且遗嘱人在订立遗嘱之时已知晓该事实，则在该事实能重复发生时，推定遗嘱人要求其再次发生；如遗嘱人在订立遗嘱时知悉该事实的发生，但事实的再次发生已不可能，则条件被视为已成就；如遗嘱人不知该事实的发生，则不问此等事实的性质如何，条件均被视为已成就。

第 1073 条 以受分配人不对遗嘱提起攻击为条件的，该条件并不扩及于因遗嘱的任何形式瑕疵提起的无效之诉讼请求。

第 1074 条 以继承人或受遗赠人不结婚为条件者，视为未订立，但仅以在 18 岁或更小年龄之前不结婚为条件者，不在此限。

第 1075 条 以维持鳏寡状态为条件者，也视为未附条件，但在向其依法当然移转分配物时受分配人有一个或数个前婚子女的，不在此限。

第 1076 条　为在单身或寡居期间的某人遗留用益权、使用权、居住权或者定期金，以维持其生活的，不得以前数条的规定对抗之。

第 1077 条　以与特定的人结婚或不结婚为条件者，以及以拥有即使与婚姻状况不相容但为法律许可的任何身份或职业为条件者，有效。

第 1078 条　附停止条件的遗嘱分配，在条件未成就前，仅赋予受分配人请求采取必要保全措施的权利。

如受分配人在条件成就前死亡，不移转任何权利。

条件成就后，如遗嘱人未就条件悬置期间收取的孳息明示地授予其权利，受分配人对它们不享有权利。

第 1079 条　创设信托并授予信托所有权的附条件遗嘱处分，由信托所有权一题调整。

第三节　附期限的遗嘱分配

第 1080 条　遗嘱分配可以通过决定权利的现实享有或消灭的期限或期日进行限定；除以下各条的明示规定外，此等分配尚应遵守附期限之债一题中的规定。

第 1081 条　期日如必然到来且其何时到来为人所知，为必然的且确定的期日，例如某年某月的某日，或者遗嘱订立日或遗嘱人死亡日之后的若干年、若干月或若干天。

如期日必然到来但其何时到来不为人所知，为必然的但不确定的期日，例如某人的死亡日。

如期日可能到来或可能不到来，但假定其到来时则其何时到来为人所知，为或然的但确定的期日，例如某人满 25 岁的日期。

最后，该期日是否到来以及何时到来均不为人所知，为或然的且不确定的期日，例如某人的结婚日。

第 1082 条　遗嘱分配附有在遗嘱人死亡前到来的始期时，应将该分配理解为为其死亡后所作的，只有在继承开始时才应履行该分配。

第 1083 条　或然的且不确定的期日总是一项真正的条件，并受有关条件的规则调整。

第 1084 条　附必然的且确定的始期的遗嘱分配，自遗嘱人死亡之时起赋予受分配人被分配物的所有权以及转让权和移转权,但在期日到来前,并不赋予受分配人主张该物的权利。

遗嘱人明示地以受分配人在该期日仍生存为条件的,应遵守附条件的遗嘱分配的规定。

第1085条 附必然的但不确定的始期的遗嘱分配为附条件的遗嘱分配,它包含受分配人在该期日仍生存的条件。

如果人们知道受分配人在该期日必然生存,例如在遗嘱分配乃为永久机构的利益而设的情形,应适用前条第1款的规定。

第1086条 附或然的始期之遗嘱分配,不问该期日是否确定,总是附条件的遗嘱分配。

第1087条 附必然的终期的遗嘱分配,不问该期日是否确定,均为受分配人的利益设立用益权。

定期供应的遗嘱分配不得为死因移转,该分配如同用益权,因期日的到来和年金领受人的死亡而终止。

如此等遗嘱分配为社团或基金会的利益而设,则不得超过30年的期限。

第1088条 附或然的但确定的终期的遗嘱分配,与受分配人的生存相联系的,构成用益权,但该分配由定期供应构成的除外。

如此等期日与他人而非受分配人的生存相联系,应理解为用益权被授予到在该他人生存的情况下该期日到来之日。

第四节 附负担的遗嘱分配

第1089条 如将某物分配给某人,使该人取得该物,但有义务将其运用于某一特别目的,例如完成某一工作或承受特定负担,则此等运用为负担而非停止条件。因此,负担并不中止分配物的取得。

第1090条 在附负担的遗嘱分配中,就不履行负担的情形课加的返还分配物及其孳息的义务的条款,称解除条款。

遗嘱人未明示解除条款的,不得理解为遗嘱分配含有此种条款。

第1091条 为取得附负担分配的物,无须为不履行负担之情形提供返还保证或担保。

第1092条 专为受分配人的利益而设的负担,并未设定任何义务,但该负担带有解除条款者,不在此限。

第1093条 如负担依其性质是不可能的，或诱发非法的或不道德的行为，或用不可理解的措辞写成，则处分无效。

如负担非因受分配人的行为或过失而仅在遗嘱人规定的特别形式上是不可能的，则该负担可按其他不改变遗嘱处分之实质的类似形式履行，该类似形式应由法官在听取利害关系人的意见后按此观念核准。

如负担非因受分配人的行为或过失成为完全不可能，则遗嘱分配不附负担地继续有效。

第1094条 如遗嘱人未充分确定履行负担的时间或特别形式，法官可在尽可能寻求遗嘱人的意愿，并对负责履行负担的受分配人留下至少达分配物价值 1/5 的利益的情况下确定之。

第1095条 如负担为一种就遗嘱人提出的目的而言无所谓由谁履行的行为，该负担可移转于受分配人的继承人。

第1096条 只要解除条款将实现，则在遗嘱人未作其他规定时，应将与设定负担之目的相适应的一笔金额交付给为其利益设定负担的人，分配物的价值余额应增加于遗产之中。

被课加负担的受分配人不享有因前款规定可能给他带来的利益。

第五节　概括的遗嘱分配

第1097条 无论以哪一字词称呼他们，并且即使在遗嘱中被称之为受遗赠人，概括的受分配人亦为继承人。他们为继承遗嘱人的一切可移转的权利和义务而代表其人格。

继承人也对遗嘱负担承担义务，也就是说，由遗嘱本身设定且未课加于特定人的负担，由继承人承担。

第1098条 通过诸如"富拉诺为我的继承人"或者"我将财产遗留给富拉诺"等不指定份额的概括性文句被召唤参加继承的继承人，是概括的继承人。

如同时存在份额继承人，则前述受分配人应被理解为份额继承人，其份额和遗嘱中指定的其他份额一起构成遗产整体或整数。

如设立数个继承人而未指定份额，则应在他们中平均分割整份遗产或他们应得的部分。

第1099条 如在作其他遗嘱分配后对剩余遗产进行处分，并且除剩余部分的分配外,其他一切分配均为单一物的遗嘱分配,则剩余遗产的受分配人为概括的继承人;如其他的分配中有一些为份额分配,则剩余遗产的受分配人为补足遗产总数尚差的那个份额的继承人。

第1100条 如除了份额继承人外无概括继承人,并且遗嘱中指定的份额并未完全凑成遗产整体,则法定继承人视为被召唤继承剩余的遗产。

如遗嘱中未作任何概括分配,则法定继承人为概括的继承人。

第1101条 如遗嘱中指定的数个份额等于或超过遗产整体,概括的继承人在此情形应被理解为就这样的份额而被指定的:该份额的分子为遗产整体,分母为所有的继承人的数目;但他如被指定为剩余遗产的继承人,则在这种情况下将一无所得。

第1102条 包括依前条计算的份额在内的份额数被换算成某一公分母后,遗产总额应由分子之和代表,而每一遗产继承人的实际份额则由其相应的分子代表。①

第1103条 本题的规定应被理解为不妨碍法律赋予特留份继承人和生存配偶的订正诉权。

第六节 单一物的遗嘱分配

第1104条 单一物的受分配人,不问以何种字词对其称呼,且即使遗嘱中称之为继承人,仍为受遗赠人;他们不代表遗嘱人;且仅享有明确赋予他们的权利,或承担明确课加给他们的负担。

但是,本规定应被理解为不妨碍受遗赠人对继承人承担补充责任以及在订正之诉的情形可能承担的责任。

第1105条 以依第585条不得据为己有之物为遗赠,或以订立遗嘱时公共使用的国有或市政所有之物为遗赠,或以构成建筑物的一部分且非经损害建筑物则不能分离之物为遗赠的,无效;此等原因在遗赠被依法当然移转②前停止的,不在此限。

---

① 本条为遗产份额的计算公式。首先,应将份额数换算为公分母,例如,若有3个份额,其份额数分别为1/2、1/4、1/4,则其公分母应为4;然后,遗产总额用分子表达就是4(即2+1+1),而各份额则分别由分子2、1、1代表,其分子式各为:2/4、1/4、1/4。这样,依本条规定的计算公式,就可计算出各遗产份额的实际数目。例如,假设遗产总额为40,那么在分别乘以2/4、1/4和1/4后,每一份额的实际份额就分别是20、10和10。——译者

② 参见第956条。——译者

以属于敬拜神明之物为遗赠者，适用同一规定，但个人可将他对该物享有、依教会法并非不得移转的权利遗赠于他人。

第1106条 遗嘱人可命令取得他人物件给予某人或用于慈善目的；负担此项义务的受分配人如因物之所有人拒绝转让该物或要价过分不能履行此等负担，他仅须以金钱形式支付该物的合理价金。

被遗赠的他人物件如已先由受遗赠人取得或已为该慈善目的被取得，其价金仅在该物乃以公平价格被有偿取得的范围内应受偿付。

第1107条 遗赠物非遗嘱人所有，或不属于被课加给付义务的受分配人的，该遗赠无效，但遗嘱中表明遗嘱人知悉该物件非他或前述受分配人所有的，或把他人物件遗赠给自己的直系卑血亲、直系尊血亲或配偶的，不在此限；在此等情形，应遵守前条第1款的规定。

第1108条 如被遗赠的他人物件在遗嘱人死亡前归属于遗嘱人或移转于被课加给付该物之义务的受分配人，此等物应给付于受遗赠人。

第1109条 有义务给付他人物件的受分配人如在遗嘱人死后取得该物，应将其交付于受遗赠人，但受遗赠人如已依第1106条受领了遗赠物的价金，则仅可在返还价金的条件下请求交付该物。

第1110条 如果遗嘱人仅享有遗赠物的一部分、某一份额或某项权利，推定他仅愿遗赠该部分、该份额或该权利。

有义务给付某物的受分配人如仅享有该物的一部分、一份额或一项权利，同一规定适用之。

第1111条 如遗赠某物时指明了存放该物的地点，但该物并非在该地而是处于其他地点，应交付该物；在任何地点均未发现该物时，仅应向第1107条指定之人交付中等质量的同种类之物。

第1112条 以可消耗物为遗赠，其数量未以任何方式确定的，无效。

如遗赠在特定地点找到的可消耗物，则在遗嘱人未确定数量的情形下，应交付在遗嘱人死亡时在该地点找到的数量；在遗嘱人确定了数量的情况下，仅应交付该确定的数量。

如存在的数量少于指定的数量，仅应交付存在的数量；如该地点不存在任何数量的上述可消耗物，则无须交付任何物品。

但是，上述规定应被理解为受以下规定的限制：

1. 遗赠其数量由遗嘱人确定的可消耗物时，只要是为了第1107条指出的人的利益，始终有效。

2. 遗赠和地点的指定并不构成不可分条款时，遗赠物如未处于遗嘱人指定的地点,也无关紧要。

因此,如遗赠"30 法内格小麦,该小麦位于某地",则即使在该地未发现任何小麦,遗赠仍然有效,但遗赠"处于某地的 30 法内格小麦"时,该遗赠仅在相应的小麦位于该地且不超出 30 法内格的范围内有效。

第 1113 条 对将来之物为遗赠者,只要该物最终存在,即为有效。

第 1114 条 如遗嘱人的财产中有多件物品,则在遗赠其一而未确指何物时,应给付受遗赠人遗产中包括的中等质量或中等价值的某一物件。

第 1115 条 履行种类物遗赠,不以给付遗嘱人的财产中已有的物为限,如遗赠一头奶牛、一匹马,它课加给付同种类的中等质量或中等价值之物的义务。

第 1116 条 遗嘱人以为自己享有数物而遗赠其中一物,但他仅遗留一物的,应给付该遗留之物。

遗嘱人未遗留任何物的,遗赠仅在对第 1107 条指出的人具有利益时发生效力,但即使遗嘱人赋予其选择权,此等人也仅可请求给付同种类的中等物件。

但遗赠物的价值无限度的,例如一座房屋、一块地产,而在遗嘱人的财产中并无任何同种类物,则即使对第 1107 条指出的人,也无须为任何给付。

第 1117 条 如明确赋予负给付义务的人或受遗赠人在数物中选择一物的权利,则他们可各自依其意愿提供或选择此物或彼物。

遗嘱人委托第三人选择的,后者可依自己的意愿选择;在遗嘱人指定的期间内,或者在遗嘱人未指定时在法官指定的期间内,第三人未履行其职责的,应适用第 1114 条的规定。

选择一旦完成,不得重新为之,但选择乃因错误或诈欺所致者除外。

第 1118 条 包括为其使用并与之共存的必要器具在内的遗赠物,应处于遗嘱人死亡时所处的状态。

第 1119 条 如遗赠物为不动产,遗嘱人订立遗嘱后增添的土地和新建筑物不包括在该遗赠中;新增添的物如在继承开始时与其他物构成一个非经严重损失不可能分离的整体,则在增添物的价值多于先前状态之不动产的价值时,仅应向受遗赠人支付先前状态之不动产的价值;如增添物的价值较少,受遗赠人应取得物之整体,同时承担支付增添物之价值的义务。

但遗赠一定测量单位的土地时，例如 1 000 平方米，在任何情况下都不得通过取得毗邻土地凑成此数，如遗赠的土地和毗邻土地不可分割，仅须给付前者的价值。

如遗赠的是某一地基，而遗嘱人事后又在该地基上为建筑，仅须对受遗赠人给付地基的价值。

第 1120 条 如遗赠不动产的一部，则应理解为也遗赠为该部分的享用或耕作所必需的役权。

第 1121 条 如连同其中的动产或一切物件遗赠某房屋，不得理解为第 574 条第 2 款列举的物也包括在该遗赠之内，只有构成房屋用具且位于房屋中的物包括在内；如依同一方式遗赠一份田产，则不得认为该遗赠除包括处于其中且用于田产之耕作和利益的物之外，还包括其他物。

在这两种情形，除遗嘱人明示指定的物件外，无须给付房屋或田产中包含的其他物件。

第 1122 条 如遗赠任何种类的车辆，应理解为遗嘱人为使用车辆而惯常利用的挽具和牲畜也包括在内，但此等用具须在遗嘱人死亡时与车辆同在。

第 1123 条 如遗赠畜群，仅应给付遗嘱人死亡时组成该畜群的牲口。

第 1124 条 如向数人遗赠同一物的不同份额，则应遵守前节的规则分割该物。

第 1125 条 遗赠物连同其役权、岁供及其他物上负担移转于受遗赠人。

第 1126 条 如以不得转让为条件遗赠某物，而此等转让并不危及第三人的任何权利，则不得转让之条款被视为未订立。

第 1127 条 不仅可遗赠有体物，也可遗赠权利和诉权。

遗赠债权证书的行为应被理解为遗赠债权本身。

债权的遗赠包括应得利息的遗赠，但该遗赠仅就遗嘱人尚未受领的债权或利息部分有效。

第 1128 条 质押给遗嘱人之物如被遗赠给债务人，债务并不因此消灭，只消灭质权，但遗嘱人的意思明显是消灭债务的，不在此限。

第 1129 条 遗嘱人在遗嘱中免除债务，尔后又在法院向债务人为请求，或者又受领向其所为的清偿的，债务人不能从此等免除中获得利益，但如果清偿是在未通知遗嘱人或在遗嘱人不知时进行的，受遗赠人可要求把已为的清偿转付给自己。

第 1130 条 如未确定数目地免除某人的债务，则只有在订立遗嘱之日存在的债务可被包括在免除的范围内。

第 1131 条 对债权人所为的遗赠，在未明示时，或在依具体情况并非显然表明遗嘱人的意图是以遗赠清偿债务时，不得被理解为抵偿债权人的债权。

如已明示或外观上具备这样的意图，则债务要么按照遗嘱人已实施的表述应予承认，要么在债之成立得到合理证明时应被承认；债权人可依其选择，要求债务人按所成立的债或依遗嘱的明示为清偿。

第 1132 条 如遗嘱人命令清偿自以为负欠而实际上不负欠的债务，该处分视同未订立。

如遗嘱人基于某一确定的债务命令清偿的多于该债务的价值，则超过部分无须被清偿，但对该部分有赠与意图的除外。

第 1133 条 遗嘱中自认的债务，在他方对之没有书面的证据之端绪时，视为无偿遗赠，且应如同其他此类遗赠受制于相同的责任和扣除。

第 1134 条 如遗赠自愿性的扶养费而未确定其形式和数量，应以遗嘱人往常向该人提供扶养费的形式和数量为给付；如不能确定这样的形式和数量，则应考虑受遗赠人的需要、他与遗嘱人的关系以及遗嘱人能自由处分的遗产份额的财力确定之。

如遗嘱人未确定提供扶养费的持续期间，应将该期间理解为受遗赠人的终生。

如为受遗赠人的教育遗赠年金，该年金应持续至受遗赠人满 18 岁，如果受遗赠人在达到该年龄前死亡，遗赠终止。

第 1135 条 给付遗赠物的义务因该物毁损而消灭。

以生前行为转让遗赠物的全部或一部，视为全部或部分撤销遗赠；即使该转让无效并且遗赠物回转于遗嘱人权力之下，遗赠也不继续有效或重新生效。

在遗赠物上设定质权、抵押权或岁供，并不使遗赠消灭，但遗赠物上负担此等质权、抵押权或岁供。

如遗嘱人已实质性地改变遗赠的动产物，例如将木材作成车辆，将绒线作成衣料，遗赠视为已被撤销。

第七节　可撤销的赠与

第 1136 条　赠与人可随意撤销的赠与，为可撤销的赠与。

死因赠与就是可撤销的赠与；生前赠与就是不可撤销的赠与。

第 1137 条　只有依法律为此类赠与规定的程式作成的可撤销赠与，或法律明示赋予可撤销特性的赠与，方可作为可撤销赠与有效。

如果赠与依生前赠与的程式作成，并且赠与人在文书中保留了撤销此等赠与的权能，则为使该赠与在赠与人死后依然有效，须由赠与人在遗嘱行为中明示确认该赠与，但此等赠与乃由配偶一方向他方所为者，除外。

未以任何文书作成的赠与，在法定的范围内可作为生前赠与有效，但配偶之间所为的赠与始终可以撤销。

第 1138 条　不能订立遗嘱或实施生前赠与之人的可撤销赠与，无效。不得受领遗嘱分配或相互不得受领生前赠与的人之间所为的可撤销赠与，同样无效。

但是，配偶间的赠与作为可撤销赠与而有效。

第 1139 条　可撤销赠与的作成，依第 1000 条的规定。

第 1140 条　通过可撤销的赠与，受赠人在赠与物被让渡后，取得并承担用益权人的权利和义务。

但是，除非赠与人有此要求，受赠人无须提供用益权人应提供的保全及返还用益物的担保。

第 1141 条　就单一物实施的可撤销赠与是提前的遗赠，应遵守关于遗赠的相同规定。

反之，如遗嘱人在生时即赋予受遗赠人对遗赠物的享用，该遗赠即为可撤销的赠与。

如果遗嘱人死亡时遗留的财产不能满足全部的赠与和遗赠，包括前款情形之遗赠在内的可撤销赠与，应优先于遗嘱人生时未赋予受遗赠人享用权的遗赠。

第 1142 条　对财产的全部或其份额所作的可撤销赠与，视同设定继承人，此等赠与仅在赠与人死亡后生效。

但是，全部财产或其份额的受赠人可就已向其交付的物品行使用益权人的权利。

第1143条 可撤销赠与因受赠人先于赠与人死亡的单纯事实失其效力。

第1144条 只要在受赠人方面未发生足以导致继承或遗赠无效的无能力或不配之事由,可撤销的赠与即因赠与人死亡时未撤销此等赠与的单纯事实得到确认,并赋予受赠人标的物的所有权,但第1137条第2款规定的情形除外。

第1145条 此等赠与的撤销,可依撤销遗产继承或遗赠的同一方式,明示或默示地为之。

第1146条 本节规定在涉及强制性分配时,应遵守强制性分配一题中作出的例外和变更规定。

第八节 增加权

第1147条 同一物品被指定给两个或更多的受分配人,其中一个受分配人的份额因该人不存在被合并到其他受分配人的份额上的,谓增加至此等份额。

第1148条 遗嘱人已分割分配物的,在不同部分或不同份额的受分配人之间不发生此等增加。在此等情形,每一部分或每一份额被视为分别的标的;增加权仅发生于同一部分或份额的数个共同受分配人之间。

如将一物以均等的份额分配给两个或更多的人,则产生增加权。

第1149条 共同受分配人不管是按同一遗嘱文件中的同一个条款还是分别的条款被召唤,都享有增加权。

如在两个不同的遗嘱文件中作成召唤,则前一召唤中所有与后一召唤不相一致的内容均被推定撤销。

第1150条 联合的共同受分配人被视为单独的一个人与其他共同受分配人共同参加遗产分配;由联合的共同受分配人组成的集体性的人,仅在其全部构成人员均缺位时,方可被理解为缺位。

通过连接词之表述联系在一起的共同受分配人,例如"佩德罗和胡安",或者包含在集体性指称中的共同受分配人,例如"佩德罗的子女们",应被理解为联合的共同受分配人。

第1151条 共同受分配人可保留自己的份额而抛弃因增加赋予他的份额,但他不得抛弃前者而接受后者。

第 1152 条　增加的份额上的一切负担，除依附于缺位的共同受分配人的个人身份或能力之上的负担外，均附随于该份额之上。

第 1153 条　第 957 条规定的转继承权排斥增加权。

第 1154 条　用益权、使用权、居住权或定期金的共同受分配人，在享用该用益权、使用权、居住权或定期金的同时，保留增加权；此等权利直至最后一名共同受分配人缺位时，始告消灭。

第 1155 条　遗嘱人在任何情形均可禁止增加。

第九节　替补

第 1156 条　替补或为一般替补，或为信托替补。

指定某一受分配人，使他在另一受分配人不接受该分配时，或后者在遗嘱分配被依法当然移转前因死亡或其他消灭其不确定权利的事由而缺位时取得其地位，为一般替补。

受分配人一旦接受分配就不得认为他缺位，但接受无效的除外。

第 1157 条　明示针对受分配人可能缺位的诸情形中的某些情形设立的替补，应理解为也针对引起受分配人缺位的其他一切情形；遗嘱人明确表示了相反意思的除外。

第 1158 条　替补可以是不同顺位的，例如为直接的受分配人指定了替补人，又为第一顺位的替补人指定了其他替补人。

第 1159 条　可由一人替补数人或由数人替补一人。

第 1160 条　如三个或更多的受分配人相互替补，则在他们之一缺位时，其份额在其他受分配人之间按其相应分配额的价值比例分割。

第 1161 条　对发生缺位的替补人进行替补的人，应被理解为按前一替补人的相同情形并承担相同的负担被召唤，但遗嘱人可以就此另行作出规定。

第 1162 条　如果受分配人是遗嘱人的直系卑血亲，该受分配人的直系卑血亲不因此被视为其替补人；遗嘱人明确表示相反的意思的除外。

第 1163 条　转继承权排斥替补，替补排斥增加权。

第 1164 条　召唤某一信托受益人，使他在条件成就时成为另一人以信托所有权形式占有的物的绝对所有人的，为信托替补。

信托替补由信托所有权一题中的规定调整。

第 1165 条 如就条件成就前信托受益人缺位之情形指定了一个或多个替补人，此等替补被视为一般替补，并受前数条规定的约束。

无论是第一顺位的信托受益人，还是任何被召唤取代其地位的替补人，在其缺位时均不得移转其期待权。

第 1166 条 仅在遗嘱处分的内容明示地排斥一般替补时，才可将替补推定为信托替补。

第五题　强制性分配

第1167条　遗嘱人有义务作成的分配，为强制性分配，此等分配即使与明示的遗嘱处分相抵触，也应在遗嘱人未作成它们时予以补充。

强制性分配包括：

1. 依法应提供给特定人的扶养费；
2. 特留份额；
3. 直系卑血亲、直系尊血亲以及配偶继承的1/4的额外份额。

第一节　应付给特定人的扶养费分配

第1168条　死者依法应向某些人给付的扶养费由总遗产负担，但遗嘱人已对一个或数个继承参与人课加此种义务的，除外。

第1169条　已被废除。

第1170条　扶养费的受分配人并不因死者财产承担的债务或负担而负任何返还义务，但明显与有效财力不相称的未来扶养费可予减少。

第1171条　为依法无权请求扶养费之人的利益所作的扶养费分配，应被计入死者能任意处分的财产部分。

如对强制性扶养费之受分配人所作的分配多于其依具体情况应得的部分，则超过部分应计入上述死者能任意处分的财产部分。

第二节　配偶份额

第 1172 条　已被废除。
第 1173 条　已被废除。
第 1174 条　已被废除。
第 1175 条　已被废除。
第 1176 条　已被废除。
第 1177 条　已被废除。
第 1178 条　已被废除。
第 1179 条　已被废除。
第 1180 条　已被废除。

第三节　特留份和额外份额

第 1181 条　特留份是法律分配给被称为特留份继承人的特定人的死者财产的份额。

特留份继承人因此为继承人。

第 1182 条　特留份继承人为：

1. 子女本人，或代其位的直系卑血亲；
2. 直系尊血亲；
3. 生存的配偶。

除第 203 条最后一款规定的情形外，如果与被继承人构成或产生亲属关系的父子关系或母子关系系针对相应的父或母的否认而在裁判上被确认，则该被继承人的直系尊血亲不应成为特留份继承人。因其过失而致永久或暂时离婚的配偶也不应成为特留份继承人。

第 1183 条　特留份继承人依法定继承的顺序和规则，或共存，或被排斥，或被代位。

第 1184 条　在作第 959 条规定的预先扣除并依以下数条规定作了添加的财产的半数，依法定继承的规则在相应的特留份继承人之间按人数或按房数分割；此等分割中每位特留份继承人所得份额即为其严格的特留份。

不存在享有继承权的直系卑血亲、生存配偶或直系尊血亲时，所余半数为死者可自由处分的财产份额。

存在上述直系卑血亲、配偶或直系尊血亲的，已作前述的预先扣除和添加的财产总数应分成四份：其中的两份亦即净产的一半，用作严格的特留份；另1/4作为额外份额，由死者依其意愿，不问是否为特留份继承人地惠施于其配偶，或他的一个或数个直系卑血亲或直系尊血亲；另外1/4属于死者可任意处分的份额。

第1185条 为计算前条所述的4个1/4份额，一切基于特留份或额外份额而为的可撤销或不可撤销的赠与，应依该赠与物在被交付时所具有的价值，拟制地累加于经清算的净产之上，但应注意在继承开始时审慎地实现其价值。

第1186条 当时已有特留份继承人者，如向家外人为生前赠与，而所有此等赠与的价值超过由此等价值与拟制净产构成的总数的1/4份额，特留份继承人为计算特留份和额外份额，有权将此等超过的部分也拟制地增加到净产之中。

第1187条 如超过部分不仅耗尽了死者可任意处分的财产部分，同时也减少了严格的特留份或作为额外份额的1/4份额，特留份继承人有权按照与赠与日期的逆向顺序对各受赠人提起诉讼，亦即首先对最近的赠与提起诉讼，要求返还超出的赠与部分。

受赠人之一支付不能的，不加重其他受赠人的负担。

第1188条 在扣除为实施分配所要求的金钱负担后的剩余部分，才可用于赠与。

在特定日子和特定情形为习惯所认可的适度馈赠，以及价值低微的手工赠品，不被算作上述赠与。

第1189条 如基于特留份的理由给付的财产总数未达到拟制净产的半数，则应优先于所有其他开支从财产中提取差额。

第1190条 如特留份继承人因无能力、不配、被剥夺继承权或抛弃特留份而未取得其特留份的全部或部分，同时他也没有享有代位权的直系卑血亲，该全部或部分份额即增加到作为特留份的半数份额之中，并用于构成其他特留份继承人的严格特留份。

第1191条 所有遗嘱人本可以额外份额的名义处分的财产份额，或可绝对自由处分而未处分的财产份额，或已处分但处分无效的财产份额，均增加到严格特留份之中。

得到如此增加的严格特留份，称实际特留份。

同时存在作为继承人的特留份继承人和非特留份继承人时，本编第二题所含规则优先于本条规定适用。

第 1192 条 严格特留份不得附条件、期限、负担或任何约束。

对于已遗留给或可能遗留给特留份继受人的其他份额，除以生前赠与的形式所为者外，遗嘱人可按其意愿设定任何负担，但不得与第 1195 条的规定冲突。

第 1193 条 如以特留份名义已给付或可能给付的份额超过拟制净产的半数，应将超出部分计入作为额外份额的 1/4 份额之中，这不妨碍在特留份继承人之间进行平均分割。

如果对生存配偶的分配不足以满足依第 988 条的规定而应分配给其的最小份额，也应以作为额外份额的 1/4 份额支付其差额。

第 1194 条 如额外份额（按其情形包括前条述及的超出部分或差额）并非拟制净产的 1/4 所能容纳，则该超出部分或差额应优先于死者所做的任何自由处分的项目而计入剩余的 1/4 份额中。

第 1195 条 赠与人或遗嘱人可在其直系卑血亲、配偶以及直系尊血亲中按其意愿分配作为额外份额的 1/4 份额；可将其全部分配给其中一人或数人而排斥其他人。

对作为额外份额的 1/4 份额的分享者所课加的负担，应始终是为了遗嘱人的配偶、其一个或数个直系卑血亲或直系尊血亲的利益。

第 1196 条 如无法补满依前数条规定计算出来的特留份和额外份额，则应按比例对两者进行削减。

第 1197 条 对特留份负债的人，在任何情况下都可指明其用于清偿的物品，但他不得将该权能委与他人，也不得就此等物品估价。

第 1198 条 一切遗赠，一切可撤销或不可撤销的赠与，只要是针对当时具备该身份的特留份继承人而为，即应抵充其特留份，但在遗嘱、相应的公文书或嗣后的公证书中表明该遗赠或赠与乃以额外份额名义作成的，不在此限。

然而，为直系卑血亲的教育支出的费用，即使是以可计入之费用的名义支出的，仍不得计入特留份，也不得计入作为额外份额的 1/4 份额或自由处分的 1/4 份额。

在直系卑血亲结婚时向其赠送的礼物，以及其他习惯上的馈赠，不得在为上述计算时将其计入。

第 1199 条 以特留份或额外份额名义所为的不可撤销之赠与，为了第 1185 条及其下数条规定的计算，不能给遗产的债权人，也不能给以特留份或额外份额之外的名义受分配的人带来利益。

第 1200 条 如果以特留份名义向某人为可撤销的或不可撤销的赠与，而该受赠人当时并非赠与人的特留份继承人，且在此后也未取得特留份继承人之身份，则该赠与解除。

如果以特留份名义向当时属于特留份继承人的人为赠与，但该人如尔后因无能力、不配、被剥夺继承权、抛弃继承或出现其他有较大权利的特留份继承人而不再为特留份继承人，应遵守同一规定。

如受赠人最终因上述任一方式而缺位，则本可计入其特留份的赠与应计入其直系卑血亲的特留份中。

第 1201 条 如果以为某人是赠与人的直系卑血亲或直系尊血亲而该人当时并非此等血亲，则以额外份额名义向其所为的可撤销或不可撤销赠与解除。

作为直系卑血亲或直系尊血亲的受赠人，最终因无能力、不配、被剥夺继承权或抛弃继承而缺位的，也发生赠与的解除。

如果以为某人是赠与人的配偶而该人当时并非配偶，或者配偶最终因无能力、不配或抛弃继承而缺位，则以额外份额名义向其所为的可撤销赠与解除。

第 1202 条 除第 1200 条第 3 款规定的情形外，死者对某人所为的赠与或遗嘱分配，不得计入其他人的特留份之中。

第 1203 条 特留份继承人为直系卑血亲的，用于清偿其债务的开支均应计入其特留份，但此等开支仅在有效清偿了上述债务时，始应计入。

如死者以生前行为或遗嘱明确表示了不将此等费用计入特留份的意图，则该费用在此等情形应被视为额外份额。

在前款情形，如死者已将某一遗产份额或一定数目的金钱以额外份额的名义分配给该特留份继承人，则上述费用应计入该遗产份额或金钱数目之中，但超过该份额或金钱数目的部分，可以作为额外份额或作为死者的明示处分有效。

第 1204 条 死者已通过生前公文书，对当时为其特留份继承人的配偶、直系卑血亲或直系尊血亲，允诺不对作为额外份额的 1/4 部分进行任何赠与或遗嘱分配，尔后又违背其允诺的，该允诺的受益人有权对该 1/4 部分的各受分配人请求依照其得利的比例向其交付如果履行诺言本可有效取得的份额。

特留份继承人和有义务支付特留份的人之间就未来的继承达成的任

何其他约定无效，不具有任何意义。

第 1205 条　赠与人在生前以特留份或额外份额的名义为可撤销或不可撤销的赠与的，赠与物的孳息自物的交付之时起归属于受赠人，并且不得计入净产之中；如赠与物尚未被交付给受赠人，则孳息仅自赠与人死亡之时起归属于受赠人；赠与人以公证方式不仅不可撤销地赠与受赠人赠与物的所有权，而且赠与其用益权的除外。

第 1206 条　受赠物件应计入其特留份或额外份额的受赠人，如被确定地赋予价值不小于该受赠物件的数额，他有权保留受赠物件并要求差额，但他不得强使其他受分配人为其更换此等物件或以金钱方式向其给付该物件的价值。

如果受赠人被确定地赋予价值小于此等受赠物件的数额，并且有义务清偿差额，则他可依其意愿以金钱为此项清偿，或者返还一件或数件上述受赠物件，并对所返还的物件的实际价值超过应清偿之差额的部分主张应有的金钱赔偿。

第四节　剥夺继承权

第 1207 条　命令剥夺特留份继承人全部或部分特留份的遗嘱处分，为剥夺继承权。

不按本题明示的规则剥夺继受权的，无效。

第 1208 条　直系卑血亲仅可因以下事由被剥夺继承权：

1. 对遗嘱人的人身、名誉或财产，或对其配偶或任何直系尊血亲或直系卑血亲的人身、名誉或财产实施了严重的侵犯行为；
2. 在遗嘱人处于精神病状态或被褫夺职务时本可救助而未救助；
3. 利用胁迫或诈欺方式阻止遗嘱人订立遗嘱的；
4. 有义务取得直系尊血亲的同意而未取得即结婚的；
5. 实施了应处重刑的犯罪行为；沉湎于堕落之中或从事不名誉交易，但遗嘱人经证实未对被剥夺人的教育尽到注意者，不在此限。

直系尊血亲和配偶可因前三项的任一事由被剥夺继承权。

第 1209 条　前条提及的剥夺继承权事由如果未在遗嘱中特别指明，此外也未在遗嘱人生前通过司法程序得到证实，或与该剥夺有利害关系的人在遗嘱人死亡后未证明此等事由，则不能导致剥夺继承权。

然而，如果被剥夺人在继承开始后 4 年内未主张其特留份，或者他在继承开始时无管理能力，而自此种无能力状态终止之日起 4 年内未为上述主张，不必证明此等事由。

第 1210 条 剥夺人未明确限制剥夺的效果时，其效果不仅及于特留份，同时也及于一切死因分配和剥夺人对被剥夺人所为的一切赠与。

但除非在遭受不堪忍受之损害的情形，该效果不及于扶养费。

第 1211 条 剥夺也可像其他的遗嘱处分一样被撤销，并且撤销可为全部的或部分的，但不得将达成和好理解为默示的撤销；被剥夺人也不得证明曾经存在撤销剥夺的意图。

第六题　遗嘱的撤销和订正

第一节　遗嘱的撤销

第1212条　有效订立的遗嘱仅可通过遗嘱人的撤销失效。

但在法律规定的情形，特权遗嘱无须撤销也可失效。

撤销可以是全部的或部分的。

第1213条　要式遗嘱可通过要式遗嘱或特权遗嘱明示地撤销其全部或一部。

但特权遗嘱中所为的撤销随同包含该撤销的遗嘱失效，而原遗嘱依然有效。

第1214条　撤销原遗嘱的遗嘱也被撤销时，原遗嘱并不因后一撤销恢复效力，但遗嘱人表明相反意思的除外。

第1215条　一份遗嘱并不因日后其他一份或数份遗嘱的存在而被默示地全部撤销。

后遗嘱未明示撤销前遗嘱的，前遗嘱中与后遗嘱并非不相容或抵触的处分依然有效。

第二节　遗嘱的订正

第1216条　特留份继承人在遗嘱人未遗留依法应向其分配的份额时，有权请求为其利益订正遗嘱，并且自其知晓遗嘱及自己的特留份继承人身份之日起，（此等继受人或接受其权利移转的人）可在4年内提起订正之诉。

如特留份继承人在继承开始时未管理其财产，则在自其取得此等管理之日起算的 4 年期限届满前，订正诉权不因时效经过而消灭。

第 1217 条 一般而言，依法应分配给特留份继承人且继受人有权通过订正之诉主张的份额，依其情形，或为严格特留份，或为实际特留份。

被不适当地剥夺继承权的继受人，尚有权主张该剥夺所及的生前赠与继续有效。

第 1218 条 遗嘱中如果遗漏了特留份继承人，应理解为他已被设立为其特留份的继承人。

此等继受人应保留遗嘱人未撤销的可撤销赠与。

第 1219 条 同一顺位和同一等级的特留份继承人，应共同承担或补全请求人基于其特留份被负欠的份额。

第 1220 条 有直系卑血亲、直系尊血亲或配偶的人，如为其他人的利益处分作为额外份额的 1/4 份额的任何部分，特留份继承人也有权请求订正遗嘱，并要求上述份额判给自己。

第 1221 条 已被废除。

第七题 继承的开始及其接受、抛弃以及财产清单

第一节 一般规定

第1222条 自继承开始之时起，所有对继承享有利益或被推定可享有利益者，均可请求将继承的动产和文件封存并盖印，直至对继承的财产和物品作成要式财产清单。

日常使用的家内动产无须被封存并盖印，但应作成此等动产的清单。

封存和盖印由法官依职责按法定程式进行。

第1223条 如继承的财产散布于不同独任民事法官的司法管辖地，继承开始地的市镇独任民事法官可应任何继承人或债权人的请求，按其情形向其他管辖地的法官出具委托书，请求代其封存和盖印，直至作成相应的财产清单。

第1224条 封存、盖印及作成财产清单的费用由全部继承财产负担，但此等费用确定地针对其中一部财产的，应视其情形仅由该部分的财产承担。

第1225条 所有受分配人可自由接受或抛弃继承。

不得自由管理其财产的人是例外，他们仅可通过法定代理人或征得其同意，才能接受或抛弃继承。

即使附有财产清单利益，也禁止他们自行单独接受继承。

夫应请求按夫妻共同财产制结婚之妻给予同意，以接受或抛弃依法当然移转于妻的分配份额。此项许可应遵守第1749条最后一款的规定。

第 1226 条 仅可在某一分配额被依法当然移转后才能接受它。

但在被继承人死亡后，一切分配均可被抛弃，即使该分配附有条件且条件尚未成就，亦同。

特留份继承人同意对其特留份负有义务的人在订立遗嘱时可不考虑其特留份的，应视为不适宜的抛弃，不发生任何效果。

第 1227 条 接受或抛弃继承不得附条件，也不得附确定的始期或终期。

第 1228 条 不得接受分配额的一部或一份而抛弃其余部分。

但向某人所为的分配依第 957 条移转给其数个继承人时，他们中的每人均可接受或抛弃其份额。

第 1229 条 可以接受一份分配而抛弃其他分配，但不得抛弃附负担的分配而接受其他分配，如分配是因增加权、转继承权、一般替补权或信托替补权单独被依法当然移转的，则不在此限；受分配人被赋予单独抛弃分配之权限的，也不在此限。

第 1230 条 如受分配人以任何方式向他人出售、赠与或转让已依法当然移转给他的物品或继承该物品的权利，应被理解为已以行为本身接受继承。

第 1231 条 继承人窃取属于继承之财物的，丧失抛弃该遗产的权能，即使他作了抛弃，他仍然是继承人，但他不得享有被窃取财物的任何部分。

受遗赠人窃取属于继承之物件的，丧失其作为受遗赠人本可对此等物件享有的权利，并且在对该物件不享有所有权的同时，受遗赠人负双倍返还的义务。

此外，这两种受分配人都应接受因其侵权行为而生的相应刑罚。

第 1232 条 一切受分配人应依任何利害关系人的请求表示接受还是抛弃继承；此等表示应在请求之日后的 40 天内作出。在受分配人不在或财产处于远地的情形，或者在有其他重大事由时，法官可延展这一期限，但绝对不得超过 1 年。

在此期限内，一切受分配人都有权检查所分配的物品；可请求采取与其相关的保全措施；并且不应被强制清偿任何遗产债务或遗嘱债务，但遗嘱执行人或无人接受继承之遗产的保佐人分别可被强制清偿此等债务。

在此期限内，继承人也可检查关于继承的账目和文件。

如不在的受分配人未亲自或未委托合法代理人及时到庭，则应为其指定财产保佐人，由其代表该受分配人附清单利益地接受继承。

第1233条　受分配人如迟延作出接受或抛弃继承的表示，视为抛弃继承。

第1234条　一旦依法定要件作成接受，不得取消，但有胁迫或诈欺情事的，以及根据在为接受时尚不知晓的遗嘱处分遭受非常损失的，不在此限。

本规定扩用于不得自由管理其财产的受分配人。

使全部分配额的价值减少半数以上的损失，视为非常损失。

第1235条　仅得在法律规定的情形依法当然推定抛弃继承。

第1236条　非经审理案件的法官的授权，无管理其财产的自由的人不得抛弃概括的分配，也不得抛弃不动产的分配或价值超过1生太伏的动产分配。

第1237条　任何人均无权取消其抛弃，本人或其合法代理人因受胁迫或诈欺的影响作出抛弃的除外。

第1238条　其权利因抛弃而受到损害的债权人可请求法官授权替代债务人为承认。在此等情形，抛弃仅在为此等债权人的利益并在其债权的限度内可被取消；对所余部分的抛弃依然有效。

第1239条　接受遗产或抛弃遗产的效力溯及至遗产被依法当然移转之时。

特定物的遗赠适用同一规定。

第二节　关于遗产的特别规定

第1240条　如在继承开始后15天内无人接受遗产或其中的份额，也无遗嘱人授权持有财产并已接受该职务的遗嘱执行人，法官应依生存配偶、死者的任何亲属或家属、其他对此有利害关系的人的请求，或者依职权宣告遗产为无人接受继承的遗产；该宣告应被刊登于市镇的报纸上，市镇无报纸的，则应被刊登在省会或大区首府的报纸上；对于无人接受继承的遗产，应为之指定保佐人。

如有两个或更多的继承人，且其中一人接受遗产，该人可在事先作成要式财产清单的情况下管理全部共有遗产；如其共同继承人尔后接受遗产并在财产清单上签字，则可参与管理。

如果完全无人接受遗产，进行管理的继承人的权限同于无人接受继承之遗产的保佐人,但除非有理由惧怕在其管理下的财产承受风险,他不负提供担保的义务。

第1241条 接受遗产可以是明示的或默示的。采用继承人名义的,为明示的接受;如继承人从事某一必然被推知其接受意图的行为,而此等行为非以继承人的身份无权实施的,为默示的接受。

第1242条 某人在公文书或私文书中作为继承人缔结约束自己的债务的,或者在司法手续的文书中采用继承人的名义的,应被理解为采用继承人的名义。

第1243条 单纯的保存行为、检查行为以及紧急情况下的暂时管理行为,不是依其自身可推知接受意图的行为。

第1244条 即使出于紧急情况下的管理的目的转让任何属于遗产的物件,如继承人未请求法官许可而实施,以声明其并无以继承人的身份为自己缔结债的意图,系继承人的行为。

第1245条 未事先作成要式财产清单即实施继承人行为的人,即使死者的一切可移转的债务课加给他的负担超过其继承的财产的价值,也应按其遗产份额的比例继承此等债务。

已预先作成要式清单的人享受清单利益。

第1246条 依遗产的债权人或遗嘱债权人的请求在裁判上被宣告或判定为继承人的人,对其他债权人也被视为继承人,无需新的判决。

法院就无条件地接受遗产或附清单利益地接受遗产作出的司法宣告,同一规定适用之。

第三节 财产清单利益

第1247条 仅使接受遗产的继承人在其已继承的财产的全部价值的限度内对遗产债务和遗嘱债务承担责任的利益,为财产清单利益。

第1248条 如果在多个共同继承人中,一些人希望附清单利益地接受遗产,而另一些人持相反的主张,他们全部都有义务附清单利益地接受遗产。

第1249条 遗嘱人不得禁止继承人附清单利益地接受遗产。

第1250条 属于国库的遗产以及属于所有的社团和公共机构的遗产,必须附清单利益地接受。

如遗产的继受人非经他人的职权或许可不能接受或抛弃遗产,则该遗产同样应附清单利益地接受。

不遵守本条规定者，自然人或被代表的法人仅在被请求之时存在的遗产价值的限度内，或在证明已被实际用于此等人之利益的遗产价值限度内，对继承的债务和负担承担责任。

第1251条　信托继承人负附财产清单利益地接受遗产的义务。

第1252条　一切继承人，未实施继承人行为的，都保留附清单利益地接受遗产的权能。

第1253条　财产清单的制作，应遵守第382条及其以下数条就监护人和保佐人所作的规定，并且应遵守程序法典对要式清单所作的规定。

第1254条　如果死者已加入一个合伙，并且通过合伙合同的一个条款约定，在其死后由其继承人继续该合伙，合伙财产并不因此无须被录入应作成的财产清单中，但合伙人无妨继续管理该财产直至合伙期满为止，并且合伙人不得因此被要求提供任何担保。

第1255条　遗嘱执行人、无人接受继承之遗产的保佐人、可能的遗嘱或法定继承人、受遗赠人、商事合伙人、遗产信托受益人以及一切出具了其债权证书的遗产债权人，均有权参与财产清单的制作。上述人员可由他人代理，但非由其夫、监护人、保佐人或其他任何法定代理人代理时，代理人须出示授予他此等资格的公文书或私文书。

所有此等人员均有权对他们认为的财产清单的不精确之处提出异议。

第1256条　制作财产清单的继承人如恶意漏载财产的任一不论如何微小的部分，或记载并不存在的债务，他不得享受清单利益。

第1257条　附清单利益地接受遗产的人，不仅以当时实际收受的财产的价值承担责任，同时也以财产清单所涉遗产日后产生的财产承担责任。

日后产生的财产的名册和估价，应依作成清单时遵守的相同程式添加到既有的清单之中。

第1258条　此等人也如同已实际受领全部债权一样对之承担责任，但为了在债权到期时解除其责任，他们可以通过将诉权和未清结的债权证书交由利害关系人支配，证明自己有理由无过失地不受领债权。

第1259条　享受清单利益的继承人的债务和债权不得与继承中的债务和债权混同。

第1260条　享受清单利益的继承人，甚至就轻过失对其应交付的特定物或某些实物的保存承担责任。

享受清单利益的继承人负担其他继承财产的风险，但他仅对已被估定的价值承担责任。

第1261条　享受清单利益的继承人在任何时候都可通过将应以实物交付的继承财产以及其他财产的余额委弃于债权人，并通过取得债权人或法官对其管理应提交的账目的认可，免除其义务。

第1262条　如果继承的财产或享受清单利益的继承人已收受的部分在清偿债务或负担的过程中耗尽，则法官应依享受清单利益之继承人的请求，在所在市镇的报纸上，或在当地无报纸时，在省会或大区首府的报纸上刊登3次通知，传唤尚未受偿的遗产或遗嘱债权人，以便他们从上述继承人处收受其就所有开支所作的精确的、尽可能备有必要文件材料的账目；此等账目由债权人认可后，或在意见不一致时由法官认可后，享受清单利益的继承人可被宣告免除此后的所有责任。

第1263条　享受清单利益的继承人以遗产或其已收受的遗产份额已用于清偿债务和负担作为抗辩理由，对抗某一请求的，应向请求人提交其就所有已作出的开支所作的精确的、尽可能备有必要文件材料的账目，以证明自己的主张。

第四节　继承恢复请求权和继承人的其他诉权

第1264条　证明其对他人以继承人身份占据的遗产享有权利的人，享有请求判给该遗产并返还有体的及无体的遗产物的诉权；即使是死者作为受寄托人、使用借贷人、质权人、承租人等等，而单纯持有此等物，但只要它们尚未被合法地归还于其所有人，亦不例外。

第1265条　上述诉权不仅及于死者死亡之时属于他的物，而且也及于该遗产在日后取得的增加。

第1266条　继承恢复请求中的返还孳息和偿还改良费问题，适用原物返还之诉中的相同规定。

第1267条　善意占据遗产者，仅在获利的范围内对遗产物的转让或损坏承担责任，但属恶意占据时，应对转让和损坏的全部价值承担责任。

第1268条　对于已移转给第三人且尚未被他以时效取得的、可诉追的遗产物，继承人也可利用原物返还之诉。

继承人如选择行使此项诉权，对原恶意占据遗产者保留其权利，据此，恶意占据人应补全继承人在对第三占有人的追索中未能获得的差额，从而使继承人完全不受损害；继承人对善意占据遗产者，在前条规定的限制范围内享有同样的权利。

第 1269 条　继承恢复请求权因 10 年期限的经过而消灭。但假想的继承人在第 704 条最后一款规定的情形，可主张 5 年的时效以对抗此项诉权。

第八题　遗嘱执行人

第 1270 条　遗嘱人赋予执行其处分的职责的人，是遗嘱执行人。

第 1271 条　如遗嘱人未指定遗嘱执行人或被指定者缺位，则执行遗嘱人之处分的职责归属于继承人。

第 1272 条　未成年人不得担任遗嘱执行人。

第 497 条和第 498 条中指出的人也不得担任遗嘱执行人。

第 1273 条　已被废除。

第 1274 条　已被废除。

第 1275 条　后发的无能力终止遗嘱执行人的职务。

第 1276 条　法官应依任何对继承有利害关系者的请求，指定遗嘱执行人到庭执行其职务或主张豁免职务的合理期限；在必要情形，法官可延展此等期限一次。

如遗嘱执行人迟延到庭，则对他的指定失效。

第 1277 条　被指定的遗嘱执行人可自由拒绝该职务。

被指定者如未证明有重大不便利而拒绝此等职务，则依第 971 条第 2 款的规定不配继承遗嘱人。

第 1278 条　被指定者明示或默示地接受这一职务的，负履行它的义务，但受任人被合法免除其职责的情形除外。

被指定者以合法事由辞退职务的，仅使其丧失与为酬报其服务对其作出的分配额相应的遗产份额。

第 1279 条　遗嘱执行人的职务不得移转于继承人。

第 1280 条　除非遗嘱人明示地授予代理权限，遗嘱执行人的职务不得被代理。

然而，遗嘱执行人可设定依其命令行事的受任人，但遗嘱执行人应对受任人的活动承担责任。

第1281条 有数个遗嘱执行人时，所有此等人都承担连带责任，但遗嘱人已免除其连带责任的，或者遗嘱人或法官已划分他们各自的权限，而每个人分别承担归属于自己的责任的，除外。

第1282条 为便于管理，并依任一遗嘱执行人或对继承有利害关系者的请求，法官可划分多数遗嘱执行人的权限。

第1283条 如有两个或两个以上具有共同权限的遗嘱执行人，他们都应依第413条为复数监护人规定的同一方式采取一致行动。

法官应消除此等执行人之间可能发生的意见分歧。

遗嘱人可授权他们分别行动，但不得仅凭这种单独授权就认为免除了此等遗嘱执行人的连带责任。

第1284条 遗嘱执行人应维护财产的安全；在无要式财产清单时，应使金钱、动产和文件处于封存和盖印的状态，并注意传唤继承人和其他对继承有利害关系的人作成财产清单，但所有有管理其财产的能力的继承人一致决定不作成要式清单的除外。

第1285条 一切遗嘱执行人对继承的开始负通知义务，此等通知应在市镇的报纸上，或在市镇无报纸时在省会或大区首府的报纸上刊登3次。

第1286条 不问遗嘱人是否委托遗嘱执行人清偿其债务，执行人均有义务要求在财产的分割中为已知债务的清偿标出一个足够的份额。

第1287条 遗嘱执行人疏于注意前数条规定的事务时，应对债权人遭受的一切损害承担责任。

拥有对其财产的自由管理的到场继承人，相应的监护人或保佐人，以及其妻参与继承且未采分别财产制的丈夫，均负相同的义务和责任。

第1288条 受任清偿遗产债务的遗嘱执行人，必须根据情况，在到场继承人或无人接受继承之遗产的保佐人参与的情况下为此等清偿。

第1289条 即使遗嘱人已委托遗嘱执行人清偿其债务，在遗嘱执行人迟延清偿此等债务的情况下，债权人仍然无阻碍地享有对继承人的诉权。

第1290条 给付遗赠的义务未课加给特定的继承人或受遗赠人时，遗嘱执行人应清偿此等遗赠；为此，如遗嘱人未使遗嘱执行人持有必要的金钱或构成遗赠的动产实物、不动产实物，该执行人可要求继承人或无人接受继承之遗产的保佐人交付此等金钱和物件。

然而，继承人可自行清偿上述遗赠，并向遗嘱执行人交付相应的清偿凭据，但遗赠由特别委托给遗嘱执行人的、由其权衡的工作或行为构成的，除外。

第1291条　如有以公共慈善为目的的遗赠，遗嘱执行人应连同相应的遗嘱条款将此等遗赠通知检察部门；同时，执行人也应根据具体情况，将对遗赠负有义务的继承人或受遗赠人、无人接受继承之遗产的保佐人的懈怠向检察官告发。

检察官应通过司法途径追究此等懈怠，或应将此项事务交由慈善事业监察专员处理。

遗赠如针对宗教虔敬事业，例如代祷、周年纪念、弥撒活动基金、培灵堂、教会庆典以及其他类似事业，遗嘱执行人应通知检察官和教会的教区主教，根据具体情况，他们可请求世俗当局机关采取必要的司法措施强制负有履行义务的人履行此等遗赠。

根据具体情况，检察官、慈善事业监察专员以及教会的教区主教也可对懈怠的遗嘱执行人、继承人或受遗赠人的上述疏忽自行起诉。

对于关系到相应居民区的公益性的遗赠，授予市政当局同样的权利。

第1292条　无须立即给付特定物遗赠时，如有理由担心遗赠物可能因有义务交付遗赠物的人的懈怠遭受灭失或损坏，对履行遗赠负有责任的遗嘱执行人可要求义务人提供担保。

第1293条　如无足够的金钱清偿债务或遗赠，遗嘱执行人应在通知到场继承人的情况下变卖动产，在动产不足时变卖不动产；继承人可向遗嘱执行人交付为此所需的金钱，从而反对上述变卖。

第1294条　第394条和第412条的规定扩张适用于遗嘱执行人。

第1295条　遗嘱执行人仅在为维护遗嘱的效力，或在实现委托他执掌的遗嘱处分的效力而有必要的情况下始可以执行人的身份参与诉讼；总之，遗嘱执行人出庭时应有到场的继承人或无人接受继承之遗产的保佐人的参与。

第1296条　遗嘱人可赋予遗嘱执行人对财产的任一部分或全部的持有。

在此等情形，遗嘱执行人享有与无人接受继承之遗产的保佐人相同的权利，并负有相同义务；但除第1297条规定的情形外，遗嘱执行人无义务提供担保。

尽管存在此等持有，前数条规定仍可适用。

第1297条　对遗嘱执行人持有的财产，如继承人、受遗赠人或遗产信托受益人各自享有现实的或期待的权利,则在此等人有正当理由担心该财产的安全时,可请求法院要求遗嘱执行人提供适当的担保。

第 1298 条 对于本题限定的遗嘱执行人的权限和义务,遗嘱人不得扩张前者,也不得免除后者。

第 1299 条 遗嘱执行人甚至对其执行职务过程中的轻过失承担责任。

第 1300 条 应继承人或无人接受继承之遗产的保佐人的请求,遗嘱执行人应因重过失或故意被免职,在故意的情形,遗嘱执行人不配在继承中取得任何份额,除了要赔偿利害关系人遭受的一切损失外,还应返还收受的全部酬金。

第 1301 条 禁止遗嘱执行人执行遗嘱人任何违背法律的遗嘱处分,否则该执行无效,且应将其视为具有故意之过错。

第 1302 条 遗嘱执行人的报酬按遗嘱人确定的数额支付。

如遗嘱人未就此作任何确定,则由法官考虑财产量及执行职务的劳动量确定报酬数额。

第 1303 条 遗嘱执行人的职务应在由遗嘱人预定的、必然而确定的期间内持续。

第 1304 条 如遗嘱人未预定遗嘱执行人职务的持续期间,则自遗嘱执行人开始执行其职务之日起算持续 1 年。

第 1305 条 如遗嘱执行人发生重大障碍导致不能在期限内执行职务,法官可延展遗嘱人或法律确定的此等任职期限。

第 1306 条 在遗嘱人或法律预定的期限内,或在法官延展的期限内,应认为可以在参与人之间分割财产并予以分配。

第 1307 条 自遗嘱执行人执行其职务之时起,继承人就可请求终止其职务;即使遗嘱人或法律确定的期限未满,或者法官为其延展的执行职务期限未满,亦不例外。

第 1308 条 期日或条件悬置的遗赠或信托遗产的存在,并非延展遗嘱执行人任职期限或不终止其职务的理由,但遗嘱人已明示授予遗嘱执行人对相应物件或用于支付该遗赠或信托遗产的财产份额的持有的,不在此限;在此等情形,遗嘱执行人的职务仅以该单纯的持有为限。

上述规定扩用于遗嘱执行人受托清偿、但其期限、条件或清算尚悬置的债务;并且上述规定应被理解为不妨碍前数条赋予继承人的权利。

第 1309 条 遗嘱执行人终止执行其职务后,应汇报其管理账目,同时证明此等账目的合理性。

遗嘱人不得免除遗嘱执行人的此项义务。

第 1310 条 由相应利害关系人检查账目后，并经扣除合法费用，遗嘱执行人应依就相同情形中的监护人和保佐人所作的规定，偿还结余或领取差额。

第九题　信托遗嘱执行人

第 1311 条　为使其一笔可自由处分的财产用于一个或数个合法目的，遗嘱人可向继承人、遗嘱执行人以及其他任何人作成秘密的信任委托。

受托执行此等委托的人，谓信托遗嘱执行人。

第 1312 条　遗嘱人以秘密和信任方式作成的须使用其某一部分财产的委托，受以下规定的限制：

1. 应在遗嘱中指定信托遗嘱执行人的人选。
2. 信托遗嘱执行人应具备作为遗嘱执行人和遗嘱人的受遗赠人的必要资格，但只要不属于第 965 条规定的情形，则修道教士的身份也不成为障碍。
3. 应在遗嘱中载明为履行其职务须向其交付的物件或确定的金额。

欠缺此等要件中任何一项的，导致处分无效。

第 1313 条　用于上述秘密委托的财产，不得超过遗嘱人能自由处分的财产份额的半数。

第 1314 条　信托遗嘱执行人应在法官面前宣誓，保证委托的目的并非在于使遗嘱人的某些部分的财产移转于无资格之人，或将其用于非法目的。

信托遗嘱执行人应同时宣誓，保证按照遗嘱人的意思忠实并合法地履行其职责。

被指定用于委托的物件或金钱应在宣誓之后交付或缴纳。

如信托遗嘱执行人拒绝履行宣誓义务，则委托因这一事实失效。

第 1315 条　依普通遗嘱执行人、继承人或无人接受继承之遗产的保佐人的请求，且有合理事由时，信托遗嘱执行人有义务将因委托交付给他的财产的 1/4 份额提存或留作担保，以便在法律规定的情形以该数目的财产对订正之诉或遗产债务承担责任。

法官确信为保障利害关系人的利益有必要时，可增加该数目。

继承开始后经过 4 年的，应将所余的部分返还给信托遗嘱执行人，或者取消其担保。

第 1316 条 在一切情形，信托遗嘱执行人无义务披露秘密委托的目的，也无须就其管理汇报账目。

第十题　财产的分割

第 1317 条　概括物或单一物的共同受分配人中的任何一人，无义务维持共有状态；只要共同受分配人未作相反约定，可随时请求分割分配物。

不得就不分割约定 5 年以上的期间，但该期间届满时，可以更新约定。

前两款规定不扩张适用于私人所有的湖泊、役权以及诸如信托财产之类的法律命令维持共有的物。

第 1318 条　如死者已通过生前行为或遗嘱实施分割，在不损害他人权利的限度内，以该分割为分割。

如果分割未尊重第 1337 条第 10 项授予给生存配偶的权利，则特别视为损害他人权利。

第 1319 条　共同受分配人之一如被附加停止条件，他无权在条件未成就时请求分割。但其他共同受分配人在对附条件的受分配人在条件成就时的应得部分提供适当担保后，可请求分割。

如分配的物件属于一项遗产信托，则应遵守信托所有权一题的规定。

第 1320 条　如某一共同受分配人向第三人出卖或转让其份额，后者在请求和参与分割方面享有与出卖人或转让人同样的权利。

第 1321 条　如多数共同受分配人之一在分配依法当然移转给他后死亡，他的任何继承人都可请求分割，但在分割中，他的全部继承人应构成为一个单一的人，并且全体继承人必须共同行动或通过一个共同的代理人行动。

第 1322 条　监护人和保佐人，以及一般根据法律的规定管理他人财产的人，非经法院授权，不得分割其被庇护人享有份额的遗产或不动产。

但夫为了请求分割其妻享有份额的财产，无须获得此项授权：如妻已成年且并非不可能作出同意的，仅须取得其同意，或在相反的情形，仅须取得法院的替代性同意。

第1323条 分割人仅可由具备开业资格且能自由处分其财产的律师充任。

法院组织法典就法官规定的不适格和回避事由，准用于分割人。

第1324条 死者以生前的公文书或遗嘱指定的分割人，即使是遗嘱执行人或共同受分配人，或者有法院组织法典规定的不适格或回避事由之一，但只要他符合其他法定要件，则指定有效，但任何利害关系人可请求分割之诉管辖地的法官根据任何这些缘由之一宣告该分割人不适格。此等请求应依民事诉讼法典就回避作出的规定提出。

第1325条 即使共同受分配人中有不得自由处分其财产的人，但只要未提出有待裁决的问题，并且所有共同受分配人就分割的方式达成了一致，则共同受分配人可在全体人员到场的情况下自行分割。

但在此等情形，必须由专家对财产进行估价，并依在分割人面前进行分割的同一方式取得普通法院对分配的批准。

共同受分配人即使不得自由处分其财产，也可依合意指定一个分割人。只要被指定者同时符合其他法定要件，也可在前条指出的人中作这样的指定。

由利害关系人指定的分割人，仅因指定之后发生的不适格或回避事由才可被宣告为不适格。

如共同受分配人未就指定达成一致，法官应依他们中任何一人的请求，遵照民事诉讼法典的规定指定一名全部符合各项法定要件的分割人。

第1326条 如共同受分配人之一不得自由处分其财产，则在分割人非由法官指定时，其指定应获得法官的批准。

其财产由夫管理的已婚妇女不适用本规定；在此情形，由妻给予同意或由法官作出替代性同意，即为已足。

依第1232条的最后一款为不在人指定的财产保佐人，依关于财产保佐的规定代表不在人参与分割，并管理在分割中判给不在人的财产份额。

第1327条 分割人无义务违背其意愿接受委托，但遗嘱指定的分割人不接受委托的，应遵守对相同情形中的遗嘱执行人作出的规定。

第 1328 条 接受委托的分割人应声明其接受,并应宣誓以应有的忠诚在尽可能少的时间内履行职务。

第 1329 条 分割人的责任甚至扩及于轻过失;在渎职的情形,经有管辖权的法官裁决,分割人除了要赔偿损失并承受与其不法行为相适应的法定刑之外,还根据第 1300 条就遗嘱执行人作出的规定构成不配。

第 1330 条 在进行分割之前,就受分配人的遗嘱继承权或法定继承权、剥夺继承权、无能力或不配继承存在的争议,由普通法院决定。

第 1331 条 有人对物件主张排他性的权利,以至于此等物件可能不应属于可分的财产总体时,由普通法院决定此等所有权问题;分割不应因此等问题推迟。如果裁决是上述争议物属于可分的财产总体,即应如同第 1349 条规定的情形进行分割。

但是,在对可分财产总体的相当部分发生所有权疑问时,则在就此等疑问作出裁决前,分割中止;法官可依其应继份超过可分财产总体之半数的受分配人的请求,命令中止分割。

第 1332 条 法律赋予分割人两年的期限执行分割,该期限自其接受职务之时起算。

遗嘱人不得延展这一期限。

即使违背遗嘱人的意愿,共同受分配人仍可在其认为适当时延展或限缩该期限。

第 1333 条 分割的共同费用应依比例由对分割有利益的人承担。

第 1334 条 分割人在析产时应遵守本题的规定,但共同受分配人合法而一致的其他约定,也应遵守。

第 1335 条 专家的估价是分割人以实物形式析产的依据,但共同受分配人合法而一致地约定其他依据,或在法律规定的情形将实物拍卖的,除外。

第 1336 条 即使在第 1318 条规定的情形,即使遗嘱执行人或继承人未提出此等请求,分割人也有义务形成第 1286 条规定的份额,疏于履行此等义务的分割人应对债权人的一切损失承担责任。

第 1337 条 分割人应依以下规则清算每位共同受分配人的应得份额,并据此分配遗产物件:

1. 如某一实物不允许分割,或分割将导致其价值减低,则在共同受分配人之间,由报价最高者取得该物件的较优权利;任一共同受分配人都有权请求允许外人参与报价;所得价金在所有共同受分配人间按比例分配。

2. 无人报价高于第 1335 条提及的估价或约定价格时，如两个或更多的受分配人竞相取得某一实物的分配，特留份继承人应优先于非特留份继承人。

3. 分配给一个单一的个人的、由一处或数处地产构成的份额，在可能的情况下应是毗连的，但该受分配人同意接受彼此分离的份额的，或者毗连相较分离给其他利害关系人造成更大损失的，不在此限。

4. 分配给某一受分配人的地产，应和该人所有的其他地产尽量保持上述毗连。

5. 分割地产时，应为其管理和享用的便利设定必要的役权。

6. 如两个或更多的人是某一房地产的共同受分配人，分割人在取得利害关系人的合法同意后，可将用益权、居住权或使用权从所有权中分离出来作为分配份。

7. 在分割遗产时，或在进行前数项所述的实物分配后分割剩余部分时，应分给每位共同受分配人与其他共同受分配人具有相同性质和相同数量的物，或就可分财产的总数划分份额，以尽可能保障均等性。

8. 组成分配份时，不仅须力求所有份额的均等，而且应争取它们类似，但对不便分割的物，或若分离将导致损害的物，应注意不分割或分离它们；利害关系人合法而一致地就此达成协议的，不在此限。

9. 在抽签之前，每位利害关系人都可对分配份的组成方式提出异议。

10. 尽管如此，生存的配偶在析产时，如果其居住的、构成家庭主要居所的不动产以及附属于该不动产的动产构成死者的财产，则有权主张优先以此等财产为其利益凑足其遗产份额。

11. 为执行前数项的任一规定，即使部分或全部共同受分配人都是未成年人或其他不能自由管理其财产的人，也无须遵照第 1322 条和第 1326 条的规定取得法院的许可。

如果前述财产的总价值超过配偶的遗产份额，配偶可就未判归其所有的物，主张为其利益并依物的性质，设定无偿的终身居住权和使用权。

设定居住权的裁决未登记于不动产登记簿的，此项权利不得据以对抗善意的第三人。就所有本条未规定的事项而言，使用和居住均应遵守第二编第十题的规定。

本规则所述的优先析产权不得转让和移转。

第 1338 条 在遗嘱人死亡后尚未进行分割的期间收取的孳息，依以下方式分割之：

1. 实物的受分配人有权主张继承开始之时起该实物的孳息和添附，但该分配附有始期或停止条件的除外，在此等情形，只有自该期日起或条件成就之时起产生的孳息归受分配人，但遗嘱人明定其他安排的除外。

2. 数量物或种类物的受遗赠人，仅有权主张有义务给付该数量物或种类物的人构成迟延之时起产生的孳息；缴付此等孳息的费用，由迟延的继承人或受遗赠人承担。

3. 各继承人有权按其份额的比例得到未分割的遗产总额的一切孳息和添附，但属于实物之受分配人的孳息和添附应被扣除。

4. 只要无人被直接课加给付遗赠的义务，前项所述的扣除应以遗产总额的孳息和添附为对象。遗嘱人已课加其受分配人之一给付遗赠的负担的，仅由该受分配人承受此项扣除。

第 1339 条　将实物分给份额受分配人、数量物受分配人或种类物受分配人时尚未分离的孳息，应被视为该相应实物的一部分，并应在评估该实物的价值时计入。

第 1340 条　如继承人之一愿依其他继承人接受的某项条件，就大于其按比例应摊给他的债务份额承担责任，应听任之。

遗产债权人或遗嘱债权人诉请时，不必遵守继承人的此等约定。

第 1341 条　若因配偶的自有财产或所得①、合伙合同、尚未分割的先前继承，或基于其他任何原因，死者的财产与属于他人的财产发生混淆，应首先依前数条的规定分割共有实物，以分离彼此的财产。

第 1342 条　未指定代理人的不在人，或处于监护或保佐之下的人，只要对财产总体或财产总体之一部的分割享有利益，则不问分割是否已终结，该分割均须提交法官批准。

第 1343 条　实施分割后，应向参与人交付其分得之物的特定权利证书。

任何已被分割之物的权利证书应归属于遗嘱人为此效果指定的人，或在无此等指定时，归属于分得该物之大部分的人；在其他参与人请求出示此等权利证书时，取得证书者有义务为其利益展示之，并应允许此等人持有证书的副本。

在均分的情形，取得证书的资格应以抽签的方式决定。

---

① 参见第 150 条。——译者

第1344条 每位受分配人被视为即刻排他地就其分得的一切物件继承了死者,而对继承中的其他物件绝不享有任何份额。

因此,如果共同受分配人之一转让在分割中已分给其他受分配人的物件,可按出卖他人之物的情形处理。

第1345条 如参与人对分割中所分之物的占有遭受妨碍,或被追夺该分配物,他应告知其他参与人此等情事,以便共同排除妨碍,并且有权主张其他参与人对他承担的追夺担保责任。

此项诉权自发生追夺之日起经4年的时效消灭。

第1346条 在下列情形,不发生此项诉权:

1. 追夺或妨碍因分割后的事由发生;
2. 已明示地抛弃追夺担保诉权;
3. 参与人因自己的过错遭受妨碍或追夺。

第1347条 因追夺担保产生的偿付,依其各自分得份额的比例在各参与人之间分配。

支付不能者的份额,依其各自分得份额的比例由所有参与人负担;此等分摊人包括应受赔偿之人。

第1348条 分割应如同合同,按同样的方式和同样的规则被宣告无效或撤销。

其份额的半数以上遭受损害的人,有权以非常损失为由撤销分割。

第1349条 对某些物件的无意遗漏不构成撤销分割的理由。分割中被遗漏的物件,嗣后应依参与人的相应权利在他们间继续分割。

第1350条 其他参与人可以向参与人之一提出增补其份额并以现金为此作出担保,从而阻止他提起撤销之诉。

第1351条 已全部或部分转让其份额的参与人不得提起无效之诉或撤销之诉,但分割中存在错误、胁迫或诈欺情形,致其遭受损害的,不在此限。

第1352条 针对分割的无效诉权或撤销诉权,其时效依规定此类诉权之存续期间的一般规定。

第1353条 不愿或不能提起无效之诉或撤销之诉的参与人,保留请求赔偿其应得部分的其他法律手段。

第十一题 遗产债务和遗嘱债务的清偿

第 1354 条 遗产债务在继承人中按其份额的比例分配。

因此，1/3 份额的继承人仅有义务清偿 1/3 的遗产债务。

但享受清单利益的继承人仅在其继承的遗产价值额的范围内偿付遗产的债务份额。

以上规定应理解为不与第 1356 条和第 1526 条的规定相抵触。

第 1355 条 继承人之一的支付不能不加重其他继承人的负担，但第 1287 条第 2 款规定的情形除外。

第 1356 条 用益权继承人或信托继承人根据第 1368 条和第 1372 条的规定与所有权继承人或信托受益人分摊债务；遗产债权人有权依据上述条款直接对他们行使诉权。

第 1357 条 如继承人之一系死者的债权人或债务人，只有他依此项债权或债务应得的份额与其遗产份额发生混同；他对其共同继承人享有请求按比例清偿其债权的剩余部分的诉权，他对其共同继承人负有按比例清偿其债务的剩余部分的义务。

第 1358 条 遗嘱人在继承人中以不同于前数条规定的方式分割遗产债务时，遗产债权人可按他认为最适合的方式，或遵照前数条规定，或遵照遗嘱人的处分行使其诉权。但在第一种情形，承受大于遗嘱人对其课加的负担的继承人有权请求其他共同继承人赔偿。

第 1359 条 依分割或继承人的协议以不同于相关条款规定的方式在继承人中分配债务时，准用前条规定。

第1360条 只有在遗嘱人未特别课加遗嘱负担于继承人或受遗赠人中的一人或数人时，此等负担才可被视为继承人的共同负担。

由继承人共同承受的负担应按遗嘱人的处分在他们中分割，如遗嘱人未就分割作任何处分，则按其遗产份额的比例或按有关条款规定的方式分割。

第1361条 定期金的遗赠应自被依法当然移转之日起逐日计算，但仅在相应期届至时才可请求支付，此等期间推定为以月为单位。

然而，定期金为扶养费时，可在相应期间的初始日请求各期偿付，并且即使受遗赠人在该期间届满前死亡，也不发生部分返还的义务。

如定期扶养费的遗赠为遗嘱人生前支付该费用的延续，则应像遗嘱人并未死亡一样地履行。

遗嘱人的明示意思优先于所有这些规定。

第1362条 对于特留份、对作为额外份额的1/4份额承受负担的分配份或遗产债务，受遗赠人没有分担支付的义务，但对法律保留给特留继承人或作为额外份额的1/4份额强制性受分配人的财产份额，如遗嘱人将其一部分用于遗赠，或者在继承开始之时遗产中无足够的财产清偿遗产债务，则受遗赠人负有上述义务。

遗产债权人对受遗赠人的诉权仅是他们对继承人享有的诉权的补充。

第1363条 对于特留份、对作为额外份额的1/4份额承受负担的分配份或遗产债务应予分担支付的受遗赠人，应按其应得遗赠的价值比例为之，支付不能的受遗赠人的份额不加重其他受遗赠人的负担。

然而，遗嘱人已明确豁免其分担义务的受遗赠人，无须和其他受遗赠人一起分担。但用尽了其他受遗赠人的分担额仍不能补全特留或仍未偿清债务的，则被遗嘱人豁免分担义务的受遗赠人也负有支付义务。

慈善事业遗赠或公益遗赠，应被理解为无需明示处分就被遗嘱人豁免了分担的义务，并且其分担的顺位在被明示豁免出资的遗赠之后，但遗嘱人依法律义务提供的严格的扶养性遗赠，其分担的顺位在所有其他遗赠之后。

第1364条 有义务给付一项遗赠的受遗赠人，仅在继承给他带来利益的范围内给付该遗赠，但对超过利益的负担，他应证明其数量。

第1365条 继承中的数个不动产负担一个抵押权的，抵押债权人对上述每一不动产享有连带诉权，但不动产所属的继承人可以对其共同继承人就他们应承担的债务份额进行追偿。

即使债权人代位不动产所有人对其共同继承人提起诉讼，各共同继承人也仅就其在债务中所占的份额承担责任。

但支付不能者的份额在全体继承人中按比例分摊。

第1366条 根据遗赠物上的抵押或质押清偿了遗嘱人未明示要求他负担的遗产债务的受遗赠人，依法代位行使债权人对继承人的诉权。

如抵押或质押从属于遗嘱人本人之外的他人的债务，受遗赠人对继承人不享有诉权。

第1367条 遗赠具有能以金钱估算之有偿原因的，仅在扣除负担后，且以下规定的情形同时发生时，始负分担义务：

1. 标的物已现实存在。

2. 若非投入确定数量的金钱，标的物本不可能现实存在。

这两种情形均应由受遗赠人证明，并且要仅以负担的名义扣除被证明已投入的金额。

第1368条 遗嘱人将其一部或全部财产的用益权遗留给一人，将空虚所有权遗留给另一人的，为分配附于该用益物之上的遗产债务和遗嘱债务，所有人和用益权人应被视为一个单一的人；他们共同承受的义务应依以下规则在他们中分割：

1. 所有人负担清偿用益物上所附债务，用益权人则有义务向所有人支付在用益权的整个存续期间已清偿数额的通常利息。

2. 所有人不同意此等清偿时，用益权人可清偿之，并且在用益权期满时，有权请求所有人向其不计利息地偿还本金。

3. 如为执行由死者就用益物设定的抵押或质押而出卖用益物，则应对用益权人适用第1366条的规定。

第1369条 用益权人或所有人承受的遗嘱负担，应由遗嘱人在两人中指定的人以遗嘱中命令的方式清偿；该人不因其以此种方式清偿的事实而获得任何偿付或利息。

第1370条 对处于用益权下的物设定遗嘱负担时，如遗嘱人未确定由所有人还是用益权人承受此等负担，则按第1368条的规定处理。

但如果负担为定期金，而遗嘱人未作其他安排，则应由用益权人在整个用益权期间承受这一负担，他无权请求所有人向其赔偿此等费用。

第1371条 在分割一份遗产中设定的用益权，如利害关系人无相反的约定，由第1368条的规定调整。

第1372条 为分配遗产和遗嘱的债务和负担，信托所有人和信托受益人相对于其他受分配人，在一切情形均被视为单独的一人，债务和负担的分割以下列方式在这两人中进行：

信托权人承受上述负担，其条件为信托受益人届时不计利息地予以偿还。

如负担为定期性的，信托权人应承受，且无权得到任何偿还。

第1373条 遗嘱债权人仅得按照第1360条的规定行使诉权，主张遗嘱赋予他的权利。

如果在遗产的分割中以不同的方式在继承人中分配遗赠物，受遗赠人可以根据该分配，或根据第1360条的规定，或根据继承人的协议，行使其诉权。

第1374条 如无债权人同时受偿①的情形，也无第三人提出异议，则应随各遗产债权人的出现而向其清偿，在遗产债权人受偿后才可清偿遗赠。

但遗产并未显得负担过多时，如受遗赠人就其可能承受的债务分担额提供担保，可即刻得到清偿。

遗产如明显不存在可能由受遗赠人承受的负担，则不要求提供这种担保。

第1375条 移交遗赠物的必要费用应被视为该遗赠的一部分。

第1376条 继承中的财产不足以支付所有的遗赠时，应依比例削减之。

第1377条 针对死者的可执行之权利依据同样可针对继承人，但债权人仅在通过司法通知其权利依据的8日后，才可请求或实施执行。

---

① 指民事破产清偿的情形。——译者

第十二题　区分的利益

第 1378 条　遗产债权人和遗嘱债权人可请求不混淆死者的财产和继承人的财产；基于此项区分利益，他们有权请求以死者的财产优先于继承人自己的债务向其清偿遗产债务或遗嘱债务。

第 1379 条　主张区分利益，不要求债是即时之债；附有特定期限或条件的债，足矣。

第 1380 条　各债权人主张区分利益的权利，在其债权未因时效消灭时继续存在，但在以下两种情形，不产生此项权利：

1. 债权人通过接受上述继承人的期票、质押、抵押、保证或债务的部分清偿承认该继承人为债务人；

2. 继承的财产已脱离继承人的控制，或者该财产已通过不可能识别二者的方式与继承人的财产混同。

第 1381 条　继承人的债权人无权为其债权的利益主张前数条规定的财产区分。

第 1382 条　由遗产债权人或遗嘱债权人之一获得的财产区分，惠及于在同一继承中提起该请求且其债权未因时效消灭的其他债权人，或不处于第 1380 条第 1 项规定的情形中的其他债权人。

如存在余额，它应被增加到继承人的财产之中以清偿其自己的债权人，而未享受区分利益的遗产债权人或遗嘱债权人与此等债权人同时受偿。

第 1383 条　已获得区分或已根据前条第 1 款从该区分获利的遗产债权人或遗嘱债权人，只有在该区分利益赋予其对之享有优先权的财产被用尽之后，才享有对继承人的财产的诉权，但即使在此时，继承人的其他债权人在其全部债权受偿前，仍可反对这一诉权。

第 1384 条 在继承开始后的 6 个月内，继承人实施的非以清偿遗产债权或遗嘱债权为目的的转让死者财产的行为，可应任何享受区分之利益的遗产债权人或遗嘱债权人的请求予以撤销。

本规定准用于抵押或岁供之设立。

第 1385 条 如继承中有不动产，则应将授予区分利益的裁决登记在上述不动产所在地的登记簿中，同时记载该区分利益所扩及的不动产。

第十三题 生前赠与

第 1386 条 某人据以无偿且不可撤销地向他人移转其财产的一部并被他人接受的行为,为生前赠与。

第 1387 条 一切法律未宣告无资格的人,均有生前赠与资格。

第 1388 条 不能自由管理其财产的人无赠与资格,但在法律规定的情形并符合法定要件的除外。

第 1389 条 一切法律未宣告其无能力的人,均有受领生前赠与的能力。

第 1390 条 不得对在为赠与之时尚不存在的人为生前赠与。

如附停止条件为赠与,受赠人也须在条件成就之时存在,但第 962 条第 3 款和第 4 款规定的例外情形,不在此限。

第 1391 条 第 963 条和第 964 条规定的接受遗产和遗赠的无能力,准用于生前赠与。

第 1392 条 在赠与人的保佐人出示其保佐账目前,并且在有结余时在其支付该余额前,向该保佐人所为的赠与也无效。

第 1393 条 除法律明示规定的情形外,不得推定有生前赠与。

第 1394 条 抛弃遗产、遗赠或赠与的人,或放任其不确定权利依附的条件不成就的人,即使是为有利于第三人的目的如此行事,也非实施赠与。

无论如何,债权人在其债权的范围内,可由法官核准替补有上述行为的债务人;如有结余,则惠及于该第三人。

第 1395 条 任何物品的使用借贷,即使其使用或享用通常在租赁中才能发生，亦非赠与。

无息消费借贷也不是赠与。

但对用于生利或岁供的本金之利息收取权的放弃或让与，是赠与。

第 1396 条 无偿的个人服务，即使属于通常付酬的服务，也不构成赠与。

第 1397 条 为第三人利益充当保证人或设定质权或抵押权的人，并非对该第三人实施赠与；在债务人无力清偿时，免除保证人之义务，或者放弃质权或抵押权的人，也非实施赠与，但免除某一债务的人，或者明知自己事实上不欠债而为清偿的人，实施了赠与。

第 1398 条 如一方当事人的财产减少，而他方当事人的财产并未增加，不存在赠与；例如，给付的目的系消耗赠与物的价值，而受赠人并未因此获得任何可以金钱估算的利益。

第 1399 条 不使时效中断的，不构成赠与。

第 1400 条 对任何种类的不动产为生前赠与，却未以公文书作成且未在适当的登记簿中登记的，无效。

免除以此类财产为标的的债务，若欠缺上述要件，也无效。

第 1401 条 未经提请认可的生前赠与，仅在 2 生太伏的价值内有效，超过部分无效。

适格的法官应赠与人或受赠人的请求作出的核准，被理解为认可。

法官应核准其内容不违背任何法律规定的赠与。

第 1402 条 赠与定期金之收受权的，只要在 10 年内收取的总金额超过 2 生太伏，即须提请认可。

第 1403 条 附期限或附条件的赠与，如未以私文书或公文书明示地记载条件或期限，不发生任何效果；这种赠与必须按照为即时赠与规定的相同条件作成公文书、提请认可并予登记。

第 1404 条 有偿原因的赠与，例如为某人拥有某种职业或身份而为的，或以嫁资名义所为的，或因结婚而为的，应以公文书作成，同时载明原因；否则，此等赠与被视为无偿赠与。

前款规定的有偿原因赠与，应按第 1401 条、第 1402 条、第 1403 条提请认可。

第 1405 条 对受赠人课加了金钱负担的赠与，或课加了能以确定数量的金钱估算的负担的赠与，仅扣除负担后的部分须提请认可。

第 1406 条 夫妻之间在夫妻财产协议中相互所为的符合适当要件的赠与，不问赠与物的性质或价值如何，均无须提请认可，仅该财产协议须作成公文书。

第1407条 概括的赠与，不问是针对财产整体或其一个份额，除提前认可、作成公文书以及据其各自情况进行登记外，尚要求作成要式的财产清单，否则无效。

如在此等清单中遗漏了某一部分财产，应理解为赠与人为自己保留该部分财产，受赠人无权对之提出主张。

第1408条 全部赠与其财产的人，应为其适当的生活保留必需品；如他未保留必需品，则可在任何时间强制受赠人从受赠的财产或从其自己的财产中，为此效果以所有权的名义、终身用益权或终身岁供的名义向赠与人分配被认为适当且与赠与财产的数量成比例的份额。

第1409条 即使赠与人作了相反的规定，概括赠与不扩及于赠与人的将来财产。

第1410条 第1401条的规定准用于信托赠与或附向第三人返还财产之负担的赠与。

第1411条 接受赠与，任何人都必须亲自为之，或通过为此目的享有特别权限的人、对其财产的管理享有一般权限的人为之，或通过其法定代理人为之。

但是，受赠人的任何有缔约能力和承担义务的能力的直系尊血亲或直系卑血亲，即使不具特别权限或一般权限，也完全可代替受赠人接受赠与。

有关接受和抛弃遗产和遗赠的效力的规定，准用于赠与。

第1412条 生前赠与未被接受，以及未通知赠与人此等接受的，赠与人可按其意愿撤销该赠与。

第1413条 附有向第三人返还财产之负担的赠与，因信托权人依第1411条所为的接受而成为不可撤销的赠与。

信托受益人在财产被返还之前不在可作出接受之列，但在返还之前可以抛弃赠与。

第1414条 信托权人接受赠与，并将该接受通知于赠与人的，此两人可通过共同的协定在信托中作出他们希望的变更，并可将信托受益人替换为另一信托受益人，甚至完全撤销信托，而信托受益人不得对此提出异议。

为按此等目的变更赠与，应如同成立一个全新的行为履行手续。

第1415条 第957条规定的死因继承中的转继承权，不扩用于生前赠与。

第1416条　关于遗嘱分配的解释、增加权的规定，以及有关遗嘱分配的替补、期限、条件和负担的规定，准用于生前赠与。

在其他不与本题规定相违背的范围内，应遵守关于合同的一般规定。

第1417条　在受赠人对其提起的诉讼中，无偿赠与的赠与人享有能力限度利益，不问此等诉讼是为了强制其履行允诺或实施将来的赠与，还是请求交付赠与人即时赠与受赠人的物。

第1418条　概括的受赠人对债权人负有和继承人同样的义务，但此项义务仅针对赠与之前的债务，或仅针对由赠与人在赠与证书中确定的不超过特定数额的将来债务。

第1419条　赠与全部财产或其一个份额，或赠与财产的空虚所有权或用益权，并不剥夺赠与人的债权人对赠与人享有的诉权，但债权人明示地或依第1380条第1项的规定接受受赠人为债务人的，除外。

第1420条　在单一物的赠与中，可课加受赠人清偿赠与人之债务的负担，但须载明该负担所及债务的确定数量。

然而，如同在前条规定的情形，债权人保留其对原债务人的诉权。

第1421条　受赠人对赠与人之债权人的责任，在任何情形下仅以赠与之时赠与物的价值为限，此等价值应以要式财产清单或其他公文书证明。

上述规定也适用于受赠人因赠与课加给他的其他负担而承担的责任。

第1422条　即使无偿赠与肇始于受赠人的一个允诺，受赠人也不享有追夺或瑕疵担保诉权。

第1423条　以有偿原因所为的赠与，仅在赠与人故意给与他人之物时，才被赋予追夺担保之诉权。

尽管如此，倘若已课加受赠人金钱负担或能以金钱估算的负担，他始终有权就其已用于履行此等负担之物请求偿还，且可主张未从赠与物的天然孳息和法律孳息中得到补偿的普通利息。

对于此等偿还，赠与人不享有能力限度利益。

第1424条　生前赠与不因赠与人在赠与后生育一个或数个子女而被解除，但此项解除条件已载于赠与之公文书的，不在此限。

第1425条　第1187条情形中的赠与可被取消。

第1426条　如受赠人迟延履行赠与对其课加的负担，赠与人有权强制受赠人履行该负担，或取消该赠与。

在第二种情形，只要受赠人无重大事由不履行课加的义务，将被视为恶意占有人，应返还赠与物及其孳息。

受赠人到此时为止已用于履行其义务且赠与人由此受益的财产，应得到返还。

第1427条 前条赋予的取消诉权在4年内终止，此期限自受赠人构成迟延履行被课加的义务之日起算。

第1428条 生前赠与可因忘恩负义撤销。

受赠人的能导致其不配继承赠与人的任何侵犯行为，均视为忘恩负义行为。

第1429条 受赠人因忘恩负义有义务返还的，自实施导致撤销的侵犯行为之时起被视为恶意占有人。

第1430条 撤销诉权在自赠与人知悉侵犯行为之时起算的4年终止，或者因赠与人的死亡而消灭，赠与人于生前已在法院提起诉讼的，或侵犯行为导致了赠与人死亡的，或在赠与人死亡后实施侵犯行为的，除外。

在这些情形中，撤销诉权移转于继承人。

第1431条 赠与人因丧失理智，或因其他障碍不能行使第1428条赋予他的诉权的，不仅其庇护人，而且其任何直系卑血亲、直系尊血亲或配偶，均可在受赠人生存时以其名义于前条确定的期限内行使此项诉权。

第1432条 前数条规定的解除、取消或撤销，仅在下列情形中，产生对抗第三占有人的诉权，或产生旨在消灭赠与物上设定的抵押权、役权或其他权利的诉权：

1. 在赠与之公文书（如赠与物的性质有要求，须登记在适格的登记簿中）中已禁止受赠人转让赠与物，或条件已被明示；

2. 在转让之前，或在前述权利被设定之前，第三利害关系人已被告知，赠与人或使用其名义的他人将对受赠人提起解除、取消或撤销之诉；

3. 在提起此等诉讼后，才着手转让赠与的财产或设定前述权利。

未对第三人运用上述诉权的赠与人，可根据在转让之日被转让物具有的价值，向受赠人主张其价金。

第1433条 明白说明为酬劳特定服务实施的赠与，只要此等服务通常被付酬，应被理解为酬金赠与。

根据具体情况，如未以私文书或公文书证明赠与为酬金赠与，或者在证书中未对服务作出说明，赠与应被理解为无偿的。

第 1434 条 酬金赠与，在其价值等于受酬报的服务的价值的范围内不得被取消或撤销，在赠与的价值超过服务的价值时，取消或撤销应提请认可。

第 1435 条 以酬金形式赠与之物如被追夺，受赠人在未由赠与物的孳息得到补偿的范围内，有权要求赠与人本拟以该物作为酬劳的服务支付报酬。

第 1436 条 在其他方面，酬金赠与受本题之规定的调整。

第四编 债的通则和各类合同

第一题 定义

第 1437 条 债或产生于两人或数人的真实合意，如合同或协议；或产生于义务人的自愿行为，如对遗产或遗赠的接受，以及所有的准合同；或产生于导致他人受侵害或损害的行为，如侵权行为及准侵权行为；或产生于法律的规定，如父母与处于亲权下的子女之间的关系。

第 1438 条 合同或协议，是一方当事人约束自己向他方当事人给、做或不做某事或某物的行为。各方当事人可以是一人或多人。

第 1439 条 当事人一方约束自己对不负担任何义务的他方承担债务的合同，为单务合同；缔约当事人相互约束自己承担义务的合同，为双务合同。

第 1440 条 仅以当事人一方的利益为目的，他方承受负担的合同，为无偿合同或恩惠性合同；以缔约双方的利益为目的，各方当事人为了他方的利益承受负担的合同，为有偿合同。

第 1441 条 各方当事人约束自己给某物或做某事，此等物或事旨在对等于他方当事人有义务给的物或做的事的有偿合同，为等价合同①；如果这种对等性由损益的不

---

① 根据西班牙语法律词典，有作者认为此类合同以相互债务的等价性为特征，但也有作者认为，这种合同的特征是当事人各方从同意之时起即知晓其给付的范围（故可译为实定合同），在此意义上，它和射幸合同相区别，因为在射幸合同中，当事人一方或双方根据不确定的事件而在取得利益或遭受损失方面存在偶然性。在本法典中，该词主要在前一意义上被使用，故将其译为"等价合同"。但从本条后半部分的规定来看，该词又显然隐含"实定合同"之意。——译者

确定之偶然性构成，称射幸合同。

第 1442 条 无须借助其他协议单独存在的合同，为主合同；以担保主债务的履行为目的，不能离开主债务存在的合同，为从合同。

第 1443 条 为了完成合同必须让渡有关标的物的合同为要物合同；必须遵守特别形式，否则不产生任何民事效果的合同，为要式合同；因单纯的同意即告完成的合同，为诺成合同。

第 1444 条 在每一合同中，其事项分为要素、属性事项和纯粹的偶素。不具备它就不产生任何效果或成为其他类型的合同的事项，为合同的要素；虽非合同的要素，但无须借助特别约款即被理解为属于该合同的事项，为合同的属性事项；既非要素，也不自然属于某种合同的事项，而须借助特别约款将之附加于合同的事项，为合同的偶素。

第二题 行为和意思表示

第 1445 条 某人欲以行为或意思表示对他人承担义务时，须：（1）法律上有能力；（2）有上述行为或意思表示，且其同意无任何瑕疵；（3）针对某一合法标的；（4）有合法原因。

某人具有法律能力，指他无须他人的职务行为或授权就能自己承担义务。

第 1446 条 除法律宣告为无能力的人外，所有的人均有法律能力。

第 1447 条 精神病患者、未适婚人以及不能进行书面理解的聋哑人，为绝对无能力人。

其行为甚至不产生自然债务，也不允许担保。

未成年的适婚人和被宣告禁治产的浪费人，也是无能力人。但本款所指之人的无能力并非绝对的，其行为在法律规定的特定情形在特定方面具有效力。

在此等无能力之外，尚有其他由法律禁止特定人实施特定行为构成的特别的无能力。

第 1448 条 他人或法律授予代理权以他人名义所为的行为，对被代理人产生如同他亲自缔约的效果。

第 1449 条 即使无权代理第三人，也可为第三人利益订立任何约定，但只有该第三人可主张约定的事项；如该第三人未作出明示或默示的承诺，则合同可通过任一参与人的单方意思撤销。

实施只可能以该合同为根据的行为，构成默示的承诺。

第 1450 条 如果并非第三人的合法代理人的缔约一方承诺由第三人给、做或不做某物或某事，除非经其追认，该第三人未缔结任何债；如果他不追认，缔约他方对作出该允诺者享有损害赔偿诉权。

第1451条 同意中可能存在的瑕疵，有错误、胁迫和诈欺。

第1452条 对法律问题的错误，不构成同意的瑕疵。

第1453条 事实的错误涉及所为行为或缔结的合同的类型时，例如当事人一方理解为出借，他方却理解为赠与的情况；或涉及合同以之为标的的特定物的同一性时，例如在买卖合同中，卖方认为出卖的是某特定物，而买方却以为他购买的是另一物的情况，构成同意的瑕疵。

第1454条 行为或合同的标的物的实质或要素性品质有异于当事人所信时，此等事实错误也构成同意的瑕疵；例如，缔约一方以为标的物是银锭，而该物事实上却为其他任何相似金属的块锭的情况。

对有关物的其他任何品质问题发生的错误，仅在该品质系缔约一方订立合同的主要动机且他方知悉这一动机时，才构成同意的瑕疵。

第1455条 对有意与之缔约的当事人的人身的错误，不构成同意的瑕疵，但对该人的考虑是缔约的主要原因的除外。

但在此情形，错误与之缔约的当事人，对因合同无效善意遭受的损失，有权得到赔偿。

第1456条 胁迫，仅在对理智健全的人能产生强制感受时才构成同意的瑕疵，此时应考虑受胁迫人的年龄、性别和所处的状态。一切使某人对自己、配偶、某一直系尊血亲或直系卑血亲陷入重大且无法弥补的危害状态产生合理的恐惧的行为，均视为这类胁迫。

敬畏，即仅仅对应对之表示谦恭和尊敬的人的不悦的畏惧，不足以构成同意的瑕疵。

第1457条 胁迫构成同意的瑕疵，不以实施胁迫者由此获得利益为必要；任何人以获取同意为目的利用了胁迫，即为已足。

第1458条 诈欺，仅在当事人一方所为，且无此诈欺双方当事人显然不会订立合同时，才构成同意的瑕疵。

在其他情形，诈欺仅产生对诈欺人或因诈欺获利者的损害赔偿诉权；对前者，可请求赔偿损害的全部价值，对后者，则以他利用该诈欺获得的利益为限。

第1459条 诈欺不得推定成立，但法律有特别规定的情形除外。在其他情形，诈欺应被证明。

第1460条 所有的意思表示，都应以涉及给、做或不做的一个或多个事项为标的。对物的单纯使用或持有，可以作为意思表示的标的。

第1461条 不仅既存之物，而且可望存在之物也可作为意思表示的标的物，但两种物均须是可流通物，且至少其种类已被确定。

只要行为或合同已确定或包含了用以确定数量的规则或信息，则数量可以是不确定的。

标的若为行为，则须自然可行及道德上可能。有违本性的行为是自然不可行的，法律禁止或有违善良风俗、公共秩序的行为是道德上不可能的。

第1462条 所有违反智利公法的行为中都有非法标的。因此，允诺在智利接受智利法律不承认的司法管辖的行为，因标的的瑕疵而无效。

第1463条 即使取得该人的同意，对生者的死因继承权也不得成为赠与或合同的标的。

有义务补足特留份的人与特留份继承人之间关于上述特留份或额外份额的协议，遵循强制性分配一题中的特别规则。

第1464条 下列转让中标的不法：

1. 非流通物的转让；
2. 转让不得转让给他人的权利或特权；
3. 对依法院裁决扣押的物进行转让，但法官授权或债权人同意者，不在此限；
4. 对所有权处于争讼中而审理该案的法官未许可的物进行转让。

第1465条 约定仅依已被核准的账目而为请求的，若账目中包含诈欺未被明确宽恕，则约定中诈欺的部分无效。对将来诈欺的宽恕无效。

第1466条 在博戏中缔结的债务中，或在有管辖权的当局禁止传播的书籍、淫秽制版、图画及塑像的出售中，或在被判处滥用出版自由的印刷品的出售中，同样有非法标的；一般而言，在所有法律禁止的合同中，都有非法标的。

第1467条 无真实和合法的原因不能产生债，但原因无须被明示。单纯的慷慨或恩惠是充分的原因。

诱发行为或合同的动机被视为原因；法律禁止或违背善良风俗、公共秩序的原因，为非法原因。

因此，为清偿不存在的债务作出给付某物的允诺缺乏原因；为酬劳犯罪行为或不道德行为作出的给付某物的允诺，具有非法原因。

第1468条 在明知的情况下基于不法标的物或不法原因而作的给付或清偿，不得索回。

第1469条 法律宣告无效的行为或合同，不因该行为或合同中订入了放弃无效诉权的约款而有效。

第三题 法律之债和纯粹自然之债

第1470条 债可以分为法律之债和纯粹自然之债。

产生请求履行权的债为法律之债。

不产生请求履行权,但其一经履行即可因此保留给付或清偿之物的债,为自然之债。

下列债为自然之债:

1. 有充分的理性和识别力,但根据法律无能力缔结债的人缔结的债,例如未成年的适婚人;

2. 因时效消灭的法律之债;

3. 基于欠缺法律为其发生民法效果所要求的程式的行为产生的债,例如对由未按适当形式作成的遗嘱课加的清偿遗赠的债;

4. 因缺乏证据未获法院承认的债。

基于上述四种债发生的清偿,必须是当时能自由管理其财产的人自愿实施的,才不可请求返还。

第1471条 驳回对自然债务人提起的诉讼的法院判决并不消灭自然之债。

第1472条 第三人为担保此等债务设定的保证、抵押、质押及违约金条款,有效。

第四题 附条件的债和附负担的债

第 1473 条 债取决于一项条件,换言之,一项将来可能发生或不发生的事件的,为附条件的债。

第 1474 条 条件可以是积极的或消极的。

以发生某事作为条件的,为积极条件;以不发生某事为条件的,为消极条件。

第 1475 条 积极条件应自然可行和道德可能。

违背自然法则的条件,为自然不能;以法律禁止的或违背善良风俗、公共秩序的行为作为条件的,是道德不能。

以不能理解的术语设定的条件,也被视为不能。

第 1476 条 某债以自然不能的事项为消极条件的,为纯粹的简单之债;以债权人不为不道德的或禁止的行为为条件的,该约定无效。

第 1477 条 取决于债权人或债务人的意志的条件,称任意条件;取决于第三人的意志或偶然事件的条件,为偶然条件;部分取决于债权人的意志、部分取决于第三人的意志或意外事件的条件,为混合条件。

第 1478 条 以债务人单纯意志为任意条件而缔结的债,无效。

以任何一方当事人的自愿行为为条件的,有效。

第 1479 条 如条件在不成就时则中止权利的取得,称停止条件;因其成就而消灭某一权利的条件,称解除条件。

第 1480 条 停止条件为不能或变为不能时,视为落空。

条件的含义和成就方式完全不可理解的,依循同一规则。

诱发不法或不道德行为的条件，亦同。

依其性质为不能的解除条件，或者不可理解或诱发不法、不道德行为的解除条件，视为未订立。

第 1481 条 前条第 1 款的规定准用于遗嘱处分。因此，如条件为取决于受分配人及他人意志的行为，而该条件因使其成为不能的意外事件，或者因取决于其意志的他人不能或不愿成就该条件而未成就，则即使受分配人已被规定由他成就该条件，亦视为条件已落空。

尽管如此，如应提供分配物的人利用不法手段使条件不能成就，或使条件的成就部分取决于其意志的他人不配合条件的成就，则条件视为已成就。

第 1482 条 条件指向的事件已确定不发生时，或者该事件本应在其内发生的期间届满而事件未发生时，积极条件被推定为落空，消极条件被推定为成就。

第 1483 条 条件应依当事人各方可能已经理解的实现方式实现，当事人已理解的方式被推定为最合理的成就条件方式。

例如，在条件是向处于监护或保佐之下的人给付一笔金钱时，如向本人交付金钱而该人挥霍之，则条件被视为未成就。

第 1484 条 条件应按约定的形式不折不扣地实现。

第 1485 条 附条件的债只有在条件完全实现时才可被请求履行。

在停止条件成就前已为的一切清偿，在条件未成就时可被索回。

第 1486 条 标的物在条件成就前非因债务人的过失灭失时，债消灭；如债务人有过失，他有义务给付价金和赔偿损害。

标的物如在条件成就时仍然存在，则应按其当时所处状态给付之，此时债权人可从该物的增值或接受的改良中获利，而无须为此增加给付，同时，他也应承受标的物的受损或减值，而无权要求减低价金，但所受损害或减值源于债务人的过错时，不在此限；在此等情形，债权人除可请求取消合同，或请求交付已受损害之物外，尚有权请求赔偿损害。

标的物的性能服务于依其性质或依协议而确定的目的的，一切破坏该性能的行为被理解为毁损标的物。

第 1487 条 解除条件成就时，应返还按该条件受领之物，但条件专为债权人的利益设定的除外，在此情形，债权人可依其意愿放弃该条件，但如果债务人有要求，债权人负宣告其决定的义务。

第 1488 条 解除条件实现时，无须返还在间隔期收取的孳息，但根据不同情形，法律、遗嘱人、赠与人或缔约人作出相反规定的除外。

第1489条 在双务合同中，当事人一方不履行约定事项的，应认为构成解除条件。

但在此等情形，缔约他方可依其意愿，或请求解除合同，或请求履行合同，此外尚可要求赔偿损害。

第1490条 如果附期限、停止条件或解除条件之债中对一项动产负给付义务的人转让该物，无权请求善意的第三占有人返还该动产。

第1491条 如果附条件之债中对一项不动产负给付义务的人转让该物，或对之设定抵押、岁供或役权的负担，则不得解除此等转让行为或负担设定，但条件已载入相关的权利证书，并且此等证书已以公文书的形式被登记或作成的，不在此限。

第1492条 在附条件的合同成立与条件成就的间隔期间死亡的债权人的权利移转于其继承人；此等继承人继承债务人的债务。

本规定不适用于遗嘱分配和生前赠与。

债权人可请求在上述间隔期间内采取必要的保全措施。

第1493条 第三编第四题关于附条件的或附负担的遗嘱分配的规定，在不与前数条规定冲突的范围内，适用于本题规定的协议。

第五题 附期限的债

第 1494 条 为债的履行确定的期间为期限,期限可以是明示的或默示的。履行债必不可少的时间为默示的期限。

法官仅可在法律规定的特别情形为债务的履行确定期限;仅在当事人对其理解和运用意见不一致时,才可解释模棱两可或含糊的期限的含义。

第 1495 条 期限届至前已为的清偿,无须返还。

本规定不适用于具有条件意义的期限。

第 1496 条 期限届至前,不得请求清偿债务,但下列情况除外:

1. 债务人构成破产或处于明显的支付不能状态;

2. 债务人为他人作出的担保因事变或其过错导致其财产消灭或价值大量减少。但在此等情形,债务人可通过更新或改善上述担保来主张期限利益。

第 1497 条 债务人可放弃期限,但遗嘱人已有相反安排或当事人各方有相反约定的,或者提前清偿将给债权人造成显然拟借助期限予以避免的损害的,不在此限。

附利息的消费借贷合同,遵循第 2204 条的规定。

第 1498 条 第三编第四题关于附期限的遗嘱分配的规定,适用于本题规定的协议。

第六题　选择之债

第 1499 条　以数物为标的,履行其中之一便可免除履行其他物的债,为选择之债。

第 1500 条　债务人应支付或执行他选择负欠的一个物的全部才能获得责任免除;他不得强制债权人受领一物的一部分和另一物的一部分。

选择权属于债务人,但有相反约定的除外。

第 1501 条　选择权属于债务人时,债权人不得确定地要求数个标的物中的一物,仅可要求基于债务人的选择对他负欠的物。

第 1502 条　选择权属于债务人时,他在保存一物的同时,可任意转让或毁损任何其他选择物。

但在选择权属于债权人,且供选择的标的物之一因债务人的过错已灭失时,债权人可依其意愿请求给付该物的价金并赔偿损害,或请求给付余存的任何一物。

第 1503 条　如允诺的选择物之一不能作为债的标的物或最终毁损,则对其他物的选择之债仍然有效;如选择物仅余其一,则债务人须给付该物。

第 1504 条　如选择之债中包含的所有标的物非因债务人的过错灭失,债务归于消灭。

如上述灭失出于债务人的过失,债务人有选择权的,应对其选择的任何一物负给付价金的义务;或在由债权人选择时,对债权人选择的任何一物负给付价金的义务。

第七题　任意之债

第 1505 条　任意之债以某一已被特定化的物为标的，但同时赋予债务人以该物或以他指定的其他物为清偿的权能。

第 1506 条　在任意之债中，债权人仅有权要求债务人给付其直接负担义务之物，并且该物如果非因债务人的过失在他构成迟延之前灭失，债权人无权请求给付任何物。

第 1507 条　在对是选择之债还是任意之债存有疑问的情形，视为选择之债。

第八题　种类物之债

第 1508 条　应不特定地给付特定种类的物中的某一个体的债,为种类物之债。

第 1509 条　在种类物之债中,债权人不得确定地要求某类物中的任何个物,债务人可通过任意交付该种类的物的任何个体解除义务,但该个体至少应具普通质量。

第 1510 条　种类物中的某物的灭失并不使债务消灭,且只要存在尚可履行债务的其他物,债权人即不得反对债务人转让或毁损该种类物中的某物。

第九题 连带之债

第 1511 条 一般而言,由数人就可分物承担债务时,各债务人仅就其债务的份额或部分负担义务;对数人就可分物承担债务时,各债权人也仅有权要求其在债权中的份额或部分。

但依协议、遗嘱或法律,可要求多数债务人中的每位债务人清偿全部债务,或者每位债权人都可主张全部债权,此时,债为连带的。

在一切法律未作此等规定的情形,连带的债应予明确声明。

第 1512 条 数人连带负欠的债务或数人连带享有的债权,即使样态不同,例如,对某人为单纯的债,对其他人则为附条件或期限的债,标的必须是同一的。

第 1513 条 债务人可向其选择的连带债权人中的任何一人清偿债务,但债权人之一已请求清偿时,债务人应向请求人清偿。

债务人与任一连带债权人之间发生的债务免除、抵销及更新,只要其他债权人之一尚未向债务人请求清偿,对他们亦如同已为清偿,发生债务消灭的效果。

第 1514 条 债权人可依其意愿向全体连带债务人集体求偿或向任一债务人请求清偿,被请求的债务人不得以分割的利益对抗此等请求。

第 1515 条 债权人对连带债务人之一提出的请求,除被请求人已清偿的部分外,并不消灭其中任何一人的连带债务。

第 1516 条 债权人可明示或默示地免除连带债务人之一或全体债务人的连带责任。

根据清偿请求或证书，表明债权人已要求或者已承认某一债务人清偿其债务部分或份额，并且债权人未对连带责任作特别保留或未对自己的权利作一般保留的，系为该债务人的利益默示地免除其连带责任。

但此等明示或默示的免除，对于已为其利益免除连带责任之债务人尚未清偿的债权部分，并不消灭债权人对其他债务人的连带诉权。

债权人同意分割债务时，所有连带债务人的连带责任均告免除。

第 1517 条　对定期金之连带责任的明示或默示免除，仅限于已到期的偿付额，且仅可在债权人有明确表示时，才扩及于将来的偿付额。

第 1518 条　债权人免除任一连带债务人的债务时，应削减相应的债务份额后，才可行使第1514条赋予他的诉权。

第 1519 条　债权人和任一连带债务人对债的更新，均解除其他债务人的责任，但其他债务人同意新设定之债的，不在此限。

第 1520 条　被请求的连带债务人为对抗此项请求，可提出本于债的性质的抗辩以及所有其他属于其个人的抗辩。

但如果连带的共同债务人转让其权利，不得以该连带共同债务人的债权抵销请求人的债权。

第 1521 条　标的物因连带债务人之一的过失或在其迟延期间灭失时，所有债务人都对赔偿价金负连带责任，而共同债务人对有过失或迟延的共同债务人享有诉权。但对于过失或迟延产生的损害，债权人仅可对有过失的或迟延的债务人提起损害之诉。

第 1522 条　已清偿债务或者以其他相当于清偿的方式消灭了债务的连带债务人，代位债权人的诉权以及其一切优先权和担保，但对于每一位共同债务人，仅限于对其分担的债务部分或份额提出请求。

为之缔结连带之债的事项仅与连带债务人中的一人或数人有关时，应根据债务中其相应的部分或份额，由此等人承担责任，而其他共同债务人被视为保证人。

支付不能的共同债务人的债务部分或份额，由其他所有债务人，包括债权人已免除其连带责任的债务人在内，按照其份额的比例分担。

第 1523 条　每位连带债务人的诸继承人集体对全部债务负担义务，但每位继承人仅对与其遗产份额相应的债务份额承担责任。

第十题 可分之债与不可分之债

第 1524 条 可分之债或不可分之债，依其标的物是否可在物理上、观念上或以份额的方式分割而定之。

因此，准予通行役权之债或许可建造一座房屋之债为不可分之债；支付一笔金钱的债为可分之债。

第 1525 条 成立连带之债的，并不使该债取得不可分的性质。

第 1526 条 如果债既非连带的也非不可分的，各债权人仅得主张其份额，各共同债务人也仅就其份额负清偿义务；支付不能的债务人的份额并不由其他共同债务人承担。以下情形应为例外：

1. 共同债务人之一全部或部分占有抵押物或质押物的，可对他提起抵押之诉或质押之诉。

已清偿其债务部分的共同债务人在债务全部消灭前，甚至不得部分收回质物或部分涂销抵押；其债权部分已获清偿的债权人在其他共同债权人全部获得清偿前，甚至不得部分解除质押或涂销抵押。

2. 如债务关乎特定物或特定物件，占有该物件的共同债务人负交付它的义务。

3. 因其行为或过失导致债的履行不能时，由该共同债务人对债权人造成的一切损失负排他的及连带的责任。

4. 依遗嘱、继承人间的协议或遗产的分割，继承人之一被课加偿付全部债务的义务时，债权人可向该继承人主张清偿全部债务，或要求各继承人就按比例应承担的份额为清偿。

如曾与死者约定，即使是债务人的继承人也不得依份额为清偿，则每个继承人可以承担与其共同继承人协商清偿全部债务的义务，或承担由他本人清偿债务的义务，保留其担保诉权。

但债权人的继承人如未共同起诉，仅可依其份额的比例请求清偿债务。

5. 如应给付之物为土地或其他任何不确定的、其分割将给债权人造成严重损害的物，各共同债务人可以承担与其共同债务人交付物的整体的义务，或承担由他本人清偿全部债务，但保留其对其他债务人的赔偿诉权。

但债权人的继承人仅在他们共同起诉时可主张整体交付物。

6. 在选择之债的情形，如选择权属于债权人，各债权人应共同选择；如选择权属于债务人，全体债务人亦应共同选择。

第1527条 数人共同成立不可分之债的，即使未约定为连带债务，各债务人亦有义务清偿全部债务，不可分之债的各债权人均享有要求全部清偿的权利。

第1528条 承担不可分之债的人的数个继承人中的每人，均有义务清偿全部债务，债权人的每位继承人也可主张全部清偿。

第1529条 时效对不可分之债的债务人之一的中断，其效力同样及于其他债务人。

第1530条 不可分之债的债务人之一被诉请的，他可请求给予一个与其他债务人协调以便全体履行债的期限，但债的性质只能由该人履行的除外，在此情形，当然可判令该人履行全部债务，他对其他债务人对他的负欠保留赔偿诉权。

第1531条 任一债务人履行不可分之债，对所有债务人均发生消灭债的效果。

第1532条 不可分之债的债权人为两人或更多的人时，未经其他人的同意，其中任何一人均不得免除债务或受领标的物的价金。如债权人之一免除债务或受领标的物的价金，其共同债权人仍可请求该物，但须就曾免除债务或受领标的物的价金的债权人的部分或份额向债务人为偿付。

第1533条 因不履行或迟延履行不可分之债产生的损害诉权为可分的：任何债权人仅可就其应得部分提出请求，任何债务人亦仅就其应得份额负担义务。

不可分之债如因债务人之一的行为或过失而致履行不能，仅由该债务人对一切损害负责。

第 1534 条 两个共同债务人应共同实施某一行为的，如其中之一准备履行，而另一人拒绝或迟延履行，仅由后者对不履行或迟延履行给债权人造成的损害负责。

第十一题　附违约金条款的债

第 1535 条　为保障债的履行，某人在主债务未被履行或被迟延履行时，承受由给或做构成的违约金的条款，为违约金条款。

第 1536 条　主债的无效导致违约金条款的无效，但违约金条款的无效并不导致主债的无效。

尽管如此，如果一人为他人允诺，在后者不履行其诺言时承担违约金，则即使主债务因缺乏该他人的同意无效，违约金亦有效。

如果一人为第三人的利益与他人为约定，与之为约定者对不履行诺言的情形承担违约金，亦同。

第 1537 条　在债务人构成迟延前，债权人不得选择主张履行主债务或要求执行违约金，只能请求履行主债务；在债务人构成迟延时，债权人不得既主张履行主债务，又主张执行违约金，只能选择主张其一，但违约金明显为单纯的迟延而约定的，或约定了偿付违约金不意味着消灭主债务的，除外。

第 1538 条　无论是否约定履行主债务的期限，只要为积极之债，则在债务人构成迟延时，才能执行违约金。

如为消极之债，债务人自实施有义务禁绝的行为之时被执行违约金。

第 1539 条　债务人仅履行主债务的一部且该部分为债权人受领时，他将有权按比例减少为不履行主债规定的违约金。

第 1540 条　附违约金条款缔结的债以可分物为标的物时，罚金应依主债务的同一方式在债务人的继承人中依其遗产份额的比例分担。违反义务的继承人依属于他的遗产份额的比例负担罚金的相应部分；债权人对未违反义务的共同继承人不享有诉权。

违约金条款如明示为禁止部分清偿而设，而继承人之一阻止为全部清偿，则不适用前款的规则：债权人因此可要求该继承人偿付全部罚金，或者向各继承人依其份额主张相应的罚金，但其他继承人对违反约定的继承人有求偿权。

附违约金条款缔结的债以不可分物为标的物时，适用同一规定。

第 1541 条 如罚金以不动产作为抵押担保，可就该不动产执行全部罚金，但对导致罚金的人保留赔偿诉权。

第 1542 条 在一切约定的情形，都发生请求罚金的诉权，债务人不得以未履行约定事项尚未对债权人造成损害或尚未给债务人带来利益为抗辩。

第 1543 条 除有此等明确约定外，不得同时请求罚金和损害赔偿，但请求赔偿损害或罚金的选择权总是属于债权人。

第 1544 条 如依简约，当事人一方须给付一笔其价值相当于他方应提供之物的确定数额的金钱，而罚金也为给付一笔确定数额的金钱，则在后者超出前者的两倍（包含前者在内）时，可请求自后者中减去超出部分。

前款规定不适用于消费借贷，也不适用于其价值无法估计或予以确定的债务。

在第一种情形，对于超出所允许约定之最高利息的罚金，可予降低。

在第二种情形，应由法官在考虑具体情况后认为过量时酌减之。

第十二题　债的效力

第 1545 条　依法成立的一切合同是缔约人的法律，除非因当事人的相互同意或因法定的原因，不得被宣告无效。

第 1546 条　合同应以诚信履行之，因此它不仅依其明示发生约束力，并按照债的性质必然产生的一切事项或依法律、习惯归属于债的一切事项发生约束力。

第 1547 条　对于依其性质仅有利于债权人的合同，债务人只对重过失负责；对于双方当事人互有利益的合同，债务人对轻过失亦应负责；对于仅由债务人获利的合同，债务人对轻微过失负责。

债务人不对意外事件负责，但已构成迟延的（在此等情形，标的物如已交付给债权人，则不会发生损害后果），或者意外事件因其过失所致的，不在此限。

勤勉或注意由有此义务的人证明；意外事件由主张者证明。

但是，以上规定应理解为不排除法律的特别规定以及当事人的明确约定。

第 1548 条　给的债务包含物的交付；如该物为特定物或特定物体，尚包括在交付前保存它们的义务，否则应对未迟延受领的债权人承担赔偿损害的责任。

第 1549 条　保存物的义务要求在保管时尽应有的注意。

第 1550 条　应交付的特定物的风险当然由债权人负担，但债务人构成交付迟延的，或承诺依不同的债务向两人或更多的人交付同一个物的，不在此限；在此等情形，债务人在完成其交付前负担标的物的风险。

第1551条 在以下情形，债务人构成迟延：

1. 在约定的期限内未履行债务，但法律在特别情形为构成迟延要求向债务人为催告的除外；

2. 物仅可在特定的时段内给付或履行，而债务人听凭该时段经过却未给付或履行；

3. 在其他情形，债权人已通过诉讼程序向债务人为请求的。

第1552条 双务合同中，任何一方当事人在他方未履行其义务时，或者在他方未依适当形式和时间为对待履行时，并不因不履行约定事项构成迟延。

第1553条 如为作为之债，而债务人构成迟延，则在赔偿迟延损害之外，债权人还可依其选择请求下列三事项之一：

1. 催告债务人履行约定的行为；

2. 获准委托第三人履行该行为，其费用由债务人负担；

3. 债务人赔偿违约所致损害。

第1554条 订立合同的允诺并不产生任何债，但以下情节同时成立时，不在此限：

1. 允诺以书面形式作成；

2. 允诺订立的并非法律宣告无效的合同；

3. 允诺包含有能确定合同订立时间的期限或条件；

4. 允诺中已对所承诺的合同进行了详细约定，仅缺乏使合同成立的物之让渡或法律规定的程式。

此等情节同时成立时，适用前条的规定。

第1555条 债务人违反不为某事的债务时，如不能取消已为的行为，一切此等债务都转变为赔偿损害的责任。

如已为的事项可以取消，并且其取消为达成缔约之时设定的合同目的有必要，债务人有义务为此等取消，或债权人应被准许以债务人的费用实现之。

如能以其他方式完全达到上述目的，在此情形应听取愿意采取措施的债务人的意见。

债权人在任何情形下均可请求损害赔偿。

第1556条 损害赔偿包括不履行、不完全履行或迟延履行债务导致的现实损失与可得利益。

法律明确限定仅赔偿现实损失的，不在此限。

第1557条 损害赔偿之债自债务人构成迟延之时起发生，或者在不作为之债的情形，自违约之时起发生。

第 1558 条 如果不能归咎于债务人的故意，他仅对订立合同时预见到的或可预见到的损害负责；如存在故意，债务人应对不履行或迟延履行债务导致的一切直接损害或间接损害承担责任。

不可抗力或意外事件导致的迟延不引起损害赔偿责任。

合同当事人可以约定变更此等规定。

第 1559 条 如果债是支付一定数额的金钱，迟延损害赔偿按以下规定处理：

1. 如约定的利息高于法定利息，应支付约定利息，或者在相反的情形，应支付法定利息，但在特定情形允许收取普通利息的特别规定，有强制力。

2. 仅收取利息时，债权人无须证明损害的存在；此时以迟延的事实为已足。

3. 迟延的利息不产生利息。

4. 前项规定准用于一切种类的租金、房租或定期金。

第十三题 合同的解释

第1560条 缔约人的意图已被明确认知的,应依据此等意图,而不拘泥于文字。

第1561条 不问合同用语如何一般,该用语仅适用于当事人订定的事项。

第1562条 条款中能产生某种效力的含义优先于不能产生某种效力的含义。

第1563条 在未出现相反意思的情形,应采取最适合于合同性质的解释。

普遍适用的条款,即使未载明于合同,亦可推定存在。

第1564条 合同条款应相互解释之,以确定每一条款在合同整体中最适合于合同的意义。

合同也可以根据相同当事人就相同事项订定的其他合同为解释。

合同条款可以双方当事人的习惯做法或经他方同意的当事人一方的习惯做法为解释。

第1565条 合同中载明一种情形以说明债务时,不得因此认为当事人意在将债务局限于该情形,而排斥自然扩及的其他情形。

第1566条 对有歧义的条款应作有利于债务人的解释,而不得适用前数条的解释规则。

但有歧义的条款由当事人一方草拟或作成的,不问他为债权人抑或债务人,只要歧义产生于他没有作出他本应作出的阐明,即应作对他不利的解释。

第十四题 债的消灭方式以及首先关于有效清偿的规定

第 1567 条 债可因有自由处分其财产之能力的利害关系当事人同意终结债的协议而消灭。

债尚因如下原因之一而全部或部分消灭：

1. 有效清偿；
2. 更新；
3. 和解；
4. 免除；
5. 抵销；
6. 混同；
7. 债务标的灭失；
8. 被宣告无效或取消；
9. 解除条件成就；
10. 诉讼时效完成。

和解和时效规定于本编的最后部分；解除条件已规定于附条件之债一题中。

第一节 关于有效清偿的通则

第 1568 条 有效清偿，是对所负欠之物的给付。

第 1569 条 清偿应完全根据债的内容进行，但法律规定特别情形的除外。

不得强使债权人受领标的物之外的物，即使以所给付之物有相等或更大价值为理由，亦同。

第 1570 条 在分期清偿中，如有连续清偿 3 个确定期次的凭据，则对于此前的定期清偿，只要在同一债权人和债务人之间本应进行此等清偿，可推定之。

第1571条 清偿发生的费用由债务人承担，但有约定以及法官对诉讼费用有裁决的，除外。

第二节 谁可以为清偿

第1572条 即使为债务人不知或违背债务人乃至债权人的意愿，任何人都可以债务人的名义代为清偿。

但如果是作为之债，且有关的工作已考虑到债务人的能力或才智，则不得违背债权人的意思由他人实施该工作。

第1573条 其清偿为债务人不知的人仅对债务人享有偿还已为的清偿的诉权；在此等情形，不得将其理解为依法对债权人及其权利的代位，亦不得强使债权人授予他代位。

第1574条 违背债务人意思为清偿的人无权请求债务人偿还其已为的清偿，债权人自愿对此等人让与其诉权的，不在此限。

第1575条 应移转所有权的清偿，仅在清偿人为清偿物的所有人，或取得所有人的同意为清偿时才有效。

应移转所有权的清偿，仅在清偿人有转让权时发生效力。

但是，清偿物为消耗物而债权人已善意消费它们的，即使清偿由非所有人或不具转让权的人所为，仍为有效。

第三节 应向谁为清偿

第1576条 为使清偿有效，应向债权人本人（一切继受其债权者，即使是单一物的继受人，亦视为基于其名义），或者法律或法官授权代其受领者，或者债权人为受领而委任的人进行清偿。

善意向占有债权的人为清偿者，即使嗣后债权未归属于占有人，清偿亦为有效。

第1577条 向前条规定之外的人为清偿时，如债权人能合法追认此等清偿并以明示或默示的方式作出了此种追认，清偿有效；或如果已受领清偿的人作为债权人的继承人，或以其他任何名义继受了债权，清偿也有效。

对不适格者所为的清偿经债权人追认的,视为自始有效。

第1578条 在下列情形,向债权人所为的清偿无效:

1. 债权人不得自由管理其财产,但经证明清偿物已用于债权人的利益,并且此等利益依第1688条的规定被证明为合理的,除外;

2. 法官已扣押债务或命令留置清偿物;

3. 在为债权人的利益开始民事破产程序[①]后,仍向支付不能的债务人为清偿,从而诈害上述债权人。

第1579条 监护人和保佐人可合法代替其相应的被代理人受领清偿;具有特别职务或持有死者财产的遗嘱执行人,对妻的财产享有管理权的夫,对子女行使亲权从而对其财产享有管理权的父或母,国库、市镇或公共机构的征税人对于相应的国库、市镇或公共机构,以及其他特别法或法院裁决为此目的而授权的人,同样如此。

第1580条 受领清偿之委托,可以是授予自由管理债权人所有事务的一般权限,或授予自由管理清偿所包含的某一或数项事务的特别权限,或仅仅是委托与债务人进行联络。

第1581条 任何被债权人委以职责的人,即使在授权之时不能管理其财产,也无能力持有此等财产,也可有效地代理收取和受领清偿。

第1582条 债权人授予某人起诉债务人的权力,并不因此授予他受领债的清偿的权限。

第1583条 为债权人受领清偿的权限不得移转于受任人的继承人或代理人,但债权人对此有明确规定的除外。

第1584条 合同当事人双方指定的受领人不因债权人单方面的意思丧失这一权限,但是,在债务人无意反对的一切情形,债权人可经法官许可撤销该职务。

第1585条 如约定向债权人本人或第三人清偿,对其中任何一人的清偿都同样有效。除非禁止之前已起诉债务人,或证明禁止有正当理由,债权人不得禁止向该第三人为清偿。

第1586条 受任受领清偿的人,因精神病、禁治产,或者因委弃财产或全部财产被执行丧失其资格;一般也因一切引起委任终结的事由丧失资格。

[①] 西班牙语中,指称破产的术语有两个,其中 concurso 指民事破产,quiebra 则指商事破产(一般针对企业或所谓的商人)。在民事破产中,由债务人本人提起的,称自愿的民事破产,依债权人请求而发生的,则谓必要的民事破产。——译者

第四节 应在何处为清偿

第1587条 清偿应在协议中指定的地点进行。

第1588条 如果未约定清偿地,而清偿物为特定物,应于上述特定物在债成立时所处的地点为清偿。

如标的物为其他的物,应在债务人住所地为清偿。

第1589条 如在合同订立与清偿债务的中间期间债权人或债务人的住所改变,应总是在无此等改变时应该为清偿的地点为清偿,但当事人双方有相反约定的除外。

第五节 应如何为清偿

第1590条 如债务是特定物之债,债权人应依交付时标的物所处的状态受领之,但标的物已受损害,且此等损害源于债务人的行为或过失,或源于应归其负责的他人的行为或过失的,不在此限;或者损害发生于债务人构成迟延之后,且损害并非标的物处于债权人权力下时同样会导致损害的意外事件所致,亦不在此限。

在后两种情况中,债权人可请求撤销合同和赔偿损害,但债权人愿意收受该特定物,或者损害看来无关紧要时,仅赋予其损害求偿权。

损害发生于债务人构成迟延之前,但非源于其行为或过失,而应归因于不属其负责的他人的行为或过失时,则依物实际所处的状态而为的清偿有效,但债权人可要求债务人让与对第三人即加害人的诉权。

第1591条 除非有相反的约定,债务人不得强制债权人部分受领债的清偿;法律在特别情形可以作出相反规定。

债务的全部清偿包括应付利息和损害赔偿。

第1592条 对债务的数量或其从物存在争议时,法官可命令在争端裁决期间先清偿无争议的部分。

第1593条 如债为分期清偿之债,应理解为将清偿分割为均等的部分,但合同已确定每期清偿的部分或份额的除外。

第1594条 如在同一债权人和债务人之间同时存在不同债务,每一债务可被分别清偿;因此,对扶养费或租金负多年义务的债务人,即使未同时支付其他年度的金额,亦可强制债权人受领某1年的清偿。

第六节 清偿抵充

第1595条 如果负欠本金和利息,应先抵充利息,但债权人明确同意先抵充本金的除外。

债权人如作成本金的清偿证书而未提及利息,推定利息已被清偿。

第1596条 如果有不同的债务,债务人可抵充其选择的债务,但未经债权人同意,债务人不得撇开已到期的债务先抵充未到期的债务;如债务人不抵充任何特定的债务,债权人可于清偿证书中作出抵充;如果债务人接受此等抵充,不得嗣后请求取消。

第1597条 如当事人均未作出抵充,则清偿时已到期的债务应优先于未到期的债务;如在此方面不存在区别,则应抵充债务人选择的债务。

第七节 通过提存为清偿

第1598条 清偿的有效作出,不以债权人的同意为必要;虽违背债权人的意志,亦可通过提存为有效清偿。

第1599条 由于债权人拒绝或不到场受领标的物,或由于债权人的身份不确定,依必要手续将标的物寄存于第三人处所的,为提存。

第1600条 在提存之前应作出提交,提交同时具备以下情节的,有效:

1. 由有清偿资格的人作出。
2. 向有受领能力的债权人或其合法代理人作出。
3. 如为附期限之债或附停止条件之债,期限已届至或条件已成就。尽管如此,如为附期限之债,提交也可在期限的最后两个工作日内作出。
4. 须提出在适当的地点执行清偿。
5. 提交,须无法院的事先命令而通过所在地的公证人或收受人为之。为此,债务人须将债务的备忘录交到公证人或收受人手中,连同到期利息(如果存在)、其他已清算的费用以及提交之物的说明书。提交的有效作出，不以物的实际提交为必要。在无公证人的市镇，清偿地的民事登记处的官员可代行其职。

6. 公证人、收受人、民事登记处的官员，根据具体情况，须签发提交文书，其中应抄录前述备忘录。

7. 提交文书中须记载债权人或其代理人的答复，且须载明该债权人或其代理人是否已签字、拒绝签字或者声明不会或不能签字等情形。

但是，债权人如通过司法程序诉请履行债，或者行使其他通过清偿债务能予削弱的诉权，仅须将标的物连同到期利息（如果有）和其他已清算费用，依审理法院的命令，按第1601条规定的方式之一提存，即为已足，而无需事先的提交。在此等情形，清偿是否足量由该法院在同一诉讼中裁定。

第1601条 债权人或其代理人如拒绝受领提交之物，债务人可按照提交之物的性质，将该物提存于有管辖权的法院的银行账户、市镇财政局或清偿实施地的银行、国家储蓄所的办事处、土地信用局的办事处、集市、拍卖行或一般的寄托公司。

提存也可向有管辖权的法官指定的受寄托人实施。

实施提交或提存，无须事先获得法院裁决。

通过提存为清偿时，不许债权人实施任何旨在妨碍提交或提存的管理行为或司法诉求。因此，债权人的任何异议或请求，不予受理。

定期清偿源于同一债务的金额时，如已提存其中一笔，则嗣后的份额无须重新提交即可提存于法院的银行账户。

本条中的有管辖权的法官，乃指应为清偿之地的市镇高级独任民事法官。

第1602条 债权人或其代理人如在应为清偿之地无住所或未曾出现，或者债权人的身份不确定，适用第1600条第1项、第3项、第4项、第5项和第6项的规定。

在此情形，须向相应的市镇财政局为提交，后者限于知悉此项提交，而债务人依前条规定的方式实施提存。

第1603条 提存后，债务人应请求第1601条最后一款提到的法官敦促债权人受领提存物，并裁定其知晓提存的存在。

依提存所为的清偿是否足量，应在由债务人或债权人提起的相应诉讼中在依一般规则有管辖权的法院面前评定。

然而，自通知提存之日起算的30个工作日内，如债权人未证明应评定足量清偿的诉讼情事的存在，敦促为上述通知的法官应依债务人的请求宣告清偿足量,并裁决无须其他手续即可取消担保。依本款所作的裁决仅得在可恢复的效果范围内提起上诉。

如因债权人意志以外的事由不能通知债务人,法官可将前款规定的期限延展 30 天。

自通知诉讼请求之时起,视为存在诉讼。

第 1604 条 一切有效作出的提交和提存的费用,由债权人负担。

第 1605 条 足量提存的效果为债的消灭、停止计算利息和免除债务人对物之危险的责任,所有这些效果自提存之日起发生。

如为附期限或附条件的债,只要最迟在债务到期的工作日作出提交,则在债权人接受提存时,或者依可执行的裁决宣告清偿足量时,债务视为适时履行,但是,债务人在一切情形,仍对应清偿的利息和提存之前物的保管负担义务。

第 1606 条 如债权人不接受提存,或具有既判力的判决宣告清偿不足量,债务人可撤回提存;提存一经撤回,对提存人及其共同债务人和保证人视为未发生任何效力。

第 1607 条 债务已不可撤销地消灭时,仍可经债权人的同意撤回提存。但在此情形,债务视同全部更新;共同债务人和保证人免除对债务的责任;债权人不保留对其原债权的优先权或抵押权。如依当事人的意思更新先前的抵押,应重新登记,其生效日期为重新登记日。

第八节 代位清偿

第 1608 条 债权人的权利移转于向其为清偿的第三人,为代位。

第 1609 条 第三人依法律的规定或依债权人的协议,代位行使债权人的权利。

第 1610 条 在法律规定的一切情形,尤其是为以下人的利益,虽违背债权人的意思,也依法发生代位:

1. 对因享有优先权或抵押权而具有较优权利的其他债权人为清偿的债权人;

2. 因购买不动产而对在不动产上享有抵押权的债权人负清偿义务的人;

3. 对其负担的连带债务或补充债务已作清偿的人;

4. 享有清单利益而以其自己的金钱清偿遗产债务的继承人;

5. 经债务人明示或默示同意而清偿他人债务者；

6. 为债务人进行清偿而向其贷与金钱的人；此时，须记载于借贷的公文书中，且在清偿公文书中载明已以该笔金钱实施清偿。

第 1611 条　债权人受领第三人清偿的债务时，自愿使第三人代位取得其作为债权人享有的全部权利和诉权的，发生协议代位：在此情形，代位遵循权利让与的规则，并且应记载于清偿证书中。

第 1612 条　原债权人对主债务人以及对债务负连带责任或补充责任的第三人享有的一切权利、诉权、优先权、质权或抵押权，均因法定的和协议的代位而移转于新债务人。

债权人仅部分受偿的，可就对其负欠的余额优先于仅向其清偿部分债权的人行使其权利。

第 1613 条　数人向债务人贷与金钱清偿债务时，不问数笔借贷或数个代位的发生日期，在此等数人间不发生优先。

第九节　依委弃财产或债权人的执行诉权为清偿

第 1614 条　委弃财产是债务人因不可避免的事件处于不能清偿其债务的状态时，自愿抛弃其全部财产给债权人的行为。

第 1615 条　不问有如何相反的约定，受理案件的法官可允许委弃财产，债务人也可请求为此等委弃。

第 1616 条　为取得委弃财产的许可，在任何债权人为此项要求时，债务人须证明自己无过失地处于恶劣的经营状态。

第 1617 条　除下列情形外，债权人负接受委弃的义务：

1. 债务人故意将他人的财产作为自己的财产转让、典押或抵押；

2. 因偷盗、抢劫、伪造或诈欺破产而受判处；

3. 已取得其债权人对债务的免除或暂缓；

4. 挥霍其财产；

5. 对其经营状态未作详细和可信的解释，或为损害其债权人利用任何其他诈欺性手段。

第 1618 条　除不可扣押的财产外，委弃应包括债务人的全部财产、权利和诉权。

下列财产不可扣押：

1. 公务雇员薪金的 2/3，该 2/3 部分以埃斯库多为货币单位不超过

90森特西莫①；如超出，则该金额的 2/3 或超出部分的一半不得被扣押。

本规定准用于互助救济金、一切国家的酬劳性的养老金和强制性扶养费；

2. 债务人、其配偶及与债务人共同生活的并由其承担生活费用的子女的床，以及所有此等人用以御寒的必要衣物；

3. 在以埃斯库多为货币单位不超过 20 森特西莫的价值限度内由债务人本人拣选的与其职业相关的书籍；

4. 债务人为科学和艺术的教学而在上述价值限度内由其本人挑选的机器和仪器；

5. 由其兵种和军衔决定的军服和装备；

6. 债权人个人劳动所必需的手工业和田间劳动工具；

7. 处于债务人权力之下并且在家庭一个月的消费必需的范围内的食品和燃料；

8. 债务人作为信托受托人占有的物品的所有权；

9. 其行使具有完全的人身性的权利，如使用权和居住权；

10. 载明不得扣押而赠与或遗赠的不动产，但其交付之时的价值须依司法认可的估价而被证明；然而，对尔后取得的附加价值可以扣押。

第 1619 条 委弃财产产生以下效果：

1. 债务人免受人身的强制；

2. 债务在受委弃财产清偿的范围内归于消灭；

3. 委弃财产不足以清偿全部债务的，债务人若以后取得其他财产应被用于补足清偿。

委弃并不移转债务人财产的所有权于债权人，仅移转对财产以及至债权被清偿时此等财产所生孳息的处分权。

第 1620 条 在财产或其任何部分被出卖前，债务人可通过向债权人为清偿而反悔委弃，并收回尚存的财产。

第 1621 条 委弃财产后，只要参与分配的多数债权人同意，即可保留债务人对委弃的财产的管理，并且可与他一起实施债权人认为适当的整理。

---

① 在 1960—1975 年间，智利的基本货币单位为埃斯库多，它取代了之前的基本货币单位——比索（其兑换比率为 1 埃斯库多＝1000 比索）；1 埃斯库多等于 100 森特西莫。智利现行的基本货币又改为比索。总之，智利共和国民法典施行一百多年来，智利的货币制度经历多次变革，导致本法典中出现多种货币单位。——译者

第 1622 条　依程序法典规定的方式取得的多数债权人的同意，对已以适当方式传唤的一切债权人均有拘束力。

但享有优先权、质权、抵押权的债权人，如没有参加表决，不因多数债权人的同意而受损害。

第 1623 条　财产的委弃不惠及连带的或补充的共同债务人，或者未附清单利益接受债务人之遗产的人。

第 1624 条　第 1618 条及其以下数条关于委弃的规定，准用于依债权人的执行诉权扣押财产的情形，但关于人身强制执行的免除，应遵守程序法典的规定。

第十节　享有能力限度利益的清偿

第 1625 条　依其社会地位和境况，并在其财产状况改善时负补足义务的前提下，为使其负担的清偿义务不超出其所能，在保留其俭朴生活之必需品的范围内赋予特定债务人的利益，为能力限度利益。

第 1626 条　对下列人员，债权人有义务赋予能力限度利益：

1. 其直系卑血亲或直系尊血亲，没有对债权人实施任何构成剥夺继承权的侵害行为的；

2. 其配偶，没有因其过失离婚的；

3. 其兄弟姐妹，未对债权人有过失地实施与直系卑血亲或直系尊血亲之继承权剥夺情由有同等严重程度的侵害行为的；

4. 同等情形下的合伙人，但仅限于产生于合伙合同的相互诉权；

5. 赠与人，但仅限于要求其履行允诺的赠与之时；

6. 已委弃财产，且被继续请求以嗣后取得的财产补足清偿委弃前存在的债务的善意债务人，但只有为其利益委弃财产的债权人应赋予该债务人此项利益。

第 1627 条　不得同时主张扶养费和能力限度利益。债务人应选择其一。

第十五题 更新

第 1628 条 更新为新债替代旧债，旧债因此消灭。

第 1629 条 代理人或受任人如无更新的特别权限，或者对委托的交易或债务所属的交易不享有自由的管理权限，不得为债的更新。

第 1630 条 为使更新有效，须旧债和更新合同至少当然有效。

第 1631 条 债的更新可按以下三种方式为之：

1. 新债替代旧债，而无新债权人或新债务人介入；
2. 债务人与第三人缔结新债，原债权人声明解除原债务人的原债务；
3. 新债务人替代旧债务人，后者因此解除债务。

第三类更新可不经原债务人同意为之。如经其同意为之，新债务人称旧债务人的承担人。

第 1632 条 如债务人仅委托他人代其清偿，或债权人仅委派他人代其受领，不发生债的更新。

第三人代位行使债权人的权利时，也不发生债的更新。

第 1633 条 如旧债为单纯之债，而新债系于停止条件，或在相反情形，旧债系于停止条件，而新债为单纯之债，则在条件未成就期间不发生债的更新；如条件落空，或在其成就之前旧债消灭，不发生更新。

尽管如此，倘若当事人双方在订立第二个合同时约定无须等候所附条件成就即当然消灭旧债，则依双方当事人的意思。

第 1634 条 为发生债的更新，须有各方当事人的意思表示，或者须因新债包含旧债的消灭，从而各方当事人毫无疑问表现为具有更新债的意图。

如未表现出更新意图，应视有两个共存的债，旧债在一切新债未与它抵触的范围内有效，同时旧债的优先权和担保仍在该范围内存在。

第 1635 条　他人对旧债务人的替代，非经债权人明示解除旧债务人的债务，不发生债的更新。无此等明示的，应依该行为的内容或精神推定第三人仅受债务人委托为清偿，或者推定此等第三人与债务人负连带的或补充的责任。

第 1636 条　如违背被承担人的意愿以承担人替代他，不发生债的更新，此时仅使被承担人的诉权让与于债权人，且此等行为的效果应遵守让与诉权的规定。

第 1637 条　已解除旧债务人责任的债权人，虽新债务人发生支付不能，也不再对旧债务人享有诉权，但更新合同中对这种情况有明示保留的，或者支付不能事先存在，且处于公开状态或为旧债务人知悉的，不在此限。

第 1638 条　为以为自己是债务人但并非如此的人承担债务的人，如为解除该虚假的债务而允诺对债权人为清偿，他有义务履行其允诺，但他有权要求被承担人替他清偿，或偿付其已为的清偿。

第 1639 条　曾经为以为自己是债务人但并非如此的人承担债务的人，对债权人不负义务，如承担人已基于债务为真实的观念实施清偿，则与被承担人处在如果债务真实存在将处在的情境中，而被承担人可请求返还非债清偿。

第 1640 条　不问以何种方式进行更新，如无相反约定，旧债的利息因此归于消灭。

第 1641 条　不问债的更新是否有新债务人对旧债务人的替代，旧债的优先权均因更新消灭。

第 1642 条　即使债的更新无新债务人对旧债务人的替代，属于旧债的质押和抵押不移转于新债，但债权人和债务人明确合意保留的除外。

质押物或抵押物属于第三人的，如第三人未明确同意将它们移转于新债，对旧债的质押或抵押所作的保留无效。

为新债保留的担保超出了旧债的担保的，也不发生效力。例如，旧债务未产生利息而新债务产生利息的，旧债务的抵押并不及于利息。

第 1643 条　如债的更新中有新债务人对旧债务人的替代，则即使经新债务人同意，保留也不对其财产有效。

如在债权人和连带债务人中的一人之间发生债的更新，保留仅对该债务人生效。不管有如何相反的约定，由其共同连带债务人设定的质押和抵押亦告消灭，但共同债务人明确同意将它们移转于新债的，不在此限。

第 1644 条 在保留不能生效的情形和范围内，可更新质押和抵押，但须遵循第一次设定时的同一手续，并且其生效日为更新之日。

第 1645 条 不同意更新的共同连带或补充债务人，因更新解除其债务。

第 1646 条 新债单纯添加或去除旧债标的物的属、种或量时，共同的补充和连带债务人可在两债一致的范围内承担义务。

第 1647 条 如新债仅限于就不履行旧债设定罚金，且旧债和罚金能同时请求，则在不包括罚金的主债范围内，优先权、保证、质押和抵押依然有效。但如在违约的情形仅可请求罚金，应自债权人仅请求罚金之时起视为更新，且依该事实，旧债的优先权、质押或抵押均告消灭，同时，对旧债而非罚金条款同意负担连带或补充责任的人获得责任免除。

第 1648 条 债的优先权、质押和抵押不因清偿地点的单纯改变失其效力，连带的和补充的共同债务人的责任也是如此，但不增加新的负担。

第 1649 条 债务期限的单纯延展不构成更新，但保证人的责任因此终止，在非债务人的财产上设定的质押和抵押亦告消灭，但保证人或抵押物、质押物的所有人明示同意此等延展的，不在此限。

第 1650 条 期限的单纯缩减也不构成更新，但仅在原定期限届至时，才可以诉追连带的或补充的共同债务人。

第 1651 条 如债权人以连带的或补充的共同债务人亦同意新债为条件同意新债，而连带的或补充的共同债务人并未同意，则视为未发生更新。

第十六题 债务的免除

第 1652 条 仅在债权人有资格处分债务的标的物时，债务免除才会有效。

第 1653 条 以单纯的慷慨行为免除债务时，完全遵守生前赠与的规定；在生前赠与须提请认可的情形，此等债务免除亦须提请认可。

第 1654 条 债权人以消灭债务的意图自愿将债务证书交付给债务人的，或销毁、涂销此等证书的，发生默示的债务免除。债权人被允许证明证书的交付、销毁或已涂销并非自愿或并非以免除债务为目的。但在无这样的证明时，应视为有免除债务的意图。

免除质押或抵押，不足以推定免除债务。

第十七题 抵销

第1655条 二人互为债务人时，依以下规定的方式和情形，在他们间发生消灭双方债务的抵销。

第1656条 即使债务人不知，也可仅依法律的效力发生抵销；两个债务自其同时成就以下要件之时起在其价值范围内互相消灭：

1. 两个债务均为金钱债务，或其标的物为同种类、同质量的消耗物或不特定物；
2. 两个债务都为净债务；
3. 两个债务都已届清偿期。

赋予债务人的缓期阻碍债的抵销，但本规定不适用于债权人赋予其债务人的恩惠期。

第1657条 为发生债的抵销，须双方当事人互为债务人。

因此，主债务人不得就其债权人对保证人的债务向债权人主张抵销。

被庇护人的债务人被监护人或保佐人请求履行债务的，不得就监护人或保佐人对他负欠的债务主张抵销。

多数连带债务人之一被请求时，各连带债务人均不得以其共同债务人对该债权人的债权抵销其债务，但此等债权已转让给连带债务人的，不在此限。

第1658条 受任人不仅可以委任人享有的债权，也可以其自己对同一债权人享有的债权对委任人的债权人主张抵销，但为保障委任人对抵销的确认，须为此提供担保。然而，除非依委任人的意思，受任人不得以自己对第三人负欠的债务抵销第三人对委任人负欠的债务。

第1659条 债务人无保留地同意债权人将债权让与

第三人的，其同意前可对让与人主张的抵销不得对受让人再行主张。

如果债务人未同意债权让与，他对让与通知前已对让与人取得的一切债权，即便是在通知后才届清偿期，也可向受让人主张抵销。

第1660条 尽管依法律的效力发生债务的抵销，但因为不知有可以抵销债务的债权而未主张抵销的债务人，连同该债权保留为其履行设定的保证、优先权、质押和抵押。

第1661条 抵销的发生，不得损及第三人的权利。

因此，某一债权一旦被扣押，其债务人不得为损害扣押利益人而以其在扣押后取得的债权主张抵销。

第1662条 对于物之所有人因物被不法侵夺提出的返还请求，以及对寄托物或使用借贷物提出的返还请求，即使物已灭失而仅存在以金钱偿付物的义务，亦不得以抵销对抗之。

对于因胁迫或诈害行为产生的损害赔偿请求，以及不可扣押的扶养费请求，亦不得以抵销对抗之。

第1663条 有数宗可抵销的债务时，应就债务的抵销适用关于清偿抵充的同一规则。

第1664条 两个债务的清偿地不同时，任何一方当事人不得主张抵销，但两者均为金钱债务，以及主张抵销者承担寄送费用的，不在此限。

第十八题 混同

第 1665 条 债权人和债务人身份集于同一人时,依法发生混同,混同消灭债并产生与清偿同样的效果。

第 1666 条 消灭主债的混同也消灭保证,但消灭保证的混同并不消灭主债。

第 1667 条 如仅对债务的一部发生两种身份的兼有,则仅在该部分的范围内发生混同并消灭债务。

第 1668 条 多数连带债务人中的一人与债权人发生混同时,前者可向其每位共同债务人请求其各自在债务中应负担的部分或份额。

相反,如多数连带债权人中的一人与债务人发生混同,前者对其每位共同债权人在债权中的相应部分或份额负担义务。

第 1669 条 继承人附清单利益接受的债权和债务,不与遗产的债务和债权发生混同。

第十九题 标的物灭失

第1670条 作为标的物的特定物，或因毁损，或因变为不流通物，或因遗失后不知其是否存在而灭失时，债消灭，但以下条款规定的例外情形除外。

第1671条 只要物在处于债务人权力之下时灭失，就推定因其行为或过失所致。

第1672条 如特定物因债务人的过失或在债务人迟延期间灭失，债务人的义务依然存在，但债之标的发生变更；债务人负给付该物的价金并向债权人赔偿损害的义务。

然而，如债务人迟延，而作为标的物的特定物因如它处于债权人权力之下仍不免灭失的意外事件灭失，则债务人仅应赔偿迟延造成的损害。但如果在意外事件之情形，如该物处于债权人的权力下即不会发生同样的灭失，债务人应负担给付物的价金和赔偿迟延损害的义务。

第1673条 如债务人被设定对一切意外事件或特定的意外事件负责，则依约定。

第1674条 债务人对其声称的意外事件负举证责任。

构成迟延的债务人主张特定物处于债权人的权力下仍不免灭失的，亦负举证责任。

第1675条 下落不明的灭失物重新出现时，债权人可通过返还受领的价金而主张该物。

第1676条 窃取或抢劫特定物的人不许主张物因意外事件灭失，即使此等事件在该物处于债权人的权力下时仍不免导致该特定物的毁损或灭失。

第1677条 债务人的债务虽因物的灭失而消灭，如债务人因他人的行为或过失造成标的物灭失而对之享有权利或诉权，债权人可要求让与之。

第 1678 条 债务人并无过失地不知债的存在时，如标的物因其自愿行为毁损，他仅应给付价金而无须给付其他损害赔偿。

第 1679 条 债务人的行为或过失，包括应归其承担责任的人的行为或过失。

第 1680 条 债务人已向债权人为提交，但在债权人迟延受领期间标的物毁损于债务人之权力下的，债务人仅对其重过失或故意承担责任。

第二十题 无效和撤销

第 1681 条 一切行为或合同,如欠缺法律依其种类和当事人的资格或身份为该行为或合同规定的任何要件,无效。

无效可以是绝对的或相对的。

第 1682 条 无效产生于不法标的或不法原因的,或产生于欠缺法律基于其性质而非实施者或订立者的资格或身份为该行为或合同的效力规定的要件或形式的,为绝对无效。

绝对无能力人实施的行为或合同,亦属绝对无效。

其他任何种类的瑕疵导致相对无效,并产生对该行为或合同的撤销权。

第 1683 条 行为或合同中明显出现绝对无效情由时,即使无当事人的请求,法官可以且应该宣告其绝对无效;除知悉或应当知悉存在无效瑕疵仍实施行为或订立合同的人外,其他一切对行为或合同有利害关系的人均可主张绝对无效;同样,维护道德利益或法律利益的检察官也可请求宣告它们绝对无效;绝对无效不因当事人各方的追认和少于 10 年的时效的经过得到补正。

第 1684 条 相对无效仅可依当事人的请求由法官宣告;单纯维护法律利益的检察官不得请求此等宣告;除法律为其利益规定相对无效的人或其继承人、受让人外,其他人亦不得为此等主张;相对无效可因时间的经过或当事人的追认得到补正。

第 1685 条 无能力的当事人如以诈欺引诱成立行为或合同,他本人、其继承人或受让人均不得主张无效。但是,宣称已成年,或宣称不存在禁治产或其他无能力事由，并不妨碍该无能力人取得无效宣告的资格。

第 1686 条 无能力人的行为和合同如不欠缺必要的手续和要件，不得被宣告无效或撤销，但能自由管理其财产的人利用此项利益的，不在此限。

第 1687 条 在有既判力的判决中宣告的无效，赋予当事人各方请求恢复到如不存在无效行为或合同他们就会处于的状态的权利，但涉及到不法标的或原因的规定的除外。

在缔约人根据无效宣告必须作出的相互返还中，应在考虑意外事件、当事人的善意占有或恶意占有后，对特定物的灭失或其损坏的赔偿、利息及孳息的给付、必要或有益或奢侈的改良的偿付，各自承担责任；对此应遵守一般规定，但不得与下一条的规定相抵触。

第 1688 条 和无能力人订立的合同如无法律要求的其他要件，则在其宣告无效时，与该无能力人订立合同的人不得请求恢复原状或偿付其依合同已支出或已给付之物，但经其证明无能力人因此增进利益的，不在此限。

如果给付物或取得物对无能力人是必要的，或者给付物或取得物对他不是必要的，但仍然存在且无能力人意图保留它们的，应理解为在上述物的范围内得到利益的增进。

第 1689 条 法院宣告行为或合同无效，产生针对第三占有人的原物返还诉权，但这不妨碍法定抗辩的行使。

第 1690 条 两个或更多的人与第三人订立合同时，为其中一人的利益宣告的无效，不给其他人带来利益。

第 1691 条 请求撤销的期限为 4 年。

此 4 年的期限，在胁迫的情形，自胁迫停止之日起算；在错误或诈欺的情形，自行为或合同缔结之日起算。

无效源于法定无能力时，4 年的期限自该无能力状态终止之日起算。

所有上述规定，扩用于特别法未规定其他期限的一切情形。

第 1692 条 如 4 年期限尚未开始进行，成年的继承人可全部享有这 4 年；在相反的情形，可享有剩余的时间。

未成年的继承人，自其成年起开始计算 4 年期限或其剩余部分。

但在此项情形，如自行为或合同成立之时起已经历 10 年，不得请求宣告它们无效。

第 1693 条 合同瑕疵可经追认得到补救时，为消除无效所必要的追认可以是明示的或默示的。

第 1694 条 为使明示的追认有效,应按待追认的行为或合同依法所应遵守的程式为之。

第 1695 条 自愿执行已缔结的债,为默示的追认。

第 1696 条 明示的或默示的追认,只有由有权主张无效的当事人作出,才发生效力。

第 1697 条 无缔约能力人作出的明示或默示追认,无效。

第二十一题 债的证明

第 1698 条 对债的存在或消灭，主张者负举证责任。

证据由公契据或私文书、证人、推定、当事人的自认、提交的誓言以及法官的个人调查构成。

第 1699 条 公契据或公证书，是适格的官员按照法定程式作成的权威文件。

在公证人面前作成且载入公共文件或公共登记簿的文书，称公文书。

第 1700 条 公契据对作成的行为及其日期有完全的证明力，但对利害关系人于其中所作声明的真实性无证明力。这后一部分仅在对表意人不利时有完全的证明力。

载于公文书中的债务和责任免除，对于作成人和以概括的或单一的名义被移转此等债务和免除的人，有完全的证明力。

第 1701 条 在法律要求作成公契据的行为和合同中，不能以其他证据补足此等契据的欠缺；即使在该行为或合同中允诺于一定期限内转化成公契据并订有违约金条款，行为或合同亦视为未实施或订立；此等违约金条款不发生任何效力。

在本条规定的情形之外，公契据因官员不适格或其他形式上的欠缺有缺陷时，如当事人各方已签名其上，仍有私契据的效力。

第 1702 条 用以对抗某人的私契据已为该人承认时，或者在法律规定的情形已依法定要件视为承认时，该文书对于已签名其上或被推定为已签名其上的人，以及此等人的债务和权利承受人，有公文书的效力。

第 1703 条 私契据的日期只有自某一签名人死亡之

日、复制于公共登记簿之日、其内容载入判决之日或适格的官员予以记载或将其编入财产清单之日起，才相对于第三人作为该契据的日期而被计入。

第1704条 家庭账目、登记簿或文书仅可用作不利于制作人或签名人的证据，但仅在此等文件显然完全清楚的情况下如此，并且从此等文件中获利的人不得排斥对其不利的部分。

第1705条 如债权人在经常处于其权力下的文书的末尾、边缘或背面紧接着书写记录或签名，应完全作为有利于债务人的证明。

债权人于文书副本的末尾、边缘或背面紧接着书写记录或签名，而该副本处于债务人权力之下的，适用同一规定。

但希望利用记录中对其有利的部分的债务人，也应接受其中对其不利的部分。

第1706条 即使仅有说明性质的公契据或私契据，只要与行为或合同的规定有直接关系，仍在当事人间有证明力。

第1707条 合同当事人为变更公文书中的约定作成的私文书，对第三人不产生效力。

变更原公文书之规定的新公文书，如未在原公文书及第三人作成的抄本的边缘记载其内容，也不发生效力。

第1708条 须以书面方式记载的债务，不得以证人为证。

第1709条 行为或合同所包含的交付或允诺如关涉价值超过两个赋税单位的物，应以书面方式记载。

不得以证人证明行为或合同中载明的事项已以某种方式发生添加或变更，也不得以证人证明当事人在行为或合同成立之时、之前或之后已经说过的事项，即使添加或变更的价值未达前述数额，亦同。

应给付之物或应给付之数量的孳息、利息和其他从物，不计入上述数额之中。

第1710条 诉请物的价值如超过两个赋税单位，即使诉讼请求限定在两个赋税单位之内，亦不得以证人为证。

诉讼所请求的数额在两个赋税单位之下时，如声明其请求数额为一项债权的一部分或余欠，而该债权应以书面记载而未记载的，也不许以证人为证。

第1711条 有书证之端绪时，亦即被告或其代理人的书面文件使争议的事实可信时，不适用前3条的规定。

因此，超过两个赋税单位的期票如用于购买交付给债务人的物件，该期票因未证实交付而对债务不具完全的证明力，但该期票乃证据之端绪，通过证人的补充证言可证明债务。

在不可能取得书证的情形以及本法典和特别法典规定的其他情形，也不适用前3条的规定。

第 1712 条 推定或为法定的，或为裁判上的。

法定推定由第 47 条调整。

法官所做的推定应该是郑重的、恰如其分和前后一致的。

第 1713 条 当事人对其个人行为自行或通过特别授权人或法定代理人在诉讼中所为的自认，虽不存在书证之端绪，亦对该人产生完全的不利证明力，但第 1701 条第 1 款规定的情形以及法律规定的其他例外情形除外。

自认人如未证明由于事实的错误而自认，不得撤回自认。

第 1714 条 由法官确认的宣誓或由当事人一方对他方的宣誓，以及法官的个人调查，依程序法典的规定。

第二十二题 婚姻财产协议和夫妻共同财产

第一节 一般规定

第 1715 条 婚姻财产协议指夫妻之间于结婚前或婚姻行为中缔结的财产性协议。

婚姻行为中缔结的婚姻财产协议,仅可约定全部财产分别制或所得参与制。

第 1716 条 婚姻财产协议应以公文书的形式作成,并且只要在结婚时或嗣后的 30 天内于相应的婚姻登记页的边缘附载之,则自结婚之日起在当事人间并对于第三人发生效力。但在前条第 2 款提到的情形,仅须将该约定载入上述登记页中。欠缺此项要件者,不发生任何效力。

对于在外国缔结未在智利登记的婚姻,须先在圣地亚哥市第一登记处登记,为此应向相应的民事官员出示经适当认证的结婚证书。在此等情形,前款提到的期限自在智利的结婚登记之日起算。

即使经婚姻双方当事人同意,婚姻财产协议在结婚后亦不得变更,但第 1723 条第 1 款规定的情形除外。

第 1717 条 婚姻财产协议中不得有违背善良风俗和法律的约定。因此,法律规定的配偶一方对他方或对共同的直系卑血亲的权利和义务,不得以协议损害。

第 1718 条 无相反约定时,视为因单纯的婚姻事实根据本题的规定成立夫妻共同财产制。

第 1719 条 虽采夫妻共同财产制,妻也可抛弃对夫管理其财产所生的盈利的权利,但此项抛弃须在结婚前或共同财产制解散之后为之。

本规定应不损及所得参与制、分别财产制和离婚的法定效果。

关于所得参与制，应遵守第四编第二十二—甲题的规定。

第 1720 条　婚姻财产协议可约定全部或部分的分别财产制。在第一种情形，应遵守本法典第 158 条第 2 款、第 159 条、第 160 条、第 161 条、第 162 条以及第 163 条的规定；在第二种情形，依第 167 条的规定。

协议也可约定妻能自由处分确定数量的金钱或确定的定期金，此等约定产生第 167 条规定的效果。

第 1721 条　可以结婚的未成年人，经有资格对其结婚作出同意的人的许可，可在婚姻财产协议中约定如果他是成年人即有能力约定的一切事项，但约定乃以抛弃夫妻所得、转让不动产或对此等财产设定抵押、岁供或役权为目的的，不在此限。为缔结此类约定，未成年人始终必须取得法官的授权。

并非因未成年而处于保佐之下的人，对婚姻财产协议除须征得其保佐人的同意外，在其他方面和未成年人一样遵守相同的规则。

不得约定夫妻共同财产制自婚姻缔结之前或之后开始；一切相反约定均属无效。

第 1722 条　结婚前作成的对婚姻财产协议内容进行变更或添加的文书，如未遵守本题为此等协议规定的手续，无效。

第 1723 条　在婚姻存续期间，成年夫妻得以所得参与制或全部财产分别制取代共同财产制，也得以所得参与制取代全部财产分别制。

夫妻依本条缔结的约定应以公文书达成，并仅自此等文书被记载于相应的婚姻登记页的边缘之时起，在当事人间且对第三人发生效力。此项记载，仅可自作成公文书之日起在 30 日内为之。在任何情形，此等全部财产分别制约定不得损害第三人对夫或妻已有效取得的权利，并且此等约定一旦作成，则未经配偶双方同意，不得停止效力。

在分别全部财产或约定所得参与制的公文书中，夫妻可依具体情形清算夫妻共同财产，或者着手确定所得参与之债权①或缔结其他合法简约，或者兼而为之。但所有这些均仅自前款提到的记载之时起，在当事人间并对于第三人发生效力。

对在外国缔结而未在智利登记的婚姻，须事先在圣地亚哥市的第一登记处登记，为此应向相应的民事官员出示经适当认证的结婚证书。

---

① 关于所得参与之债权，请参见第二十二—甲题第四节。——译者

本条和第 1715 条第 2 款提到的约定，不得附条件、期限或负担。

第 1724 条 夫妻任何一方如果以赠与物、遗产或遗赠不属于夫妻共同财产为条件实施赠与、遗留遗产或为遗赠，该条件有效，但涉及以严格特留份名义赠与或分配的财产时，除外。

第二节 夫妻共同财产的资产及其负担

第 1725 条 夫妻共同财产的资产包括：

1. 婚姻存续期间因一切种类的雇佣和职业收取的薪金和报酬；
2. 婚姻存续期间取得的任何性质的孳息、利润、年金、利息和收益，不问其来源于夫妻共同财产还是配偶各方的自有财产；
3. 夫妻任何一方于结婚时纳入婚姻的或在婚姻存续期间取得的金钱，但夫妻共同财产负补偿相应价值的义务；
4. 夫妻任何一方于结婚时纳入的或在婚姻存续期间取得的消耗物或动产物件，但夫妻共同财产负补偿相应价值义务。

但夫妻可在婚姻财产协议中确定其哪些动产免于纳入共同财产；

5. 夫妻任何一方在婚姻存续期间有偿取得的一切财产。

第 1726 条 夫妻任何一方依赠与、遗产继承或遗赠名义取得的不动产，应增加于作为受赠人、继承人或受遗赠人的配偶一方；夫妻双方同时依上述名义取得的不动产，只是配偶各方的资产，并不增加共同资产。

若取得的财产为动产，则增加共同财产的资产，但共同财产对作为取得人的配偶负补偿相应价值的义务。

第 1727 条 虽有第 1725 条的规定，下列资产仍不成为合伙财产：

1. 夫妻一方以自己的不动产正当替换的不动产；
2. 夫妻一方以自己的钱财购买的物，而该钱财的此项用途在婚姻财产协议中或在婚因赠与中已经载明；
3. 因淤积、建筑、种植或任何其他原因而添附于夫妻一方的某物，从而成为一个整体的所有有形增加。

第 1728 条 在婚姻存续期间依第 1725 条中的相关名义由夫妻一方取得的邻接于其自有不动产的土地，应视为归属于共同财产，但该土地和原不动产已构成一份地产或建筑物，非经损害则最后取得的土地不可能与之分离的，不在此限；此时，该整体按并入时其各自价值的比例归共同财产和上述配偶方共有。

第 1729 条　配偶一方与其他共有人占有的物，如在婚姻存续期间该配偶以任何有偿原因成为其所有人，则其所有权由该配偶与夫妻共同财产共有：前者的比例为与他人共有时归其所有的份额的价值，后者的比例为取得剩余份额所花费的价值。

第 1730 条　由夫妻一方或双方开采的矿场，增加于共同资产。

第 1731 条　依法律归属于发现人的埋藏物之份额，应增加于共同资产，而共同财产应对发现的配偶负相应的补偿义务；依法律归属于发现地之所有人的埋藏物之份额，应增加于共同资产，而共同财产应对该作为土地所有人的配偶负相应的补偿义务。

第 1732 条　赠与的或其他以任何无偿名义分配的不动产，视为专属于作为受赠人或受分配人的配偶；此时，为夫妻一方的利益所为的赠与或其他无偿行为是否考虑到配偶他方而为，无关紧要。

如果赠与物或其他以任何无偿名义分配的物是动产，应视为归属于夫妻共同财产，而共同财产对作为受赠人或受分配人的配有负相应补偿的义务。

第 1733 条　为使某不动产被视为是对夫妻一方的不动产的替换，须为两个不动产之间的互易，或须在婚姻存续期间已出售后一个不动产，并以其价金购买前一个不动产；同时，须在互易证书或买卖证书上载明替换的意图。

也可以夫妻一方自己的并非由不动产构成的财物替换不动产，但为使替换有效，须该财物已依第 1727 条第 2 项的规定载明这一用途，并且须于不动产购买证书中载明该钱财的被用作价款以及替换的意图。

如果以某不动产替换另一不动产，而原不动产的出售价金超过新不动产的购买价金，则共同财产应就超出部分对替换的配偶负补偿义务；在相反的情形，如果新不动产的购买价金超过原不动产的出售价金，则替换的配偶应就超出部分对共同财产进行补偿。

如果两个不动产互易，金钱上受有余额，则共同财产应就该余额向替换的配偶为补偿；在相反的情形，若需支付差额，则该配偶应对共同财产进行补偿。

在以不动产替换财物的情形，适用相同的规则。

但是，在共同财产所受余额或差额超过所接受的不动产的价金的一半时，该不动产即归属于共同资产，此时由共同财产就转让的不动产的价金或用于购买不动产的财物向该配偶负补偿义务，但该配偶保留通过购买另一不动产达成替换的权利。

就妻的财产实施的替换,尚需妻的许可。

第 1734 条 所有的补偿均应以金钱支付,以便所支付的数额尽可能与导致补偿发生之时投入的数额具有相同的取得价值。

分割人应依自然衡平适用本规则。

第 1735 条 管理夫妻共同财产的配偶可以虑及共同资产的承受能力,就共同财产实施少量的赠与。

第 1736 条 如取得的原因或取得的名义先于夫妻共同财产,即使在共同财产存续期间有偿取得物件,也不属于夫妻共同财产。

因此:

1. 夫妻一方在设立共同财产前以所有人的名义占有的物件,虽在共同财产存续期间完成时效或达成和解,从而成为物件的真正所有人,此等物件亦不属于共同财产。

2. 在设立共同财产前根据有瑕疵的名义占有的财产,此等瑕疵在共同财产存续期间因追认或其他法定补救被涤除的,此等财产亦不属于共同财产。

3. 因合同无效或解除、因取消赠与返还给夫妻一方的财产,也不属于共同财产。

4. 在共同财产存续期间夫妻一方取得和平占有的争讼财产,不属于共同财产。

5. 归并于同一配偶之所有权的用益权不属于共同财产,但单纯的孳息属于共同财产。

6. 依婚前设定的债权本金对夫妻任何一方的给付,属于作为债权人的夫妻一方。夫妻一方婚前应得的利息在婚后支付的,适用同样的规则。

7. 配偶之一在共同财产存续期间依共同财产设立之前允诺成立的行为或合同取得的财产,只要该允诺作成公契据,或作成依第 1703 条的规定其日期可对抗第三人的私契据,则亦归属于该配偶。

如果是以共同财产和该配偶的财产实施上述取得,后者应做相应的补偿。

如果前数项所指财产系动产,则归属于共同财产之资产,而共同财产应对作为取得人的配偶做相应的补偿。

第 1737 条 本应由夫妻一方在共同财产存续期间取得的财产,如因不知其存在或由于其取得或享用遭受不当妨碍,事实上在共同财产解散后才取得它们，应视为在共同财产存续期间取得此等财产。

没有上述不知或妨碍即应由共同财产收取的孳息，如在共同财产解散后返还于上述配偶或其继承人，视为属于共同财产。

第1738条 因对被服务人不产生诉权的服务对夫妻一方或双方所为的酬谢性赠与，不归入共同财产之资产；因对被服务人产生诉权的服务所为的酬谢性赠与，仅在有诉权支持其请求的范围内属于共同财产，无诉权支持的部分不属于共同财产，但在设立共同财产前提供此等服务的除外，在此等情形，该赠与的任何部分均不属于共同财产。

如果酬谢性赠与系动产赠与，应归入共同财产之资产，但如果服务不产生针对被服务人的诉权，或者在共同财产设立前提供此等服务，则共同财产对受赠的配偶负补偿义务。

第1739条 一切数量的金钱和消耗物，一切实物、债权、权利和诉权，如在共同财产解散之时处于夫妻任何一方的权力之下，推定属于共同财产，但出现或证明相反情形者，不在此限。

夫妻一方断言某物归其所有或断言对他负欠某物的声明，或他方的自认，或二者结合在一起，即便都通过宣誓作成，也不被认为是充分的证据。

尽管如此，上述自认被视为可撤销的赠与，因赠与人的死亡得到确认后，可在其发生的范围内针对赠与人的盈利份额或其个人财产执行。

涉及动产时，与配偶之一订立有偿合同的第三人免受配偶以该财产系共同财产或配偶他方的财产为由而可能提起的一切诉求，其前提是缔约的配偶已向该善意的第三人交付或让渡相应的财产。

作为合同标的物的财产，例如汽车、股份有限公司的股份、船舰、飞行器等，若以配偶他方的名义登记于向公众开放的某一登记簿，则不应推定第三人为善意。

一切在夫妻共同财产解散后、清算前由夫妻一方有偿取得的财产，均推定为以共同财产取得。因此，除非该配偶证明乃以其自有财产或源于其单独的个人行为的财产取得上述财产，否则应对共同财产负补偿义务。

第1740条 共同财产有义务清偿：

1. 所有由共同财产负担的，或由夫妻一方负担且在共同财产存续期间到期的定期金和利息。

2. 丈夫在婚姻存续期间缔结的，或者妻子征得丈夫的同意或法官替代性同意缔结的债务和义务，而它们不是丈夫或妻子的个人债务和义务，例如并非为前婚子女的成家立业缔结的债务和义务。

因此，共同财产对丈夫为设定的保证、抵押或质押垫付的有关费用，在同一限制条件下有义务偿付。

3. 夫妻任何一方的个人债务，但作为债务人的一方应赔偿共同财产为偿付此等债务所为的支出。

4. 共同财产或夫妻一方财产的全部用益负担和用益修缮。

5. 夫妻双方的生活费用；共同直系卑血亲的生活、教育及成家立业费用；所有其他的家庭负担。

夫妻一方依法对其直系卑血亲或直系尊血亲提供扶养费的义务，即使他们并非夫妻双方的共同血亲，亦视为家庭负担；但法官在认为过多时，可通过将超过部分计入与他们有血亲关系的配偶的资产以减少此等费用。

如妻在婚姻财产协议中保留请求向其一次性或定期交付能由其自由处分的一定数量的金钱的权利，则只要婚姻财产协议中未明确课加丈夫此项义务，这一给付由共同财产负担。

第1741条 出售夫或妻之物的，共同财产应向作为出售人的夫妻一方补偿价金，但该价金用于第1733条规定的替换的，或用于其物被出售的夫妻一方的个人事务的，不在此限；例如用于偿付其个人债务或其前婚子女的成家立业费用。

第1742条 夫或妻赠与共同资产的任一部分时，应向共同财产偿付其价值，但赠与相对于共同资产的财力价值甚微的，或者赠与以虔敬或慈善目的而为，而且未对共同资产造成严重损减的，除外。

第1743条 夫或妻依死因处分属于共同财产的物件时，只要该物件在盈利分割中分给遗嘱人的继承人，则此等物件的受分配人可在该遗嘱人的继承中追索之，但在相反情形，他仅可就遗嘱人的遗产追索其价金。

第1744条 共同直系卑血亲的普通和特殊教育费用，以及其成家立业或嫁娶的费用，只要未以可靠方式载明，夫，或征得夫之同意或法官替代性同意的妻，或夫妻双方，愿意自其个人财产中直接抽取此等费用，则应由（婚姻期间）所得负担。除有相反声明外，此等费用虽自夫妻一方的个人财产中直接抽取，亦视为由共同财产承担。

在夫妻一方未提出异议或请求的情况下由另一方给付此等费用时，如未以可靠方式载明夫或妻愿意由其财产中承担此等费用，夫、妻或其继承人可请求自他方之个人财产中报销上述费用中（婚姻期间）所得不敷负担的部分的一半；法官应在斟酌双方财力和义务以及该配偶给付费用时是否慎重和适度后，审慎地同意全部或部分的诉讼请求。

在前述直系卑血亲无自己的财产的情形，遵守全部上述规定；在他们有自己的财产的情形，特殊费用应在其财产能负担且此等费用对其实际有益的范围内由其财产负担，但夫或妻或夫妻双方愿意由其财产负担此等费用并已以可靠方式载明的，不在此限。

第1745条 一般而言，为取得或收受属于夫妻一方的财产、权利或债权的花费的价金、差额、诉讼费用以及所有此种费用，除有相反证据外，推定系为共同财产而发生，应由共同财产偿付。

因此：

通过继承取得财产的配偶，应就其承担的一切遗产或遗嘱债务及负担，以及一切取得费用补偿共同财产，但经证实以遗产本身或其个人财产支付了此等费用的，不在此限。

第1746条 同样，为夫妻一方财产支出的一切种类的费用，如已增加此等财产的价值，且该价值在共同财产解散之日仍然存在，则应在增加的价值的范围内对共同财产补偿此等费用，但价值的增加超过费用数的，不在此限，在此情形，仅应补偿此等费用的价值。

第1747条 如夫妻共同财产为非共同直系卑血亲的第三人的利益无偿支出大量费用，一般应对共同财产进行补偿。

第1748条 夫妻一方因故意或重过失对共同财产造成损害的，或者因其侵权行为或准侵权行为使共同财产负担罚款和金钱赔偿之给付义务的，亦应对共同财产为补偿。

第三节 夫妻共同财产的普通管理

第1749条 夫是夫妻共同财产的管理人，可以此身份管理共同财产及妻的财产，但是，夫应受本题规定的以及婚姻财产协议约定的义务和限制的拘束。

若妻结婚时系民事或商事合伙的合伙人，夫作为夫妻共同财产的管理人，应在不违反第150条规定的前提下，行使妻的权利。

未经妻的许可，夫对于作为共同财产的不动产和妻的遗产权利，不得依表意行为转让或对之课加负担，也不得允诺转让或课加负担。

未经妻的许可，夫亦不得依生前行为无偿处分共同财产，但第

1735 条规定的情形除外；不得出租作为共同财产的都市不动产超过 5 年，或出租作为共同财产的乡村不动产超过 8 年。

如果夫就第三人负担的债务而使自己成为签名保证人[①]、共同的连带债务人、保证人，或做出其他任何担保，仅对其个人财产有约束力。

在前款所指的各种情形，欲对共同财产产生约束力，须取得妻的许可。

妻之许可应以书面形式指明和作成，或在所涉行为要求作成公文书时，以公文书形式作成，或在行为中以任何方式明白和直接地作出许可。在一切情形，此等许可可依情形通过具备书面形式或公文书形式的特别委任作出。

本条所指的许可在妻无正当理由拒绝作出时，可由受理案件的法官对妻进行传讯后替补作出。如妻有诸如未成年、疯癫、实际的或表见的失踪或其他妨碍的情形，且迟延许可导致损害的，也可由法官替补作出。但妻反对赠与共同财产的，不得替补做出上述许可。

第 1750 条 夫对于第三人为共同财产的所有人，共同财产和其个人财产如同构成单一的财产，由此，在共同财产存续期间，夫的债权人既可诉追夫的财产，也可诉追共同财产；因此产生的夫对共同财产的债务或共同财产对夫的债务，应予清偿或赔偿。

尽管如此，债权人可依其与夫就妻的财产订立的合同，在证实该合同已转化为妻的个人利益（例如为其婚前债务的清偿）的范围内，对妻的财产主张其权利。

第 1751 条 妻基于夫的一般委任或特别委任承担的一切债务，对于第三人成为夫的债务，并因此成为共同财产的债务；债权人仅可就共同财产和夫的个人财产诉请清偿此等债务，而不得就妻的个人财产诉请之，但前条第 2 款规定的情况除外。

妻作为受任人以其自己的名义缔约的，遵守第 2151 条的规定。

夫妻共同缔结的合同，或妻对夫承担连带或补充责任的合同，仅在前条第 2 款规定的情形和条件，且在不与第 137 条第 1 款的规定相抵触时，始对妻的个人财产发生效力。

第 1752 条 除第 145 条规定的各种情形外，在共同财产存续期间，妻自身对共同财产不享有任何权利。

[①] 指仅在债权文书末尾签名的保证人，分为绝对责任的签名保证人和有限责任的签名保证人。——译者

第 1753 条 妻虽在婚姻财产协议中抛弃（婚姻期间）所得，并不因此有权收取其个人财产的孳息，此等孳息被理解为授予夫用来支持婚姻负担，但夫须根据以下规定承担保存和返还妻的财产的义务。

本规定应理解为不损害已离婚的或采分别财产制的妻的权利。

第 1754 条 妻之不动产，仅得依妻的意思方可转让或对之设定负担。

妻的意思应以公文书形式指明和作成，或在行为中以任何方式明白且直接声明。在一切情形，此等意思可通过具备公文书形式的特别委任作出。

妻处于不能表示其意思的状态时，法官可替补妻的许可。

在妻的一方，妻仅得在第 138 条和第 138 条（附加）规定的情形，就其所有的、由夫管理的财产进行转让、设定负担、出租或出让持有。

第 1755 条 对于妻的其他财产，如夫负有或可能负有以实物返还的义务，则为转让或对之设定负担，只须取得妻的同意，妻如不能表示其意思，可由法官替补之。

第 1756 条 未经妻的许可，夫不得将妻的乡村不动产出租或出让持有 8 年以上，也不得将其都市不动产出租或出让持有 5 年以上，上述期限包括夫所约定的各种延展在内。

第 1749 条第 7 款及第 8 款的规定，适用于此等情形。

第 1757 条 不符合第 1749 条、第 1754 条和第 1755 条规定的要件实施的行为，为相对无效的行为。在出租和出让持有的情形，合同仅在第 1749 条和第 1756 条规定期间内有效。

妻、其继承人或受让人可利用前述无效或抗辩。

请求无效宣告的 4 年时效，自共同财产解散之时起算，或自妻、其继承人的无能力终止之时起算。

自行为或合同成立之时起经过 10 年的，在任何情形均不得主张无效之宣告。

第四节　夫妻共同财产的特别管理

第 1758 条 夫处于禁治产之下时，或者夫长期不在与家庭失去联系时，如妻已被指定为夫的保佐人或其财产的保佐人，则她因该事实享有对共同财产的管理权。

如因妻之无能力或有豁免理由委任了他人担任保佐，该保佐人进行夫妻共同财产的管理。

第 1759 条 享有对共同财产的管理权的妻以夫的同样权限进行管理。

但是，未经事先审理案件的法官的许可，妻对于作为共同财产的不动产，不得依表意行为转让或对之课加负担，也不得允诺转让或课加负担。

未经上述许可，妻亦不得依生前行为无偿处分共同财产，但第 1735 条规定的情形除外。

一切违反本条规定的行为均属相对无效。此诉权由夫、其继承人或受让人行使，主张宣告无效的 4 年期限则自导致保佐产生的事实终止之时起算。

自行为或合同成立之时起经历 10 年后，任何情形下均不得请求宣告无效。

如果对夫妻共同财产进行特别管理的妻就第三人负担的债务而使自己成为签名保证人、共同的连带债务人、保证人，或做出其他任何担保，仅对其个人财产及其依第 150 条、第 166 条和第 167 条进行管理的财产有约束力。为对共同财产产生约束力，须取得受理案件的法官的许可。

对夫的个人财产进行管理时，应遵守保佐的规定。

第 1760 条 实施管理的妻的一切行为和合同，如不在前条禁止之列，应视为夫的行为和合同，并因此约束共同财产和夫，但此等行为和合同依表面或经证实属于妻的个人交易的，不在此限。

第 1761 条 实施管理的妻可出租作为共同财产的不动产或出让其持有，在未超过第 1749 条第 4 款指出的期限范围内，夫或其继承人负执行约定的义务。

但是，如果妻为如此约定而得到事先调查效用的法官的特别许可，上述租赁或出让可超过此等期限。

第 1762 条 妻不愿自行管理夫妻共同财产，同时也不受保佐人的管理时，可请求分别财产；在此情形，应遵守第一编第六题第三节的规定。

第 1763 条 前数条规定的特别管理事由终止时，夫经法院的事先裁决重新取得其管理权。

第五节　夫妻共同财产的解散和（婚姻期间）所得的分割

第 1764 条　夫妻共同财产因下列事由解散：

1. 解除婚姻；
2. 依人的生存开始和终止一题中的规定推定夫妻一方死亡；
3. 判决永久离婚或分别全部财产；如为部分财产的分别，共同财产就未包括于该分别财产中的财产继续存在；
4. 宣告婚姻无效；
5. 依相应法律和第 1723 条规定，约定所得参与制或全部财产分别制。

第 1765 条　共同财产解散时，应立即根据为死因继承规定的条件和形式编制财产清单，并对已用益的财产或由共同财产承担责任的一切财产进行估价。

第 1766 条　未依司法手续作成的财产清单和估价，在诉讼上仅能有效对抗依适当方式同意并签名其上的配偶、继承人或债权人。

如所得的参与分配者中有未成年人、精神病人或其他无管理其财产资格的人，须作成要式的财产清单和估价；疏忽作成此等文件的，可归因于其懈怠的人应赔偿损害；同时，应尽快以适当方式认证财产清单和估价。

第 1767 条　妻如在婚前或共同财产解散后未抛弃所得，应认为附清单利益地接受此等所得。

第 1768 条　夫妻一方或其继承人如故意隐匿或贪污共同财产中的某物，丧失其对该物的份额并负双倍返还的义务。

第 1769 条　夫妻按照前述规则，因补偿或赔偿成为共同财产的债务人时，由此产生的全部债权应拟制地累计于共同财产之资产。

第 1770 条　夫妻任何一方有权自行或通过其继承人，自共同财产中取回归其所有的实物或特定物，以及构成其资产余额的价金、差额和补偿。

实物或特定物的返还，应在财产清单和估价作成后尽快进行；资产余额应自财产清单和估价作成后起算的 1 年内给付。但事先受理案件的法官可依利害关系人的请求延展或缩短这一期限。

第 1771 条　前述实物或特定物发生的灭失或损害应由所有人承担，

但灭失和损害应归责于夫妻他方的故意或重过失的除外，在此情形，该方配偶应作出赔偿。

天然且独立于人力的原因引起的财产增加，不应归属于共同财产。

第1772条 返还时未分离的孳息，以及自共同财产解散之时起收获的一切孳息，归相应物件的所有人。

自共同财产解散之时起从共同财产收取的孳息，添加于共同财产之资产。

第1773条 妻先于夫做前数条所述的扣除；所做扣除采金钱形式的，不问此等扣除属于妻或夫，应先就共同财产中的金钱和动产执行，不足才就共同财产中的不动产执行。

共同财产不足时，妻可就夫的个人财产执行其应得的扣除，财产的选择依合意的方式进行。达不成合意的，由法官选择执行的财产。

第1774条 执行前述扣除后，剩余财产在夫妻间均分。

第1775条 死亡的配偶对生存配偶所作的遗嘱分配，不计入后者的半数夫妻所得之中，但遗嘱中作了这样的命令除外；在除外情形，生存配偶若宁可承受分割的结果，亦可抛弃该遗嘱分配。

第1776条 分割共同财产，应遵守为分割遗产制定的规则。

第1777条 妻仅在其半数夫妻所得的范围内对共同财产的债务负责。

但为享受此项利益，妻应以财产清单和估价或其他经公证的文件，证明要求她分担的债务超过其半数夫妻所得。

第1778条 夫对共同财产之债务的总体承担责任，但依前条规定，夫对于妻享有请求对此等债务的半数负责之诉权的，不在此限。

第1779条 配偶一方在分割共同财产中分得的物件已被设定抵押或质押的，如该配偶为此等负担的效力而清偿共同财产的债务，则享有请求配偶他方偿还他所为的清偿的半数的诉权；如清偿了配偶他方的债务，他享有请求该配偶偿还他所为的全部清偿的诉权。

第1780条 夫妻各方的继承人享有被其代位的夫妻一方相同的权利，并受相同的诉权的拘束。

第六节 妻于共同财产解散后对（婚姻期间）所得的抛弃

第1781条 共同财产解散后，已成年之妻或其成年的继承人有权抛弃应得的（婚姻期间）所得。未成年之妻或其未成年的继承人只有在取得法官的授权后才可为此等抛弃。

第1782条　共同财产之资产的任何部分在未以（婚姻期间）所得的名义处于其权力之下时，妻不得抛弃它们。

抛弃一旦作出，不得撤销，但经证明，妻或其继承人因对夫妻共同事务的真实状态受有蒙骗或因可以原谅的错误导致抛弃的，不在此限。

此项撤销诉权自共同财产解散之时起经4年消灭。

第1783条　妻或其继承人为抛弃后，夫妻共同财产的权利和夫的权利甚至对于妻亦发生混同并合为一体。

第1784条　妻为抛弃的，对前面规定的补偿和赔偿保留其权利和义务。

第1785条　妻之继承人中仅有一部分实施抛弃的，实施抛弃的继承人的份额增加于夫的份额。

第七节　嫁资和婚因赠与

第1786条　夫妻一方在婚前基于婚姻向他方所为的赠与，以及第三人在婚前或婚后基于婚姻向夫妻任何一方所为的赠与，一般称为婚因赠与。

第1787条　夫妻一方在婚前基于婚姻向他方所为的允诺，以及第三人基于婚姻向夫妻一方所为的允诺，遵守关于婚因赠与的同一规则，但此等允诺应以公文书或第三人的自认证明。

第1788条　夫妻一方仅可在其所有的财产的1/4的价值范围内向他方为婚因赠与。

第1789条　婚因赠与，不问冠以嫁资、聘礼或任何其他名号，都允许附期限、条件和其他任何合法约款，同时在不与本题的特别规定相抵触的范围内，应遵守关于赠与的一般规定。

一切婚因赠与，都视为以结婚或已结婚为条件。

第1790条　宣告婚姻无效后，一切以该婚姻为原因向恶意结婚者所为的赠与，只要该赠与及其原因已由公文书记载，均可被取消。

在作为赠与人的配偶的公文书中，尽管未明示，亦当然推定以结婚为原因。

恶意结婚的假配偶，不享有此项取消诉权。

第 1791 条 在以结婚为原因的生前赠与或遗嘱分配中，不得认为存在着未遗留后人则不能成为受赠人或受分配人之类的解除条件，也不得将任何其他未明示于相应文书中、法律也未规定的事项理解为解除条件。

第 1792 条 如在履行赠与前夫妻一方的行为导致解除婚姻，以该婚姻为原因实施的赠与可以按第 1790 条的条件取消。

其行为致使婚姻解除的配偶不享有此项取消诉权。

第二十二题—甲题 所得参与制

第一节 一般规定

第1792—1条 在依本法典第四编第二十二题第一节的规定成立的婚姻协议中，夫妻可约定所得参与制。

夫妻可以遵守本法典第1723条的规定，以本题规定的所得参与制取代夫妻共同财产制或分别财产制。同样，夫妻亦可以全部财产分别制取代所得参与制。

第1792—2条 在所得参与制中，夫的财产和妻的财产予以分别，配偶各方自由管理、享有和处分其财产。在此财产制效力结束时，夫妻所得的价值应予补偿，夫妻有权按半数参与分配盈余。

前述原则适用于以下条文和本法典第一编第六题第一节的条文所规定的方式和限制。

第二节 夫妻财产的管理

第1792—3条 未经配偶他方的同意，夫妻任何一方均不得对第三人的债提供个人担保。此项许可须遵守本法典第142条第2款和第144条的规定。

第1792—4条 违反前条规定实施的行为，属相对无效。

诉求此种无效的4年期间，自提出主张的配偶知晓该行为之时起算。

但是，自行为或合同成立之时起经历10年的，在任何情形均不得诉求撤销。

第1792—5条 所得参与制解散时,夫妻财产仍予分别,夫妻或其权利承受人对其各自财产的管理和处分享有完全的全能。

同时,所得参与制有效期间取得的夫妻所得应予确定。

第三节 夫妻所得的确定和计算

第1792—6条 配偶各方初始财产和最终财产之间的净价值差价,被理解为夫妻所得。

配偶各方选择本题规定的财产制时既有的财产,被理解为初始财产;该财产制结束时存在的财产,被理解为最终财产。

第1792—7条 所得参与制开始时配偶作为权利人享有的财产的总价值,扣除当时其作为债务人的债务总价值,即为初始财产。如果债务价值超过财产价值,初始财产应被视为欠缺价值。

所得参与制有效期间实现的无偿取得,在扣除被设定的负担后,应被添加于初始财产。

第1792—8条 所得参与制有效期间取得的财产,即使系以有偿名义取得,但只要取得的原因或名义先于该财产制,亦应添加于初始财产之积极资产。因此,只要以下列举并无特指,下列财产应添加于初始财产之积极资产:

1. 夫妻一方在此种财产制之前占有的财产,即使该配偶据以将此等财产转为己有的时效或和解在该财产制有效期间完成或达成;

2. 在此种财产制之前依有瑕疵的名义占有的财产,只要该瑕疵在此种财产制有效期间因追认或其他法定补救被涤除;

3. 因合同无效或解除、因取消赠与返还给夫妻一方的财产;

4. 在此种财产制有效期间夫妻一方取得和平占有的争讼财产;

5. 归并于同一配偶之空虚所有权的用益权;

6. 因此种财产制之前设定的债权本金而对夫妻任何一方的给付。夫妻一方在此种财产制之前应得的利息在设立该财产制之后支付的,适用同样的规则;

7. 在此种财产制设立之前因预约合同取得的财产而支付的价金比例。

第1792—9条 孳息,包括产生于初始财产的孳息,不合并于初始财产。夫妻一方开采的矿场,因对被服务人产生诉权的服务所为的酬谢性赠与，也不合并于初始财产。

第1792—10条 依一般规则，对于共同有偿取得的财产，夫妻为共有人。如果是由夫妻双方无偿取得，此等权利按相应名义确立的比例添加于相应的初始财产，若相应的名义未就此作出任何安排，则平均添加于相应的初始财产。

第1792—11条 在约定此种财产制时，夫妻或配偶双方应对构成初始财产的各项财产作成清单。

欠缺清单的，可以通过诸如登记簿、账单或债权凭证等其他契据予以证明。

尽管如此，如果证实基于各种具体情形，夫或妻当时无法取得契据，则允许采用其他证明方式。

第1792—12条 在所得参与制结束时，在此期间取得的动产，除夫妻个人使用者外，均推定为共有。相反的证据应以书面的背景材料为基础。

第1792—13条 构成初始积极资产的财产，依该财产制生效或其取得之时所处的状态估值。因此，其归入初始财产之时的价金应在该财产制结束之日大致实现。

估值可由夫妻或其指定的第三人实施。作为替补，法官可以估值。

前述规则亦适用于消极资产的估值。

第1792—14条 配偶在此种财产制结束时所有的财产的总价值，扣除当时所负债务的总价值，为最终财产。

第1792—15条 所得参与制有效期间实施的下列行为导致配偶一方积极资产减少的数额，应拟制地添加于该配偶的最终财产：

1. 就受赠人的身份而言不属于恪守道德义务或社会惯例的不可撤销之赠与；

2. 任何种类的损害配偶他方的诈害或浪费行为；

3. 支付终身定期金的价金，或支付其他开销，为引起该开销的配偶获得一笔将来的定期金谋求保障。本项规定不适用于应受1980年第3500号法令保护的终身定期金，但个人本金账目中自愿的额外分摊和储蓄账户中的存款除外，它们应按本条第1款拟制地予以添加。

本条所述的添加，应虑及物被转让时的状态予以实施。

上述行为获得配偶他方许可的，不适用本条规定。

第1792—16条 在所得参与制结束后的3个月内，每个配偶均有义务向对方提供经估值的其最终财产所包括的财产和债务清单。法官可在相同的期间范围内延展该期限一次。

由配偶一方签字的单纯清单，可作为有利于配偶他方的证据，以确定其最终财产。尽管如此，后者仍可主张该清单并不可信而反对之。在此情形，该配偶可利用一切证明手段，证实他方财产的构成或实际价值。

配偶任何一方均可申请按民事诉讼法典的规则制作清单，并请求采取合乎情理的预防措施。

第 1792—17 条 构成最终积极资产的财产，依其在此种财产制结束时所处的状态估值。

第 1792—15 条所指的财产，依此种财产制结束时该财产所具有的价值估值。

财产的估值可由夫妻或其指定的第三人实施。作为替补，法官可以估值。

前述规则亦适用于消极资产的估值。

第 1792—18 条 如果配偶之一为减少夫妻所得而隐匿、分散财产或虚构债务，此等财产或债务的双倍应被加入其最终财产。

第 1792—19 条 如果配偶之一的最终财产低于初始财产，仅由其自己承受损失。

如果仅配偶之一有所得，他方分配其价值的一半。

如果配偶双方均有所得，二项所得应在价值较少之所得的范围内相互抵销，有较少所得的配偶有权请求他方以所得参与的名义向其支付超过部分的半数。

所得参与之债权无碍于配偶间其他的债权和债务。

第四节 所得参与之债权

第 1792—20 条 所得参与之债权产生于此种财产制结束之时。

禁止在所得参与制结束前就该不确定的债权订立任何协议、合同以及实施放弃。

第 1792—21 条 所得参与之债权为纯粹的简单债权[①]，且应以金钱清偿。

尽管如此，如果前款规定导致对作为债务人的配偶或共同子女的严重损害，且此情形经适当证明，则法官可授予长至 1 年的债权清偿期

---

① 所谓纯粹的简单债权，是指未附负担、条件或期限的债权。——译者

限，该债权应按月赋单位①载明。如果未由债务人本人或第三人保证作为债权人的配偶无论如何不会受损，则不得授予此项期限。

第1792—22条 夫妻或其继承人，可协议代物清偿，以清偿所得参与之债权。

如果用于代物清偿的物被追夺，则债权按前条第1款规定的条件重新产生，但作为债权人的配偶已以具体指明的方式自行承担追夺之风险的，除外。

第1792—23条 为确定所得参与之债权，按本民法典第147条规定为配偶一方在家庭财产上设定的权利，应由法官大致地予以估值。

第1792—24条 作为债权人的配偶应首先就债务人的金钱主张清偿；如果其金钱不足，应就动产主张清偿，不动产应作为补充。

所有前述财产均欠缺或不足的，可就未经其同意的生前赠与之财产主张其债权，或就诈害其权利而转让的财产主张其债权。若追索生前赠与之财产，他应按赠与日期的逆向顺序向受赠人为之，亦即应从最近所为的赠与开始。此项诉权自行为成立之日起经历4年的时效而消灭。

第1792—25条 针对配偶一方的债权，若其原因在此种财产制结束之前发生，则优先于所得参与之债权。

第1792—26条 请求清算夫妻所得之诉，应遵守简易程序，它自该财产制结束之时起经历5年的时效而消灭，且在夫妻之间不发生中止。尽管如此，为其未成年继承人的利益，应发生中止。

第五节 所得参与制的结束

第1792—27条 所得参与制因下列事由结束：

1. 配偶一方的死亡；
2. 配偶一方依本民法典第一编第二题"人之生存的开始与终止"的规定而被推定死亡；
3. 婚姻被宣告无效；
4. 永久离婚之判决；
5. 宣告分别财产之判决；
6. 约定财产分别制。

---

① 月赋单位是智利的计税单位，它每月根据消费价格指数予以调整，并按智利比索缴纳或收取。——译者

第二十三题 买卖

第 1793 条 买卖是一方当事人有义务给付某物，他方有义务以金钱支付价金的合同。前一行为称出售，后一行为称购买。买受人因出卖物给付的金钱，称价金。

第 1794 条 价金部分由金钱和部分由其他物构成时，如物的价值超过金钱的价值，应视为互易；在相反情形，视为买卖。

第一节 订立买卖合同的能力

第 1795 条 所有未被法律宣告为不能订立买卖合同或其他一切合同的人都可订立买卖合同。

第 1796 条 未永久离婚的配偶间以及父或母与处于亲权之下的子女间订立的买卖合同，无效。

第 1797 条 公共机构的管理人，如其通常管理权不包括对财产的转让，则禁止其出售他管理的财产的任何部分，但职权机关明示许可的情形，不在此限。

第 1798 条 禁止公务员购买依其职责出售的公共或私人财产；禁止法官、律师、检察官或公证人购买其诉讼所涉且在诉讼后出售的财产；即使以公开拍卖方式出售，亦不例外。

第 1799 条 监护人和保佐人购买被庇护人之财产的任何部分的，非法，但依监护人和保佐人对财产的管理一题中的规定购买的，不在此限。

第 1800 条 受任人、民事破产清算人和遗嘱执行人，在买卖依其职务必须移转于其权力下的物件时,应遵守第 2144 条的规定。

第二节　买卖合同的形式和要件

第 1801 条　自当事人就标的物及价金达成合意之时起,买卖被认为成立,但有以下例外:

出售不动产、役权和岁供权以及遗产继承权,在未作成公文书前,买卖在法律上视为未成立。

未分离的果实和花卉,其木材被出售的树木,行将倒塌的建筑物的材料,天然依附于地面的材料如石头和一切种类的矿物,不受此等例外的拘束。

第 1802 条　如缔约人约定,对于前条第 2 款没有列举的物件须作成公文书或私文书才算成立买卖,则在未作成此等证书或在未开始交付出卖物时,任何一方当事人都可反悔。

第 1803 条　附定金买卖的,即以质物担保成约或履约的,应认为缔约各方都可以反悔;但给付定金的一方要丧失其定金,收受定金的一方须双倍返还定金。

第 1804 条　合同当事人如未确定以丧失定金为代价而反悔的期限,则在达成合意两个月后,或在作成买卖的公文书或开始交付出卖物后,不得反悔。

第 1805 条　如明确约定定金是价金的一部分,或以之作为当事人合意的标志,买卖因此成立,但还要遵守第 1801 条第 2 款的规定。

此等约定不能以书面证明的,当然推定缔约人保留前两条赋予的反悔权。

第 1806 条　国税或地税,文书及其他任何有关买卖手续的费用,由出卖人负担,但有相反约定的除外。

第 1807 条　买卖可以是纯粹和简单的,也可以附停止条件或解除条件。

当事人可就物或价金的交付约定期限。

买卖可以二个或二个以上供选择的物为标的。

合同的一般规则,本题未作变更的,适用于所有此等事项。

第三节 价金

第 1808 条 买卖的价金由缔约当事人确定。

可以通过任何手段或用以确定价金的指示确定价金。

如果标的物是消耗物并以市场普通价格出售,除非有明示的相反约定,应认为买价是交付之日的价格。

第 1809 条 价金也可委诸第三人的意志;如第三人未确定价金,合同当事人共同同意的其他任何人可确定之;于不能达成共同同意的情形,不发生买卖。

价金不得委诸当事人之一的意志。

第四节 出售的物

第 1810 条 一切有体物或无体物,法律不禁止其转让的,都可以出售。

第 1811 条 出售所有现有的或将来的财产,或出售所有的现有的和将来的财产,不论出售的是其整体还是某一份额,均无效,但以公文书指出了物的全部的属、种和量的出售,只要其中不包括非法标的物,虽扩及于出卖人占有的或可期待取得的一切物,也有效。

未包括在公文书指出的范围内的物视为不属于出售的物:一切相反的约定均属无效。

第 1812 条 物为两人或更多的人共有时,如他们之间不存在合伙合同,则即使不经其他共有人同意,其中任何一人都可出售其份额。

第 1813 条 出售物不存在但可期待存在的,应认为买卖是以物的存在为条件缔结的,但有相反约定,或合同的性质表明属于射幸购买的,不在此限。

第 1814 条 出售合同成立之时推测存在而事实上不存在的物,不发生任何效力。

如合同成立之时尚缺标的物的相当部分,买受人可依其意愿放弃合同,或缴纳合理评定的价金使合同继续有效。

故意出售其全部或相当部分不存在的物的人,应赔偿善意买受人的损失。

第 1815 条 出售他人之物有效,但出卖物之所有人在其权利未因期间的经过而消灭时,无妨主张之。

第 1816 条 购买自己的物,无效;买受人有权请求返还因该买受所为的给付。

出售时尚未分离的天然孳息,以及出售后物所产生的一切天然孳息和法律孳息都归买受人,但已约定在特定期间之后或特定条件成就时交付标的物的,不在此限;在此等情形,孳息仅在期限届至或条件成就时归买受人。

合同当事人的明确约定可变更本条的所有规定。

第五节 买卖合同的直接效力

第 1817 条 如将同一物分别出售给两人,已占有该物的买受人优先于另一买受人;如向两人都作了交付,先受交付者优先;如未向任何人为交付,名义①在先者优先。

第 1818 条 出售他人之物后来得到所有人追认的,买受人的权利自出售之时起取得。

第 1819 条 出售并交付他人之物与他人的,如出卖人嗣后取得物之所有权,买受人应自让渡之时起视同真正的所有人。

因此,出卖人在取得所有权后如将该物售给另一人,第一买受人对物取得所有权。

第 1820 条 出售的特定物的灭失、损害或改良,自合同成立之时起,虽未交付该物,亦由买受人承受,但出售附有停止条件且条件未成就的,不在此限,在此等情形,物件在条件成就前完全毁损的,应由出卖人承受该灭失,物的改良或损害则由买受人承受。

第 1821 条 习惯上按重量、数量或尺寸出售之物,如以不可能和该物的其他部分发生混淆的方式出卖,例如出卖特定谷仓内的全部小麦,则即使该物尚未称重量、计数目或量长度,其灭失、毁损或改良亦由买受人承受,但此时须已商定价金。

对于习惯上按重量、数量或尺寸出售之物,如仅出售不确定部分,

---

① 本条中的名义,乃指买卖,即移转所有权的名义。对此,请参见第 675 条。——译者

例如出售特定谷仓内的 10 法内格小麦,则买受人仅自价金已商定且已就该物称重量、计数目或量长度后,才承受物的灭失、毁损或改良。

第 1822 条　出卖人和买受人就价金达成合意后,如约定了称重量、计数目或量长度的日期,但在该日期出卖人或买受人未到场,未到场人有义务赔偿他方因其懈怠遭受的损害;未缺席的出卖人或买受人如认为适宜,可解除合同。

第 1823 条　如果约定了试验买卖,应认为合同在买受人宣告满意标的物时成立,在此之前,物的灭失、毁损或改良由出卖人承受。

对于通常以这种方式出售的物,无须明示约定,都视为试验性买卖。

第六节　出卖人的义务以及首先关于交付的义务

第 1824 条　出卖人的义务一般有二:其一为交付或让渡,其二为对出卖物负担保责任。

让渡应遵守第二编第六题作出的规定。

第 1825 条　使标的物处于准备交付的状态的费用当然由出卖人负担;交付后的运输费用由买受人负担。

第 1826 条　出卖人有义务在合同成立后或在合同规定的时间立即交付出售物。

如出卖人因自己的行为或过失迟延交付,买受人可依其选择维持或解除合同,他在这两种情形下都有权按一般规定请求赔偿损害。

上述权利,应认为以买受人已支付或准备支付全部价金,或已约定支付价金的期限为条件。

在合同成立后,如买受人的财产大量亏损,出卖人有丧失价金的紧迫危险,即使约定了支付价金的期限,非经支付价金或为支付价金提供担保,也不得请求交付。

第 1827 条　买受人迟延受领的,应向出卖人偿付存放出卖物的仓库、粮囤或器皿的租金,出卖人免除保存标的物的普通注意义务,仅对故意或重过失负责。

第 1828 条　出卖人应按合同的记载负交付义务。

第 1829 条　出售奶牛、母马或其他雌畜的,当然包括孕育中或哺乳中的幼畜,但幼畜能吃草并自行觅食的除外。

第1830条 出售田产的,当然包括依第570及其以下数条被视为不动产的一切从物。

第1831条 乡村不动产可按面积出售,或作为特定物出售。

合同中以任何方式载明面积的,为按面积的出售,但当事人双方声明即使实际面积大于或小于合同记载的面积也视为不调整价金的,不属于按面积的出售。

直接确定总价金,或总价金依载明的面积或尺寸数乘以每一尺寸的价金推演出来,并无区别。

载明总面积,或载明该不动产包含的不同质量和价金的数部分面积,由此计算出总价金和总面积,也并无区别。

于一个出售中转让两个或数个不动产的,适用同一规定。

在一切其他情形,不动产被视为作为特定物出售。

第1832条 按面积出售不动产时,如实际面积大于声明的面积,买受人应按比例增加价金,但超出面积的价金达到实际面积之价金的1/10的,不在此限;在此情形,买受人可依其选择,或按比例增加价金,或解除合同;如解除合同,应依一般规定赔偿其损失。

如实际面积小于声明的面积,出卖人应予补足;不可能补足或未请求其补足时,出卖人应按比例减少价金,但所缺面积的价金达到补足后面积之价金的1/10的,买受人可依其选择,或接受减价,或根据前款的规定解除合同。

第1833条 不动产作为特定物出售时,不问其面积如何,买受人和出卖人均不得请求减价或加价。

然而,划界出售不动产的,出卖人负有交付一切包括在不动产内的物的义务;如出卖人不能如此或未被如此请求,应遵守前条第2款的规定。

第1834条 前两条赋予的诉权自交付之时起经1年消灭。

第1835条 前两条作出的规定适用于整体的或整批的物品或商品的出售。

第1836条 除上述条款赋予的诉权外,根据具体情况,合同当事人还享有非常损失诉权。

第七节 担保义务以及首先关于追夺担保的义务

第1837条 担保义务的目的有二:一为保证买受人对出卖物的所

有权和和平占有,一为对出卖物的隐蔽瑕疵即所谓的引起退货的瑕疵承担责任。

第 1838 条 买受人因司法判决被剥夺买受物的全部或一部,即为追夺。

第 1839 条 出卖人就一切先于出售的原因造成的追夺对买受人负担保义务,但就此有相反约定者除外。

第 1840 条 担保诉权是不可分的。因此,可连带地针对出卖人的任一继承人提起此项诉讼。

但保证买受人占有出卖物的义务转化为金钱赔偿义务后,应分割这一诉权;每一继承人仅依其所得遗产份额的比例承担责任。

以一个出售行为转让某物的数个出卖人,适用同一规定。

第 1841 条 出卖人自第三人取得买受物的,买受人在受追夺的情形,可对该第三人行使出卖人如继续占有该物本可行使的担保诉权。

第 1842 条 以简约免除出卖人的追夺担保的,如简约出于出卖人的恶意,无效。

第 1843 条 出卖物因先于出售的原因被追夺时,被诉请的买受人应请求传唤出卖人到庭为之辩护。

此项传唤应按程序法典规定的条件为之。

如买受人疏忽传唤而买卖物被追夺,出卖人不负担保义务;被传唤的出卖人如未到庭为出卖物辩护,应对追夺负责,但买受人不以自己的任何辩护理由或抗辩进行反驳,造成物被追夺的,不在此限。

第 1844 条 如出卖人到庭,应仅针对他提出诉请,但买受人为维护其权利可始终参与诉讼。

第 1845 条 如出卖人不以任何辩护手段对抗追夺请求并接受担保责任,买受人可自行坚持辩护;如果买受人败诉,无权请求出卖人报销因此等辩护产生的费用,对于辩护期间收取的但已支付给所有人的孳息,也不得对出卖人为主张。

第 1846 条 在下列情形,担保义务归于消灭:

1. 买受人和主张物归其所有之人未经出卖人同意接受仲裁审理,而仲裁不利于买受人;

2. 买受人因其过失丧失占有,并因此遭受追夺。

第 1847 条 出卖人负担的追夺担保包括:

1. 返还价金,尽管追夺之时物的价值已减少;

2. 返还买受人支付的买卖合同的法定费用;

3. 返还买受人有义务对所有人返还的孳息的价值,但第1845条规定的情形除外;

4. 返还买受人因受追夺并因追夺的效果承受的费用,但上述条款规定的情形除外;

5. 返还被追夺物在处于买受人权力下时依自然原因或单纯的时间流逝发生的价值的增加。

所有上述规定都受以下条款的限制。

第1848条 如果物的价值减少源于给买受人带来了利益的损坏,在价金返还时应作适当的扣除。

第1849条 对于买受人的必要或有益的改良增加的价值,出卖人应对买受人作出报销,追夺者已被判处支付的部分除外。

恶意出卖人甚至对奢侈的改良也有义务报销。

第1850条 基于自然的原因或时间的原因发生的增值,应在不超出出售价金的1/4的范围内偿付,但证明出卖人为恶意的除外,在此情形,出卖人须偿付不论基于何种原因的全部增值。

第1851条 在法院当局实施的强制出售中,出卖人对于出卖物遭受的追夺,仅负有返还出售所得价金的义务。

第1852条 免除出卖人的追夺担保义务的约款,并不免除他返还已收受的价金的义务。

即使买卖物已损毁或以任何方式贬值,甚至因买受人的行为或疏忽毁损或贬值,出卖人仍负返还全部价金的义务,但买受人因物的损毁得利的部分除外。

买受人明知为他人之物而购买的,或者买受人以具体列明的方式明确表示自行承担追夺风险的,出卖人的价金返还义务消灭。

仅就出卖物的一部而非全部发生追夺时,如能推定如无该部分就不会购买该物,买受人有权请求撤销买卖。

第1853条 根据这种撤销,买受人有义务对出卖人返还未受追夺的部分,且对于此等返还,除非有相反证据,买受人应被视为善意占有人;出卖人除返还价金外,对于买受人有义务随被追夺部分返还的孳息的价值,以及因追夺对买受人造成的一切其他损害,亦应偿付。

第1854条 在被追夺部分无关紧要的情形,或者在未请求撤销买卖的情形,买受人有权根据第1847条及其以下条款的规定,主张部分追夺的担保。

第1855条 判决驳回追夺时,出卖人仅在追夺请求可归责于其行为或过失的范围内，对买受人因该请求遭受的损害负赔偿责任。

第 1856 条 追夺担保的请求权经 4 年的时效消灭，但单纯的价金返还请求权的时效，依一般规定。

此等时效自判决追夺之日起算；或者在此等判决尚未宣告时，自物被返还之日起算。

第八节　引起退货的瑕疵的担保

第 1857 条 买受人因作为出卖物的不动产或动产的隐蔽瑕疵而享有的撤销买卖或减少相应价金的诉权，称退货诉权。

第 1858 条 同时符合以下条件的瑕疵，为引起退货的瑕疵：

1. 出售之时已存在；

2. 出卖物因此等瑕疵不能按其固有效用使用或只能作为次品使用，其程度可推定买受人如知道这些瑕疵就不会购买或必须大幅减价才会购买；

3. 出卖人未告知瑕疵的存在，以至于买受人在无重大疏忽的情况下可能不知该瑕疵，或者买受人不可能因其职业或行业的理由轻易认知该瑕疵。

第 1859 条 约定出卖人不对物的隐蔽瑕疵负担保责任时，如出卖人知悉瑕疵的存在而未告知买受人，他仍应对此等瑕疵负担保责任。

第 1860 条 引起退货的瑕疵，赋予买受人按其认为较好的结果选择撤销买卖或减价的权利。

第 1861 条 出卖人知道瑕疵且未声明的，或瑕疵是出卖人因其职业或行业的理由本应认知的，他不仅有义务返还或减少价金，而且要赔偿损害，但出卖人不知道瑕疵，而且瑕疵不是依其职业或行业应当知道的，他仅有义务返还或减少价金。

第 1862 条 如瑕疵物在买卖合同成立后灭失，即使该物是在处于买受人的权力下时因其过失灭失的，他亦不丧失请求减价的权利。

但物因其内在瑕疵的原因灭失时，应遵守前条的规则。

第 1863 条 对于在自然意义上不属于引起退货的瑕疵的瑕疵，当事人可通过合同使之成为引起退货的瑕疵。

第 1864 条 一揽子出售两物或更多的物时，不论是就整体定价还是就每一单个的物定价，仅就瑕疵物而非就全部的物发生退货之诉，但买受人撇开该瑕疵物显然不会购买全部的物的，不在此限；例如购买一套牲口、成对耕畜或动物、成套家具的情形。

第 1865 条 在依法院当局实施的强制出售中，不产生退货之诉。但出卖人在不可能或不应当不知出售物的瑕疵时，如果未应买受人的请求予以声明，则产生退货之诉以及损害赔偿。

第 1866 条 在一切特别法或合同当事人的约定未延展或缩短的情形，退货之诉的时效期间对动产是 6 个月，对不动产是 1 年。此等期间自实际交付之时起算。

第 1867 条 退货之诉因时效消灭后，买受人仍有权按前面的规定请求减价和损害赔偿。

第 1868 条 如隐蔽瑕疵未达到第 1858 条第 2 项规定的严重程度，买受人仅有权请求减价，不得主张撤销买卖。

第 1869 条 减价诉权的时效期间，不论是在第 1858 条的情形，还是在第 1868 条的情形，对于动产都是 1 年，对于不动产是 18 个月。

第 1870 条 如购买是为了将标的物寄往远地，则减价之诉经历 1 年的时效而消灭，该期间自交付于收货人之时起算，并应附加与距离相对应的传唤期间。

但买受人在出售与寄送的间隔期间里，必须是在无疏忽的情况下可能不知物的瑕疵。

第九节 买受人的义务

第 1871 条 买受人的主要义务是支付约定的价金。

第 1872 条 价金应在约定的地点和时间支付，或者在无相反的约定时，在交付的地点和时间支付。

尽管如此，如买受人对物的占有遭到干扰，或证实对该物存在对物之诉，而出卖人在合同成立前未将此告知买受人，买受人可经法官的授权提存价金，此等提存延续至出卖人排除干扰或对诉讼结果提供保证之时。

第 1873 条 如买受人迟延在上述地点和时间支付价金，出卖人有权主张价金或解除买卖，并可请求损害赔偿。

第 1874 条 不支付价金则不移转所有权的条款，仅发生前条规定的可选择请求权的效果；买受人支付价金的，对标的物已进行的转让，或者间隔期间内在该物上设定的权利,在一切情形下继续有效。

第 1875 条　因不支付价金解除买卖的,出卖人有权扣留定金或主张双倍定金,此外,在未对他支付任何价金时,可请求返还全部孳息,或在对他支付了部分价金时,可请求返还与未支付的价金份额相对应的那部分孳息。

在买受人方面,有权请求返还他已支付的那部分价金。

在向买受人偿付有关费用以及向出卖人赔偿损害时,应认为前者是恶意占有人,但买受人的财产经证明非因其过失遭受相当的减少,以至造成他不能履行约定的,不在此限。

第 1876 条　因不支付价金解除买卖时,仅赋予出卖人依第 1490 条和第 1491 条对抗第三占有人的权利。

如买卖证书中载明已支付价金,则仅允许以该证书无效或伪造作为相反的证据,此时仅仅依该证据就产生对抗第三占有人的诉权。

第十节　解除简约

第 1877 条　以解除简约可明确规定,未在约定的时间支付价金的,买卖合同解除。

应认为买卖合同中当然有此约定;在载明时,称之为解除简约,且发生以下规定的效果。

第 1878 条　解除简约不剥夺出卖人对第 1873 条赋予的诉权的选择。

第 1879 条　约定在商定的时间不支付价金即依事实本身解除合同的,如买受人在按司法程序送达诉状后最迟 24 小时内支付价金,他仍可使合同继续有效。

第 1880 条　解除简约在当事人预定的期限失效,但该期限须自合同成立之日起不超过 4 年。

已过 4 年的,不问约定的期限更长还是未约定期限,解除简约当然失效。

第十一节　买回简约

第 1881 条　依买回简约,出卖人保留向买受人偿付约定的特定数量的金钱，或在无此等约定时偿付购买所耗资金从而收回出卖物的权利。

第 1882 条 买回简约对抗第三人的效力，遵守第 1490 条及第 1491 条的规定。

第 1883 条 出卖人有权请求买受人连同其自然添附物返还出卖物。

对可归责于买受人的行为或过失的损害，出卖人有权请求赔偿。

出卖人对必要的费用负给付义务，但无须支付未经其同意实施的有益改良或奢侈改良的费用。

第 1884 条 产生于买回简约的权利，不得让与。

第 1885 条 提起买回之诉的期间，自合同成立之日起不得超过 4 年。

但在一切情形，买受人有权请求对其提前作出通知，提前的时间对不动产不得少于 6 个月，对动产不得少于 15 天；如出卖物为产生孳息之物，同时孳息仅时而产生且需要准备工作和投资，则仅可在最近收取孳息后行使返还请求。

第十二节 附加于买卖合同的其他简约

第 1886 条 如约定在特定期间内（不得超过 1 年）出现购买条件更优的买主即解除合同，应履行该约定，但买受人或买受人对之转让了物的人按同等条件优化买卖的，不在此限。

第 1882 条的规定，适用于此等合同。

合同解除后，如同买回简约的情形，发生相互的给付。

第 1887 条 允许以其他任何合法的附加简约附加于买卖合同；此等简约由关于合同的一般规定调整。

第十三节 因非常损失撤销买卖

第 1888 条 买卖合同可因非常损失被撤销。

第 1889 条 收受的价金低于出卖物的公平价格的半数的，出卖人遭受非常损失；购买物的公平价格低于为该物偿付的价金的半数的，买受人遭受非常损失。

公平价格以合同成立之时为准。

第 1890 条 对买受人宣告撤销的，他可依其选择，或同意撤销，或在减去公平价格的 1/10 后补足该价格；处于同一情形的出卖人可依其选择，或同意撤销，或返还已收受价金超过了已增加 1/10 份额的公平价格的部分。

仅应偿付自请求之日起产生的利息或孳息，同时不得基于合同所生费用主张任何物件。

第 1891 条 动产的出售以及依法院的职权进行的出售，不因非常损失产生撤销诉权。

第 1892 条 约定不得因非常损失提起撤销之诉的，此等约定无效；如果出卖人一方表达赠与超额价金的意图，该约款视同未订立。

第 1893 条 标的物于买受人权力下灭失的，双方当事人都无权撤销合同。

如买受人已转让标的物，亦同，但买受人的售价高于其购价的，不在此限；在此情形，第一出卖人可主张这一超额价金，但主张的范围以物的公平价格扣除 1/10 的份额为限。

第 1894 条 出卖人不得因标的物遭受减损为任何主张，但可在买受人已从此等减损获利的范围内提出主张。

第 1895 条 买受人处于返还标的物的情形时，应事先涤除已设定在其上的抵押或其他物权。

第 1896 条 基于非常损失的撤销诉权，自合同成立之日起经 4 年消灭。

第二十四题 互易

第 1897 条 互易或交换是当事人双方须相互给付某特定物于他方的合同。

第 1898 条 交换视为依单纯的合意成立，但一方的或双方的交换物之一为不动产或遗产继承权的除外，在此情形，为依法律成立合同，须作成公文书。

第 1899 条 不得交换不可出售之物。

无资格成立买卖合同的人，亦无资格成立互易合同。

第 1900 条 有关买卖合同的规定，在一切不违背互易合同性质的范围内适用于此等合同；每一互易人被视为其给付的物的出卖人，该物在合同成立之日的公平价格，视为为交换所收受之物支付的价金。

第二十五题　权利的让与

第一节　债权的让与

第 1901 条　以任何名义实施的债权让与，只有在交付权利证书后，才在让与人和受让人间生效。

第 1902 条　让与人未通知债务人或债务人不同意让与的，让与对债务人和第三人不生效力。

第 1903 条　通知时应出示权利证书，且通知中须注明权利的移转，同时指出受让人并有让与人的签名。

第 1904 条　同意可以通过包含同意意思的行为作出，如和受让人一起在诉讼中答辩、开始向受让人为清偿等等。

第 1905 条　未作出上述通知或同意时，债务人可向让与人为清偿，或者债权可由让与人的债权人扣押；并且对于债务人和第三人，一般认为债权仍在让与人手中。

第 1906 条　债权的让与包括其保证、优先权和抵押的让与，但让与人的属人抗辩并不移转。

第 1907 条　有偿让与债权的人，对让与之时债权的存在承担责任，亦即对在这一时间债权真实地归其所有承担责任，但在其未明示允诺时，对债务人的支付能力不承担责任；其明示允诺的，应认为不对将来的支付能力，而仅对现在的支付能力承担责任，但明示允诺对前者负责的，不在此限；此外，除非明确约定相反的事项，这一责任的范围仅以从让与得到的价金或报酬为限。

第 1908 条　汇票、本票、持票人的诉权，以及由商法典或特别法调整的其他类别的流通票据，不适用本题规定。

第二节　继承权的让与

第 1909 条　有偿让与继承权或受遗赠权而未列举构成遗产或遗赠之物件的人，仅对其继承人身份或受遗赠人身份承担责任。

第 1910 条　继承人已从遗产的孳息、受领的债权或出售的遗产物件中获得利益的，对受让人负偿付其价值的义务。

受让人应赔偿让与人已为遗产支付的必要的或合理的费用。

让与遗产份额的，除非有相反约定，应认为同时让与因增加权而添附其上的遗产份额。

对受遗赠人适用同一规则。

第三节　讼争权利的让与

第 1911 条　让与的直接标的为让与人不对之承担责任的不特定讼争事件时，为讼争权利的让与。

就以下数条的效果而言，在司法上被通知有诉请的权利被理解为讼争权利。

第 1912 条　以买卖还是互易的名义让与讼争权利，以及是让与人还是受让人追索该权利，均无区别。

第 1913 条　债务人仅就受让人基于所让与的权利给付的价值对受让人负清偿义务，同时须支付自让与通知于债务人之日起的利息。

完全的无偿让与，依法院职权所为的让与，以及在转让讼争权利构成其一部或从物的某物时包含于其中的让与，不适用本条规定。

下列让与亦不适用本条规定：

1. 为两人共有的权利被一个共同继承人或共同所有人让与于另一共同继承人或共同所有人；
2. 让与人为清偿债务对债权人作出的让与；
3. 对作为善意占有人、用益权人或承租人享用某不动产的人所作的让与，而被让与的权利对该不动产的和平、安全享用实为必要。

第 1914 条　自命令执行判决的裁定送达起经 9 天后，债务人不得以前条赋予他的利益对抗受让人。

第二十六题 租赁合同

第 1915 条 租赁,为当事人双方相互承担义务,一方授予物的享用、完成一定工作或提供一定的服务,他方对此等享用、工作或服务支付确定价金的合同。

第一节 物的租赁

第 1916 条 一切有体物或无体物,能使用而不消耗自身的,都可被租赁,但法律禁止租赁之物,以及诸如居住权和使用权等有严格的人身属性的权利,不在此列。

甚至可出租他人之物,且在遭受追夺时,善意承租人对出租人享有追夺担保诉权。

第 1917 条 价金可由金钱或租赁物的天然孳息构成;在第二种情形,可确定为特定的数量或每一收成的孳息之份额。

定期支付的价金,称租金。

第 1918 条 价金可依买卖合同中的相同方式确定。

第 1919 条 在物的租赁中,赋予物的享用的一方为出租人,支付价金的一方为承租人。

第 1920 条 出租物的交付,可依法律承认的任何让渡方式为之。

第 1921 条 约定未签署文书合同即视为未成立的,于签署文书之前,或在交付租赁物之前,任何一方当事人可以反悔,如附有定金,应遵守买卖合同中关于这一方面的相同规定。

第 1922 条 如把同一物分别出租于两人,已向其交付租赁物的承租人优先；如向两人都作了交付，在后的交付无效；如未向任何人为交付，名义①在先者优先。

第1923条　国有财产、市府财产或公共机构的财产的租赁，依特别条例的规定，特别条例无规定者，依本题的规定。

第二节　出租人在物的租赁中的义务

第1924条　出租人负有下列义务：
1. 交付租赁物于承租人；
2. 保持租赁物处于能为租赁目的使用的状态；
3. 为承租人对租赁物的享用排除一切干扰或妨碍。

第1925条　出租人因自己的行为或过失，或者因其代理人或从属人员的行为或过失不能交付租赁物的，承租人有权解除合同并请求赔偿损害。

即使出租人错误和善意地相信自己能出租标的物，也发生此等赔偿，但承租人知晓上述不能的，或不能乃因不可抗力或意外事件造成的，除外。

第1926条　出租人因自己的行为或过失，或者因其代理人或从属人员的行为或过失构成迟延交付时，承租人有权请求赔偿损害。

如合同对于承租人的效用因迟延显著减低，不论是因为租赁物遭受损坏，还是因为促成合同成立的事由终止，只要迟延并非源于不可抗力或意外事件，承租人可解除合同，同时还可以请求赔偿损害。

第1927条　除一般由承租人负担的租赁性修缮外，为履行其维持租赁物处于良好状态的义务，出租人应于租赁期间作一切必要的修缮。

但使租赁性修缮成为必要的损坏源于不可抗力或意外事件，或源于租赁物的劣质时，出租人甚至有义务承担租赁性修缮。

合同当事人可以约定变更此等义务。

第1928条　根据使承租人免受一切干扰或妨碍的义务，出租人不得在未经承租人同意的情况下改变租赁物的形式，也不得在租赁物上实施可能干扰或妨碍其享用的作业或工作。

尽管如此，对于无重大不便即不能推迟的修缮，虽要剥夺承租人对

---

① 本条中的名义，乃指租赁合同，即非移转所有权的名义。对此，可参见第675条和第684条第5项。——译者

租赁物的部分享用，承租人亦负忍受的义务，但承租人有权请求按被剥夺享用部分的相应比例减少该期间的价金或租金。

此等修缮涉及租赁物的大多数部分，该物剩余部分显然不足以满足承租目的时，承租人可终止租赁。

如修缮的原因在合同成立之时即存在，且承租人并不知晓，但为出租人知晓，或者出租人有忧虑该原因的先例或依其职业应知晓其存在，承租人还有权请求损害赔偿。

修缮将长时间妨碍租赁物的享用，以至于承租人非遭受重大妨害或损害租赁即不可继续存在的，适用同一规定。

第 1929 条 在前条规定的情形之外，如出租人或任何他能监督其行为的人妨害租赁物的享用，承租人有权请求赔偿损害。

第 1930 条 如果承租人对租赁物的享用遭到对租赁物不享有权利的第三人的干扰，承租人可以自己的名义诉请修补损害。

证明对租赁物享有合理权利的第三人干扰或妨害承租人对物的享用，且此等权利的原因先于租赁合同时，承租人可请求按比例减少剩余时间的价金或租金。

承租人因第三人的正当权利被剥夺租赁物的一部分，以致可推定如果无该部分就不会订立合同的，他可请求终止租赁。

此外，第三人的正当权利的原因如出租人在合同成立之时就已经知晓或应当知晓，但承租人对此不知，或者承租人对此知晓，但对该原因有特别的追夺担保约定，则承租人可请求赔偿一切损害。

如出租人在合同成立之时不知晓或不应当知晓上述权利的原因，则无须偿付可得利益。

第 1931 条 第三人对租赁物主张权利的诉讼，应对出租人提起。

对于因上述第三人主张权利所致的干扰或妨害，承租人仅负通知的义务，如因其过失而未予通知或迟延通知，他应就出租人因此遭受的损害负赔偿责任。

第 1932 条 如租赁物的恶劣状态或劣质阻碍承租人实现其租赁目的的使用，不问出租人合同成立之时是否知道该物的恶劣状态或劣质，承租人都有权根据具体情况终止租赁甚至撤销合同；即使妨碍物的瑕疵在合同成立后才开始存在，但承租人对之无过失的，亦同。

如享用的妨碍仅及于物的一部，或者仅物的一部遭受毁损，法官可斟酌情形裁决终止租赁，或裁决减少价金或租金。

第 1933 条 在前条规定的情形，如物的瑕疵有先于合同的原因，承租人还有权请求赔偿已出现的损害。

如出租人在合同成立时知晓瑕疵，或处在依先例应预知或依其职业应当知晓此等瑕疵的情境，尚应赔偿可得利益。

第1934条　承租人明知瑕疵而缔约，且出租人无义务对此担保的，承租人无权请求前条赋予的损害赔偿；如果瑕疵属于承租人无重大疏忽即不可能不知道的，或者承租人通过指明瑕疵明确抛弃对该瑕疵之担保诉权的，亦同。

第1935条　承租人已就租赁物的必要修缮而非租赁性修缮支付费用的，只要此等必要修缮非由承租人的过失所致，且承租人已就自负费用修缮事宜尽快通知出租人，则出租人应报销承租人支出的此等费用。如未能及时通知，或出租人并不认为此等修缮是适当的，承租人的合理开支应在证明确属必要的范围内被偿付。

第1936条　出租人未以明确的条件同意偿付有益改良的，无义务报销此等费用；但承租人可在不损害租赁物的情况下分离并取回材料，除非出租人准备好对承租人偿付此等材料一旦分离后具有的价值。

第1937条　在一切应对承租人赔偿损害的情形，非由出租人事先对承租人为清偿或向他保证此等清偿，承租人对租赁物的享用不受排斥或剥夺。

但在出租人对租赁物的权利非因其意思而消灭的情形，不适用本规定。

第三节　承租人在物的租赁中的义务

第1938条　承租人有义务根据合同的条件或精神使用租赁物；因此，承租人不得将租赁物用作约定外的目的，或在对合同目的无明示协议的情形，应依照租赁物的自然用途确定此等目的，或应依照订立合同的环境或国家的习俗推定此等目的。

承租人违反本规定的，出租人可请求终止租赁和赔偿损害，或者仅请求损害赔偿而使租赁继续有效。

第1939条　承租人应以善良家父的注意保存租赁物。

未履行这一义务的承租人须对损害负责；在损害严重且可归因于其过失时，出租人甚至有权终止租赁。

第1940条　承租人负责租赁性修缮。

依国家的习俗由承租人承担的修缮，以及一般而言对通常产生于承租人或其从属人员之过失的那些毁损所做的修缮，例如对围墙或篱笆、阴沟、水渠的损坏以及门窗玻璃的碎裂等进行的修缮，视为租赁性修缮。

第1941条 承租人不仅对其自己的过失，而且也对家人、客人及从属人员的过失承担责任。

第1942条 承租人负支付价金或租金的义务。

为保障此等偿付，并为担保有权得到的赔偿，出租人可留置租赁物的一切既存孳息以及承租人用以装饰、布置租赁物或与租赁物配套的一切归其所有的物品；除有相反证明外，此等物品被认为属承租人所有。

第1943条 如租赁物交付于承租人后就价金或租金发生争执，双方当事人都未就这一问题的约定提出合法证据，则由专家估价，估价的费用在出租人和承租人间均摊。

第1944条 应在约定的期间支付价金或租金，在无约定时，依国家的习俗，既无约定又无确定的习俗时，遵守以下规则：

都市不动产的租金按月支付，乡村不动产的租金按年支付。

如按一定的年数、月数或天数租赁动产或牲畜，每一期的定期金应在相应年、月或日届至后立即支付。

如以一笔单一总价的方式进行租赁，则应在租赁终止时支付之。

第1945条 如因承租人的过失终止租赁，他有义务赔偿损害，尤其有义务支付距离本可通过退租通知的方式终止租赁之日所余时间的租金，或距离无需退租通知而终止之日所余时间的租金。

尽管如此，在上述所余期间接替原承租人的适格人员，如提出承担该期间的租金，则在其为此提供适当保证或其他担保时，可免除原承租人的此项支付义务。

第1946条 除非经明确授权，承租人无权让与租赁合同或转租，但在授权的情形，受让人或次承租人仅可依照与直接承租人约定的条件使用或享用租赁物。

第1947条 承租人于租赁终止时有义务返还租赁物。

租赁物应按当初交付时的状态返还，同时应考虑合法使用或享用引起的损害。

如未载明物在当初交付时的状态，则除非有相反的证据，应认为承租人是按使用的正常状态收受租赁物的。

对于租赁物在被享用期间遭受的毁损和灭失，承租人应证明非因自己的过失或其客人、从属人员或次承租人的过失所致；承租人未能证明的，应承担责任。

第1948条 不动产的返还，在承租人完全迁出，并使不动产处于出租人的权力下并对他交付钥匙时完成。

第1949条 必须有出租人的催告，承租人才可能构成返还租赁物的迟延，即使在已着手退租的情形，也不例外；如催告后未返还租赁物，应判处承租人完全赔偿迟延引起的一切损害，并判处他承担非法占有人应承担的其他责任。

第四节 物的租赁的消灭

第1950条 物的租赁依其他合同的相同方式消灭，尤其因下列事由消灭：

1. 因租赁物完全毁损；
2. 因约定的租赁存续期间届满；
3. 因出租人的权利依以下规定而消灭；
4. 因法官在法律规定的情形作出的判决。

第1951条 如未约定租赁的存续期间，或者依为租赁物设定的特别用途或依习惯不能确定此等期间，当事人任何一方仅可通过向他方退租亦即提前通知他方解约的方式终止租赁。

提前期应依规范支付租金的期间或计算单位确定。按日、周或月租赁的，退租的提前期应相应地以日、周或月为单位。

退租的提前期与下一期租金的偿付期同时开始起算，期间相同。

本条规定不适用于本题第五节和第六节规定的不动产租赁。

第1952条 已通知终止租赁的人在未经他方同意时不得嗣后取消该通知。

第1953条 如租赁合同为一方当事人规定强制期间，为他方当事人规定任意期间，应遵守该约定，但可依其意愿终止租赁的当事人亦须按以上规定作出提前通知。

第1954条 如果合同已规定租赁的存续期间，或如果此等存续期间由为租赁物设定的特别用途或习惯确定，则无须为退租通知。

第1955条 租赁应依任何一方当事人的辞退，或应依合同为租赁确定的存续期间终止时，承租人即使自愿在最后一天前返还租赁物，亦须支付距离终止之日所余全部天数的租金。

第 1956 条　租赁以退租或其他任何方式终止后，在任何情形均不得认为出租人对承租人留用租赁物的表面认可构成合同的更新。

返还日届至时如未明示地更新合同，出租人有权在其愿意之时主张返还租赁物。

尽管如此，如租赁物为不动产，且承租人经出租人许可已支付合同终止后一时段的租金，或当事人双方以其他同样无可置疑的行为表明了其保留租赁的意图，应认为已以原租赁的相同条件更新合同，但其期限在都市不动产的情形不得超过 3 个月，在乡村不动产的情形不得超过利用已开始的劳作和收取未分离的孳息的必要时间，该期间届满时，可以同样的方式再次更新租赁。

第 1957 条　租赁更新后，第三人设定的保证、质押或抵押，不延及从更新产生的义务。

第 1958 条　出租人对租赁物的权利因其意志之外的原因消灭时，即使约定的存续期间未满，租赁亦告消灭。

例如，出租人为租赁物的用益权人或信托所有人时，租赁因用益权应终止的期日届至或应将所有权移转于信托受益人的期日届至而消灭；即使出租人和承租人已约定租赁的存续期间，亦同，但此时应遵守第 794 条第 2 款的规定。

第 1959 条　出租人以使其权利存续期间不确定的特定身份，如用益权人或信托所有人，缔结合同时，以及在其权利受制于解除条件的一切情形缔结合同时，他不对因权利解除而终止租赁造成的损害承担赔偿责任。但具备此种身份的出租人以绝对所有人的身份为出租的，须对承租人负损害赔偿义务；承租人明知出租人并非绝对所有人而缔约的，不在此限。

第 1960 条　在为公共利益的原因征用的情形，应遵守以下规则：

1. 应给予承租人必要的时间利用已开始的工作并收取未分离的孳息。

2. 如征用的原因急迫得不能给予上述必要的时间，或如租赁是为一定的年份约定的，而此等年份在征用之日尚未确定，且这一事实乃以公文书载明，则国家或征用机构应对承租人负赔偿责任。

3. 仅征用租赁物的一部分时，应遵守第 1930 条第 3 款的规定。

第 1961 条　出租人的权利因其行为或过失消灭时，例如出售为其所有的租赁物，或在作为租赁物的用益权人时向所有人让与其用益权，或由于未支付出售的价金丧失所有权,他应在其权利的继受人无义务尊重租赁的一切情形,有义务赔偿承租人的损害。

第1962条 下列人员有义务尊重租赁:

1. 一切以得利名义受让出租人之权利的人;

2. 在租赁以公文书缔结时,一切有偿受让出租人的权利的人,但有抵押权的债权人除外;

3. 在租赁以公文书达成,此等文书在登记抵押之前已登记于保管人登记簿时,有抵押权的债权人。

不动产的承租人可自行请求登记上述公文书。

第1963条 次承租人遭受的损害,应计入承租人因出租人的权利消灭而遭受的,且依前数条规定应予赔偿的损害之中。

直接承租人可以自己的名义主张赔偿此等损害,或将其诉权让与给次承租人。

直接承租人应向次承租人返还预付的租金。

第1964条 不得转让租赁物的简约中虽有转让无效的约款,也仅赋予承租人在租赁自然终止前维持租赁的权利。

第1965条 如出租人的债权人诉请执行和扣押租赁物,租赁仍然有效,而出租人的权利和义务由此等债权人继受。

租赁物判归债权人的,适用第1962条的规定。

第1966条 租赁物因其全部或部分的享用遭受妨碍需要修理时,出租人可全部或部分地终止租赁,此时承租人享有第1928条的规定赋予的权利。

第1967条 除非有相反的约定,出租人在任何情形都不得以自己需要租赁物为由终止租赁。

第1968条 承租人被宣告支付不能并不必然导致终止租赁。

债权人可通过对出租人提供清偿保证以替代承租人。

债权人未替代的,出租人有权终止租赁;并且依普通规则对承租人享有损害赔偿诉权。

第1969条 监护人或保佐人成立的、作为子女财产管理人的父或母成立的、作为夫妻共同财产和配偶他方之财产的管理人的夫或妻成立的租赁,(就其在监护或保佐、父或母的管理或者夫妻共同财产管理终止后的存续期间),应遵守第407条、第1749条、第1756条和第1761条的规定。

第五节　关于房屋、货栈或其他建筑物租赁的特别规定

第 1970 条　房客或房屋承租人有义务进行的所谓租赁性修缮，缩减为维护建筑物处于收受时的状态，但对因时间或合法使用，因不可抗力或意外事件，因建筑物的陈旧腐朽、地基的性状或建造瑕疵等导致的劣等质量引起的损坏，承租人不承担责任。

第 1971 条　房客尤其负有下列义务：

1. 重装租赁期间破碎或拆卸的砖石和瓦块，保持墙壁、天花板、地板和管道的内部完整；
2. 重装门窗和隔墙上的玻璃；
3. 维持门窗和锁栓处于可用状态。

除非有相反的证据，应认为建筑物于收受时在所有这些方面都处于良好状态。

第 1972 条　房客还有义务维持墙壁、地板及建筑物内部的各部分处于适当的整洁状态；也有义务保持水井、沟渠和管道的清洁并清扫烟囱。

在任何这些方面的严重疏忽都导致出租人请求损害赔偿的权利，在严重的情形甚至赋予出租人立即终止租赁的权利。

第 1973 条　房客如将房屋或建筑物用于非法目的，或者在有转租权能时将其转租给行为显然不良的人，出租人有权驱逐房客，在后一情形，他还可以驱逐行为不良的人。

第 1974 条　租赁的房屋或寓所摆设了家具的，除非有相反的约定，应认为在租赁该建筑物的同时也租赁此等家具。

第 1975 条　出租货栈或商店的人，对于携入出租地的商品，仅在因其过失灭失的范围内承担责任。

出租人尤其应对建筑物的恶劣状态承担责任，但已予声明或为承租人知晓的除外。

第 1976 条　在发生退租的情形，应提前协议或法律规定的一个完整的租金支付期作出通知。

第 1977 条　迟延一个完整的租金支付期支付租金的，如未提供适当担保保证在不少于 30 天的合理期限内完成交付，出租人有权在做出其间隔期间不少于 4 天的两次警告后立即终止租赁。

第六节　关于租赁乡村不动产的特别规定

第 1978 条　出租人有义务按约定的条件交付乡村不动产。如实际面积不同于约定面积，依买卖一题中的规定发生价金或租金的增加或减少，或者撤销合同。

第 1979 条　佃户或乡村不动产承租人有义务像善良家父一样享用该土地；如未如此行事，出租人有权请求提供适当的保证或其他担保，以阻止对土地的恶用或损害，在严重的情形，出租人甚至有权立即终止租赁。

第 1980 条　佃户尤其有义务保存树木和丛林，只能根据约定的条件享用之。

无约定的，佃户仅限于为适于耕作的目的并为了土地本身的利益享用丛林，但佃户不得为出售木材、劈柴或薪炭而砍伐之。

第 1981 条　佃户享有的播种或种植权能，不包括为利用树木所占土地而砍伐该树木的权能，但合同有此等明示约定的除外。

第 1982 条　只要佃户知晓地产的四至和地界，就应注意使租赁地的任何部分不受侵占，且对怠于通知出租人承担责任。

第 1983 条　收获物因非常的意外事件遭受损害或毁灭的，佃户无权以此为由请求减少价金或租金。

但依分成制佃户和出租人之间的合伙类型，如出租人应按比例承担佃户于收取孳息前后因意外事件遭受的灭失，则分成制佃户不受上述规则约束，但在分成制佃户迟延交纳其孳息份额的期间发生意外事件的，不在此限。

第 1984 条　如连同畜群出租地产，且未对畜群作出特别的相反约定，该畜群的一切效用和畜群本身应归属于承租人，但承租人有义务于租赁终止时在该地产上留下相同数目、相同岁口和质量的牲畜。

租赁终止时，如未为返还的目的在地产上留下足够的上述岁口和质量的牲畜，应以金钱支付差额。

对不依恋该地产的牲畜，出租人不负受领义务。

第 1985 条　未确定租赁的存续期间的，欲退租的一方当事人应提前 1 年通知他方当事人。

该 1 年的期限应按下列方式理解：

在某年的某日开始向佃户交付土地的，则该日应视为以后的租赁年份的起始日，尽管退租通知已在先于该日的某一时间作出，提前通知的 1 年期也应自该起始日起算。

当事人双方可约定其认为方便的其他规则。

第 1986 条 如未就支付的时间作任何约定，应遵守当地的习惯。

第七节 家仆的租赁

第 1987 条 已被废除。
第 1988 条 已被废除。
第 1989 条 已被废除。
第 1990 条 已被废除。
第 1991 条 已被废除。

第 1992 条 如约定欲终止服务的一方当事人必须提前通知他方当事人，无重大事由违反该约定的一方，有义务向他方支付一笔金钱，其数量应等于退租提前期的薪金或该期间未满天数的薪金。

第 1993 条 仆人的不称职，一切不忠诚或不服从行为，以及一切损害服务质量或扰乱家庭秩序的习惯性恶癖，对于雇主构成重大事由；雇主的虐待，以及雇主、其家属或其客人的任何使之陷于犯罪或不道德行为的意图，对于仆人构成重大事由。

当事人一方的一切传染病都赋予他方终止合同的权利。

仆人因任何事由的不适格服务超过一周的，雇主同样有权终止合同。

第 1994 条 如雇主死亡，应认为合同对于其继承人依然有效，且继承人仅可根据死者可以终止合同的条件终止租赁。

第 1995 条 应采信受服务人就以下事项所作的陈述（但有相反证据的除外）：

1. 薪金数量；
2. 月薪支付时间；
3. 当月薪金支付声明。

第八节 物质性成果定作合同

第 1996 条 如果工匠提供材料制作物质成果，为买卖合同，但该合同仅通过定作人的认可而成立。

因此，定作人仅在作出其认可后才承担标的物的风险，但他迟延宣告是否认可的除外。

如材料由定作人提供，为租赁合同。

如果定作人提供主要材料，工匠提供其余材料，为租赁合同，相反的情形为买卖合同。

工作的租赁应受制于租赁合同的一般规定，同时受制于以下特别规定。

第1997条 如未确定价金，推定当事人已商定按照为同类成果通常支付的价金支付价金，无此等通常价金时，按鉴定人估定的公平价格支付。

第1998条 如协议赋予第三人确定价金的权能，而该第三人在实施工作前已死亡的，合同无效；如该第三人在实施工作后死亡，应由专家确定价金。

第1999条 只要当事人的任何一方不履行或迟延履行协议，都依合同的一般规定发生损害赔偿请求权。

因此，即使在已就成果约定一次性总价的情形，定作人也可报销工匠的一切费用，给付他已完成工作的所值以及他通过工程本可赚取的利益，从而终止合同。

第2000条 材料的灭失风险由其所有人承担。

因此，由定作人提供的材料的灭失风险由定作人承担；工匠仅在材料因其过失或其役使人的过失灭失时，才负担责任。

材料虽非因其过失或上述役使人的过失灭失，工匠亦不得主张价金或薪金，但下列情形除外：

1. 成果已被验收的；
2. 成果因定作人的迟延未验收的；
3. 成果因定作人提供的材料具有的瑕疵灭失的，但此等瑕疵依工匠的工作应该发现的，或工匠已发现瑕疵但未及时告知的，除外。

第2001条 如果约定按部分地验收工程，可部分验收。

第2002条 如定作人主张未适当完成工程，应由当事人双方共同指定的专家裁断之。

定作人的主张确有依据的，可依其选择使工匠承担重作的义务或赔偿损害。

材料的返还，可用同等质量的其他材料或等值的金钱实施。

第 2003 条 与建筑商缔结建筑合同，确定整个工程按一口价的，尚应遵守以下规定：

1. 建筑商不得借口劳动力或材料涨价，亦不得借口原计划有所添加或变更请求增加价金，但已就此等添加或变更约定特别价金的除外。

2. 因诸如地基的隐蔽瑕疵等不为人知的情况导致不可预见费用时，建筑商应就此等费用取得所有人的核准；所有人拒不给予的，他可提请法官裁决是否应该预见到工程的增加，并确定与此相对应的价金增加额。

3. 建筑物在交付后的 5 年内，如因建筑瑕疵、建筑商或其雇佣者基于其工作应该认知的地基瑕疵，或因材料瑕疵而全部或部分灭失或坍塌，承包商应承担责任；如材料由所有人供给，仅依第 2000 条最后一款的规定发生承包商的责任。

4. 所有人在工程结束后签发的收据仅意味着他依表面上符合计划和技术规则认可工程，前款课加给建筑商的责任并不因此免除。

5. 如工程建设中雇佣的工匠或工人已就各自的工资与所有人直接缔约，应被认为是独立缔约人并对所有人享有直接的诉权，但如他们与建筑商缔约，则对所有人仅在后者对建筑商所负义务的范围内享有补充诉权。

第 2004 条 前条第 3 项、第 4 项和第 5 项规定，准用于以建筑师资格负责建筑物施工的人。

第 2005 条 一切工程建造合同均因工匠或建筑商的死亡而解除；如有对有关工程可能有用的工作物或备料，定作人有义务收受并支付其价款；基于已完成的工程产生的价款，应考虑就整个工程约定的价金按比例计算。

此等合同不因定作人的死亡解除。

第九节 非物质性服务的租赁

第 2006 条 非物质性成果，或其中脑力多于体力的成果，如文学创作、活版印刷校对，应遵守第 1997 条、第 1998 条、第 1999 条、第 2002 条的特别规定。

第 2007 条 由众多系列行为构成的非物质性服务，如受雇于报刊专栏的作家、私人秘书、教师、家庭教师及歌唱家的服务，应遵守以下特别规定。

第 2008 条 对构成服务的每一部分成果，应遵守第 2006 条的规定。

第 2009 条 双方当事人的任何一方都可依其意愿或依约定的提前辞退方式终止服务。

报酬为定期金时，虽合同中未约定提前辞退，双方当事人的任何一方亦应提前至少半个服务期将终止合同的意图通知他方。

第 2010 条 如提供服务的人为提供服务被要求搬家，他方当事人应偿付合理的往返费用。

第 2011 条 提供服务者如不合时宜地辞职，或其不良行为导致其被辞退，他不得以提前辞退或旅费的理由为任何主张。

第 2012 条 依第 2118 条受关于委任的规则调整的服务，在不违背此等规则的范围内适用前数条规定。

第十节 运输的租赁

第 2013 条 运输租赁是当事人一方承诺依一定的运费或价金，自行或使人将人或物自一地运至另一地的合同。

承担运输者一般称运输人，但根据实施运输的方式也有赶马帮人、赶车人、船夫、船主的称谓。

其业务系使人运输人或货物的人，称运输商。

寄发或发送货物者称发货人，被寄发者称收货人。

第 2014 条 本节课加给运输人的义务，例如对其役使人的选任适当和行为良好负责的义务，应认为也课加给运输商。

第 2015 条 因执行运输的车辆或大小船只的劣质致人损伤或损害的，运输人须承担责任。

除非有相反的约定，或证明毁损源于货物的瑕疵、不可抗力或意外事件，运输人亦须对货物的毁灭和损害承担责任。

运输人不仅对自己的行为负责，亦对其代理人或雇员的行为负责。

第 2016 条 除非证明存在不可抗力或意外事件，运输人有义务在约定的地点和时间交付货物。

对于以普通的预防措施或注意即能避免的事件，运输人不得主张为不可抗力或意外事件。

第 2017 条 运输妇女时，虽运输人不知其已怀孕，亦不得因该妇女于旅途中分娩而追加价金。

第 2018 条 就人或货物的运输与运输人订立合同者，有义务支付运价或运费，并赔偿旅客、其家属或雇员的过失或者货物的瑕疵造成的损害。

第 2019 条 旅客或货物因任何原因未在适当的时间到场的，与运输人磋商运输的人有义务支付价金或运费的半数。

运输人未在约定的地点和时间到场的，应承受同样的违约金。

第 2020 条 运输人或旅客的死亡并不终止合同；义务移转于各自的继承人，但不得违背关于不可抗力或意外事件的一般规定。

第 2021 条 关于每种交通工具之运输的特别条例和商法典为相同事项作出特别规定的，前述规则的适用应不与之抵触。

第二十七题　设立岁供①

第 2022 条　某人接受相应的本金而对另一人承担支付其年利润的义务,并以其不动产对该利息和本金承担责任的,为岁供。

此种利润称岁供或岁金;义务人称纳供人,其债权人称受供人。

第 2023 条　岁供可通过遗嘱、赠与、出售或其他任何与此相仿的方式设定。

第 2024 条　仅可对乡村或都市不动产连同地基设立岁供。

第 2025 条　本金当然由金钱构成,或能作金钱上的评价。欠缺此项要件的,不成立岁供。

第 2026 条　岁金与本金的比率不得超过法律确定的限额。

在法律未作其他规定时,此等限额的最大值是每年 4%。

第 2027 条　设立岁供总是应以登录于适当的登记簿的公文书载明;欠缺此项要件的,不发生设立岁供的效果,但负有支付定期金义务的人应依遗嘱或合同的规定负担该义务,且此项义务具有对人性质。②

第 2028 条　不得约定以一定数量的孳息支付岁金。

---

① 现代西班牙语法学词典一般将其解释为一种在不动产上设立定期金的物权,它兼具买卖和租赁的特征,但又不能和其中任何一种相混淆。永久性或长期性系岁供的构成要素,但纳供人可以返还或支付本金解除岁供;该本金可以是金钱,也可以按设立岁供时不动产的价值予以金钱上的确定。参见 Manuel Ossorio, *Diccionario de Ciencias Jurídicas, Políticas y Sociales*, Editorial Heliasta S. R. L., Buenos Aires, 1981, p. 120。在本民法典中文译本的第一版中,徐国栋教授在校对译文时将其译为"采租",我在此次全面修改时,经斟酌认为"岁供"的译法更符合其逐年缴纳之定期金的本义,故改之。——译者

② 关于其对人性质,请参见第 579 条。——译者

违背本规定者，导致岁供的设立具有无效的瑕疵。

第 2029 条 一切岁供，即使约定具有永久性，亦可通过赎买而解除。

第 2030 条 不得强制纳供人在特定时间内赎买岁供。一切此类约定视同未订立。

第 2031 条 在设立岁供时，不得转让设立岁供之不动产的简约，以及对纳供人课加超出本题明示规定的负担的其他任何简约，无效。

一切相反的约定视同未订立。

第 2032 条 除非设定行为中确定其他的支付期，纳供人有义务按年支付岁金。

第 2033 条 支付岁供的义务始终附随于设立该岁供的不动产之所有权，即使对于在取得该不动产之前到期的岁金，亦同，但构成迟延的纳供人即使不再占有不动产，受供人仍有权对他起诉，此外，不动产的新占有人仍可对其前手行使担保诉权。

第 2034 条 对于本金和取得被设立岁供的不动产之前到期的租金，纳供人仅负有以该不动产本身清偿的义务，但对于在他占有不动产期间到期的岁金，他有义务以其全部财产为清偿。

第 2035 条 即使不动产已丧失其大部分价值或已完全不产生孳息，亦适用前两条规定。

但纳供人可通过依当时状态将不动产交给受供人处置，并依前条规定支付到期岁金，解除自己的全部义务。

尽管如此，如不动产因纳供人的故意或重过失灭失或不再产生孳息，纳供人应对损害负责。

第 2036 条 如果设立岁供的不动产因遗产继承遭到分割，应认为该岁供按分割后分出的各小地产或形成的各新不动产的价值的比例分为数个部分。

为确定此等不动产的价值，应予估价并由法官批准，法官应听取受供人和检察官的意见。

法官应命令由各纳供人承担费用，将针对相应的小地产负担的本金份额作出的裁决登记于适当的登记簿。

不论负担本金的小地产有多少，如此设定的岁供各不相同且相互独立，并且可以分别赎买。

未进行前述登记的，原岁供继续有效，而每个小地产对整个原岁供承担责任。

如分割必定导致某份小地产从原本金中分摊不到一个埃斯库多,则不得对岁供进行分割,并且每份小地产均应对整个岁供承担责任。

第 2037 条 就某一不动产设定的本金,在一切情形均可依前条规定的手续和条件,限缩为就该不动产的某一确定部分设定,或者转设于其他不动产。

新不动产或小地产不足以支持岁供负担,是拒绝接受转设或限缩的正当理由;在新不动产或小地产必须支持的岁供负担超过其价值的一半时,应认为其不足以支持。

不动产已承载的数个岁供和特别抵押,均应计为负担。

转设或限缩应依以上规定的手续为之,未履行此等手续的,原岁供继续有效。

第 2038 条 依法官的命令提存本金,属于岁供的赎买,法官因此宣告解除该岁供。

此等宣告登记于适当的登记簿后,岁供完全消灭。

受供人有义务以提存的本金重新设定岁供。

第 2039 条 未迟延支付岁金的纳供人,可在其愿意时赎买岁供。

第 2040 条 不得逐步地赎买岁供。

第 2041 条 岁供因被设立岁供的不动产完全毁灭而消灭,使得该不动产完全消失的毁灭被认为是完全毁灭。

不动产虽仅一部分重新出现,亦恢复全部的岁供,但不应支付中断期间的定期金。

第 2042 条 受供人的对人诉权经 5 年时效消灭;该期限届满时,不得主张在该期间中应得的任何定期金,也不得请求岁供的本金。

第 2043 条 属于自然人或法人的一切岁供,没有返还、移转义务或其他负担的,受供人可以生前行为或遗嘱进行处分,或者依一般规定通过法定继承移转之。

第 2044 条 在必须永久继承或在指定范围内继承这两种强制性移转的情形,继承顺位由设立岁供的行为确定,或由已转化为岁供的旧世袭财产之限定继承的设立行为确立;在上述设立行为未作规定时,应遵守次条规定的常规继承顺位。①

第 2045 条 1. 首先召唤其直系卑血亲依亲等的顺序亲自或代位继承,每一亲等中年长者排斥年幼者。

---

① 关于本条及以下两条,请参考我对第 747 条的注释。——译者

2. 受供人死亡时未遗留有权继承他的直系卑血亲，从而出现无直系继承人的情形时，应上溯至其同系的亲等最近且遗有直系卑血亲的尊血亲，此等卑血亲依亲等的顺序亲自或代位继承，每一亲等中年长者排斥年幼者。

3. 首先召唤的全部直系卑血亲均不存在时，第二顺位的继承人及其直系卑血亲依同一条件继承。

4. 设立行为明确召唤的一切继承人的直系卑血亲均无人的，任何个人或亲系均不得被理解为根据默示的替补或任何种类的推定被召唤继承，最后的受供人有权以生前行为或遗嘱处分岁供，或根据一般规定按法定继承移转之。

但在以下两种情形，不适用本规定：

1. 为取代家庭旧的世袭财产的限定继承设立岁供的；
2. 为虔诚或慈善目的设立岁供的。

第 2046 条 在前条最后规定的第一种情形，应上溯至世袭财产之限定继承的创设人，而在无明示召唤继承者时本是该创设人之法定继承人的人，被认为是对被明示召集继承者的默示替补人；此等替补人开启其他亲系的继承机会，导致他们根据各房年龄的常规顺序相互继承；而在每一亲系内，即使该创设人为明示召唤的亲系设立另外的继承顺序，同样应依常规顺序继承。

可默示替补的所有亲系均无人，且岁供并非为虔诚或慈善目的设立时，不允许进一步的替补，此时发生前条第 4 项规则的适用。

第 2047 条 在第 2045 条第 4 项之规则的第二种例外情形，岁供权应移转于共和国总统选定的基金会或虔诚或慈善机构；此等基金会或机构享受此等岁供，同时承担所附负担。

第 2048 条 在依亲系和代位权继承的情形，所有被召唤继承或被设立行为排斥在继承顺位之外的人，被推定为连同其所有直系卑血亲永远处于这种地位；除非设立行为中有明示的不相容的规定，不得对此项推定提出反对。

第 2049 条 父母婚姻期间受孕的或出生的子女和父母婚前出生的子女之间，后者的年龄自父母结婚之日起算。在父母婚前出生的子女彼此之间，各人的年龄自其出生之时起算。

第 2050 条 已被废除。

第 2051 条 同一分娩中诞生两个或更多被召唤继承的子女时，如不可能知晓其出生的先后，应在他们中按均等的份额分割岁供，各份额根据设立行为按房继承。

岁供所附的负担，按同样的方式分割。

第 2052 条 同一人依继承顺位获得两份岁供，且其中一份依其设立与另一份不相容的，不问不相容的条款系以何种言辞表述，继承人有权依其意愿选择其一，并且应认为该继承人永远被排除对另一岁供的亲自的或代位的继承；另一份岁供应如同该继承人从未存在一样按相应的设立行为被继承。

第二十八题 合伙

第一节 通则

第 2053 条 合伙或公司为两人或更多的人约定将若干财产集为共有，以分享由此产生的利益为目的的合同。

合伙构成法人，区别于被单个考虑的各合伙人。

第 2054 条 在有权表决的合伙人的会议中，应按照合同计算的多数票为决议，如合同未对此做出约定，应依合伙人数量上的多数为决议。

但法律或合同要求一致通过或赋予任一合伙人反对其他合伙人之权利的，则为例外。

除合同有其他规定外，如就合同进行实质性的全面修改，须取得一致通过。

第 2055 条 不问以金钱还是以实物出资，抑或以能以金钱评价的技艺、劳务或工作出资，只要每位合伙人未将若干财产集为共有，则不存在合伙。

若无利益分成，也不存在合伙。

不能以金钱评价的单纯精神利益，不视为利益。

第 2056 条 禁止一切概括地以现有和将来的财产组成的，或概括地以其中任何一种财产组成的合伙。

除非是在夫妻之间，也禁止一切概括地以所得构成的合伙。

尽管如此，仍可通过列举的方式将其意愿的任何财产置于合伙。

第 2057 条 事实上已成立的合伙，如不能合法地作为合伙、捐赠或任何合同继续存在，每位合伙人都有权请求清算先前的经营并收回其出资额。

因原因或标的不法而无效的合伙，应由刑法典规范，不适用本条规定。

第 2058 条 善意第三人因事实上存在的合伙经营对全部及每一位合伙人享有的诉权，不因合伙合同无效受损害。

第二节 合伙的不同种类

第 2059 条 合伙可为民事合伙或商事合伙。

为法律界定为商行为的交易成立的合伙，为商事合伙。其他合伙为民事合伙。

第 2060 条 成立的合伙依其性质虽非商事合伙，也可约定遵守商事合伙的规定。

第 2061 条 无论是民事合伙还是商事合伙，均可为普通合伙①、两合合伙或隐名合伙。②

所有合伙人自行管理或依共同的协议选择受任人进行管理的合伙，为普通合伙。

合伙人中的一个或数个仅以其出资额为限承担责任的合伙，为两合合伙。

由仅以其出资额为限承担责任的股东提供共同资金而组建，由本质上不可撤销其职务的成员组成的整体领导机构进行管理的合伙，为隐名合伙。

第 2062 条 禁止将两合合伙中有限责任合伙人的姓名包括于商号或合伙名称中，禁止他们参加管理。

违反上述两项禁令之一的人，应承担普通合伙之成员同样的责任。

第 2063 条 普通合伙中可有一个或数个有限责任合伙人，他们由关于两合合伙的规范调整，其他合伙人相互之间以及与第三人的关系由关于普通合伙的规范调整。

第 2064 条 隐名合伙即使为实现民事交易而组建，亦当然为商事合伙。

---

① 亦即无限合伙。——译者

② 在西班牙语中，sociedad 一词，既可译为合伙，也可译为公司，但在民法典中，它当指合伙。由于民商分立的原因，智利民法典中的普通合伙、两合合伙和隐名合伙，在商法中应分别译为无限责任公司、两合公司和股份有限公司。——译者

第三节　合伙合同的主要条款

第 2065 条　合伙未明定开始的期限或条件时，应认为自合同成立时开始；未明定终止的期限或条件时，应认为合伙是就全体合伙人的生存期间缔结的，但有退伙权的情形除外。

但如果合伙的目的为了某一有限存续的交易，则应认为合伙是就该交易的全部存续时间缔结的。

第 2066 条　缔约人可就盈亏的分配确定其认为适当的规则。

第 2067 条　合同当事人可将盈亏的分配委诸他人的裁断，如此等裁断并非显失公平，不得对之提出异议，而自知晓裁断之时起经过 3 个月后，或异议人已开始执行该裁断时，甚至不得基于显失公平的理由对上述裁断提出任何异议。

不得委托任何合伙人为此等裁断。

如被委托作裁断的人在履行其职责前死亡，或者因其他任何原由未履行职责，合伙无效。

第 2068 条　无这方面的明确约定时，应认为利益的分割须与各合伙人投入合伙资金的价值成比例，亏损的分担应与利益的分割成比例。

第 2069 条　如合伙人之一仅以其技艺、劳务或工作出资，且无确定其在合伙利益中的份额的约定，在必要的情形由法官确定该份额；如无任何确定其应承担的亏损额的约定，应认为仅在上述技艺、劳务或工作的份额范围内承担亏损。

第 2070 条　不得就每一合伙人的经营行为分配盈亏，也不得就每一特定交易分配盈亏。

合伙遭受亏损的交易应与带来盈利的交易相抵，约定的分配份额应取决于全部合伙经营的最终结果。

但是，两合合伙中的有限责任合伙人对其善意收受的股息不负合算义务，而隐名合伙的出资人在某些情形下须向合伙资金返还其以盈利名义收受的款项。

第四节　普通合伙的管理

第 2071 条　普通合伙的管理，可依合伙合同或嗣后一致同意的行为，委托于一个或数个合伙人。

在第一种情形，除非同一合同中有明示的相反约定，该合伙人或此等合伙人的管理权限构成合伙的实质条件的一部分。

第2072条　依合伙设立行为被委任管理的合伙人，不得放弃其职责，依设立行为中预先规定的原因或依全体共同合伙人一致接受的原因为放弃的，除外。

仅可在预先规定的情形或在有重大事由时免去其职务；该合伙人不值得信任或无能力为有益管理的，视为存在此等情形或事由。事由被证明合理时，任一合伙人都可要求免去其职务。

不存在任何前述事由的，放弃或免去职务导致合伙终止。

第2073条　在设立行为中被指定为管理人的合伙人正当放弃或被免去其职务时，只要全体合伙人对此取得合意并重新指定管理人，或决定由全体合伙人共同管理，合伙可继续存在。

在设立行为中指定数个合伙人为管理时，也可一致同意由所余合伙人执行管理而使合伙继续存在。

第2074条　依合伙合同成立后的行为委托管理的，可按普通委任的规定，由执行管理的合伙人放弃职务或由多数共同合伙人撤销其职务。

第2075条　依合伙合同或嗣后的协议受托管理的合伙人，可违背其他合伙人的意见行事，但应遵守法定的限制和相应委任对他课加的限制。

尽管如此，多数共同合伙人仍可反对其尚未产生法律效果的一切行为。

第2076条　依合伙合同或嗣后的协议委任两个或更多的合伙人为管理时，如在其委任证书中未作相反规定，每一管理人可单独执行任何管理行为。

如果已禁止单独行事，甚至不得以事属紧急为由单独行事。

第2077条　执行管理的合伙人应受制于其委任证书的各项规定，在委任未作规定时，应认为该合伙人仅可在合伙的一般经营活动包括的范围内，以合伙名义负担义务或实施取得、转让行为。

第2078条　执行管理的合伙人应尽其注意对构成合伙的固定资本的物品进行保存、修缮和改良，但不得以之质押或抵押，并且即使在其认为适当时，亦不得变更其形式。

然而，如果需要紧急地变更，没有时间征询其他共同合伙人的意见，该合伙人在此等变更的范围内被视为合伙的无因代理人。

第 2079 条　执行管理的合伙人在法定范围内或凭借其共同合伙人赋予的特别权限所为的一切行为，对合伙产生约束力；如以其他方式执行业务，他应自负其责。

第 2080 条　执行管理的合伙人应在授予其管理权的行为为此指定的周期内汇报其经营管理，未指定周期的，应做年度汇报。

第 2081 条　未委任一个或数个合伙人为管理的，应认为每一合伙人都从其他合伙人获得前数条明确规定的管理权限，但这不妨碍下列规定的适用：

1. 在合伙人的执行悬置或未发生法律效果的期间，任何其他合伙人都有权反对之。

2. 只要依其一般用途使用，且不对合伙及其他合伙人的正当使用造成妨碍，各合伙人都可为其个人用途使用属于合伙资产的物。

3. 各合伙人都有权强制其他合伙人共同承担为保存合伙财产的必需费用。

4. 非经其他合伙人同意，任何合伙人不得对合伙依赖的不动产为革新。

第五节　合伙人之间的义务

第 2082 条　可以所有权或用益权对合伙出资。在这两种情形，孳息均自出资之日起属于合伙。

第 2083 条　合伙人即使因轻过失迟延交付应置于共有的物件，亦须赔偿合伙因此等迟延遭受的一切损失。

以技艺性服务出资的合伙人构成迟延的，适用本规定。

第 2084 条　如以所有权出资，物的灭失风险依一般规定归合伙承担，而合伙被免除以实物返还的义务。

如仅以用益权出资，物的灭失或毁损不可归责于合伙之过失的，风险属于以之出资的合伙人。

如用益物是可消耗物，因使用而损坏之物，已估价之物，或其价金已共同确定之物，属于合伙交易或合伙流转的制造原料或商品，则其所有权归属于合伙，合伙有义务向合伙人返还其价值。

此等价值为该物件在出资时具有的价值，但对于依估价出资的物，应返还评估的价值。

第 2085 条 以特定物的所有权或用益权出资的人,在发生追夺的情形,应对一切损害负完全担保的责任。

第 2086 条 如依合伙设立行为向提供技艺者担保,即使在合伙亏损时亦应向其整体支付一笔确定的款项,则该款项应视为其技艺的价金,提供技艺者不得视为合伙人。

如就不确定的利益为此等人分配份额,则在合伙亏损时,即使已分配该份额作为其技艺的价金,他也无权就该利益份额主张任何物。

第 2087 条 不得向合伙人要求大大多于其有义务缴纳的出资。但因情势变更非增加出资不能达到合伙目的时,不同意增加出资的合伙人可以退伙,且在其共同合伙人如此要求时应退伙。

第 2088 条 任何合伙人,虽行使最广泛的管理权,亦不得未经其共同合伙人同意就将第三人吸收为合伙人,但该合伙人可以在无此等同意的情况下将第三人吸收为自己的合伙人,此时在该合伙人和第三人间成立特别合伙,该合伙仅与原合伙人在第一个合伙中的股份相关。

第 2089 条 各合伙人为合伙事务合法且善意地承担债务时,如因此在合伙知晓的情况下垫支了费用,有权从合伙得到报销;也可请求赔偿其经营中必不可免的风险对他造成的损害。

每个合伙人都有义务按其合伙利益的比例承担此等偿付,支付不能的合伙人的份额以同样的方式由全体合伙人分摊。

第 2090 条 如合伙人之一已收取其某一合伙债权的份额,而其共同合伙人因债务人支付不能或其他原因未能随后取得同一债权的相应份额,则即使前者收取的部分未超出其份额且已就该份额开具清偿受领收据,亦应与其他合伙人共享已收取的部分。

第 2091 条 共同利益之合伙人的不同经营的产物归合伙;其经营致生利益较多的合伙人无权因此对其经营产物享有更多的利益。

第 2092 条 如果执行管理的合伙人是某人的债权人,而该人同时是合伙的债务人,如果两个债务均已到期,收受的清偿款项应按比例抵充两项债权,即使清偿证书中已作另外的抵充以损害合伙,亦不例外。

如清偿证书中的抵充无损于合伙,但有损于作为债权人的合伙人,则依清偿证书。

前述规定应理解为不损害债务人享有的实施抵充的权利。

第 2093 条 所有合伙人甚至就因轻过失对合伙造成的损害承担责任,且不得反对以其技艺在其他交易中为合伙获得的酬报抵销此等赔偿责任，但该技艺不属于合伙资产的情形除外。

第六节 合伙人对第三人的义务

第 2094 条 以其自己的名义而非合伙的名义缔约的合伙人，即使以合同已给合伙带来利益为由，亦不能使合伙对第三人承担义务；债权人仅得以作为债务人的合伙人的诉权起诉合伙。

仅在合同明示规定或有关情势以无可置疑的方式表明时，才可以认为合伙人乃以合伙名义缔约。在有疑问时，应认为是以其私人名义缔约。

如合伙人无充分权力即以合伙名义缔约，合伙仅在享受该交易给它带来的利益的范围内对第三人承担补充责任。

本条规定甚至适用于被专门委托进行管理的合伙人。

第 2095 条 普通合伙对第三人负有义务时，整个债务应在合伙人中依其合伙利益的比例分割，支付不能的合伙人的份额由其他合伙人负担。

仅在债务证书中有明确记载，且债务由全体合伙人共同成立或依他们的特别授权成立时，才可以认为各合伙人连带地或以其他不同于按其合伙利益的比例的方式承担义务。

第 2096 条 合伙人的债权人对合伙财产不享有诉权，基于先于合伙成立的抵押，或在不动产出资未登记于适当的登记簿的情况下基于嗣后成立的抵押的，除外。

但是，此等债权人可对合伙提起第 2094 条授予的间接和补充的诉讼。

债权人还可请求为自己的利益扣押其债务人基于合伙盈利、其出资额或股份取得的分配。

第 2097 条 两合合伙或隐名合伙中的有限合伙人或股东的责任，由本题第二节的规定规范。

第七节 合伙的解散

第 2098 条 合伙因期限届满解散，或因规定的终止条件的成就解散。

但合伙可因全体合伙人的一致同意,按原设立行为采用的同样手续延展。

合伙的共同债务人不同意延展的,不对在延展期间开始的行为承担责任。

第2099条 合伙因为之缔结合伙的事业的终结解散。

但定有终止合伙的确定期日,而该期日在合伙的事业终结前届至而未予延展的,合伙解散。

第2100条 合伙也因支付不能和构成其整体标的的一物或数物的消灭而解散。

如果消灭是部分的,合伙继续存在,但合伙以所余部分已不能有益延续的,合伙人有权要求解散;本规定不妨碍次条规定。

第2101条 任一合伙人依合同有义务将物或技艺置于共有时,如因其行为或过失未履行其允诺,其他合伙人有权解散合伙。

第2102条 合伙人之一已以某物的所有权出资时,即使该物灭失,合伙依然存在,但无该物合伙即不能有益延续的,除外。

仅以用益权出资的,合伙因用益物的灭失解散,但以之出资的合伙人补交共同合伙人满意的物,或决定在无该物的情况下延续合伙的,除外。

第2103条 除非依法律的规定或依设立行为,合伙在生存的合伙人和死亡合伙人的继承人之间,或在无此等继承人时,在生存的合伙人之间继续存在,合伙亦因任一合伙人的死亡解散。

但即使不属于该情形,只要执行管理的合伙人未收到死亡通知,也应认为合伙继续存在。

即使已由此等合伙人收到死亡通知后,如死亡的合伙人已开始执行的业务并不以其特殊能力为基础,应完成之。

第2104条 在为租赁不动产或采矿成立的合伙中,以及在隐名合伙中,应认为暗含有与死亡合伙人的继承人继续合伙的约定。

第2105条 死亡合伙人的继承人无须参与生存合伙人的合伙的,仅可依照该死亡为人知晓之时合伙事务的状况主张其被继承人的份额;对于死亡后的合伙盈亏,仅在该死亡为人知晓之时已开始执行的业务后果的范围内参与分配。

如果合伙必须与死亡合伙人的继承人继续,则除因其年龄、性别或其他资格被法律或合同明确排斥的那些继承人外,其他的继承人均有权参与合伙。

不属于这种排除情形的，不能管理其财产的人应通过其法定代理人或对其财产有管理权的人实施合伙行为。

第 2106 条 合伙也因合伙人之一的后发无能力或支付不能解散。

尽管如此，合伙仍可在无能力或破产的情形继续，在此情形，保佐人或债权人就合伙经营行使无能力或破产合伙人的权利。

第 2107 条 合伙可依全体合伙人的一致同意在任何时间解散。

第 2108 条 合伙也可依合伙人之一的退伙解散。

但在合伙就确定的期间或就有限存续的事务缔结时，如合伙合同未赋予退伙的权能，或者不存在重大事由，例如其他合伙人不履行义务，失去有才智的管理人而不能由其他合伙人替代，退伙人长期患病无能力参与合伙运作，其事务因不可预见的情况处于恶劣状态，或其他同等重要的事由，则退伙无效。

第 2109 条 除非将退伙事实通知所有其他的合伙人，退伙不发生任何效力。

向专门负责管理的合伙人作出通知的，视为已向全体合伙人作出通知。

未得到退伙通知的合伙人，如认为退伙适当，可嗣后接受退伙，或主张合伙在间隔时间里仍然存在。

第 2110 条 恶意或不合时宜的退伙，无效。

第 2111 条 合伙人通过侵吞本应属于合伙的盈利而退伙的，为恶意退伙；在此情形，其他合伙人可强制他与自己分割业务的利益，或在业务失败时，强制他独自承担亏损。

也可完全排斥其分享合伙的利益，并强制他以其份额抵补亏损。

第 2112 条 合伙人在其脱离有损于合伙利益时作出的退伙，为不合时宜的退伙。此时，如存在需要该合伙人合作的待决事务，合伙仍延续至该事务终结。

即使在合伙人对退伙存在利益的情况下，他也应为此等候适宜的时间。

前条最后一款指出的恶意退伙的效果，准用于不合时宜的退伙。

第 2113 条 前数条规定适用于未作声明即事实上退伙的合伙人。

第 2114 条 仅得在下列情形对第三人主张合伙已解散：

1. 合伙因合同确定的终期届至解散；
2. 已在当地的报纸上，或在当地无报纸时，已在省会的报纸上刊登 3 次公告通知合伙的解散；

3. 经证明第三人已通过其他媒介及时知晓合伙的解散。

第 2115 条 合伙解散后，应对构成其资产的物品进行分割。

关于遗产分割及共同继承人之义务的规定，在不与本题的规定相抵触的范围内准用于合伙资产的分割及合伙解散后的各成员之间的义务。

第二十九题 委任

第一节 定义和通则

第2116条 一人委托他人管理一项或数项事务，后者由前者承担责任和风险而对此等事务负管理职责的合同，为委任。

委托管理者称委托人或委任人，接受委托者称受托人或代理人，但通称受任人。

第2117条 委任可以是无偿或有酬的。

报酬（称酬金）由当事人在订约之前或之后以协议确定，或由法律、习惯或法官确定。

第2118条 需长期研究的专业或职业服务，或此种服务与代理他人并使他人对第三人承担义务的权能相结合的，应遵守委任的规定。

第2119条 事务仅关涉受任人的利益时，为单纯的建议，不产生任何债。

但居心不良为建议者，负损害赔偿责任。

第2120条 如事务同时关涉委任人和受任人的利益，或两者中的任何一人的利益，或两者和第三人的利益，或仅仅第三人的利益，产生真正的委任；如委任人未经第三人的许可行事，在这两人间产生无因管理之准合同。

第2121条 对他人事务的单纯忠告，一般不构成委任；法官应根据具体情况裁决劝谏词句中是否有委任。有疑问时，应视为忠告。

第2122条 受任人善意执行无效委任的，或因紧迫需要超越其委任权限的，转化为无因代理人。

第2123条 构成委任标的的代理人职位，可以公文书或私文书、书信、言词或其他任何可理解的方式授予，甚至可以默示方式认可他人对自己事务的管理，但仅在符合一般规定时，才可在诉讼中采信人证，同时，在法律要求公文书时，亦不得以私文书为证。

第 2124 条　委任合同因受任人的接受视为成立。接受可以是明示的或默示的。

执行委任的一切行为都构成默示的接受。

接受委任后，只要委任人仍适合于亲自执行事务，或能委托他人执行事务，受托人可以撤销接受。否则，他应按第 2167 条的条件承担责任。

第 2125 条　依其职业或工作受托他人事务的人，对于不在人作出的委托须尽快表明是否接受；经过合理期间后，其沉默视为接受。

受托的事务需采取急迫的保存措施的，受任人即使被豁免职务，也应采取此等措施。

第 2126 条　可以有一个或数个委任人，也可以有一个或数个受任人。

第 2127 条　如果设定两个或更多的受任人，而委任人未划分管理权限，受任人可自行划分，但如果他们被禁止分别行事的，以此种方式实施的行为无效。

第 2128 条　选任未成年人为受任人的，该受任人执行的行为仅在约束第三人和委任人的范围内对该第三人有效，但受任人对委任人和第三人的义务仅可根据有关未成年人的规则产生效果。

第 2129 条　受任人执行职务时，甚至对其轻过失负责。

对于有酬的受任人，其责任更趋严格。

反之，如受任人表示不愿接受职务，但应委任人的请求让步而勉强接受的，其承担的责任将较少严格。

第 2130 条　如果委任包括一项或数项特别确定的事务，称特别委任；如就委任人的一切事务授予委任，称一般委任；如就一切事务授予委任，但有一项或数项确定的例外，同样为一般委任。

委任的管理，在一切情形遵守以下规定。

第二节　委任的管理

第 2131 条　除非在法律授权其以其他方式行动的情形，受任人应严格遵守委任的条件。

第 2132 条 委任仅当然赋予受任人执行管理行为的权限，例如清偿和收取属于普通管理范围的委任人之债务和债权；在上述管理范围内诉追债务人、提起占有之诉以及中断时效；修缮所管理的物；为受托的土地、矿产、工厂或其他工业标的物的耕耘或利益而购买必要的材料。

超出这一范围的一切行为均须特别授权。

第 2133 条 授权受任人以他认为更适当的方式处理事务时，不得因此认为已授权他改变委任的主旨，也不得认为已授权他执行要求特别权限或特别条款的行为。

对自由管理的条款，仅可理解为受任人有权执行法律指定作为该条款之授权的行为。

第 2134 条 正确执行委任，不仅包括执行受托事务的主旨，也包括采用委任人希望的执行方式。

但如果势有必要，且采同等方式能完全达到委任人的目的，可采用该方式。

第 2135 条 未予禁止时，受任人可转委托其职务，但未被明确授权为转委托时，应把复受任人的行为视为其自己的行为承担责任。

纵已明确赋予转委托的权限，如委任人并未指定复受任人，且复受任人显然无能力或支付不能，仍发生这一责任。

第 2136 条 委任人未明示或默示授权或追认转委托时，第三人不得就复受任人的行为对委任人主张权利。

第 2137 条 委任人明确授权转委托特定人时，在委任人和复受任人间成立新的委任，该委任仅可由委任人撤销，且不因原受任人遭受的死亡或其他事故而消灭。

第 2138 条 委任人可在一切情形对复受任人行使由其授予职务的委任人的诉权。

第 2139 条 受任人不得为赠与，但依习惯对提供服务者给付的少量酬谢除外。

第 2140 条 受任人明确接受应向委任人给付的物的，仅在委任中已充分指明交付的物或款项，且受任人完全按指定收受该物时，才视为委任人的接受。

第 2141 条 和解的权限并不包括提交仲裁的权限，反之亦然。

第 2142 条 出售之特别权限，包括收受其价金的权限。

第 2143 条 抵押某物的权限不包括出售该物的权限，反之亦然。

第 2144 条 未经委任人的明示核准，受任人不得自行或通过中间人购买委任人命令他出售的物，或在委任人命令他购买时出售自己的物件。

第 2145 条 受托入借金钱时，受任人本人可按委任人指定的利率，或在欠缺指定时，按普通利率出借之，但在授权有息出借金钱时，受任人未经委任人的核准不得为自己入借该金钱。

第 2146 条 未经委任人的明确授权，受任人不得有息出借委任人的金钱。

以高于委任人指定的利率出借的，除经授权可以取得超额利息外，受任人应全部上缴之。

第 2147 条 受任人一般可利用情势执行其职务以获得多于委任人指定的利益，或减少委任人确定的负担，但在这样做时应在其他方面不偏离委任的规定。禁止将超出委任指定的利益的部分或小于委任指定的负担的部分据为己有。

反之，如以少于委任指定的利益或多于委任确定的负担进行交易，受任人应对差额承担责任。

第 2148 条 授予受任人的权限，在不可能就此咨询委任人的情况下，应作某种更广的解释。

第 2149 条 执行委任明显有害于委任人的，受任人应不予履行。

第 2150 条 处在不能依指令执行委任之境地的受任人，无义务自任为无因代理人；此时仅采取情势要求的保存措施，即为已足。

但如果无所作为会严重危及委任人，受任人应采取更接近于其得到的指令且更适合于委托事务的措施。

受任人有责任证明导致他不能依委任人的指令执行委任的不可抗力或意外事件。

第 2151 条 受任人在执行其职务时，可以其自己的名义或委任人的名义缔约；如以其自己的名义缔约，不使委任人对第三人负担义务。

第 2152 条 受任人可通过特别简约对债务人的支付不能以及债务收取的全部不确定性和障碍承担责任。此时，受任人成为委任人的主债务人，甚至对意外事件和不可抗力承担责任。

第 2153 条 由受任人以委任人名义持有的钱币，即使因不可抗力或意外事件灭失，亦由受任人承担损失，但钱币封存于加锁盖印的银箱或包袋而遭受此等事故或不可抗力的，或能以其他无可置疑的手段无可争辩地证明灭失的正是该笔金钱的，除外。

第 2154 条 超越其委任权限的受任人仅对委任人承担责任,仅在下列情形应对第三人承担责任:

1. 未充分告知自己的权限;
2. 为自己缔结债务。

第 2155 条 受任人有义务汇报其管理。

如委任人未免除受任人的这一义务,其账目的重要项目尚应附以单据。

免除账目之提交的,并不豁免委任人可正当要求受任人履行的职责。

第 2156 条 受任人将委任人的金钱用于自己的利益时,应向委任人支付普通利息。

账目结算后受任人应付的逆差额,受任人也有义务支付其自构成迟延之时起的利息。

第 2157 条 受任人对基于委任自第三人取得之物(即使不是委任人应得之物),以及因其过失未取得之物承担责任。

第三节 委任人的义务

第 2158 条 委任人负有如下义务:

1. 向受任人提供执行委任所需之物;
2. 报销执行委任引起的合理费用;
3. 支付约定的或通常的酬金;
4. 支付垫付的金钱及其普通利息;
5. 赔偿因委任所致且不可归因于受任人之过失的损失。

委任人不得主张委任给受任人的事务绩效不佳,或本可以更低费用履行委任,从而免除履行此等义务,但证明受任人有过失的,不在此限。

第 2159 条 委任人不履行他对之负有义务的人承担的义务时,受任人可放弃其职责。

第 2160 条 委任人应履行受任人在委任权限内以其名义缔结的债务。

但是,委任人对以其名义成立的任何债务已为明示或默示的追认的,也有义务履行。

第2161条 如依委任的规定或事务的性质表明不应部分执行,则部分执行仅在给委任人带来利益的范围内对其产生约束力。

受任人对未执行的剩余部分,应根据第2167条承担责任。

第2162条 受任人可留置交付给他但以委任人的名义持有的物件,以担保委任人履行自己方面有义务作出的给付。

第四节 委任的终止

第2163条 委任因下列事由终止:

1. 委任为之设立的事务已执行;
2. 期限届满或为委任的终止确定的条件已成就;
3. 委任人的撤销;
4. 受任人的辞职;
5. 委任人或受任人死亡;
6. 委任人或受任人破产或支付不能;
7. 委任人或受任人被宣告禁治产;
8. 已被废除;
9. 如果委任是为了履行委任人的某一职责授予的,该职责已终止。

第2164条 委任人的撤销可以是明示的或默示的。将同一事务委托给他人,为默示的撤销。

前一委任为一般委任,后一委任为特别委任时,前者对后者未包括的事务继续有效。

第2165条 委任人可任意撤销委任,明示的或默示的撤销都自受任人知悉之日起生效,但不得违反第2173条的规定。

第2166条 撤销委任的委任人有权要求受任人返还因执行委任置于其手的文书,但文书的有关部分能用以证明受任人的行为合理时,如受任人有此要求,应给付他经签名的副本。

第2167条 受任人的辞职仅在已经过合理期间,使委任人能处理委任的事务之后,才终止其义务。

否则,受任人应对委任人因辞职遭受的损害负责,但受任人因病或其他原因处于不能管理的境地,或处于只有严重损害其自己的利益才能管理的境地的,不在此限。

第2168条 知晓委任人死亡后,受任人终止其职务,但职务的终止有损于委任人的继承人时，受任人须完成已着手的事务。

第 2169 条 设定为在委任人死亡后执行的委任，不因该委任人的死亡消灭。在此情形，继承人继受理委任人的权利和义务。

第 2170 条 可以管理自己财产的受任人之继承人，应在受任人死亡后立即通知委任人，同时应为委任人的利益处理情势要求且力所能及的事务；未作这方面的处理者，应对损害负责。

受任人死亡或丧失能力时，遗嘱执行人、监护人、保佐人以及一切对其财产继续管理者，负相同的责任。

第 2171 条 妇女在婚前作出委任的，该委任继续有效；但只要委任关涉的行为或合同关涉到夫管理的财产，夫可任意撤销此等委任。

第 2172 条 两个或更多受任人依委任设立行为须共同行动的，因前述任何事由的任何一种导致其中之一缺位时，可终止委任。

第 2173 条 一般而言，只要委任因不为受任人所知的事由消灭，他为执行委任所为的行为仍属有效，并赋予善意第三人对抗委任人的权利。

受任人知晓导致委任终止的事由而与善意第三人缔约的，委任视同继续有效，委任人同样负担义务，但有权请求受任人赔偿损害。

导致终止委任的事实已由报纸公之于众时，如一切情形都表明该第三人不可能对此不知，法官可经裁量解除委任人的义务。

第三十题　使用借贷

第 2174 条　使用借贷是当事人一方以动产或不动产无偿交付他方使用，他方使用完毕后负返还该物之负担的合同。

此种合同仅依物的让渡成立。

第 2175 条　使用借贷合同，不问借用物的价值多少，都可以证人证明。

第 2176 条　出借人对借用物在与授予借用人的使用权不矛盾的范围内，保留一切先前享有的权利。

第 2177 条　借用人仅可按商定的使用权利用借用物，无协议时，应依其种类的通常使用权利用此等物件。

在违反本规定的情形，出借人可请求赔偿一切损害，并且即使已约定返还期限，也可主张立即返还借用物。

第 2178 条　借用人须尽最大的注意保存借用物，且对轻微过失亦负责任。

因此，借用人对一切非源于物的性质或合理使用的损害，均负其责；如果此等损害已导致借用物不能按其普通用途利用，出借人可将其所有权委弃于借用人，而主张借用物的原价金。

但借用人只有在下列情形才对意外事件负责：

1. 不当利用借用物或迟延返还此等物，但表明或证实即使无此等不合理使用或迟延，同样会因意外事件发生物的毁损或灭失的，不在此限；

2. 意外事件因其甚至是轻微的过失发生；

3. 事变中只能就救助借用物和自己的物件选择其一时，审慎地选择保存自己的物件；

4. 明确表示对意外事件承担责任的。

第四编　债的通则和各类合同

第 2179 条　尽管有前条规定，如使用借贷是为当事人双方的利益缔结的，借用人的责任仅及于其轻过失，如使用借贷是仅为出借人的利益缔结的，则借用人只在重过失的范围内承担责任。

第 2180 条　借用人有义务在商定的时间内返还借用物；无此等协议时，在设定的使用完成后予以返还。

但在下列三种情形，虽然约定的期限未届满，也可请求返还：

1. 借用人已死亡的，但借用物乃为特定的服务借用，该服务不能推延或中止的除外；

2. 出借人嗣后出现对借用物不可预见和紧迫的需要；

3. 为之出借借用物的服务已终结或未发生。

第 2181 条　返还应向出借人为之，或向依照一般规定有权以出借人名义收受借用物的人为之。

如经其法定代理人许可使用某物的无能力人出借该物，对该无能力人作出的返还有效。

第 2182 条　除第 2193 条规定的情形外，借用人不得为担保出借人对自己所负的债务留置借用物，从而免去其返还借用物的义务。

第 2183 条　借用人无权主张借用物并非出借人所有而中止返还，但借用物的所有人因为遗失、遭受盗窃或抢劫而丧失该物的，或被法院扣押在借用人手中的，不在此限。

借用遗失物、盗窃物或抢劫物的，如果借用人知晓此情而未告知所有人，使他能在合理期限内主张该物，则借用人对因返还给所有人造成的损害应负责任。

如所有人未及时主张返还上述物，借用人可向出借人返还。

在所有人方面，未经出借人同意或法官裁决，也不得要求返还借用物。

第 2184 条　对于一切种类的攻击性武器，以及其他一切他知道可用于犯罪的物，借用人有义务中止返还，而应将此等物件交法官处分。

出借人丧失理智且无保佐人的，遵守同一规定。

第 2185 条　自借用人发现自己为借用物的真正所有人之时起，其返还义务终止。

尽管如此，如出借人就所有权提出异议，仍应返还，但借用人能简要、即时地证明借用物为其所有的，不在此限。

第 2186 条　产生于使用借贷的义务和权利，移转于当事人双方的继承人，但借用人的继承人只有在第 2180 条第 1 项规定的例外情形，才可以继续使用借用物。

第 2187 条 如借用人的继承人在不知借贷事实的情况下转让借用物，出借人可（在不能或不愿利用原物返还诉权，或在该诉权不生效果时）根据他认为适宜的选择，要么请求该继承人支付借用物的公平价格，要么让与其基于转让取得的诉权。

继承人在转让时如知晓借贷的存在，应对一切损害负赔偿责任，甚至可依其行为的情节追究其刑事责任。

第 2188 条 借用物并非出借人所有，所有人在借贷终止前主张该物的，借用人对出借人不享有损害赔偿诉权，但出借人明知借用物为他人所有而未告知借用人的，不在此限。

第 2189 条 数人共借一物的，应负连带责任。

第 2190 条 使用借贷不因出借人的死亡消灭。

第 2191 条 对于借用人未事先通知而为保存借用物支出的费用，出借人在下列条件下负偿付义务：

1. 支出的费用并非诸如喂养马匹之类的通常保存费用；

2. 费用的支出必要和急迫得不可能征询出借人的意见，同时，能基本推定借用物处于出借人权力之下时也不得不支出此等费用。

第 2192 条 因借用物的劣质或恶劣状况而使借用人遭受损害时，如此等劣质或恶劣状况同时满足以下三个要件，出借人有义务予以赔偿：

1. 其性质有可能导致损害；

2. 出借人知晓而未声明；

3. 借用人不可能依适当的注意知晓其存在或预防损害。

第 2193 条 出借人如未作出前两条规定的赔偿，借用人得留置借用物，但出借人对判令他偿付的款项已提供担保的，不在此限。

第 2194 条 出借人如保留在任何时间请求返还借用物的权能，称不确定的使用借贷。

第 2195 条 既非为特定的服务而出借，又未确定返还期限的使用借贷，视为不确定的使用借贷。

未事先缔约而持有他人之物，且不为所有人所知或由其单纯容忍的，也构成不确定的使用借贷。

第三十一题 借贷或消费借贷

第 2196 条 借贷或消费借贷是当事人一方交付一定数量的消耗物于他方，他方须返还同种类、同质量、同等数量的其他物品的合同。

第 2197 条 借贷合同仅依让渡才成立，且让渡导致移转所有权。

第 2198 条 出借的消耗物并非金钱时，不问此等物品的价格在借贷期间的涨落，均应返还同种类、同质量、同等数量的物。如不可能进行此等返还或债权人未作此种要求，借用人可依照应返还该物的时间与地点的价格支付其价值。

第 2199 条 已被废除。

第 2200 条 未确定清偿期限的，无权要求在交付标的物后的 10 天内偿还。

第 2201 条 如约定借用人在能清偿时为清偿，法官可斟酌情形确定一个期限。

第 2202 条 无转让权者为出借时，如借用物本身能被识别，可要求返还该实物。

不能识别时，恶意收受者须立即支付价金以及法律允许约定的最高利息，但善意借用人仅须支付价金以及第 2200 条授予的期限之后的约定利息。

第 2203 条 借用人因借用物的劣质或隐蔽瑕疵遭受损害时，出借人应依第 2192 条明定的条件承担责任。

借用人知晓隐蔽瑕疵即不可能缔结合同的，可请求撤销之。

第 2204 条 除非已约定利息，借用人甚至可在约定的期限届满前清偿所有的借用金额。

第 2205 条 可约定利息为金钱或可消耗物。

第 2206 条 约定的利率不得超过特别法规定的限额；法律未作限制时，如约定的利率超过经证明的订约之时的普通利率的一半，法官在此种情形可将利率减少至上述普通利率。

第 2207 条 如约定概括的利率而未确定其定额，应认为采用法定利率。

第 2208 条 虽未约定利息但已支付利息的，不得索回或以之抵充本金。

第 2209 条 如约定利息，而出借人已开具偿还本金的收据，但未载明已支付利息，推定已支付利息。

第 2210 条 已被废除。

第三十二题 寄托和讼争物寄托

第2211条 将某一有体物委托他人,该人负责保管并返还原物的合同,一般称寄托。

寄托的物件称寄托物。

第2212条 寄托合同因寄托人将物品交付于受寄人而成立。

第2213条 交付可依任何移转寄托物之持有的方式为之。

当事人一方因其他原因业已持有寄托物的,双方当事人也可约定该方继续持有此等寄托物。

第2214条 寄托有两类:本义上的寄托和讼争物的寄托。

第一节 本义上的寄托

第2215条 当事人一方向他方交付某一有体动产,他方负责保管并依寄托人的意思返还原物的合同,为本义上的寄托。

第2216条 对缔约人任何一方身份的错误,或对寄托物的材质、质量或数量的错误,不导致合同无效。

然而,受寄人对寄托人的身份发生错误,或发现看管寄托物将使其陷入危险的,可立即返还寄托物。

第2217条 此类合同依一般规定应以书面形式订立时,如未采用这一程式,则无论是关于寄托事实本身,还是关于寄托物本身或物已返还的事实,均采信受寄人的言辞。

第 2218 条 此种合同仅在有缔约能力的人之间缔结时，才发生完全的效力。

然而，寄托人无缔约能力时，受寄人应承担其作为受寄人的一切义务。

如受寄人无缔约能力，寄托人仅对尚在受寄人手中的寄托物享有请求返还的诉权，如果寄托物已不在受寄人的手中，寄托人仅在受寄人因寄托已获利的限度内对之享有对人诉权，但寄托人可以对占有物的第三人行使其权利；并且不影响法律在欺诈情形对受寄人课加的罚金。

第 2219 条 本义上的寄托为无偿合同。

如就某物的单纯看管约定报酬，寄托转化为服务的租赁，提供服务者甚至对轻过失承担责任，但在所有其他方面，他应负受寄人的义务并享受其权利。

第 2220 条 单纯的寄托并不赋予受寄人不经寄托人许可就使用寄托物的权能。

有时可推定存在此等许可，法官依自由裁量确定可证明推定为合理的各种情节，例如当事人间的友谊和信任关系。

对于并不会因使用发生明显损坏的物，更易推定存在这种允许。

第 2221 条 为金钱寄托时，如金钱并非锁闭于其钥匙由寄托人持有的箱柜，或未采用其他非经破损即不可能拿取金钱的保管措施，推定允许使用之，但受寄人有义务以同一币种返还同等数量的金钱。

第 2222 条 当事人双方可约定受寄人对一切种类的过失承担责任。

无约定时，受寄人仅对重过失负责。

但在下列情形，受寄人须对轻过失负责：

1. 自荐或谋求优先于他人担任受寄人的；

2. 不问是由于在一定的情形下允许其使用寄托物，还是因为给予其报酬，受寄人对寄托物有某种个人利益的。

第 2223 条 看管寄托物的义务包括尊重存放该物的箱袋的封印和锁钥的义务。

第 2224 条 因受寄人的过失封印破损或锁钥被撬时，关于寄托物的数量和品质，以寄托人的声明为准；但受寄人无过失的，在有争执的情形，必须以证据证明之。

在一切封印破损或锁钥被撬的情形，都推定受寄人有过失。

第 2225 条 受寄人不应违反信任寄托的保密义务，也不得被强制披露秘密。

第 2226 条 返还取决于寄托人的意思。

如定有返还期间,该条款仅约束受寄人,依此条款受寄人不得于约定期间之前返还寄托物,但法律有明确规定的特定情形除外。

第 2227 条 寄托物的看管义务延续至寄托人请求返还之时,但在约定的寄托持续期间届满时,或在期间虽未届满,但寄托物在其权力之下已遭受危险或已对其造成损害时,受寄人可要求寄托人处分寄托物。

如寄托人未处分寄托物,可按照法定手续由寄托人承担费用提存之。

第 2228 条 即使寄托物为金钱或可消耗物,受寄人也有义务返还委托他保管的同一物或特有物,但第 2221 条规定的情形除外。

第 2229 条 寄托物应连同其一切添附和孳息予以返还。

第 2230 条 未构成返还迟延的受寄人,当然不对不可抗力或意外事件承担责任,但受寄人因此等事故受领寄托物之价金或其他替代之物的,应向寄托人返还已受领的此等给付。

第 2231 条 如继承人在不知寄托的情况下出售寄托物,寄托人可(在不能或不愿利用原物返还诉权时,或在行使该诉权无效果时)请求该继承人返还其就寄托物收受的对价,或者要求让与其基于转让取得的诉权。

第 2232 条 返还寄托物的必要运输费用由寄托人承担。

第 2233 条 第 2181 条至第 2185 条的规定,准用于寄托。

第 2234 条 未经寄托人同意,受寄人不得以抵销的名义或为担保寄托人对其承担的债务留置寄托物,但仅基于次条所述的费用和损害作出的留置,不在此限。

第 2235 条 受寄人为保存寄托物支出的费用,在寄托人本人控制寄托物时亦可能要支出的,寄托人应偿付之;寄托物非因其过失对受寄人造成的损害,亦同。

第二节 必要寄托

一

第 2236 条 本义上的寄托,在受寄人的选任不取决于寄托人的自由意志时,例如在火灾、建筑物倒塌、劫掠或其他类似灾难的情形所为的寄托，称必要寄托。

第 2237 条 必要寄托的存在，允许以所有种类的证据证明。

第 2238 条 无管理其财产的能力但处于理智健全状态的成年人承担必要寄托的，该寄托无须取得其法定代理人的核准即构成约束受寄人的准合同。

第 2239 条 受寄人的责任及于轻过失。

第 2240 条 在其他方面，必要寄托遵循意定寄托的同样规则。

二

第 2241 条 留宿于旅馆者携入旅馆的物品，如已交付于旅馆主人或其从属人员，应视为由旅馆主人看管的寄托物。此种寄托与必要寄托处于相同的地位，准用第 2237 条及以下数条的规定。

第 2242 条 上述物品如因旅馆主人、其从属人员或造访旅店的第三人的过失遭受损害，或被盗、被抢，旅店主应负责任；但对于因不可抗力或意外事件造成的损害，旅店主人不负其责，除非经证明可归因于其过失或故意。

第 2243 条 旅馆主人也有责任保障客人随身保存的物件的安全。基此，旅店主对旅馆的雇员以及并非客人之家属或访客的陌生人造成的损害，或对此等人的盗窃或抢劫行为承担责任。

第 2244 条 遭受损害、盗窃或抢劫的客人，应证明丧失的物的数目、质量和价值。

请求人以证人为证时，如他不能说服法官或使其认为情形可疑，法官有权拒绝他提供的证言。

第 2245 条 携带贵重物品的旅客，如该物品一般不属于其阶层的个人装备，他应告知旅馆主此事以便后者在看管时尽特别注意，在旅馆主要求时，尚须展示此等物；未为告知或展示的，法官可驳回对该部分物品的请求。

第 2246 条 如依一定方式可将事实归咎于客人的疏忽，旅馆主可获免责。

第 2247 条 约定其免责的，旅馆主的责任也终止。

第 2248 条 前数条规定准用于饭店、咖啡馆、台球室、浴室以及其他类似企业的管理人。

第三节 讼争物寄托

第 2249 条 两人或更多的人将争执物寄托于第三人，后者应将该物返还给取得胜诉者的寄托，为讼争物寄托。

受寄人称讼争物的受寄人。

第 2250 条 除以下数条及程序法典所作的规定外，关于讼争物寄托的规则同于关于本义上的寄托的规则。

第 2251 条 不仅动产，而且不动产，都可作为讼争物寄托的标的。

第 2252 条 讼争物寄托，或为合意的，或为裁判上的。

合意的讼争物寄托，通过讼争标的物之争执人的单纯合意设立。

裁判上的讼争物寄托，依法官的裁定设立，无须其他证据。

第 2253 条 讼争物寄托的各寄托人对受寄人因寄托支出的费用及引起的损害，如同本义上寄托中的寄托人对受寄人，负有相同的义务。

第 2254 条 讼争物寄托的受寄人如丧失对寄托物的持有，可根据具体情况向一切人主张该物，甚至对任何未经其他寄托人同意或法官裁决而取得该物的持有的寄托人为此等主张。

第 2255 条 讼争不动产的受寄人对此等财产的管理享有并负有受任人的权利和义务，且应向未来的受分配人报告其管理行为。

第 2256 条 分配判决未产生既判力时，受寄人仅得因紧迫需要脱免其职务，但在合意的讼争物寄托的情形，他应将此情况通知各寄托人，或在相反的情形，应通知法官，以便他们对职务替代问题作出处理。

在合意的讼争物寄托的情形，经当事人的一致同意，或在相反的情形，经法官裁决，受寄人也可在前述判决之前终止其职务。

第 2257 条 宣告并执行上述判决时，受寄人应向分配判决中的受分配人返还寄托物。

如为裁判上的讼争物寄托，在返还问题上应遵守程序法典的规定。

第三十三题 射幸合同

第 2258 条 基本的射幸合同包括：
1. 保险合同；
2. 船货押贷①；
3. 博戏；
4. 赌博；
5. 设立终身定期金；
6. 设立终身岁供。

前两种合同由商法典调整。

第一节 博戏和赌博

第 2259 条 对于射幸博戏，应遵守第 1466 条的规定。

以下数条规定适用于合法的博戏和赌博。

第 2260 条 博戏和赌博不产生诉权，只产生抗辩。

赢者不得请求清偿。

但输者已给付时，除非赢者以诈欺赢得，不得索回已为的清偿。

第 2261 条 设赌者如确定地知晓赌博所涉事实必将成就或已经成就，构成诈欺。

第 2262 条 对其财产不享有自由管理的人所为的清偿，在所有的情形均可由其家父母、监护人或保佐人

---

① 一种古老的远洋运输保险合同，依此合同，商人取得一笔贷款，以船货作为借款的抵押物，如果船货在海上灭失，该笔贷款不必返还，贷款利息包括保险风险。——译者

索回。

第 2263 条 尽管有第 2260 条的规定，身体之力量型或灵巧型博戏，例如比武、竞走、赛马、赛球及其他同类游戏，只要不违反法律或警察条例，仍产生诉权。

在违反的情形，法官可全部驳回诉请。

第二节 设立终身定期金

第 2264 条 设立终身定期金是射幸合同，依此合同，当事人一方在任何一方或第三人的生命自然存续期间，对他方有偿负有支付租金或定期金的义务。

第 2265 条 只要在合同成立时其全部生存，即可为两人或更多人享受定期金的利益而设立终身定期金；他们可同时享受定期金，且彼此间有增加权或没有这种权利，或者可以根据约定的顺序先后享受定期金。

第 2266 条 也可约定以被指定的数人的生命的自然存续期间为终身定期金的支付期间。

不得为此目的指定任何在合同成立之时尚不存在的人。

第 2267 条 终身定期金的价金，或为终身定期金的收取权所作的支付，可以是金钱，也可以是不动产或动产。

定期金只能是金钱。

第 2268 条 欲以终身定期金名义缔约的当事人可自由约定定期金。法律不确定定期金和价金间的比例。

第 2269 条 终身定期金合同应以公文书严格作成，且仅依价金的交付成立。

第 2270 条 其生存决定定期金之存续期间的人，如在合同成立前死亡，或者在合同成立之时身患导致他在订约后 30 天内死亡的疾病，合同无效。

第 2271 条 除非缔约人另有约定，即使在未支付定期金的情形，债权人亦不得请求撤销合同；即使已提出返还价金并返还或免付已到期的定期金，债务人也不得请求撤销合同。

第 2272 条 在不支付定期金的情形，可因迟延支付就债务人的财产提出主张，并可强制其为将来的支付提供担保。

第 2273 条 债务人不提供约定的担保时，债权人可请求废除合同。

第 2274 条 其生存决定定期金之存续期间的第三人如在受益人死亡后仍然生存，则受益人的权利移转于其死因继承人。

第 2275 条 欲请求支付终身定期金，须证明其生命决定定期金者的生存。

第 2276 条 其生存决定终身定期金之存续期间的人死亡的，如合同中有提前支付的规定，则应支付当年的全部定期金，无此约定时，仅应支付与当年的生存天数相对应的部分定期金。

第 2277 条 终身定期金不因任何诉讼时效消灭，但连续 5 年以上不收取且不请求定期金的除外。

第 2278 条 设立无偿的终身定期金时，不成立射幸合同。

因此，此种终身定期金应遵守关于赠与和遗赠的规定，但在可适用的范围内，可以用前数条的规定调整。

第三节 设立终身岁供

第 2279 条 就不动产设定终身定期金，且此项负担将移转于一切占有该不动产的人时，称终身岁供。

在可以适用的范围内，终身岁供准用关于普通岁供的规定。

第 2280 条 终身岁供不得赎买，且不允许像普通岁供一样进行分割和限缩。

第 2281 条 可以为两人或更多人的利益设立终身岁供，他们根据第 2265 条的规定享受该岁供；但根据具体情况，他们须在遗嘱人死亡之时、接受赠与之时或合同成立之时生存。

第 2282 条 也可约定在被指定的数人的生命存续期间支付终身岁供；此等岁供随最后一名生存者的死亡而终止。

为此目的指定的人在遗嘱人死亡之时、缔结赠与之时或合同成立之时并不存在的，无效。

第 2283 条 关于终身岁供，准用第 2266 条、第 2267 条、第 2268 条、第 2270 条、第 2274 条、第 2275 条、第 2276 条以及第 2278 条的规定。

第三十四题 准合同

第 2284 条 非经协议成立的债，或发生于法律，或发生于当事人一方的自愿行为。发生于法律的债由法律规定。

如产生债的行为合法，构成准合同。

如产生债的行为非法且以损害意图实施，构成侵权行为。

如行为的实施人有过失，但并非以损害的意图实施，构成准侵权行为。

本题仅规定准合同。

第 2285 条 准合同主要有 3 种：无因管理、错债清偿和共有。

第一节 无因管理或他人事务的管理

第 2286 条 无因管理或他人事务的管理，通称事务管理，是未经委任管理他人事务者对该他人负有义务，并在特定情形也使该他人负担义务的准合同。

第 2287 条 无因管理人的义务与受任人的义务相同。

第 2288 条 因此，管理人应在管理中尽善良家父的注意，但其责任可依促使其管理的情形增加或减少。

如为救助他人利益的紧迫危险承担管理，管理人仅对故意或重过失负责；如他自愿承担管理，应在轻过失的范围内负责，但自告奋勇为管理且阻止他人进行管理的人除外，在此情形，管理人须对一切过失负责。

第 2289 条 管理人对所有从属事务亦负责任，且应继续管理至利益人能接手管理或能委任他人管理之时。

如利益人死亡，应继续管理至其继承人能处理事务之时。

第 2290 条 事务经适当管理者，利益人应履行管理人在管理中缔结的债，并应报销一切有益或必要费用。

利益人无义务对管理人支付任何薪金。

如管理不当，管理人应对损害负责。

第 2291 条 违背利益人的明示禁止管理他人事务的，仅在此等管理对利益人实际有益且在请求之时存在效用时，才可对利益人为请求。例如，管理消灭了无此等管理时利益人本应清偿的债务。

但是，法官在此情形可赋予利益人清偿该请求的期限，该期限就被请求人之情境而言应为公平。

第 2292 条 管理他人事务者以为在管理自己的事务的，有权在管理对该他人产生实际利益且此等利益在为请求之时仍然存在的范围内请求偿付。

第 2293 条 以为自己在管理此人事务而实际在管理彼人事务的人，对后者享有并承担如对真正的利益人提供服务本可享有并承担的权利和义务。

第 2294 条 未就其管理提供常规账目并附随证明单据或相当证据的管理人，不得对利益人提起任何诉讼。

第二节 错债清偿

第 2295 条 基于错误实施清偿的人，如证明并不负有债务，有权索回已为的清偿。

但基于自己的错误清偿他人债务者，对因该清偿而已销毁或废除为收取其债权所必需的权利依据的人，无权请求索回，但他对真正的债务人可行使该债权人的诉权。

第 2296 条 为履行第 1470 条列举的纯粹自然之债所作的清偿，不得索回。

第 2297 条 因对法律的错误实施的清偿，若甚至未以纯粹自然之债作为清偿的依据，可以索回。

第 2298 条 如被请求人自认已为清偿，请求人应证明不曾存在债务。

如被请求人否认已为清偿，请求人应证明之；经证明后，推定不曾存在债务。

第 2299 条 无债清偿行为不得被推定为赠与，但证明清偿人在事实和法律上完全知晓无债而仍为清偿者，不在此限。

第 2300 条 无债权而受领金钱或可消耗物的人，有义务返还同种类、同质量和数量的其他物。

恶意受领人尚应支付普通利息。

第 2301 条 基于对其欠债的虚假认识向善意受领人为给付的，即使给付物嗣后因其疏忽毁损或灭失，受领人也不对此承担责任；但他因此获利的，则在获利的范围内承担责任。

但自他知道物是错债清偿之时起，承担恶意占有人的一切义务。

第 2302 条 善意出售对其错债清偿之物的人，仅须返还出售所得价金，并让与因买受人尚未完全付清价金而享有的诉权。

如他在出售时为恶意，应如同一切诈欺性地放弃占有的占有人一样负担义务。

第 2303 条 清偿并不负欠之债务的人，不得追索善意第三人以有偿名义取得占有的物，但有权请求以任何得利原因持有该物的第三人返还之，但以该物可被诉请原物返还并存在于其权力之下为条件。

须返还的受赠人的义务同于善意受领人依第 2301 条负担的义务。

第三节　共有之准合同

第 2304 条 两人或更多的人对某概括物或单一物的共有，其中无任何人就该物成立合伙或缔结其他协议的，是一种准合同。

第 2305 条 各共有人对共有物的权利同于各合伙人对合伙资产的权利。

第 2306 条 如共有物为像遗产一样的概括物，各共有人对共有物的债务负担，同于继承人对遗产债务的负担。

第 2307 条 共有期间为共有利益成立的债务，仅由成立该债务的共有人负担；该共有人为报销他为共有所为的清偿，对共有享有诉权。

债务由共有人集体缔结而未明示他们各自的份额时，如未约定连带责任，全部共有人应以相等的份额对债权人承担义务，但各共有人可以对其他共有人请求偿付自己超过应付份额的清偿部分。

第 2308 条 各共有人应对取用共有物对共有负责,包括被用于其个人事务的共有金钱的普通利息;各共有人甚至对共有物和共有事务因其轻过失遭受的损害负担责任。

第 2309 条 各共有人应依其份额的比例分摊维持和修缮共有物的费用。

第 2310 条 共有物的孳息应依其份额的比例在各共有人中分割。

第 2311 条 在共有人之间有义务承担的给付中,支付不能的共有人的份额由其他共有人承担。

第 2312 条 共有因下列事由终止:

1. 全部共有人的份额集中于一人;
2. 共有物毁灭;
3. 共有财产被分割。

第 2313 条 分割共有物以及由此发生的义务和权利,遵守关于分割遗产的同样规则。

第三十五题　侵权行为和准侵权行为

第 2314 条　实施侵权行为或准侵权行为导致他人损害的人，负赔偿责任，且不排除法律对该侵权行为或准侵权行为科处的刑罚。

第 2315 条　不仅遭受损害之物的所有人、占有人或其继承人，而且损害行为有损于其用益权、居住权或使用权的用益权人、居住权人或使用权人，都可请求上述赔偿。在其他情形，持有某物并对之负责的人也可请求赔偿，但只有在所有人不在时才可如此。

第 2316 条　实施损害者及其继承人有赔偿义务。

收受他人的诈欺带来的利益的人，如非诈欺的同谋，仅在利益所值的范围内承担责任。

第 2317 条　两人或更多的人实施侵权行为或准侵权行为的，各行为人应对源于该侵权行为或准侵权行为的一切损害负连带责任，但第 2323 条和第 2328 条的例外不受影响。

两人或更多的人实施的诈害或诈欺，产生前款规定的连带诉权。

第 2318 条　酒醉者对其侵权行为或准侵权行为引起的损害负责。

第 2319 条　未满 7 岁的人以及精神病人，不具有侵权行为或准侵权行为的责任能力，但此等人造成的损害，如能归咎于有责任看管他们的人的疏忽，即应由其承担责任。

未满 16 岁者是否无辨别能力地实施侵权行为或准侵权行为，由法官斟酌决定；如属此情形，应遵循前款的规则。

第 2320 条 任何人不仅对其自己的行为,而且对由其照管的人的行为负责。

因此,父,或无父时,母,对与其共同居住的未成年子女的行为负责。

监护人或保佐人对生活在其卫护和照管之下的被庇护人的行为负责。

学院和学校的管理人对处于其照管下的学生的行为负责;手艺人或雇主对其同一情形下的学徒或雇员的行为负责。

但此等人以其相应的身份赋予和指定他们的权威和照管,仍不能阻止侵权或准侵权行为时,其责任终止。

第 2321 条 未成年子女实施的侵权行为或准侵权行为明显出自不良教育或被听任养成的恶习时,父母总是应对此等行为负责任。

第 2322 条 主人对仆人或佣人执行其相应职责的行为负责;即使所涉行为是在其未在场时实施的,亦同。

但对于仆人或佣人在执行其相应职责时实施的行为,如能证明其执行方式不当,而主人尽通常的注意并运用其全部的权威仍不能预防或阻止,主人不对此等行为负责。在此情形,一切责任都由上述仆人或佣人承担。

第 2323 条 建筑物因所有人未进行必要的修葺或因欠缺善良家父的注意而倒塌时,所有人应对第三人(不处于第 934 条规定的情形的)的损害承担责任。

如建筑物为两人或更多的人共有,应按其所有权份额的比例分担损害赔偿金。

第 2324 条 如果损害是因施工瑕疵引起的建筑物倒塌造成的,发生第 2003 条第 3 项规定的责任。

第 2325 条 对其从属人员引起的损害负有填补责任的人,在该从属人员有财产,且其损害行为并非遵照他负有服从义务的人的命令实施,同时依第 2319 条的规定,他具有侵权行为或准侵权行为的责任能力时,有权就该人的财产受偿。

第 2326 条 动物即使在逃逸或迷失后造成损害,其所有人亦负责任,但逃逸、迷失或损害不能归咎于所有人或其负责看管或喂养动物之从属人员的过失的,除外。

本条关于动物所有人的规定准用于一切役使他人动物的人,但损害因动物的本性或瑕疵所致,而所有人以一般的注意或谨慎本应知晓或预见之，但并未告知役使人的，役使人享有对抗所有人的诉权。

第 2327 条 凶猛动物并非为了看管或服务不动产的利益所致的损害，当然应归责于其持有人，持有人主张损害不可避免的意见不予采纳。

第 2328 条 自建筑物的高层部分坠落或投掷的物所引起的损害，应归责于一切居住于建筑物该部分的人，赔偿金在所有这些人中分摊，但损害事实经证明仅可归因于某人的过失或恶意时，该人应单独承担责任。

处于建筑物高处或其他高地的某物有坠落和损害之虞时，建筑物或该地的所有人、承租人，或该物的所有人、使用人，都有义务移除该物；民众中的任何人都有权请求移除之。

第 2329 条 作为一般规定，一切可归责于他人之恶意或疏忽的损害，均应由该人赔偿。

下列人尤其负赔偿义务：

1. 鲁莽开枪射击的人；

2. 移除街道、道路上的水沟或干渠的铺板，未采取必要措施防止昼夜途经该地者跌落其中的人；

3. 对横跨道路的渡槽或桥梁负营造、维修义务却使之处于损害路人之状态的人。

第 2330 条 如遭受损害的人鲁莽地引起损害，应减少对损害的估价额。

第 2331 条 除非能证明存在能以金钱估算的实际损害或可得利益的损害，对他人名誉或信用的侮辱性非议，并不引起金钱赔偿请求权；如果证明所非议者为事实，甚至不产生任何金钱赔偿。

第 2332 条 本题因损害或诈欺赋予的诉权，自实施行为起历 4 年的时效消灭。

第 2333 条 在一切某人的轻率或疏忽可能损害不特定的人的情形，一般赋予民众诉权，但损害仅威胁特定的人时，只有此等人中的某人可起诉。

第 2334 条 前数条赋予的民众诉权看来确有依据的，被告应赔偿原告的一切诉讼费用，并对原告用于诉讼的时间和精力支付代价，原告还可以取得法律在特定情形授予的特别酬金。

第三十六题 保证

第一节 保证的设立和要件

第2335条 保证为从债,一人或数人据此承诺在主债务人不履行其债务时对债权人履行该债务的全部或部分,从而对他人之债承担责任。

不仅可为主债务人的利益,而且也可为其他保证人的利益设立保证。

第2336条 保证可以是约定保证、法定保证或裁判上的保证。

第一种保证依合同成立;第二种由法律规定;第三种依法官的裁决成立。

法定保证和裁判上的保证遵循约定保证的同一规定,法律或程序法典有其他规定的事项除外。

第2337条 有义务提供保证的人不得违背债权人的意思以抵押或质押取代保证,反之亦然。

法律或法官裁定要求保证时,可以足量的质押或抵押取代之。

第2338条 所保证之债可以是民法之债或自然之债。

第2339条 不仅可对单纯之债,而且可对附条件和附期限之债设立保证。也可对将来之债设立保证;在此情形,保证人可在主债务不存在时撤销保证;尽管如此,保证人仍如同第2173条规定之情形中的委任人,对善意的债权人和第三人承担责任。

第2340条 保证的缔结,可以附确定的终期或始期,或者附停止条件或解除条件。

第2341条 保证人可就其提供的服务与债务人约定

金钱上的报酬。

第 2342 条 处于亲权、监护或保佐之下的人，只能根据亲权和监护人和保佐人的管理各题中的规定作为保证人承担义务。如果依夫妻共同财产制结婚的夫或妻欲作为保证人承担义务，则应遵守夫妻共同财产制一题的规则。

第 2343 条 保证人承担的义务不得超过主债务人的债务，但可以少于主债务人的债务。

保证人可以承担支付一笔金钱的义务，以取代给付同等价值或价值更大的其他物的义务。

保证他人的行为时，保证范围仅及于就其不履行的事实判决的赔偿责任。

给付某一非金钱之物取代其他物或取代一笔金钱的债，不构成保证。

第 2344 条 不仅在清偿的数量上，而且在时间、地点、条件或方式上，或者在就不履行为之附加保证的合同课加的违约金上，保证人均不得按比主债务人为重的条件承担义务，但保证人可按较轻的条件承担义务。

但保证人可以更有效的方式承担义务，例如，即使主债务未附抵押，保证之债可以附抵押。

保证如超出第 1 款指出的方面的任何一项，应减少至主债务的限度。

在有疑问时，应采取有利于主债务和从债相一致的解释。

第 2345 条 虽无主债务人的委托，甚至在主债务人不知晓并违背其意愿时，仍可以设立保证。

第 2346 条 可以为法人和无人接受继承的遗产作出保证。

第 2347 条 保证不得推定，且不应扩张至明示内容之外，但视为及于主债的一切从债，如利息、先行请求主债务人的诉讼费用、尔后催告保证人履行义务的诉讼费用以及作出此等催告后的一切费用，但在先行请求和前述催告之间的中间期间产生的费用，不包括在内。

第 2348 条 下列人须依债权人的请求提供保证：

1. 已约定提供保证的债务人；
2. 其资力减少，明显陷入不能履行其债务之危险的债务人；
3. 有理由担心其离开本国领土而意图定居国外，且未为担保其债务留有足量财产的债务人。

第 2349 条　只要债务人提供的保证人陷入支付不能,债务人有义务提供新的保证。

第 2350 条　有义务提供保证的人应提供有保证能力的保证人;此等人应有使保证有成效的足够财产,并在相应的上诉法院的管辖区内有住所或选择了住所。

认定财产充足与否,仅应考虑各种不动产,但涉及商事事项或被保证债务微小的,不在此限。

但不应考虑扣押的或讼争的不动产、不处于本国领土内的不动产、或附有重的抵押负担或解除条件的不动产。

如保证人负担债务过重,以至于使未为此等债务设定抵押的不动产处于危险中,也不得将此等不动产计入前述不动产之内。

第 2351 条　保证人在其有义务作出的一切给付中甚至对其轻过失负责。

第 2352 条　保证人的权利和义务可移转于其继承人。

第二节　保证在债权人与保证人之间的效力

第 2353 条　在主债务人可能清偿债务的一切情形,保证人可在被债权人主张前清偿债务。

第 2354 条　保证人可以任何对物抗辩,例如诈欺的抗辩、胁迫的抗辩或既判力的抗辩对抗债权人,但不得以主债务人的对人抗辩,例如主债务人无负债能力、委弃财产或享有的不得被剥夺生活必需品的权利对抗债权人。

主债务所固有的抗辩为对物抗辩。

第 2355 条　债权人使保证人处于不能代位行使其对主债务人或对其他保证人的诉权的情境时,上述保证人有权在债权人的请求中扣除他本可依法定代位从主债务人或从其他保证人取得的一切。

第 2356 条　保证人虽未被诉,也可自债务到期之时起请求债权人起诉主债务人;如债权人在该请求后迟延起诉,保证人对主债务人在迟延期间发生的支付不能不负责任。

第 2357 条　被请求的保证人享有先诉利益,依此可主张在诉追他前先就债务诉追主债务人的财产以及主债务人为担保该债务提供的抵押或质押。

第 2358 条　享受先诉利益须满足以下条件：
1. 未明确抛弃该利益；
2. 保证人未作为负连带责任的共同债务人承担义务；
3. 主债务产生了诉权；
4. 法官未命令执行保证；
5. 保证人被请求时即以先诉利益对抗；债务人在被请求时无财产而嗣后取得财产的，除外；
6. 已将主债务人的财产指示给债权人。

第 2359 条　以下财产不纳入先诉利益的考虑范围：
1. 位于本国领土之外的财产；
2. 被扣押或处于讼争状态的财产，或者其收取存疑或困难的债权；
3. 其所有权附带解除条件的财产；
4. 为优先债务设定了抵押的财产，但仅限于为完全清偿此等优先债务所必要的部分。

第 2360 条　不得认为主保证人抛弃先诉利益意味着次保证人也抛弃该利益。

第 2361 条　债权人有权请求保证人预付先诉费用。

在必要的情形，法官应确定预付额并指定将之提存于其权力之下的人选，该人可以是债权人本人。

如保证人选择在合理期限内自行先诉，应准如所请。

第 2362 条　数个主债务人承担连带责任，其中之一已提供保证的，被请求的保证人有权主张不仅就该债务人的财产，而且就其他共同债务人的财产进行先诉。

第 2363 条　先诉利益仅可对抗一次债权人。

如果就保证人第一次指定的财产进行先诉未发生效果或不足以达到目的，保证人不得再做指定，但主债务人嗣后取得财产的除外。

第 2364 条　如被先诉的财产仅产生清偿部分债务的结果，债权人负受领该部分的义务，且只能就未清偿的部分诉请保证人。

第 2365 条　债权人于先诉时如懈怠或疏忽，而债务人于此期间陷于支付不能，保证人仅在其为先诉指示的财产的价值未达到主债务之价值的限度内承担责任。

如果保证人明确而无可置疑地仅对债权人未能从主债务人获得清偿的部分承担义务，应认为债权人负先诉义务，并且在同时发生以下情况时，保证人不对债务人的支付不能承担责任：

1. 债权人享有促成清偿的充分手段；
2. 债权人在运用此等手段时有疏忽。

第 2366 条 次保证人对保证人和主债务人享有先诉利益。

第 2367 条 如同一债务有两个或更多的保证人，而他们不对清偿承担连带责任，应认为在此等保证人中以均等的份额分割债务，债权人仅可就每个保证人各自的份额请求清偿。

保证人之一的支付不能由其他保证人承受，但次保证人并非支付不能的，不得认为保证人支付不能。

明确将其责任限制于特定金额或特定份额的保证人，仅在该金额或份额的限度内承担责任。

第 2368 条 同一债务人、同一债务的数个保证人之间，即使是分别提供保证，也可依前条的规定划分责任。

第三节 保证在保证人与债务人之间的效力

第 2369 条 在下列情形，保证人有权请求主债务人免除其保证、对其保证结果进行担保或提存支付资财：
1. 主债务人挥霍财产或以其财产鲁莽冒险的；
2. 主债务人对保证人负有在一定期限内免除其保证的义务，而该期限已届满的；
3. 期限届满或条件成就，主债务能即刻被请求全部或部分履行的；
4. 自缔结保证之时起已经过 5 年的，但主债务为更长的确定期限缔结，或主债务无须在确定的期间内消灭的，例如监护人或保佐人的义务、用益权人的义务、终身定期金之债、征税人员或公债管理人的义务，不在此列；
5. 有理由担心主债务人未为清偿债务留下足够的不动产而潜逃的。

本条赋予保证人的权利不及于违背债务人的意愿提供保证的人。

第 2370 条 即使保证不为主债务人所知，保证人仍对主债务人享有偿付他作出的清偿以及利息和开支的诉权。

保证人也有权依一般规定请求赔偿损害。

但对于草率支出的费用不得请求偿付；保证人在将自己被诉的事实通知主债务人之前支出的费用，也不得请求偿付。

第 2371 条 受第三人之托提供保证时，已作清偿的保证人对委任人享有诉权；这并不妨碍其对主债务人享有的诉权。

第 2372 条 有多个负连带责任的主债务人时，对其全体为保证的保证人可依第 2370 条的规定向其中每个人请求清偿全部债务；但其中一人的特定保证人只可对该债务人追索全部已为的清偿；对其他债务人仅作为代位人享有他为之作出保证的债务人的诉权。

第 2373 条 在主债务的期限届满前即清偿的保证人，只有在期限届满后才可诉追债务人。

第 2374 条 债权人已全部或部分免除其债务的保证人，不得向债务人追索已被免除的金额，除非债权人为此已对他让与其诉权。

第 2375 条 在下列情形，不发生第 2370 条赋予的诉权：

1. 主债务人的债务是纯粹自然债务，且未因追认或期间的经过而被赋予效力；

2. 保证人违背主债务人的意思承担义务，但债务已消灭的除外，且保证人追索依一般规定有理由追索的人的权利，不受影响；

3. 因保证人的清偿无效未消灭债务。

第 2376 条 债务人如未通知保证人即作出清偿，应对不知债务已消灭而重新清偿的保证人承担责任，但债务人对债权人享有错债清偿诉权。

第 2377 条 如保证人未通知债务人即作出清偿，债务人可以他于清偿之时本可对抗债权人的一切抗辩对抗保证人。

如果债务人因未获得通知不知债已消灭而再次作出清偿，保证人对他不享有任何救济手段，但他可对债权人行使债务人的错债清偿诉权。

第四节 保证在共同保证人之间的效力

第 2378 条 超出按比例应属于他的份额为清偿的保证人，可就超出部分代位行使债权人对共同保证人的权利。

第 2379 条 共同保证人不得以主债务人的纯粹对人抗辩对抗已作清偿的保证人。

已作清偿的保证人如拥有对抗债权人的纯粹对人抗辩而不愿利用，其他共同保证人也不得以之对抗该保证人。

第 2380 条 次保证人在其保证的保证人支付不能时，应对其他保证人承担该保证人的义务。

第五节　保证的消灭

第 2381 条　保证因与其他债相同的一般消灭方式而全部或部分消灭，但另有如下消灭原因：

1. 债权人全部或部分免除保证人的保证义务；
2. 债权人因自己的行为或过失丧失保证人对之享有代位权的诉权；
3. 主债务全部或部分消灭。

第 2382 条　主债务人提供不同于他应清偿的物件履行债务时，如债权人自愿接受，则即使嗣后对该物件发生追夺，保证也不可反悔地消灭。

第 2383 条　债权人和保证人的身份发生混同，或者债务人和保证人的身份发生混同时，保证消灭，但在第二种情形，次保证人的义务仍然存在。

第三十七题 质押合同

第 2384 条 依质押合同，动产被交付于债权人以担保其债权。

被交付之物称质物。

持有质物的债权人称质押债权人。

第 2385 条 质押合同总是依附于一项主债。

第 2386 条 质押合同仅依质物交付于债权人而成立。

第 2387 条 只有对质物享有转让权的人才可出质该物。

第 2388 条 不仅债务人，而且任何向债务人提供此等服务的第三人都可设定质押。

第 2389 条 可以通过交付证书的方式出质债权，但债权人必须将此事通知证书指定之债权的债务人，并禁止他向其他人为清偿。

第 2390 条 质物并非出质人所有，而属于不同意质押的第三人时，只要其所有人未主张质物，合同依然有效，但债权人知晓该物为偷盗物、抢劫物或遗失物的除外，在此情形，对质物适用第 2183 条的规定。

第 2391 条 如所有人主张未经其同意出质的物并获得返还，债权人可请求对他交付其他等值或价值更大的质物，或向他提供其他适当的担保，这两种请求都得不到满足时，则即使清偿期限未届满，亦应立即向他履行主债务。

第 2392 条 除非法院依职权行事，不得违背其意愿强取债务人的某物作为质物。

未经其同意，不得为担保债务留置债务人的物件，但在法律明确指出的情形除外。

第 2393 条 债权人丧失质物的持有时,他对一切占有该物者享有恢复质物之诉,对设定质押的债务人亦不例外。

但债务人可通过清偿质押所担保的全部债务而留置质物。

作出这一清偿后,债权人不得因其他债权主张该物,即使第 2401 条列举的要件同时具备,也不例外。

第 2394 条 债权人须如同善良家父看管和保存质物,并对质物因其行为或过失遭受的损害负责。

第 2395 条 未经债务人同意,债权人不得利用质物。在这一方面,其义务同于单纯的受任人的义务。

第 2396 条 债务人在清偿全部债务后才可请求返还质物的全部或一部,该全部债务包括原本、利息、债权人为保存质物支出的必要费用以及他因持有质物遭受的损害。

尽管如此,如债务人请求在无损于债权人的情况下允许他以他物替换质物,应准如所请。

债权人滥用质物的,丧失其质权,债务人可请求立即返还质物。

第 2397 条 债务人迟延清偿时,质押债权人有权请求公开拍卖质物,并以拍卖所得获得清偿;或在无可接受的竞价时,由鉴定人对质物估价,在其债权的限度内将质物判给自己作为清偿;任何与此相反的约定无效,且债权人有权以其他方式诉追主债务。

不得约定债权人享有以本条规定之外的方式处分或取得质物的权利。

第 2398 条 债权人和债务人在拍卖质物时都可以参与竞价。

第 2399 条 在第 2397 条规定的出售或分配裁判尚未完成之时,债务人可清偿债务,此等清偿必须是完全的,包括清偿出售或分配裁判已引起的费用。

第 2400 条 已被废除。

第 2401 条 债权获得全部清偿后,应返还质物。

但债权人对同一债务人享有其他债权时,可在此等债权同时符合下列要件时留置质物:

1. 属于确定的净债权;
2. 成立在为之设定质押的债务之后;
3. 在偿付前一个债务之前已到期。

第 2402 条 出售质物或把它判给债权人后,其价金仍不能满足全部债务时,应首先抵充利息和费用;如质押为担保两个或更多的债务设定的，或依前条规定，先只为一个债务设定，后来扩及到其他债务，则应依债的消灭方式一题中清偿抵充一节所作的规定作出抵充。

第 2403 条 债权人有义务连同依其性质或时间发生的增积返还质物。如质物产生孳息，债权人可以之抵充债务的清偿，但应对孳息负报告义务且对剩余部分承担责任。

第 2404 条 如债务人出售质物，买受人有权通过支付并提存明确为之设定质押的债务的金额，请求债权人交付质物。

债务人以有偿原因赋予他人享受或持有质物的，该他人享有同样的权利。

在上述情形，第一债权人都不得以其他债权为借口拒绝返还，即使其他债权符合第 2401 条列举的各项要件，亦同。

第 2405 条 质押不可分割。因此，已清偿其债务份额的继承人，不得在债务的任何其他部分仍存在时请求返还部分质物；反之，已受领其债权份额的继承人，在其共同继承人未受清偿时，不得返还质物，部分地返还亦不例外。

第 2406 条 质权因质物的完全毁损而消灭。

质物的所有权以任何名义移转于债权人时，质权同样消灭。

提供质物者对之享有的所有权如因解除条件丧失，质权消灭，但善意债权人在债务人未告知此项条件时，对其享有第 2391 条规定情形中的同样权利。

第三十八题 抵押

第 2407 条 抵押是在不动产之上设定的质权,债务人并不因此停止对该不动产的占有。

第 2408 条 抵押不可分割。

因此,就债务设定的每个抵押物,以及此等抵押物的每一部分,均对清偿全部债务以及其中的每一部分负担义务。

第 2409 条 抵押应以公文书的形式作成。

抵押的公文书与它从属的主合同的公文书,可以是同一份文件。

第 2410 条 抵押尚应登记于文件保管处的登记簿;欠缺这一要件时,抵押不发生效力;抵押仅自登记之时起算其设立日期。

第 2411 条 在外国缔结的抵押合同,须登记于智利的适当的登记簿,才对位于智利境内的财产成立抵押。

第 2412 条 如抵押权的设立罹于相对无效,而嗣后因时间的经过或追认发生效力,抵押的设立日期当然为登记的日期。

第 2413 条 抵押可以附任何条件、确定的始期或终期设立。

附停止条件或确定的始期设立的,抵押仅自条件成就或期日届至之时起生效,但条件成就或期日届至后,抵押设立日应为登记日。

抵押也可在它从属的合同订立之前或之后的任何时间设立,并从登记之日起计算设立日期。

第 2414 条 只有对财产有转让能力的人才可对其财产设定抵押,设定抵押须同时符合转让该财产应具备的必要条件。

可以为担保他人的债务而对自己的财产设定抵押负担，但所有人未明确表示受制于对人诉权时，不对他发生此等诉权。

第 2415 条 即使有任何相反的约定，附有抵押负担的财产的所有人仍可转让或抵押此等财产。

第 2416 条 抵押人在抵押物上享有的权利不确定、受有限制或可以取消时，应认为抵押是以其权利所附有的同一条件或同一限制设定的，即使对此无明示约定，亦同。

该权利附有解除条件的，应适用第 1491 条的规定。

第 2417 条 共有人可以在分割共有物之前抵押其份额，但分割共有物后，若此等财产能被抵押，抵押权仅及于按上述份额分给他的财产。如该财产不能被抵押，则抵押失效。

尽管如此，如其他分割参与人同意抵押并已记载于公文书，则在将此等原因记录于抵押登记的边缘后，抵押权就此等参与人分得的财产仍然有效。

第 2418 条 只可以在以所有权形式或用益权形式占有的不动产上，或在船舶上设定抵押权。

关于船舶抵押权的特别规则，由商法典规定。

第 2419 条 抵押将来财产，仅赋予债权人将债务人此后取得的不动产随其取得而作出抵押登记的权利。

第 2420 条 就不动产设定的抵押及于因添附按第 570 条被视为不动产的动产，但自此等动产归属于第三人之时起，不再扩及之。

第 2421 条 抵押应及于抵押物接受的一切增积和改良。

第 2422 条 抵押亦扩及于因出租抵押财产收取的租金，以及因为此等财产投保应得的赔偿。

第 2423 条 就用益权或矿产、采石场设定的抵押，不扩及于已收取的孳息或已与土地分离的矿物。

第 2424 条 抵押债权人为就抵押物获得清偿，享有质押债权人对质物的同样权利。

第 2425 条 行使抵押诉权，不妨碍债权人为获得清偿对债务人未设定抵押的财产行使对人诉权，但抵押诉权并不使对人诉权产生属于前者的优先权。

第 2426 条 被抵押权人诉追的不动产所有人可抛弃不动产，如尚未作出分配裁判，也可支付该不动产所担保的款项以及这种抛弃给债权人造成的开支和费用，从而取回该不动产。

第 2427 条 如果不动产毁灭或损坏以致不足以担保债务，债权人有权在债务人不同意提供其他等值担保的情形下改良抵押物；两种情形都不能实现的，债权人即使在未到期时也可主张立即清偿净债务，或者在债务并非净债务、附有条件或未被确定时，可采取具体情形所允许的保存措施。

第 2428 条 不问何人占有被抵押的不动产，也不问他们以何种原因取得该不动产，抵押始终赋予债权人追及该不动产的权利。

但是，对在法官命令的公开拍卖中取得该不动产的第三人，不得适用本规定。

欲使此项例外为第三人的利益发生效力，应按照传讯的条件在对该不动产为之设定抵押的债权人进行个别传唤的情况下进行拍卖；此等债权人就拍卖价金依相应顺位获得清偿。

在此期间，法官可使金钱被提存。

第 2429 条 设定抵押的不动产如嗣后连同该负担移转于第三占有人，则在该第三人被诉请以抵押物清偿债务时，无权主张先追索以对人方式负担义务的债务人。

第三占有人清偿主债务的，依保证人的同样条件代位行使债权人的权利。

如果第三占有人被剥夺对该不动产的占有或抛弃之，债务人应对他作出全部赔偿，其范围包括他对不动产所作的改良。

第 2430 条 以自己的不动产为他人债务设定抵押的，在未明确约定时，不得认为他以对人的方式负担了义务。

不问该人是否以对人的方式负担义务，均应对他适用前条的规定。

保证人以抵押承担（保证）义务的，此种保证称抵押保证。

抵押保证就对人之诉遵守简单保证的规则。

第 2431 条 如有明确表示，抵押可限于担保特定的金额，但即使已有约定，抵押所及的范围在任何情形都不得超过主债务已知或推定价值的两倍。

债务人有权将抵押担保的金额减少到上述价值的范围之内；减少后，应由该债务人承担费用重新登记抵押，据此，原抵押仅在新抵押确定的数量限度内有效。

第 2432 条 抵押登记的内容应包括：

1. 债权人的姓名、住所、有职业者的职业，有关债务人的相同事项，以及作为此等人的被授权人或法定代理人请求登记的人的相同事项。

法人应载明其法定名称或俗称、机构所在地；前款关于被授权人或法定代理人的规定也适用于法人的代理人。

2. 抵押所从属的合同的成立日期和性质以及存放该合同的档案。

如抵押是以分别的行为设立的，尚应记载此等行为的成立日期以及存放其文书的档案。

3. 抵押的不动产的位置及其地界。

如抵押物为乡村不动产，应载明所属的省和市镇，如分属不同的省和市镇，应予全部记载。

4. 前条情形中抵押所及的特定金额。

5. 登记日和文件保管处负责人的签名。

第 2433 条 登记中欠缺前条第 1 项、第 2 项、第 3 项及第 4 项规定的事项时，只要能依登记或登记中记载的合同认知登记中缺少的事项，登记并不因此无效。

第 2434 条 抵押随主债务的消灭而消灭。

抵押亦因其设定人权利的解除而消灭，或依一般规则，因解除条件的成就而消灭。

抵押还因设定的终期的届至而消灭。

抵押因债权人通过公文书所做的涂销而消灭，但该原因应记载于相应登记的边缘。

第三十九题　不动产典质

第 2435 条　不动产典质是交付不动产于债权人以其孳息清偿债务的合同。

第 2436 条　不动产可以属于债务人或同意作出不动产典质的第三人。

第 2437 条　不动产典质合同依不动产的让渡而成立。

第 2438 条　不动产典质并不单独赋予债权人对被交付之物的任何物权。

在第 1962 条的情形中为承租人的利益所作的规定，准用于不动产典质的债权人。

有损于先设定在不动产上的物权或租赁的不动产典质，无效。

第 2439 条　已设定抵押的不动产可典质于同一债权人；已被典质的不动产也可依法定方式和效果抵押给同一债权人。

第 2440 条　持有典质物的债权人，就改良、损害以及支出的费用获得偿付，享有承租人的相同权利，对于物的保存承担与承租人相同的义务。

第 2441 条　未获得清偿的债权人并不成为不动产的所有人；对于其他债权人仅享有存在抵押合同时该从合同赋予的优先权。一切相反的约定无效。

第 2442 条　如债权附有利息，债权人有权让孳息首先抵充利息。

第 2443 条　当事人各方可约定孳息与利息全部或在各自的价值限度内发生抵销。

约定的利息如有非常损失的情形，应作出在消费借贷情形的同样减少。

第2444条 对于典质之物，债务人只有在债务全部消灭后才可以请求返还，但债权人可在任何时间返还该物，并依其他法定途径主张清偿其债务。有相反约定的，不受妨碍。

第2445条 对于裁判上的不动产典质或司法官的质押，应遵守程序法典的规定。

第四十题　和解

第2446条　和解是当事人以非讼方式终止未决争议或防止可能的争议的合同。

仅以抛弃无争议权利为内容的行为,并非和解。

第2447条　只有对和解标的物有处分能力的人才能进行和解。

第2448条　一切受任人必须得到特别授权才能实施和解。

在此等授权中,应载明意欲和解的财产、权利和诉权。

第2449条　可以就产生于侵权行为的民事诉权达成和解,但刑事诉权不受影响。

第2450条　不得就人的民事身份成立和解。

第2451条　就依法应向其提供扶养费的人的将来扶养费成立的和解,未经法官核准则无效;如该和解违反第334条和第335条的规定,法官不得核准之。

第2452条　就他人权利或不存在的权利成立的和解,无效。

第2453条　用伪造的名义[①]或一般而言因诈欺、胁迫得到的和解,完全无效。

第2454条　基于无效名义[②]缔结的和解完全无效,但当事人各方已明确涉及名义之无效的,除外。

第2455条　和解成立时,如争议已因获得既判力的

---

① 关于名义,请参见第二编第六题第一节(主要是第675条)、第三节相关条款的规定以及第703条以下的规定。——译者

② 同上注。——译者

判决而终止，而当事人各方或一方在和解时对此不知的，和解也无效。

第 2456 条 和解被推定为已考虑到与之和解者的身份才被接受。

因此，如一个人自以为与某人和解而事实上与另一人和解，和解可被撤销。

同样，如果与某一权利的表见占有人达成和解，不得以之对抗权利的真正归属人。

第 2457 条 对和解标的物本身有错误时，和解无效。

第 2458 条 计算错误并不使和解无效，仅产生订正计算的权利。

第 2459 条 如经公证的权利证书表明当事人一方对和解标的物并无任何权利，而此等权利证书在和解之时不为对其权利有利的一方当事人所知，则可以撤销和解，但如果和解并不关涉特定的标的物，而是就当事人之间具有众多争执标的的整体争议成立和解的，则为例外。

在此情形，只有在对方当事人故意丢失或隐匿的权利证书的范围内，事后发现不知的权利证书才是撤销的原因。

如诈欺仅关涉和解的标的之一，受损害的当事人可请求恢复其对该标的的权利。

第 2460 条 和解发生终审判决的既判力，但可依前数条的规定请求宣告无效或撤销。

第 2461 条 和解仅在缔约人之间发生效力。

对和解所涉事项有多个主要利害关系人时，其中之一同意的和解不损害其他关系人，也不给其他人带来利益，但在连带责任的情形，发生更新的效果。

第 2462 条 如和解关涉一个或数个特定的标的物，则对一切权利、诉权或请求权的概括抛弃，仅应理解为对与该标的物有关的权利、诉权或请求权的抛弃。

第 2463 条 对不履行和解者约定违约金的，可请求该违约金，而和解的全部执行不受影响。

第 2464 条 当事人一方抛弃其依某一名义[①]取得的权利，嗣后对同一标的物又取得其他名义的，和解并不剥夺他嗣后取得的权利。

---

① 关于名义，请参见第二编第六题第一节（主要是第 675 条）、第三节相关条款的规定以及第 703 条以下的规定。——译者

第四十一题　各债权的优先顺序

第2465条　一切对人义务均赋予债权人就债务人现有的或将来的所有不动产或动产请求执行的权利，仅第1618条指明的不可扣押的财产属于例外。

第2466条　基于所有权可认定为归属于他人的物件，若处于支付不能的债务人的权力之下，应保留相应所有人的权利，但不得妨碍债务人对此等物件享有的诸如用益权或质权之类的物权，也不得妨碍法律赋予的留置权；债权人可代位行使一切此等权利。

对于债务人作为出租人或承租人享有的权利，债权人也可依第1965条和第1968条的规定代位行使。

但不得扣押夫对妻之财产的用益权、父或母对处于亲权之下的子女的财产享有的用益权、使用权和居住权这两种物权。

第2467条　债务人如已委弃其财产，或就此等财产已对债权人开始民事破产程序，则他就此等财产所实施的一切行为，无效。

第2468条　对于在委弃财产或开始民事破产程序前实施的行为，应遵守以下规定：

1. 对于债务人订立的有损于债权人的有偿合同、抵押、质权及不动产典质，如债务人和取得人为恶意，亦即双方都知晓债务人之事务的恶劣状态，则债权人有权撤销上述交易。

2. 包括无偿免除债务和免责简约在内的行为和合同，虽未包含在前项中，但若能证明债务人为恶意且有损于各债权人，也可撤销。

3. 本条赋予债权人的诉权，自行为或合同成立之日起经过1年消灭。

第 2469 条 除第1618条规定的豁免财产外，债权人可请求在其债权（包括利息和收账费用在内）的限度内出售债务人的一切财产，在此等财产足够时，以出售所得获得全部清偿，或在财产不足时，如根据以下分类并无特定债权优先受偿的特别事由，则按比例受偿。

第 2470 条 优先事由仅包括先取特权和抵押。

此等优先事由依附于为之设立担保的债权，并随债权移转于一切依让与、代位或其他方式取得该债权的人。

第 2471 条 第一等级、第二等级以及第四等级的债权，享有先取特权。

第 2472 条 产生于以下列举事由的债权，为第一等级的债权：

1. 因债权人的一般利益发生的诉讼费用。

2. 死亡债务人的必要殡葬费用账。

3. 债务人的医疗费用。

如疾病持续6个月以上，法官应根据具体情况确定此项优先权所及的数量账。

4. 将破产债务人的财产交由全体债权人处分引起的费用，破产的管理费用，破产清算人变卖资产的费用，以及为上述目的成立的借贷账。

5. 雇工报酬和家庭抚恤金账。

6. 对社会保险机构负欠的保险费，或为此目的通过社会保险机构的途径征募的保险费，以及国库因已依1980年第3500号法令第42条第3款的规定履行捐助，从而对社会保险基金的管理机构享有的债权账。

7. 为债务人及其家属提供的最近3个月内的必要生活物品账。

8. 雇工因其劳动应在生效之日获得支付的法定赔偿和协议赔偿，但其限额应为每一雇工按工龄每工作一年（工作超过6个月不足1年的按1年计算）支付3个月的最低月收入，最多支付10年。如有超出，则超额部分视为一般债权账。

9. 因税收预扣和加扣产生的国库债权。

第 2473 条 前条中列举的债权由债务人的一切财产承担责任；在不足以全部清偿时，不问此等债权的产生日期，依列举的顺序定彼此的优先顺位，而每一顺序中的债权按比例同时受偿。

前条列举的债权在任何情形都不得发生移转，以对抗第三占有人。

第 2474 条 以下列举之人的债权属于第二等级：

1. 旅馆主人对债务人携入旅馆的债务人自己的物件，在其处于旅馆期间，因债务人的食宿、费用及损害所欠债务的范围内享有的权利。

2. 运输人或运输企业对处于其权力下或其代理人、从属人员权力下的运输物件，在债务人因运输、费用和损害所欠债务的范围内享有的权利，但此等物件须为债务人所有。

由债务人携入旅馆的物件，或以其名义运输的物件，推定归其所有。

3. 质押债权人对质物享有的权利。

第 2475 条 关于特定商事债权的优先，例如承揽运送人对托运物件的优先权，因不同事由赋予不同人的对商事船舶的优先权，均依商法典的有关规定。

关于矿产开采人、管理人和工人的债权，遵守矿产法典的规定。

第 2476 条 第一等级的债权和第二等级的债权由同一物件承担清偿责任时，后者排斥前者，但其他财产不足以清偿第一等级的债权时，此等债权在不足部分的范围内享有优先权，并依第 2472 条明定的顺序和方式共同就该物受偿。

第 2477 条 第三等级的债权包括有抵押担保的债权。

依抵押债权人或其中任一债权人请求，可就负担抵押的不动产裁定开始以之立即作出清偿的共同受偿程序，各债权人根据其设立抵押日期的顺序受偿。

设于同一不动产之上的抵押如设立日期相同，相互的优先顺位依登记的日期。

在这种共同受偿的程序中，应首先清偿该程序引起的诉讼费用。

第 2478 条 第一等级的债权，仅在不能以债务人的其他财产全部受偿时才扩及于已设定抵押的各不动产。

此时，不足部分应依设定抵押权的各不动产的价值比例在此等不动产之间进行分摊，由各不动产分担的部分，依第 2472 条规定的顺序和方式以该不动产清偿。

第 2479 条 抵押债权人行使对相应不动产的诉权，无须等候一般民事破产程序的结果；只要为清偿第一等级的债权，在其可能承担的清偿份额的范围内提存一笔大致的款项或为之提供保证，且在其诉权得到满足后将所余部分返还给债务人，即为已足。

第 2480 条 在优先权方面，适当登记的岁供被视为抵押。

因此，此等岁供相互之间以及在岁供和抵押之间，应依相应的登记日期无差别地受偿。

第 2481 条 第四等级的债权包括：

1. 国库对国库财产的征募人员和管理人员享有的债权；

2. 国家赈济机构或教育机构、市政当局、教会及宗教团体对其基金的征募人员和管理人员享有的债权；

3. 已婚妇女因其由夫管理的财产对夫的财产享有的债权，或夫妻因依所得参与制享有的债权；

4. 处于亲权之下的子女因其由父或母管理的财产对父母的财产享有的债权；

5. 处于监护或保佐之下的人对其相应的监护人或保佐人享有的债权；

6. 一切被庇护人对第 511 条规定的情形中与母、祖母、女监护人或保佐人结婚的人享有的债权。

第 2482 条 前条列举的债权，依其产生原因的日期先后，相互之间无差别地发生优先；此等日期亦即：

就第 1 项和第 2 项规定的债权而言，上述日期乃管理人员和征募人员被任命的日期；

在第 3 项和第 6 项规定的债权中，为结婚日期；

在第 4 项规定的债权中，为子女出生日期；

在第 5 项规定的债权中，为监护或保佐的指定日期。

第 2483 条 第 3 项就夫妻共同资产的情形规定的优先权[①]，和第 4 项、第 5 项及第 6 项规定的优先权，应理解为为不动产或不动产上的物权的利益而设，此等不动产或物权或由妻带入婚姻之中，或属于相应的处于亲权之下的子女以及处于监护或保佐之下的人，且均已处于夫、父、母、监护人或保佐人的权力之下；此等优先权亦应理解为为其他一切财产的利益而设，但须依要式财产清单、遗嘱、分割行为、分配的判决以及婚姻财产协议的公文书、赠与的公文书、买卖的公文书、互易的公文书或其他有同等真实的文书证明此等人在该财产上享有正当权利。

以任何使人信赖的方式证明夫、父母、监护人或保佐人的职责后，如妻、处于亲权下的子女、处于监护或保佐之下的人因此等人对相应财产管理中的过失或故意而对其享有权利和诉权，则第四等级债权的优先地位扩及于这些权利和诉权。

第 2484 条 在外国缔结的婚姻依第 119 条的规定应在智利境内产

[①] 指第 2481 条第 3 项中的第一种情形。——译者

生民事效果时，妻对位于智利境内的夫的财产的债权，被赋予如同在智利境内缔结婚姻而享有的同样的优先权。

第 2485 条　夫或妻、行使亲权的父或母、监护人或保佐人已死亡的，其自认对债权人无独立的不利证明力。

第 2486 条　第四等级的债权的优先地位由债务人的全部财产承担责任，但不赋予对抗第三占有人的权利，且不问其产生日期，仅在前三类债权全部受偿后发生优先地位。

第 2487 条　曾以死亡债务人之财产承担责任的第一等级债权的优先地位，以同样的方式由继承人的财产承担责任，但继承人已附清单利益接受遗产的，或者债权人享有区分利益的除外，在这两种情形，该优先地位仅适用于载入清单的财产或已予区分的财产。

第四等级的债权准用同一规定，在无清单利益或区分利益时，按其日期以继承人的一切财产受偿，在发生相应的利益时，仅以载入清单的财产或区分的财产按其日期受偿。

第 2488 条　法律不承认前数条未作规定的其他优先事由。

第 2489 条　第五等级亦即最后等级的债权，包括不享受优先地位的债权。

不问其产生日期，第五等级的债权以前述清偿后剩余的财产依比例受偿。

第 2490 条　按前数条规定的方式不能全部清偿优先债权时，可将差额部分列入第五等级的债权并与之依比例受偿。

第 2491 条　利息应计至债务消灭之时，并依其相应本金享受的优先地位受偿。

第四十二题 时效

第一节 时效通则

第2492条 因特定期间内某物被占有或诉权和权利未被行使，从而在同时符合其他法定要件时取得该他人之物或消灭他人诉权和权利的方式，为时效。

一项诉权或权利因时效消灭的，称时效消灭。

第2493条 欲利用时效者应主张时效；法官不得依职权宣告时效。

第2494条 时效可以以明示或默示的方式抛弃，但只能在时效完成之后。

可主张时效的人以其行为表明承认所有人或债权人的权利时，为默示抛弃；例如，时效的法定条件成就时，物的占有人仍以租赁的方式持有该物，或者负金钱债务的人仍支付利息或请求恩惠期。

第2495条 只有有转让能力的人才可以抛弃时效。

第2496条 保证人可以以主债务人已抛弃的时效对抗债权人。

第2497条 关于时效的规则，无论在有利的方面或不利的方面，都同等地适用于国家、教会、市府、国家机构和团体以及自由管理其财产的特定个人。

第二节 取得时效

第2498条 凡在人类交易范围内且依法定条件占有的有体的动产或不动产，均可依时效取得其所有权。

可依同一方式取得法律未特别排除的其他物权。

第 2499 条 不实施单纯权能行为,以及单纯容忍并不引起负担的行为,并不成立占有,也不产生任何时效依据。

因此,多年未在其土地上为建筑的人,并不因此赋予其邻人阻止他为建筑的权利。

同样,容忍邻居的牲畜通行其荒芜的土地或在此等土地上放牧的人,并不因此负担通行役权或放牧役权。

无需取得他人同意即能对其财产实施的行为,称单纯权能行为。

第 2500 条 两人或更多的人相继且不间断地占有某物时,依第 717 条的规定确定前手的占有期间可或不可以合并于后手的占有期间。

由死者开始的占有继续存在于无人接受继承的遗产中,此时应认为乃以继承人的名义占有。

第 2501 条 未遭受任何自然中断或法定中断的占有,为未中断的占有。

第 2502 条 下列情形为自然中断:

1. 占有未移转于他人而其占有行为已不可能实施,例如地产被持续淹没的情形;

2. 因他人已进入占有而丧失占有。

第一类自然中断仅产生停止计算占有期间的效果;第二类自然中断却使先前的占有期间全部归于消灭,但已依占有之诉一题中的规定合法收回占有的除外,在此情形,视为不曾存在剥夺占有的时效中断。

第 2503 条 主张自己为物的真正所有人的人对占有人运用的一切诉讼手段,为法定中断。

仅可由运用此等手段的人主张中断,但在下列情形,此等人也不得主张中断:

1. 未以法定方式通知已起诉;

2. 原告明确撤诉或宣布放弃请求;

3. 被告获得驳回请求的判决。

在这三种情形中,视为不曾发生因起诉的时效中断。

第 2504 条 所有权为数人共有时,对其中一人发生的时效中断,也对其他共有人发生时效的中断。

第 2505 条 依时效取得不动产或其上设立的物权的,不得与已登记的名义相违背,但可根据其他已登记的名义①发生时效取得;此种时

---

① 关于名义,请参见第二编第六题第一节(主要是第 675 条)、第三节相关条款的规定以及第 703 条以下的规定。——译者

效期间仅自第二个名义登记之日开始起算。

第 2506 条 取得时效分为普通的和特别的。

第 2507 条 为完成普通时效，须有法律规定的期间内无中断的、规则的占有。

第 2508 条 普通时效的必要期间，动产为 2 年，不动产为 5 年。

第 2509 条 普通时效可以中止而不消灭：在此情形，中止事由消除后，如在该事由之前存在占有期间，可对占有人累积计算。

普通时效为下列人的利益中止：

1. 未成年人；精神病人；聋哑人；一切处于亲权、监护或保佐之下的人；

2. 夫妻共同财产制存续期间的妻子；

3. 无人接受继承的遗产。

对已离婚的或已分别财产的妻，就其管理的财产不为其利益中止时效。

夫妻间当然中止时效的进行。

第 2510 条 未依普通时效取得融通物的所有权时，可根据以下规则依特别时效取得：

1. 特别时效不要求有任何名义。①

2. 即使无取得所有权的名义，仍可当然推定在特别时效中存在善意。

3. 但存在单纯持有的名义时，应作恶意推定，且除非同时存在下列两个情节，不发生此种时效：

1. 主张自己为所有人的人，不能证明主张时效的人在最近 10 年内已明示或默示地承认其所有权；

2. 主张时效的人证明自己在上述期间内拥有非暴力、非秘密的占有，且未发生中断。

第 2511 条 针对任何人的时效取得，都必须经过 10 年的必要期间，该期间不为第 2509 条所列举的人的利益发生中止。

第 2512 条 除下列事项外，可按取得所有权的同一时效方式取得物权，且此种取得应遵守同一规则，但保留如下的例外：

1. 对遗产的权利和对岁供的权利按 10 年的特别时效取得。

2. 役权根据第 882 条取得。

---

① 关于名义，请参见第二编第六题第一节（主要是第 675 条）、第三节相关条款的规定以及第 703 条以下的规定。——译者

第2513条　宣告时效的法院判决，对于不动产所有权或其上设立的物权具有相当于公文书的功能，但未经适当登记其效力不得对抗第三人。

第三节　消灭法律诉权的时效

第2514条　消灭他人诉权和权利的时效，仅以权利人在特定的期间内不行使上述诉权为要件。

此等期间从可请求履行义务之时起算。

第2515条　此等期间，对可执行的诉权一般为3年，对于普通诉权为5年。

可执行的诉权经3年即转化为普通诉权，但转化后仅可再存续2年。

第2516条　抵押诉权以及其他源于从债的诉权，其时效依所从属的主债。

第2517条　据以主张一项权利的全部诉权，因该权利的取得时效期间届满而消灭。

第2518条　消灭他人诉权的时效可以被自然中断或法定中断。

因债务人明示或默示承认债务的行为导致自然中断。

因向法院起诉导致法定中断，但第2503条列举的情形除外。

第2519条　为数个共同债务人之一的利益发生的时效中断，不给其他债务人带来利益，对数个共同债务人之一的不利益发生时效中断也不得损及其他债务人，但有连带关系且未依第1516条被抛弃的，不在此限。

第2520条　消灭债务的时效，可为了第2509条第1项列举的人的利益中止。

经过10年的，不考虑前款规定的中止。

第四节　因短期时效消灭的特定诉权

第2521条　源于任何种类之赋税的诉权，因3年的时效而有利于或不利于国库和市府发生消灭。

法官、律师、检察官、内外科医生、大小学校的主管或教师、工程师和土地测量员，以及一般执行任何自由职业的人员，其报酬请求权经过 2 年的时效消灭。

第 2522 条　商人、供应人和手艺人对其零售物品之价金的诉权，经 1 年的时效消灭。

任何人对其定期或偶然提供的服务之价金的诉权，亦同；例如旅店主人、运输人、信使及理发师等人享有的诉权。

第 2523 条　前两条所述的时效针对上述人等而进行，不允许发生任何中止。

但从如下时间起发生中断：

1. 开具期票或书面字据，或债权人授予期限之时；
2. 提出请求之时。

在这两种情形中，于短期时效之后发生第 2515 条规定的时效。

第 2524 条　产生于特定行为或合同的特别诉权须遵守的短期时效，应在相应的名义①中提及，并应针对任何人而进行，但明示确立其他规则的除外。

---

①　关于名义，请参见第二编第六题第一节（主要是第 675 条）、第三节相关条款的规定以及第 703 条以下的规定。——译者

尾题　本法典的遵守

最后条款　本法典自 1857 年 1 月 1 日起实施，此前有的以本法典所涉一切事项为主题的法律，即使不与本法典抵触的部分，仍于是日废除。

但是，先前存在的关于债的证明、司法程序、公文书的制作以及神父的职责的法律，仅应认为在违背本法典规定的范围内被废除。

由于本人在听取国务院的意见后已提请批准本法典；所以，本法典作为共和国的法律，在其全境内颁行并生效①。

曼努埃尔·蒙特

---

① 此段和本法典的首段构成一个完整的句子。——译者

第一版译后记

对于中国的法学者来说，南美只是一块遥远而神秘的陆地。遗憾的是，这片土地在中国法学界已被有意识地遗忘，这一结论可从学者们在外语语种的选择上表现出来的集中性以及拉美法研究几乎处于空白状态的事实得到验证。

《智利民法典》的翻译，是在我尊敬的老师徐国栋教授安排下作为中南政法学院民商法典研究所的一个翻译计划进行的，它同时也是介绍并研究拉美民法典的一个开端，其目的就是使中国民法典的制定真正建立在世界范围内的研究基础之上。如果本法典的翻译能促成中国法学界在适当的程度上将目光投向那块不应被完全遗忘的大陆，那么这就是我最大的欣慰。

事实上，在欧洲和南美，学者们普遍承认《智利民法典》在拉美具有《法国民法典》在欧洲的影响，这正如德国法学家所说的那样，"尽管该法典多以法国法为模式，然而它却和《阿根廷民法典》的编纂一样体现着南美立法风格最为独特最具本色的成就。"[①] 而不为中国学者所知的其他一些西方著作也对该法典颂扬有加。例如，美国耶鲁大学法学教授 Edwin M. Borchard 作如此中肯的评价："《智利民法典》尽管大部分地继受了《法国民法典》和其他的欧陆民法典，但它在许多方面具有原创性并比同时代的其他任何法典都更完善。其原创的国民和外国人一律平等的观念比《意大利民法典》提前了10年。《智利民法典》全部地或部分地被大多数的拉美共和国接受，在厄瓜多尔、哥伦比亚以及中美洲的一些国家尤其是尼加拉瓜，它几乎是被逐字逐句地继受。"[②] 而著名的比较法学家 Pierre Arminjon、Boris Nolde 和 Martin Wolff 指出："(《智利民法典》的) 技术是完善的；它所有的规定明晰、符合逻辑并

---

① 〔德〕K. 茨威格特、H. 克茨：《比较法总论》，潘汉典等译，贵州人民出版社1992年版，第209页。

② Edwin M. Borchard, *Guide to the Law and Legal Literature of Argentina, Brazil and Chile*, Washington, 1917, p. 389.

前后一致；安德雷斯·贝略可以被理智地认为是人类最伟大的立法者之一。"① 1952 年在巴塞罗那出版的《法学新百科全书》则指出："智利的民法代表了民族构造的努力，这非常值得注意，因为面对许多南美国家采取的仅仅紧随外国立法的态度，立法者们却力图颁行一部原创性的法典。在它的编纂中，安德雷斯·贝略的地位是突出的，他花费许多年致力于此项工作。遗憾的是，这部法典因其作者未获得一个伟大的立法者有权获得的承认而很少被了解。"②

《智利民法典》的另一个特点是它语言的精炼和优美，这与其作者是一个杰出的语法学家、哲学家以及诗人的事实有密切联系。在智利，许多法学家都认为他们的民法典在语言风格上甚至可与《法国民法典》相媲美。也正是由于《智利民法典》的这种风格，译者在翻译的过程中经常感觉到用词方面的力所不逮。

应该向读者交待的是，本译本是根据 1989 年的版本翻译的，而《智利民法典》在一百多年的发展过程中已屡经修改。但是，这种修改是在维持其原貌的基础上进行的，它的编章结构和条文数目仍然未作改动，这也许和法典当年就具有的先进性有关。

最后，我在这里要套用所有后记都要用到的但又是必不可少的格式，向所有给予我帮助的老师和朋友表示我的谢意。尤其对于我最尊敬的徐国栋老师，我想我最重要的感谢方式应该是这个中译本的最后成稿；此外，没有意大利罗马第二大学的桑德罗·斯奇巴尼教授的帮助，没有哥伦比亚开放大学校长、哥伦比亚原司法部部长、最高法院原大法官费尔南多·伊内斯特罗沙教授的友好邀请以及为我提供的各种便利，我就不可能在一个西班牙语国家获得对一个译者来说至关重要的语言上和资料上的帮助，对此我谨致以崇高的敬意。当然，对于我在哥伦比亚期间为我提供各种直接帮助的同仁们，除对他们心存深深的感激外，我还会珍藏并时时回忆那一份份温馨的友情。

徐涤宇
1998 年 9 月 10 日于武昌茶山刘

---

① Traité de Droit Comparé, t. 1, num. 88, Paris, 1951, p. 163.
② Enciclopedia publicada bajo la dirección de CARLOS E. MASCARENAS con la colaboración de eminentes profesores y juristas, t. IV, num. 12, Barcelona, 1952, pág. 248.

第一版编者后记

1996年8月,我去秘鲁首都利马,在那里的天主教教皇大学法律系参加第10届拉丁美洲罗马法大会,认识了许多拉丁美洲学者,我当时正考虑创建中国的外国民法典收藏中心,遂都向他们要求,他们也都答应为我提供自己国家的民法典,但只有其中的一人履行了自己的诺言,他就是智利籍的拉丁美洲最好的罗马法学者阿勒杭德罗·布里托斯(Alejandro Britos)教授,他让我在回到罗马两个月后就得到了涤宇翻译的这本《智利民法典》,尽管是一本旧的,但它让我感到拉丁美洲某些国家的人的可信和对荣誉的热爱,我发现,越是富裕国家的人越珍爱自己的荣誉……无论如何,在这部法典出版之际,我们都要铭念布里托斯教授的名字。

1997年初我回到中国,当时涤宇已完成了为留学哥伦比亚做准备的西班牙语培训,在他回湖南老家过春节前,我请求他翻译这部名著,他一口答应,表示一年完工。作为一个只学过一年西班牙语的学者,这是一个惊人的承诺,我半信半疑。然而,在1998年的夏天,我就看到了这一允诺的兑现,不过对于允诺人涤宇已增加了一个极大的利好情节:在意大利人桑德罗·斯奇巴尼教授的安排下,哥伦比亚开放大学的费尔南多·伊内斯特罗沙(Fernando Hinestrosa)教授·校长接受涤宇在他的大学留学一年,惟一的任务就是翻译《智利民法典》(它也是《哥伦比亚民法典》),涤宇成功地完成了这一任务,其副产品是把我收藏的《智利民法典》西班牙文本大卸八块,弄得我欣慰不已,又心疼不已。我们看到,在这一当口,即将出版的这部译稿已经具有了十足的国际性:一个智利人的赠与、一个意大利教授的安排、一个哥伦比亚校长的接待和一个中国小伙子的苦干,因此,它是一个艰辛的结晶。为此,意大利教授得到了写序言的荣誉,哥伦比亚校长在涤宇的译后记中得到了应有的致谢,而智利人则得到了我的致谢。

人总是不完善的,每个人都不免犯错误,因此我们都必不可少地需要从他人反观自身,校对因而是出版译稿的必不可免的环节。然而涤宇完成大工之际，国内懂西班牙语的法学者只有 3.5 人，反正，那 3 个人不能参与这一工作（其中一人就是涤宇呐!），而我这个 0.5 人又像一个漫步山阴道的孩子，一会儿想看这，一会儿想看那，心无定所，飘浮于宇宙间、江海内、河川上，很少让涤宇能从我反观他自身。逝者如斯！这部译稿问世至今已有近 5 年，由于我的散漫拖到今天才出版，愧哉！耽误了涤宇多少功名；又耽误了斯奇巴尼、伊内斯特罗沙的多少期待！事实上，在 2000 年夏天，涤宇已经来厦门 10 天，与我共同讨论了这部法典的 1100 条。其他部分又被搁置下来，只是由于今年 9 月后要去哥伦比亚大学访学一年的压力，我才利用暑假的时间把这部法典的其余部分核对出来，定的进度是每天 23 条，雷打不动，哪怕在香格里拉的旅途，那真是：神仙境、昏灯下，笔记本电脑还债客。终于，我今天还清这笔欠债了，它既是欠涤宇的，也是欠老斯的（多次在罗马见到他，都有"《智利民法典》一定要抓紧搞"这句话），说远一点，还是欠伊内斯特罗沙和布里托斯的。再不还，要发生信誉危机了。

最后要感谢的是译者涤宇，且不说他以超人的工作能力在一年内完成了这部 25 万字的民法典的翻译，又以极大的耐心容忍了我的散漫，要说的是他翻译的这部优秀民法典的译稿是我们起草《绿色民法典草案》的重要参考资料，草案的一些部分如自然人法分编和继承法分编浓重地染有《智利民法典》的色彩。没有涤宇的这一贡献，《绿色民法典草案》要稀薄得多。事实上，安排涤宇翻译《智利民法典》本身就是我们的民法典草案起草工作计划的一部分，涤宇的努力工作帮助我们的计划变成了现实。嗟乎，最得力者莫如徒，信哉斯言！

本法典的出版（指第一版的出版）得到了福建省重点学科基金的资助。在交付出版社之前，我的助手周江洪通读了全书并指出错漏。

徐国栋
2002 年 7 月 18 日于胡里山炮台之侧

修订版后记

20世纪末与智利民法典相遇，在恩师徐国栋教授看来，是有计划安排的国际"相亲"，而在当事者——译者和法典文本——的眼里，毋宁是一次美丽的邂逅：与一部以陌生语言表述的陌生国度的民法典不期而遇，那种揭开其面纱过程中浸润内心的喜悦和钟情，绝对是个体性的体验。其时也，初出茅庐时的身份单一和志大才疏，成就的却是学术上的激情、专注和积累。所以，在不到一年的时间里，我确实兑现了接到翻译任务时有点信口开河的期限承诺。

萨维尼说过，以法学为志业者必当具备体系素养和历史素养。就我自己而言，在民法研习的路上一路走来，受益最大者莫过于民法教义学和微观私法史的兼修：前者关乎体系的素养，后者则属历史的修为。在此过程中，智利民法典和阿根廷民法典的翻译起到奠基性的作用。初译智利民法典时，直接的工具书就是一本西汉词典和几本西语语法书，还真有点筚路蓝缕的味道。而与其他学术作品的翻译不同，严肃而认真的法典翻译，必以其体系脉络的驾驭为基础。也许，以当时已有的法国民法典和德国民法典中译本为摹本依葫芦画瓢，是一条不错的捷径，但百年前的一些比较法学家的告诫犹在耳畔：智利民法典是拉丁美洲最具原创性和特色的法典。因此，这些中译本的民法典也只能为体系化地理解智利民法典提供参照，而法典本身的原创性和特色，只能在私法史和比较法的脉络中才能把握。幸运的是，史尚宽先生所著多卷本民法体系书虽未涉及拉美民法，但其旁征博引的学理探微和法例比较，极大提升了我对智利民法典之"特色"的识别能力，这些著作于是理所当然地成为我翻译工作的红宝书。

译事艰辛，但我收获的绝非一本简单的译著，而是民法功力的积淀。业师徐国栋教授在一版编者后记中感慨"耽误了涤宇多少功名"，其实作为学生的我，对他却是心存感激！所以，恩师2011年6月20日在给我的电邮中提议修订智利民法典译本，我没有丝毫犹豫就应承了下来。一者，确如其所言，译者"现在的水平跟当年不可同日而语"；二者,温故不仅知新,而且可以怀旧!因为,曾经有那么一段时间,作为民法学徒的我就是这样开始接受体系化训练的:一本西汉词典、数部中译本的外国民法典以及史尚宽先生的民法体系书,在智利民法典2525个条文中缓缓展开。

  修订开工时,本预计工期不会超过半年,但到今天收工,历时竟达2年,不免惭愧。好在拖沓和懒散只是表现在时间上,对于工程质量我不敢有丝毫懈怠。智利民法典在2000年对婚姻、家庭、继承制度做了大篇幅的修订,对这些条文的翻译肯定是另起炉灶的;除此之外,译者功力的升级也激发了全面审视原译文的责任心。因此,这次的修订工作,我几乎是逐字逐句对照智利民法典最新版本完成的。但也是由于功力的提升,对于某些术语的翻译我竟然经历了比初译时更多的煎熬和纠结。这些术语在法史上经历了太多的学理改造和立法选择,为精准地表达其意义,我尽可能地查找了各种资料,以力求在注释中清晰地解释这些术语在本法典中的特定含义。其中一些术语尤其具有体系贯彻的意义,并完全可以成为一种立法模式的标志性符号,例如第二编第六题的tradición(让渡)和título(名义)就关系到基于意思表示的所有权变动模式问题,而第三编第一题中的deferirse(依法当然移转)则涉及继承中遗产的所有权变动问题。要把这些术语阐述清楚,可能需要的是洋洋洒洒的微观私法史上之考察,但作为一部译作,我的任务仅限于通过注释稍加解释,同时提供一些可资参考的文献。

  初版的致谢不会因时间的流逝而褪色。这次修订时我将原版后记和国栋老师的编后记原封不动地附上,就是为了延续那些感激!要特别感谢的是我的妻子黄美玲博士,她总是以其特有的方式充当我学业上的监工,哪怕是我丁点的长进,她的心情都会像花儿一样绽放!

徐涤宇

2013年10月28日于意大利罗马